Uni-Taschenbücher 637

W0244728

UTB

Eine Arbeitsgemeinschaft der Verlage

Birkhäuser Verlag Basel und Stuttgart
Wilhelm Fink Verlag München
Gustav Fischer Verlag Stuttgart
Francke Verlag München
Paul Haupt Verlag Bern und Stuttgart
Dr. Alfred Hüthig Verlag Heidelberg
Leske Verlag + Budrich GmbH Opladen
J. C. B. Mohr (Paul Siebeck) Tübingen
C. F. Müller Juristischer Verlag – R. v. Decker's Verlag Heidelberg
Quelle & Meyer Heidelberg
Ernst Reinhardt Verlag München und Basel
F. K. Schattauer Verlag Stuttgart-New York
Ferdinand Schöningh Verlag Paderborn
Dr. Dietrich Steinkopff Verlag Darmstadt
Eugen Ulmer Verlag Stuttgart
Vandenhoeck & Ruprecht in Göttingen und Zürich
Verlag Dokumentation München

Annamaria Rucktäschel
Hans Dieter Zimmermann, Hrsg.

Trivialliteratur

Wilhelm Fink Verlag München

ISBN 3-7705-1392-4

© 1976 Wilhelm Fink Verlag, München 40
Satz und Druck: Hofmann-Druck KG, Augsburg
Buchbindearbeiten: Großbuchbinderei Sigloch, Stuttgart
Umschlagentwurf: A. Krugmann, Stuttgart

INHALT

VORWORT

Dieser Sammelband ist ein Beitrag zur Erforschung eines Gebietes der Literatur, das lange vernachlässigt wurde. Die Arbeiten zur Trivialliteratur aus der jüngsten Zeit, mit denen die vorliegenden Aufsätze sich von Fall zu Fall auseinandersetzen, zeigen die Problematik der Forschung, die auch hier reflektiert wird. Sie beginnt bereits mit dem Begriff *Trivialliteratur,* der eine gewisse Abwertung enthält. Der Begriff macht deutlich, daß hier das moralische Urteil von *gut* und *böse* mit dem ästhetischen Urteil von *gut* und *schlecht* verquickt ist. Die ästhetische Wertung geht in der Regel mit einem moralischen Urteil überein, wenn es auch Schwankungen in der Kritik gibt, einmal mehr nach der einen Seite, dann wird das ästhetische Urteil betont und das moralische beiseite geschoben, einmal mehr nach der anderen Seite, dann wird das ästhetische Urteil verdrängt, und das moralische — etwa als Ideologiekritik — hervorgehoben.

Die Kriterien der Beurteilung sind noch nicht hinreichend gesichert. Der Verdacht, daß eine kulturell privilegierte Minderheit gegen die Kultur einer Mehrheit polemisiere, ist nicht ganz von der Hand zu weisen. Allerdings wird die *mass culture* nicht von dieser Mehrheit produziert, sie wird vielmehr *für* die Mehrheit produziert und bringt dadurch die Mehrheit um die Chance, ihre eigene kulturelle Artikulation zu finden. Hier setzt denn auch zu Recht die Kritik der Trivialliteratur ein.

Die Kritik beschreibt die Bedingungen der Produktion und Reproduktion — die materiellen und die immateriellen Bedingungen —, sie prüft die Botschaft der Texte — was sagen sie worüber und für wen und wie —, sie erschließt die Rezeption dieser Texte — eine unterschiedliche Rezeption bei zahlreichen Lesern je nach Alter, Geschlecht, Gruppe, Schicht. Die Schwierigkeiten der Kritik, die sich an der Definition des Begriffs und einer Abgrenzung der Trivialliteratur von der übrigen Literatur, die auch noch zu benennen wäre, zeigen, können wenigstens zu einem Teil überwunden werden, wenn man von den allgemeinen Klassifikationsversuchen zu Einzeluntersuchungen übergeht. Das tun die vorliegenden Arbeiten: die Auseinandersetzung mit dem Material bringt wesentliche Gesichtspunkte. Der Einzelfall erhellt den historischen Zusammen-

hang, in dem er seine Erklärung findet — etwa "Die Gartenlaube"
und die deutsche Ideologie nach 1848, etwa die Western-Romane
und die Gründungs- und Expansions-Ideologie der Vereinigten
Staaten. Die Determination der literarischen Werke durch ihre industrielle und kommerzielle Reproduktion in Magazinen, Zeitschriften, Heftchen, Büchern ist an jeder Spezies dieser Literatur
abzulesen.

Wir haben hier ein literarisches Phänomen, das trotz nationaler
Unterschiede allen westlichen Industrienationen gemeinsam ist. So
mag es nicht als Ironie verstanden werden, wenn hier die Engländer, die sonst als vorbildlich für den Detektivroman gelten, einmal
die Vorlage für den Frauenroman liefern. "Wie die Welt selber wird
auch der Kriminalroman von den Engländern beherrscht", schreibt
Bertolt Brecht in seinem Aufsatz "Über die Popularität des Kriminalromans"*). Diese Herrschaft ist mittlerweile von den USA übernommen worden; die dort geprägten Muster bestimmen nicht nur
den Western-Roman, der eine amerikanische Erfindung ist, sondern
auch Krimis, Science Fiction, Comic Strips, Schlager, auch die Serien
in den anderen Massenmedien, von denen wir hier absehen müssen.

Dem Kriminalroman liege ein Schema zugrunde, schreibt Brecht
in seinem Aufsatz, und er zeige seine Kraft in der Variation dieses Schemas. Nicht nur der Kriminalroman, auch die anderen Arten
der hier untersuchten Literatur werden jeweils von einem Schema
getragen, nicht nur der Roman, auch der Schlager, auch der Schwank.
Die Einhaltung dieses Schemas und seine Variation fordern die
handwerklichen Fertigkeiten des Autors heraus — das schätzt Brecht
an dieser Literatur —, sie legen aber den Autor auch weitgehend
fest. Der ehrgeizige Autor, der mehr liefern will als die Erfüllung
eines Schemas, kann dieses Schema nicht überwinden, ohne es völlig
aufzugeben. Wenn er das Schema aufgäbe, schriebe er keinen Detektivroman mehr, sondern etwas anderes. Die Spannung von Schema
und Variation läßt sich gerade an manchen Detektivromanen beobachten, aber nicht nur an diesen.

Theodor Fontane bietet ein lehrreiches Beispiel. Er hat das Schema
des Unterhaltungsromans, das er nie ernst genommen hat, überschritten; das war jedoch nur möglich, weil er sich zugleich von
den Bedingungen, die diesen Unterhaltungsroman in den Familienzeitschriften geschaffen hatten, frei machte, soweit es ging. Es ist
ihm gelungen, ohne daß er sein Publikum verloren hätte. Die Ro-

mane der Marlitt sind ganz Ergebnis der Konstellation, aus der sie hervorkamen. Ein Vergleich ihrer Werke mit denen Fontanes zeigt rasch, daß Fontane tatsächlich "etwas anderes" als die Variation eines Schemas gelungen ist. Hier ist die literaturwissenschaftliche Interpretation in Beschreibung und Vergleich der Texte fruchtbar.

Schwieriger wird es für den Interpreten, wenn er mit einer kaum zu überblickenden Anzahl von Werken meist anonymer Autoren oder Autoren-Teams konfrontiert ist. Die Einzelinterpretation trifft dann nicht auf die originelle Äußerung eines Einzelnen, sondern auf die Variation eines Schemas. Deshalb muß hier die Interpretation modifiziert werden; sie kann dabei sicher von den Untersuchungen der Kommunikationssoziologie lernen.

Die verschiedenen Arbeiten dieses Bandes zeigen nicht nur unterschiedliche Aspekte des Gegenstandes, der hier zur Debatte steht, sie zeigen auch unterschiedliche Möglichkeiten seiner Erfassung und Beurteilung. So tragen sie nicht nur zur Erörterung des Gegenstandes bei, sondern auch zur Reflexion der Methoden.

Die Herausgeber

*) Brecht, B.: "Über die Popularität des Kriminalromans" in: Vogt, J. (Hrsg.): Der Kriminalroman II (UTB 82), München 1971, 315–321.

Joachim Bark

DER KREISTANZ UMS TRIVIALE

Probleme der Forschung und des Unterrichts

1. Begriff, Gegenstand

Die Forschungslage in Sachen Trivialliteratur (Massenliteratur, populäre Kulturerzeugnisse, mediengebundene Massenprodukte etc.) war lange gekennzeichnet durch einen Kreistanz um den Begriff. Was die Forschung seit ihrem ernsthaften Einsetzen Mitte der sechziger Jahre betont hat, taucht in Unterrichtsmodellen der letzten Zeit wieder als Problem auf: daß der Terminus Trivialliteratur pejorativ angesetzt ist und eine ästhetische Dichotomie mitschleppt, die vermeintlich durch die Historisierung des Forschungsproblems aus der Welt geschafft wurde.[1] Andererseits hat die Erkenntnis, daß schon der Begriff Trivialliteratur historisch ist, nicht die gewünschte Hinwendung zu den historisch gewordenen Lesestoffen gebracht.[2] Die Bemühungen um eine saubere Nominaldefinition haben sich eingependelt auf die Bezeichnung Massenliteratur[3]; man meint mit der Massenhaftigkeit der Produktion eine neutrale und unmißverständliche Kategorie gefunden zu haben. Der Konsens ist noch nicht groß; da wird die Kategorie des Massenhaften eingeschränkt auf den Bereich der Verbreitung und Wirkung — als ob dieser von der Produktionssphäre zu trennen wäre.[4] Doch ist die Absicht vernünftig: man will nicht schon durch die Nominaldefinition eine historische Verkürzung in Kauf nehmen; die Emphase auf die industrielle Produktion läßt den Bezugszeitraum ins späte 19. Jahrhundert fallen, vorher gab es keine massenhafte Produktion gemessen an dem, was in den meisten Arbeiten den Maßstab abgibt: der heutige Kulturmarkt. Ein Blick auf die untersuchten und im Unterricht behandelten Gegenstände zeigt das: serialisierte Heftromane und Comics, die es 'früher' nicht gab.

Die dreistufigen literarischen Schichtenmodelle haben das Fingerhakeln um den richtigen Begriff, statt um eine Distinktion, um eine Variante bereichert.[5] Die Probleme der Einordnung und Ausfüllung sind nämlich eher größer geworden. Eine beliebige Auswahl von Autorennamen, aus verschiedenen Zeiten, berühmt oder be-

rüchtigt, die Wellershof und Schemme anführen,[6] verlangt nach
Ordnung, nicht aber nach Schichtung, zumal nicht nach solcher, die
am gegenwärtigen Markt und an heutiger Einschätzung allein orientiert ist. Die Kategorie Unterhaltungsliteratur, die Zimmermann
an Bestsellern von bürgerlichen Autoren exemplifiziert, müßte auch
Bestseller einbeziehen, die von Autoren der Literaten-Literatur geschrieben, aber unter Einplanung einer Verteilung durch Leseringe
und Buchgesellschaften herausgebracht worden sind. Eine materiale
Systematik, die einigermaßen vollständig sein will, erscheint unmöglich, weil sich die Kriterien: Produktionsart, Erscheinungs-
weise, Vertriebsform etc. überschneiden.[7] Die Begriffsbestimmung
mithilfe eines literarischen Schichtenmodells ersetzt die abgewehrte
ästhetische Dichotomie durch eine solche der Vermarktung oder
ordnet sie unter dem Aspekt der Werbung, die mit ihren eigenen
Zahlen die Promotion von Kulturprodukten vorantreibt.

Wenn man den Konsumaspekt als gleichwertig ansieht, in zwei-
oder dreischichtigen Modellen, wie auch immer, kompliziert sich
die Definitionsproblematik erheblich. Romane, eingeschlossen die
Heftchenform, waren und sind nur für bestimmte Gruppen (nicht
Schichten!) erstrangige Lektüre. In ländlichen Gegenden kommen
weiterhin erbauliche Texte in die Nähe von Bibel und Gesangbuch,
was Lesehäufigkeit und -dauer angeht.[8] Auch von hier aus wird der
Blick auf die Formen massenhafter Literatur in früheren Zeiten
nahegelegt. Was macht man z. B. mit dem "Zweimal 52 Biblischen
Geschichten", die der evangelische Pfarrer und Gründer des Calwer
Verlags-Vereins (ein dem heutigen Bastei-Verlag ähnliches Unternehmen, wenn man Comics durch Traktate ersetzt), C. G. Barth,
herausbrachte. Sie kamen bis 1886 in rund 300 Auflagen zu ca.
2 Millionen Exemplaren heraus. Schenda gibt eine Fülle anderer
Beispiele für massenhafte Druckerzeugnisse: über 1 Million Erbau-
ungsschriften wurden 1857 im Department Vosges gedruckt, die
jährliche Produktion von populären Schriften in Frankreich in dieser Zeit schätzt Schenda auf über hundert Millionen, Zeitschriften
und Kolportagebücher dabei sogar ausgenommen.[9] Die Funktion
beispielsweise von Traktaten ist durchaus vergleichbar derjenigen,
die heute den Massenheftchen attestiert wird:

"Hauptaufgaben für die Gegenwart sind einerseits die gemeinverständliche Bezeugung der Grundgedanken des Evangeliums für das
sittlich-wirtschaftliche (!) und gesellschaftliche Leben gegenüber dem

die Massen berückenden falschen Prophetentum der Sozialdemokratie
— und andererseits die gemeinverständliche Bezeugung der biblischen
Wahrheit und christlichen Weltanschauung gegenüber alter und
neuer rationalistischer Kritik und evolutionistisch-monistischer Hypothese — beiderseits aber weniger zusammenfassend als einzeln zu behandeln." [10]

Die Quantität der Traktatliteratur im 19. Jahrhundert ist nicht
annähernd erfaßt. Gerade sie gibt gute Beispiele für Massenhaftigkeit auf dem Verteilungssektor; die Bremer Traktatgesellschaft verbreitete zwischen 1860 und 1869 fast 7 Millionen Traktate neben
anderen ungezählten Devotionalientexten jeweils mit antiindustriel-
ler und antisozialistischer Tendenz. Sie war nur eine unter den 15
größten Gesellschaften dieser Art.

Dies Horrorkabinett aus Zahlen massenhafter Lesestoffe verweist
auf dreierlei: die Beschränkung auf die Massenproduktion des gegenwärtigen Kulturmarkts läuft der begründeten Historisierung des
Forschungsproblems Trivialliteratur zuwider; für die schulische Behandlung dieser Lesestoffe ist aber die Ausdehnung des Zeitraums
zurück nur unter sehr engen Lernzielen sinnvoll und nur unter
Rückgriff auf die schlechte Forschungslage möglich; jede Definition
von Trivialliteratur ist arbiträr und ist im Unterricht jeweils auf
operationaler Basis zu rechtfertigen.

Die Konsumenten haben derartige Probleme der Nominal- und
Realdefinition nicht. Auch die mancherorts geargwöhnte Scham angesichts der Abwertung ihrer Lektüre durch die Geschmacksträger
läßt sich empirisch nicht nachweisen.[11] Sie ist hingegen im Unterricht dann ein unerwünschtes Ergebnis, wenn ein naiv-intentiona-
listisches Verfahren besonders gegenüber Kindern aus sozial unterprivilegierten Schichten die Form einer Rache der Gesellschaft an
denen annimmt, die von der Ungerechtigkeit der Gesellschaft am
härtesten getroffen sind.[12] Trivialliteratur ist nicht das Problem ihrer
Leser, sondern das ungelöste Problem derer, die sich mit ihr beschäftigen (Zimmermann). Tatsächlich deutet vieles darauf hin, daß
die Begriffsdistinktionen und Überlegungen zur Auffächerung des
Gegenstandes keinen Zweck haben, solange die Diskussion insgesamt nicht eingeht in die Steuerung des Lesenlernens und der Lite-
raturaneignung. Nur dies: daß Forschung nicht selbstgenügsam im
Kreise herumlaufen muß, vielleicht Korrektur und Neuauftrag in
der Praxis z. B. der Schule findet, kann sie von dem Vorwurf ent-
senhaft. Denn sie bietet Ersatz "für die Erfüllung von Wünschen

und Träumen, zu deren Realisierung es dem einzelnen an individu-
lasten, daß die Befangenheit gegenüber dem Gegenstand eine klas-
senspezifische der Forschung sei;[13] als Intellektuelle meist bürgerlicher Herkunft befinden sich die Forscher einem Gegenstand gegenüber, der schon im Vorverständnis den unteren Klassen zuge-
teilt wird. Das Komplementär einer solchen Vermutung wäre das
Argument, daß ein Nicht-Zuende-Kommen mit Namen und Sache
in der Hoffnung gründet, man könne mit der Arbeit am Trivialen
über die Klassengrenzen springen. Die Stereotypik der Sekundärliteratur weist auf die Verschränkung von Gegenstand und ihn be-
arbeitender Forschung hin. Doch: was wissenschaftlich mit Unifor-
mität variiert wird, muß in der Unterrichtspraxis nicht ebenfalls
ermüdend wirken. Daß Handlungsführung, Personencharakterisie-
rung und Themenauswahl im Trivialroman anhand weniger Beispiele zureichend analysiert werden können und daß Daten für den
Massenliteraturmarkt gut greifbar sind, ist für das Überleben eines
Forschungszweiges, der sich eng an den heutigen Kulturmarkt an-
lehnt, arg; für die Unterrichtspraxis, die nicht unter Innovitäts-
druck steht, hingegen förderlich. Vielleicht. Denn auch Schüler werden durch nur-analytische Behandlung von Massengegenständen
ermüdet, was solche Unterrichtsmodelle auch noch fördern, die
ihren Plan für mehrere Lernstufen und Klassen anlegen.[14] Um die
Forschung aus ihrem Kreistanz um Begriff und Sache hinauszufüh-
ren, ist eine drastische Erweiterung des Horizonts in die Geschichte
massenhafter Kulturprodukte wie in den Bereich von Medienerzeug-
nissen nötig. Die bislang weithin folgenlose Diskussion bekommt
nur dann sachliche wie politische Relevanz, wenn sie einfließt in
jene langdauernde und für die Lebenspraxis folgenreiche Situation,
in der die Aufnahme und Verarbeitung der massenhaften Lese-,
Hör- und Sehstoffe geübt und gelenkt wird — in die Schulsituation
mit ihrem eigentümlichen Element der Massenhaftigkeit. Die hier
weitergeführte Erörterung von Problemen der Forschung wird sich
an einigen neueren und exemplarischen Unterrichtsmodellen ausrichten.

2. Funktion, Leser

Trivialliteratur wird in den meisten Unterrichtsmodellen definiert
als Gegenstand des massenhaften Konsums; ihre Wirkung sei mas-

duellen Fähigkeiten oder gesellschaftlichen Voraussetzungen man-
gelt"[15]. Man mag das "oder" überlesen wollen, die Rede vom trivialen Bewußtsein im Folgetext ist weit verbreitet.[16] Die Wünsche
und Träume eines solchen trivialen Bewußtseins richten sich auf
Liebe und Glück, Reichtum und Geborgenheit, "nach einer, wenn
nicht heilen, so doch heilbaren Welt. Eben dies sind die Themen
der Heftromanliteratur" (ebd.). Was als ungenügend reflektierte
Tautologie erscheint, ist im schlechten Fall Beispiel für ein Denken,
das den Traum nach Liebe und Glück nur in der Sphäre des Trivialen und Manipulierten kennt. Damit ist eine Verlegenheit vieler
Unterrichtsmodelle angesprochen, die zwar dem Unterhaltungsbe-
dürfnis das Wort reden — zurecht —, es jedoch nicht zusammensehen
mit der Art und Weise seiner Befriedigung; nur die verweist auf die
Uneigentlichkeit des Unterhaltungswunsches. Im zitierten Beispiel
ist eine Forderung, "die Inhalte der Trivialliteratur und ihre Realität von dem 'internal frame of reference' (Rogers) des Lesers her"
zu verstehen. Trivialliteratur scheinbefriedigt aber ganz reale Bedürfnisse, die durchaus nicht trivial sind. Ihr Herkunftsort ist die
entfremdete Arbeit.[17] Ihrem Charakter und Ziel nach sind die Bedürfnisse dann Mängelkritik, wenn sie aus der Festschreibung von
bestimmten Formen entfremdeter Arbeit resultieren. Sie sind auf
Veränderung aus und von konsumprovozierten Bedürfnissen durchaus zu unterscheiden. Trivialliteratur nimmt die in Phantasien und
Wünsche eingekleidete Mängelkritik auf, ohne die Wirklichkeit der
Leser, ihre Normen, Abhängigkeiten, ihren Ort unten in der vertikalen Gesellschaftsordnung infragezustellen. Sie legt die Wünsche
und Phantasien in der Zeit der Lektüre still.

    P. Nusser hat gezeigt, wie beispielsweise im Frauenroman die
Wunschziele, die der Leserin in der Einbildung aus der Misere helfen,
lediglich fixiert werden; denn das Identifikationsobjekt im Text wird in
der gesellschaftlich sanktionierten Rolle der berufslosen Frau und Mutter belassen, aber unter besseren äußeren Umständen.[18] Das gesellschaftlich gängige Bild der Frau wird bestärkt, die realen Versuche zur
Rollendistanzierung diffamiert. Durch den Modus der Rezeption weckt
die Trivialliteratur die als Mängelkritik verborgenen Bedürfnisse nun
als immer wiederkehrende Konsumwünsche. Die sind nicht auf
Veränderung aus. Nussers Arbeit hat erhärtet, daß die durch die
Handlungsführung eingespielten wie die direkt angesprochenen
Wünsche des Lesers primär Antworten sind auf Frustrationen im
Alltag, die im Moment des Lesens herausgebracht werden können:

etwa im Modus der Aggression im Landserheft oder in dem der
Regression im Schicksalsroman. Es sind 'richtige' Antworten, betrachtet man die Gründe und Umstände der alltäglichen Frustrationen des Heftchenlesers — das Ausgeliefertsein in scheinbar unab-
wendbaren Krisenzeiten, den Aggressionsstau bei der Erfahrung der
Kommunikationshierarchie, die Unsicherheit des Arbeitsplatzes u. ä.
Die Entlastung beim Lektürevorgang richtet sich nicht gegen die
wahren Erzeuger der Frustrationen, sondern auf die im Text bereit-
gestellten Ersatzobjekte. Als wichtige Funktion der Trivialliteratur
kommt die Offerte von offen destruktiven und täuschend konstruktiven Konfliktlösungen heraus. Ihr nachzugehen, wäre ein noch
wenig erprobter Ansatz des Unterrichts.

Was kann Trivialliteraturforschung mehr tun als diese Wünsche
genauer zu bestimmen, sie sich mithilfe geeigneter empirischer
Methoden bestätigen zu lassen und ihre gesellschaftliche Genese zu
zeigen versuchen? Sie kann stärker dem didaktischen Wert der Trivialliteratur nachgehen: daß man gerade die Unterstützung und
Verlängerung der herkömmlichen klassenspezifischen Sozialisations-
weisen durch bestimmte Rezeptionsvorgänge am Gegenstand Trivialliteratur genauer als anderswo zeigen kann.

"Denn diejenigen, die der Trivialliteratur und dem Einfluß ihrer sozial schädlichsten Kategorien am direktesten und distanzlosesten ausgeliefert sind, sind gleichzeitig diejenigen, die auf sie angewiesen sind,
wenn sie überhaupt lesen wollen und können." [19]

Die Forschung hat bisher das Augenmerk auf Fakten und Prozesse des Kulturmarkts gelenkt und hat die Umwandlung von genuinen Bedürfnissen in Konsumwünsche beschrieben. Diese Einsicht taucht mittlerweile als (richtiges) Lernziel im Unterricht auf.
Die Forschung hat die Defizienzen der Gesellschaft an der Wunsch-
befriedigung durch Massenlektüre verorten wollen; dieser Umweg
kommt als (schlechtes) Lernziel vor,[20] der bessere Weg wäre die
direkte Analyse der Arbeits- und Freizeitrealität des lesenden Menschen. Viel intensiver als bisher sind die Daten über die Prozeß-
etappen der schulischen Sozialisation fruchtbar zu machen, das
heißt in diesem Zusammenhang: der Verhinderung von Intelligenz
und Kreativität nachspüren. Wie die Daten des Kulturbetriebs wären jene Daten zu sammeln und auszuwerten, die die Bekräftigung
eines unterschiedlichen Sprach- und Lesevermögens durch die Drei-
klassenschule belegen. Die Verfestigung der Bildungs- und Ausbil-

dungsnormen der ökonomisch führenden Klasse von historischen zu 'natürlichen' hat Urs Jaeggi richtig formuliert:

> "Der literarische Kode, dessen Verständnis die Lektüre überhaupt erst ermöglicht, differenziert die Leserschaft. Diese Differenz macht aus den literarischen Texten ein Überbauphänomen. Zwar spricht man von Veränderung, aber in Wirklichkeit herrschen hier die gleiche Arbeitsteilung und deren Folgen vor, wie wir sie in der kapitalistischen Gesellschaft auch auf den anderen Sektoren finden." [21]

Die fragwürdigen Werte und Normen der die Schule veranstaltenden Klasse empirisch auf Leseverhalten und Leselust im Sinne eines Evidenzkriteriums umzulegen — das ergäbe im interdisziplinären Arbeitseinsatz eine Korrektur zum Bild des Verhängnisses Trivialität für die auf Massenstoffe Angewiesenen. Die häufig herangezogenen empirischen Untersuchungen zu Buchmarkt und Leserverhalten[22] haben eine Kluft zwischen der Lesetätigkeit von Arbeitern und der etwa von Beamten ermittelt; genau das ist die Kluft zwischen Grundschulabsolventen und Teilnehmern an weiterführenden Schulen. Dabei ist nicht nur der Anteil an Lesern, sondern auch die Lesehäufigkeit und die Lesedauer innerhalb der Gruppen verschieden. Von ähnlichem Einfluß ist das Bildungsniveau in der Familie und damit die Qualität von Leselernprozessen. Diese Faktoren sind vermutlich viel wichtiger als die Art und Qualität der Lektüre. Das Lesen fiktionaler Texte muß gelernt und geübt werden. Sekundär ist, woran es gelernt wird. Der Leser von Wildwestheftchen ist nicht 'verbildeter' als der Nichtleser, im Gegenteil: es wird sich bei ihm nur um Erweiterung der Leseinteressen und schließlich um Erweiterung des Lesematerials handeln. Diese Erweiterung (nicht Ersetzung!) ist, so scheint es, nicht zuletzt von einer klassenbewußten Interessenvertretung im Rahmen der schulischen Sozialisation abhängig.

Man kann sagen, daß sich in neueren Arbeiten und Modellen der Ansatz von der Bedürfnisdisposition des Lesers durchgesetzt hat.[23] In diese Richtung gehen auch die besseren Lernzielformulierungen, solche, die die Klippe der Maximalforderung nach Veränderung der Gesellschaft durch den Literaturunterricht und die Klippe der banalen Schulstundenaktivierung vermeiden. Doch im Hinblick auf die Lokalisierung und genauere Begründung und Bewertung von Leserbedürfnissen ist noch viel zu tun. Zuerst sprachlich: es gibt kein

'Bedürfnis' nach einem bestimmten Lesegegenstand, etwa nach Kriminalromanen. Auch sind berechtigte Wünsche nach Unterhaltung und Entspannung nicht mit spezifischen Merkmalen der bestehenden Unterhaltungsangebote direkt zu korrelieren, etwa im Sinne: Wunsch nach Übersichtlichkeit und Vertrautheit im Leben — Transparenz der Handlungsführung.[24] Sachlich besteht ungelöst die Schwierigkeit, aus dem trivialen Text ermittelte Gefühle, Einstellungen und Wünsche 'der' Leserschaft von Massenliteratur zuzuordnen. Etwa so:

"Das Objekt Trivialliteratur und auch das Erlösungs- und Traumverlangen seines Publikums reflektiert die Vereinheitlichung von Interessen und Bedürfnissen; die Widersprüche der Industriegesellschaft mit ihrer Entfremdungstendenz; das Unerfülltsein und die Vereinsamung des einzelnen in der Massengesellschaft; Lese- und Bildungshunger wirtschaftlich sorgenfreier (!), aber sozial benachteiligter und vernachlässigter Schichten."[25]

Wird hier ein Klischee bürgerlicher Soziologen übernommen, das die Klassenlosigkeit der spätkapitalistischen Gesellschaft, deren Erzeugnis der standardisierte Mensch sei, vorträgt? Modelle der Trivialliteratur lassen zuweilen derartige Konzeptionen erkennen: da stempeln die Fließbänder der Massenliteraturproduzenten das Bewußtsein von Millionen Lesern und machen sie gebrauchsfertig zum Funktionieren, so wie es sich Huxley in "Brave New World" ausgemalt hat. Dieser Forschung nach gibt es den klassenbewußten Arbeiter nicht mehr; und mag das Ziel auch nicht sein, wie A. N. Nikoljukun vermutet[26], die Antiquiertheit des Klassenkampfmodells nachzuweisen, so geben doch die schieren Quantitätsnachweise über den Konsum von Trivialem zu denken, die jenen Konsens über die Nominaldefinition bestimmen. Man kommt beim Argument vom Leser her leicht in Sehweisen, die den Leser statisch als Konsumenten und als nur diesen sehen. Die Trivialliteratur "und auch" die Bedürfnisdisposition ihres Publikums reflektieren eben nicht eine "Vereinheitlichung von Interessen und Bedürfnissen", sondern die einfach gesetzte Identifikation von beiden, gesetzt von den Produzenten und nachvollzogen vom Kritiker. Lernziele, die eine Verschränkung von Markt und sozialem Status der Leser nachweisen wollen, haben nur diese Chance: daß sie diese Setzung in der Strategie der Produzenten nachweisen können; nicht als ideologischen Krieg, sondern als gleichsam naturwüchsiges Ergebnis einer

Wirtschaftsweise, in der vorgetäuscht wird, die Produktion von Tauschwerten vollzöge sich allein im Interesse der Konsumenten. Als Gegenstand eines Literaturunterrichts, der die Kritikfähigkeit des Schülers gegenüber seiner Lebenswirklichkeit fördern soll, ist Trivialliteratur gerade wegen folgender schamlosen Direktheit ein taugliches Objekt: unverstellter als in den der Massenliteratur inserierten Erfolgsversprechungen stellt sich das Interesse am Profit jenseits von Erwägungen des Gebrauchswerts nirgends aus.

Derartige Verschränkungen lassen sich am Gegenstand evident machen. Für die Erfassung 'des' Lesers ist nicht viel gewonnen. In einem jüngeren Unterrichtsmodell lautet ein Lernziel: den Markt einsichtig machen, mit Zahlen auf bedrucktem Papier seien reale Vorgänge und Menschen in bestimmten sozialen Situationen verbunden; der Einblick in die Marktverhältnisse helfe, die Fremdbestimmung der Konsumenten abzubauen.[27] So richtig das Ziel ist: 'ein' Mensch in seiner bestimmten sozialen Situation ist dabei nicht zu erfassen, sondern der Angehörige einer Schicht mit Durchschnittswerten, -merkmalen und -bedürfnissen. Es kann sich nicht um eine Philippika gegen die empirische Sozialforschung handeln. Aber allzu leicht wird von der Einsicht in die Marktverhältnisse zurückgeschlossen auf ein vermeintliches unpolitisches Bewußtsein der Kaufenden, auf Blindheit gegen ihre soziale und ökonomische Lage als Bedingung für bestimmten Konsum. Die Erkundung der Lesegewohnheiten von jenen 77,7 % nur mit Volksschulabschluß versehenen Lesern von Bastei-Romanen[28] sagt nichts aus über die tatsächliche oder entwicklungsfähige Einstellung zur eigenen Klasse und nichts über die praktische Auseinandersetzung des Einzelnen am Arbeitsplatz. Davon, von der Differenz zwischen Lesematerial und Alltagspraxis redet eine "Psychologische Leitstudie" aus dem Jahre 1968 nicht, die eine zusammenfassende Beschreibung der Leser von Bastei-Heftchen gibt:

> "Allen drei Gruppen ist gemeinsam, daß sie in der Bewältigung der Realität des sozialen Alltags mehr oder weniger gravierende, vorübergehende oder dauerhafte Probleme haben." [29]

In seiner Arbeit korreliert P. Nusser in sorgfältigem Vorgehen die Verquickung von Liebe und materiellen Garantien im Beispiel Frauenroman mit den realen Interessen der Leserinnen. Die ergeben sich aus der Zugehörigkeit zur Unterschicht, z. B. aus beruflicher Benachteiligung, familialer Abhängigkeit, ständiger ökonomischer Un-

sicherheit. Dennoch hat auch seine Arbeit einen Verdacht nicht aus-
räumen können: daß diese Korrelationen auf Vielheit zielen und
nur in dieser stimmig sind. Denn sowohl der Ausgangspunkt (der
interpretierte Heftchenroman) als auch die Zielpunkte (die statistisch ermittelte Situation der Leserin) sind vom Besonderen, Individuellen abstrahiert. Das lesende Individuum bekommt man nicht
zu fassen; das historische in schlechter Annäherung über Kritiken
und Briefwechsel, in denen gehabte Erfahrungen, Erwartungen, konkrete Merkmale von bestimmten Situationen als symptomatisch
ausgegeben oder als beispielhaft stilisiert werden. Der zeitgenössische Leser läßt sich durch Befragung und Beobachtung schwer genau
festlegen und beruft sich bei direkten Fragen nach dem tatsächlichen
Vorgang der Lektüre erschrocken auf seine Intimsphäre.[30] Die Verhaltensweisen bei der Nutzung von Literatur sind überhaupt noch
nicht erforscht worden; vermutlich wird hier ein Beginn bei den
massenhaften Sachbüchern mehr erbringen.

Zurück zur Frage der Verteilung von Lesegegenständen über verschiedene Leserschaften. Man pflegt sie in einer herbeigezogenen
sozialstatistischen Schichtenpyramide zu lokalisieren. Das hat seine
Tücken, die bedacht sein müssen. Die massenhafte Produktion trivialer Seh-, Hör- und Lesetexte verweist zunächst auf eine sehr
große Zahl von Konsumenten, die in den solche Bedürfnisse generie-
renden Verhältnissen leben, die sich zur Zeit am einfachsten durch
jene Massentexte befriedigen lassen. Doch was liest der Unternehmer, wenn er liest? Was der soziale Aufsteiger, was der scheinbar
nur sich selbst verantwortliche Freiberufliche? Die Problematik so-
zialstatistischer Schichtenmodelle kann hier nur angedeutet werden.
Ihnen zugrundeliegende Verfahren der Beschreibung von gesellschaftlichen Verhältnissen sind allemal Momentaufnahmen, die
einen Jetztzustand festmachen. In der statistischen Aufbereitung
fallen Aspekte einer historischen Entwicklung weg. Man redet von
scheinbar autonom fundierten gesellschaftlichen Strukturen, statt
diese als Ableitungsformen eines sich historisch entfaltenden In-
teressenantagonismus zu verstehen, der aus den bestimmten Eigen-
tumsverhältnissen resultiert. Und auch die Bedingungen für die
Realisierung eines auf Bedürfnisbefriedigung gerichteten Handelns
sind geprägt durch Kapitalverhältnis und Arbeitsform.[31] Von beiden
Aspekten her ist die übliche Schichtenpyramide zu problematisie-
ren. Nichts davon findet sich in den gängigen empirischen Untersuchungen über Leser, Buch und Kulturmarkt. Man teilt ein nach

berufsständischen, einkommensmäßigen und arbeitsrechtlichen Gesichtspunkten in Hilfsarbeiter und Facharbeiter, einfache und mittlere Angestellte und Beamte, leitende Angestellte und höhere Beamte etc. Die Zurechnungsschwierigkeiten sind von Maase behandelt worden. Sie sind genausowenig ausdiskutiert wie der Verdacht, daß in den Zuordnungen von Merkmalen der Konsumentensituation zu den sie kompensierenden Merkmalen der Massentexte die Leser doch nur wieder als homogene Lesergruppe gesehen werden, ohne Rücksicht auf Faktoren unterschiedlicher Bedürfnisentwicklung, -erweiterung und -befriedigung im Rahmen der Gesellschaft.

Die Untersuchung von Leserinteressen im realen Lebenszusammenhang kann deren Art, Dauer und Qualität zu ermessen suchen. Als Folie für die Einschätzung der Wirklichkeit massenhafter und doch einzelner Leser kann nur die Arbeitswelt infrage kommen. Ihre Untersuchung sollte allen Lernzielen, die vom Erkennen der Funktion und der Wirkung massenhafter Kulturprodukte reden, vorangesetzt sein. Deshalb ist es G. Giesenfelds richtige Konsequenz, in seinem "Kurs in Trivialliteratur" zuerst diese einmal anzupacken und den literaturunterrichtlichen Teil zu vernachlässigen. Der 'normale' Deutschunterricht kann das natürlich nicht leisten. Auch hier ist der Lehrer auf interdisziplinäre Vorarbeiten angewiesen.

Es mag nicht unberechtigt sein, die stagnierenden Verhältnisse in der Trivialliteraturforschung (und die bisherige Erörterung) auf diesen Nenner zu bringen. Trivialliteratur bietet der Forschung im Moment wenig Ansatz, weil der notwendigen und als notwendig oft herausgestellten Kooperation mit anderen Wissenschaften, mit empirischer Sozialforschung, Psychologie und Sozialisationsforschung zumal, keine institutionellen Möglichkeiten gegeben sind. Nur eine nicht nur punktuelle Zusammenarbeit könnte über die verkürzte Aufnahme und eklektische Übertragung von Ergebnissen herausführen. Denn ein gemeinsames Interesse kann vorausgesetzt werden und würde schon im Ansatz für ein langfristiges Vorgehen zu Buche schlagen. Das Gegenteil ist Realität: die Deklaration von Sparmaßnahmen vor allem auf dem Bildungs- und Forschungssektor trifft gerade die wenigen eingeleiteten Maßnahmen zur Institutionalisierung von interdisziplinärer Arbeit. Genauere und vielfältigere Ergebnisse von dorther kämen dem Unterricht in Massenliteratur zugute wie dessen exakterer und realistischerer Lernzielbestimmung.

3. Ziele, Alternativen

Schlußsätze von wissenschaftlichen Untersuchungen zur Massenliteratur wie auch progressiv formulierte Unterrichtsmodelle münden oft in der Hoffnung, ein aufgeklärter Umgang mit Massenpro-
dukten könne irgendwie beitragen zu deren Verminderung. In seinem Modell definiert Wolff die Beziehung zwischen Produktion
und Konsum von Trivialliteratur als Korrespondenz zwischen "ex-
tensiver Warenästhetik" und "intensiver Wertästhetik". Auf sie
wirke das Werturteil über Triviales ein: "die Abwertung seitens
der anerkannten Literaturtheorie schafft Basis und Alibi zum Massenkonsum in sogenannten Unter- wie Mittelschichten"[32]. Eine Gegensteuerung müßte demnach von einem veränderten literarischen
Wertesystem ausgehen! Wolff steht nicht allein. Die Folge des sehr
lange vorherrschenden dichotomischen Ansatzes bei der Untersuchung massenhafter Lesestoffe sei, so liest man anderswo,[33] die
Verbannung von Produktion und Verbreitung aus dem öffentlichen
Gespräch; eine Wertungsdebatte, die nicht nur nach ästhetischen
Maßstäben vorgehe, soll die öffentliche Gegensteuerung gegen die
Wirkung der Trivialprodukte veranlassen. Man kann das so wörtlich nicht nehmen, denn "der Tatsache, daß Trivialliteratur gelesen
wird, ist nicht durch literarische Wertbegriffe zu begegnen, sondern
allein durch die Aufhebung der Entfremdung von Arbeit und Freizeit, die das Lesen bestätigender und illusionärer Literatur notwendig macht"[34]. Das wird man einem emanzipatorischen Literaturunterricht nicht zutrauen — aber kann ein Unterricht in Massenliteratur die Voraussetzung dafür schaffen, dies Ziel politisch zu
wollen? Was gibt der Gegenstand dafür her? Kann Trivialliteratur
als Vehikel zur Aufklärung angesetzt, die Produktionsform gegen
sich selbst gekehrt werden? Kann man Trivialliteratur umfunktionieren — und was kommt dabei heraus?

   In jüngerer Zeit haben sich einige Untersuchungen mit der Frage
beschäftigt, ob der Kriminalroman ein geeignetes Vehikel für Aufklärung durch Unterhaltung abgeben könnte. Die Bestätigungsfunk-
tion des Genre ist oft nachgewiesen worden.

   "Im Kriminalroman ist das glückliche Ende die Wiederherstellung des
   Rechts und die Bestrafung des Schuldigen. Es handelt sich dabei nicht
   nur um private Harmonie, sondern um Harmonisierung der Welt,
   Wiederherstellung von Geborgenheit."[35]

G. Egloff hat die restaurative Absicht in dem Zusammenhang
von Kompositionsschema, Lesererwartung, sozialökonomischer Lage
des Lesers und vermitteltem Gesellschaftsbild an Agatha Christies
Romanen nachgewiesen.[36] Auch die strukturelle Tendenz des Genre
zur Sozialkritik ist schon herausgeholt worden. Die Detektion im
Kriminalroman legt nicht nur die Ursache einer Störung der scheinbaren Ordnung und Harmonie der Gesellschaft frei; sie enthüllt
auch die "sekundären Geheimniskomplexe" (Alewyn), die Indizien
für die Doppelbödigkeit (z. B. Fehltritte, Fälschungen, unterdrückte
Skandale, Korruption). Die Gesellschaft als ganze wird für kurze
Zeit belastet. Die Leistung des Detektivs oder der Polizei bringt am
Ende die Verunsicherung zur Ruhe und deckt die offengelegten Abgründe wieder zu. Die Schwierigkeit einer Umfunktionierung des
Genre ist es, die Verbindung von Unterhaltung und Gesellschafts-
kritik nicht rein additiv zu belassen, sondern den Zusammenhang
beider in die Erzählform zu legen. Die ist durch die strenge Funktionalität aller einzelnen Elemente gekennzeichnet, in der Regel
auf Lösungsverzögerung hin. Das Ende der Detektion dürfte nicht
zugleich das Ende der gesellschaftlichen Störung sein. Die Umfunktionierung müßte die Verfaßtheit der Gesellschaft als tiefste Ursache für Verbrechen herausbringen und somit disharmonisch enden, es sei denn, man könnte eine Perspektive zur Überwindung
der kritikwürdigen Zustände im Erzählen der Detektion glaubhaft
machen. P. Nussers Untersuchungen zu Romanen von Hammett,
Boileau/Narcejac, Kemelman und einer Kriminalerzählung aus der
DDR zeigen die Probleme: entweder bleiben die kritischen Intentionen an der Oberfläche der gesellschaftlichen Institutionen hängen
und enden in der privaten Resignation des Einzelkämpfers (Nachweis einer unveränderbaren Korruptheit und schließlicher Wegzug
des Ned Beaumont in Hammetts "The Glass Key"); oder sie vermitteln die Perspektive einer anderen, hier sozialistischen Gesellschaft unter Preisgabe der genrenotwendigen Spannung (A. An-
dreews, "Die Dame mit dem Trick"). Auch wo nach Meinung Nussers beides ins Lot gebracht ist — in Kemelmans "Am Freitag schlief
der Rabbi lang" —, zeigt schon die unverhältnismäßig lange In-
haltswiedergabe ein beträchtliches Defizit an Spannung an.[37]
Am konsequentesten scheint das schwedische Autorenehepaar
Sjöwall/Wahlhöö das Konzept zu verfolgen, mit Hilfe der Massenliteratur Aufklärung in Gang zu bringen.[38] In einer festgelegten
Folge von zehn seit 1965 im Jahresabstand aufeinanderfolgenden

Polizeiromanen mit gleichbleibendem Personal geht es um eine allmähliche Verschärfung und Vertiefung der Kritik an der schwedischen Gesellschaft. Das zielt auf eine allmähliche Veränderung der Lesererwartung durch die Lektüre der Serie. Die Veränderung muß sich, soll die unterhaltende Wirkung beibehalten werden, auf eine allmähliche Umorientierung der erzählten Detektion richten. Die Realisierung zeigt, daß die angesetzte Kritik tatsächlich verschärft und vertieft wird, auch rein quantitativ immer größeren Raum bekommt, sich aber mehr und mehr in Essayform neben die erzählte Detektion lagert; sei es, daß Polizeibeamte auf der Fahrt zum Einsatz über den steigenden Drogenkonsum nachdenken (Der Mann auf dem Balkon, 1970), oder folgenlose Nebenhandlungen wie Übergriffe der Polizei auf die Bürger eine Ablenkung bewirken (Das Ekel von Säffle, 1973) oder der Erzähler ganz heraustritt und gesellschaftliche Mißverhältnisse referiert und antikapitalistisch kritisiert (Verschlossen und Verriegelt, 1975). Anders die Umkehrung der sozialen Charakterisierung von Täter und Opfer im konsequentesten Roman "Und die Großen läßt man laufen" (1972), wo die gesellschaftlichen Zwänge, unter denen das Opfer finanzieller Manipulationen zum Mörder am sozial abgesicherten Schädling der Gesellschaft wird, Gegenstand der Detektion sind. Dort etwa paßt die Eigenart des Genre mit der neuen Funktion zusammen. Die Überführung des Verbrechers, der im sozialkritischen Sinn nicht der Schuldige ist, läßt den aufgedeckten Konflikt in der Gesellschaft offen. Dies und die allmähliche Bewußtseinserweiterung der Identifikationsfiguren, die ein Verständnis für die soziale Problematik von Verbrechen entwickeln, nehmen den Leser und seine Vorurteile in die erzählte Detektion hinein. In der Regel aber bringt die Detektion die soziale Bedingtheit von Verbrechen heraus und steckt das gesellschaftliche Umfeld kritisch ab, doch die Analyse der Bedingungen fällt aus der erzählten Handlung heraus. Sie nimmt dann die Formen der Dokumentation, der Wiedergabe von Daten und des essayistischen Überblicks über Veränderungen in der Gesellschaft an. Die Kriminalhandlung geht auseinander, die Spannung bricht sich an disparaten Erzählbögen. Die Unterhaltung geht verloren, und das scheint das Schicksal der vorliegenden Versuche zu sein, die Merkmale von Massentexten gegen diese selbst zu richten. Ein anderes Beispiel wären die Underground-Comics eines Robert Crumb.

Am Problem, das Enzensberger 1970 in seiner Medientheorie

formulierte, nagt man noch immer herum: wie sind die Wünsche
der Konsumenten von Trivialliteratur nach Unterhaltung etc. richtig einzuschätzen, was sind genuine, d. h. 'richtige' Antworten auf
tatsächliche alltägliche Frustrationen, was sind verfälschte, solche,
die die Massenkultur erst hervorbringt?[39] Soll man ein Bedürfnis
nach folgenloser Spannung durch aufklärerische Hinweise auf den
Alltag des Lesers und auf seine Arbeitsverhältnisse disqualifizieren;
eines nach Schilderung von Harmonie im Zusammenleben der
Menschen durch Ironie oder den Finger auf die Existenz von Be-
sitz- und Erziehungsschranken entlarven; eines nach Ausschweifung
in phantastische oder exotische Welten durch Annäherung an das
technisch Mögliche zügeln? Trivialliteratur wird als Vehikel von
Aufklärung wenig abgeben können an Lust, ahnungslosem (oder
ahnungslos genossenem) Behagen, an unkomplizierter Aufnahme,
was dem aufklärerischen Impuls dann noch zugute kommen könnte.
Das Merkmal dieser Lesestoffe: der Zusammenhang von Lustge-
fühl im Lesevorgang und die Realitätslosigkeit im Sinne von schie-
rer Kalkulation auf Wirkung wird im Umfunktionieren beseitigt.
Das scheint so zu sein — bisher hat die literarische Wirkungsforschung keine Erfahrungen mit umfunktionierter Massenliteratur
gemacht; sie müßte dazu bei ihren Befragungen und Beobachtungen
viel stärker auf den Inhalt abstellen. Andererseits: nicht einer
Gleichberechtigung der Massenliteratur ist das Wort geredet, wenn
dadurch Verzicht geleistet wird: langfristig eine Literatur für den
Massenkonsum zu schaffen, die unterhält und aufklärt; die Sozialisation der besitzlos Arbeitenden, die schulische zumal, so zu verändern, daß eine Rezeption von Kunst für sie nicht nur kurzpha-
sige erzwungene Mühe, sondern langfristig und vergnüglich wird;
schließlich die Unterhaltungsfunktion jeder fiktionalen Literatur
mit der Genußfähigkeit aller, nicht nur weniger privilegierter Leser zusammenzubringen. Die schulische Behandlung massenhafter
Lese-, Seh- und Hörprodukte kann nicht auf Kosten der nicht massenhaft produzierten und konsumierten Kunstgegenstände gehen.
Sie soll vielmehr

> "den Anspruch der Massen gerade auch auf hohe Kunst implizieren,
> indem die Massen aus dem Ghetto ihrer — keineswegs immer re-
> stringierten — ästhetischen Rezeptions- und Produktionsweise befreit
> werden".[40]

Der Lehrer kann nicht beunruhigt, aber tatenlos warten auf eine
Veränderung der sozialen und ökonomischen Verhältnisse, die an-

dere Möglichkeiten mit sich brächten, Interessen und Bedürfnisse zu entwickeln. Ein realistisches und sinnvolles Nahlernziel ist, mehr und intensivere Erfahrung im schreibenden und gestaltenden Verändern massenhafter Kulturprodukte zu veranlassen,[41] und zwar vornehmlich an den Hauptschulen. Analyse hätte zurückzutreten; Trivialliteratur entsteht und funktioniert gerade im Gegenzug zum kognitiven Verhalten. Eine notwendige Textanalyse hätte zu zeigen, daß der Blick des Lesers in das Massenheft ein Blick in den Spiegel seiner veränderungsbedürftigen Realität ist. Doch hätte das vor dem Selbertun zurückzustehen. Neben jenen Gestaltungsversuchen mit pragmatischen Texten (Bericht, Charakteristik etc.), die an die Stelle der herkömmlichen Aufsätze getreten sind, könnte in den frühen Schuljahren die Arbeit mit Massentexten stehen. Deren Ziel wäre es, den Schülern in der Erfahrung durch Gestaltung jenes situationale und rollenbezogene Lesen (Dahrendorf) einzuüben, das bislang den besser ausgestatteten Kindern auf weiterführenden Schulen und Lernstufen vorbehalten ist — den untypischen Lesern von Massenliteratur. Die Gegenstände solcher Einübung brauchten auf Dauer nicht die gewohnten zu bleiben. Um eine fortschrittliche Literaturarbeit hat sich derjenige zu bemühen, der Massenliteratur nicht nur als beklagenswerte Tatsache oder als interessantes Analyseobjekt sieht. Fortschrittliche Literaturarbeit hat an den konkreten Formen, in denen sich Grundbedürfnisse ausdrücken, anzusetzen. Die entfalten sich an konkreten Problemen des Alltags. Literaturarbeit muß mit einem gezielten Angebot in früher Schulzeit bei der Arbeiterjugend einsetzen, die einen Großteil jener 77,7 % nur mit Volksschulabschluß versehenen Leser von Bastei-Romanen stellt. Der Gegenstand einer Beschäftigung mit Literatur für die Massen als Mittel nicht bloß scheinhafter Bedürfnisbefriedigung wäre dann eine Literatur, die mit Brecht volkstümlich zu nennen wäre.[42]

Anmerkungen

[1] Die nicht mehr frische Diskussion rekapituliert des breiteren Munch-Petersen, E.: "Trivial literature and mass reading" in: Orbis Litterarum 27 (1972) 157—172. G. Graf will in einem neuen Unterrichtsmodell die Uhr zurückdrehen: "Heute hingegen werden, gleich einem literarischen Demokratisierungsprozeß, die Unterschiede beider Literaturschichten in der

Weise eingeebnet, daß man z. B. einseitig abhebt auf die historisierende Betrachtung der Trivialliteraturen und sie als historisch vorfindliche Epochenphänomene definiert." ("Zur Behandlung trivialer Jugendlektüre auf der Sekundarstufe I" in: Der Deutschunterricht 27, H. 5 (1975) 54).

[2] Neben den frühen und wohlbekannten Arbeiten von D. Bayer, M. Beaujean, E. D. Becker und K.-I. Flessau ist noch die Bibliographie von H. Germer zu erwähnen (The German Novel of Education 1792–1805, A complete Bibliography and Analysis, Bern 1968). Vgl. dazu die Rezension von W. Martens in: Archiv für das Studium der Neueren Sprachen 122 (1971).

[3] U. a. Ziermann, K.: Romane vom Fließband. Die imperialistische Massenliteratur in Westdeutschland, Berlin (DDR) 1969; Dau, R.: "Schiller und die Trivialliteratur" in: Weimarer Beiträge XVI, H. 5 (1970); Nusser, P.: Romane für die Unterschicht, Stuttgart 1973; Bremer Kollektiv: Didaktik und Methodik des Deutschunterrichts in der Sekundarstufe I und II, Stuttgart 1974 (Kap. 5: Wenzel, R.: Massenliteratur).

[4] Freitag, Ch.: "Zur Methodik einer wissenschaftlichen Analyse von Massenliteratur" in: Sprachkunst III, H. 1 (1972) 98–111.

[5] Dazu Foltin, H. F.: "Die minderwertige Prosaliteratur. Einteilung und Bezeichnungen" in: Deutsche Vierteljahrsschrift 39, H. 2 (1965) 288–323. Zimmermann, H. D.: "Das Vorurteil über die Trivialliteratur, das ein Vorurteil über die Literatur ist" in: Akzente 5 (1972) 386–408. Freitag, a. a. O. Zuletzt Schemme, W.: Trivialliteratur und literarische Wertung, Stuttgart 1975; wie wenig die Argumente überzeugen können, ersieht man aus den ambivalenten Ausführungen zum Autor (145) und zum Vertrieb (148).

[6] Wellershof, D.: "Der Kompetenzzweifel der Schriftsteller. Über Literatur und Trivialliteratur" in: Merkur 268 (1970) 727 f.; Schemme, a. a. O. 140 f.

[7] Vgl. den Versuch in: Bremer Kollektiv, a. a. O. 193–198: Kinder- und Bilderbücher, Jugendbücher, Frauenromane, Western, Kriminalromane, Science fiction, Horror- und Sexliteratur, Witz- und Rätselhefte, Bestseller, Illustriertenromane, Comics, Schlagertexte. Es fehlen zumindest Fernsehserien.

[8] Vgl. Munch-Petersen, a. a. O. 157 f.

[9] Schenda, R.: Volk ohne Buch. Studien zur Sozialgeschichte der populären Lesestoffe 1770–1910, Frankfurt/Main 1970, 169 (Barth), 184 ff. (Zahlen).

[10] Rahlenbeck, H.: "Traktatgesellschaften" in: Realencyclopädie für protestantische Theologie und Kirche, Leipzig ³1908, 55, zit. bei Schenda, a. a. O. 320 f. (Hervorhebung J. B.).

[11] Die behauptet E. Naether in einer Untersuchung der Studiengruppe für Marktpsychologie, Hamburg, für den Bastei-Verlag: "Der durchschnittliche Leser von Romanheften ist nicht frei von dem Gefühl der

Peinlichkeit, weil er weiß, daß andere Leute Romanhefte und vor allem auch ihre Leser bespötteln und ablehnen." (Romanhefte. Eine psychologische Leitstudie, Hamburg 1968, 18). Die überaus schmale empirische Basis der Auftragsstudie ist bemerkenswert.

[12] Hain, U./Schilling, J.: "Trivialliteratur als Forschungs- und Unterrichtsgegenstand" in: Die deutsche Schule 64, H. 1 (1972) 32.

[13] Bremer Kollektiv, a. a. O. 187.

[14] z. B. Graf. a. a. O.; Lecke, B.: "Comics als Vorschule" in: Ide, H. (Hrsg.): Projekt Deutschunterricht 5, Stuttgart 1973; Bremer Kollektiv, a. a. O.

[15] Kloppmann, W.: "Trivialliteratur" in: Sprache, Literatur und Kommunikation. Kursmodelle für das Fach Deutsch in der Sekundarstufe II, hg. von H. G. Hölsken u. a., Stuttgart 1974, 30 (unter Verweis auf D. Bayer).

[16] Vgl. auch Wolff, G.: "Modell einer Unterrichtsreihe in Trivialliteratur" in: Der Deutschunterricht 24, H. 6 (1972); Köck, W. K.: "Manipulation durch Trivialisierung" in: Rucktäschel, A. (Hrsg.): Sprache und Gesellschaft, München 1972, 289 ff.

[17] G. Giesenfeld widmet dem Problem einen guten Abschnitt in: "Methodische Vorüberlegungen zum Umgang mit nicht anerkannter Literatur" in: Diskussion Deutsch 6 (1971) 314—334.

[18] Nusser, a. a. O. 45—51.

[19] Hain/Schilling, a. a. O. 32.

[20] Giesenfeld geht es beispielsweise um die "ersatzweise Erfahrung von gesellschaftlichen Widersprüchen der Produktionssphäre und das Aufklären über die Auswirkungen dieser Produktionsverhältnisse bis in den eigenen Erlebnisbereich der Schule hinein" ("Ein Kurs in Trivialliteratur" in: Ide, H. (Hrsg.): Projekt Deutschunterricht 5, Stuttgart 1973, 178).

[21] Jaeggi, U.: Literatur und Politik, Frankfurt/Main 1972, 127.

[22] z. B. Girardi, M.-R. u. a.: Buch und Leser in Deutschland, Gütersloh 1965; Schmidtchen, G.: "Lesekultur in Deutschland" in: Börsenblatt für den Deutschen Buchhandel 70 (1968) und ders.: "Lesekultur in Deutschland 1974" in: Börsenblatt für den deutschen Buchhandel 39 (1974). Zur Weiterführung vgl. Maase, K.: Leseinteressen der Arbeiter in der BRD, Köln 1975, 26—36.

[23] z. B. Giesenfeld, a. a. O.; Dahrendorf, M.: "Trivialliteratur als Herausforderung für eine literaturdidaktische Konzeption" in: Diskussion Deutsch 6 (1971) 302—313; Stumpf Chr.: "Wozu Trivialität" in Diskussion Deutsch 14 (1973) 368—379; Bremer Kollektiv, a. a. O., bes. 212 (Unterrichtsziele 2.4.).

[24] Dahrendorfs Tabelle, die leserspezifische Merkmale zu Merkmalen trivialer Texte ordnet, ist problematisch, wenn auch gut handhabbar

("Literaturdidaktik und Trivialliteratur" in: Sprache im Technischen Zeitalter 44 (1972) 271).

[25] Wolff, a. a. O. 63. (Hervorhebung J. B.).

[26] Nikoljunkun, A. N.: "Massenliteratur und Gegenkultur" in: Weimarer Beiträge 20, H. 12 (1974) 35 f.

[27] Bremer Kollektiv, a. a. O. 211.

[28] Diese Zahl stammt aus der häufig angeführten Studie der Marplan-Forschungsgesellschaft (1969) für den Bastei-Verlag, zit. von: Arbeitsgruppe Massenliteratur: "Verwertbare Unmündigkeit. Zur Romanheftserie Jerry Cotton" in: Aesthetik und Kommunikation 5/6 (1972) 55.

[29] Naether, a. a. O. 23.

[30] Vgl. die Auswertung einer großangelegten empirischen Untersuchung über die Wirkung von H. Kants Roman "Die Aula" in der DDR (Wissenschaftliche Zeitschrift der Universität Halle-Wittenberg XVIII (1969) Reihe G, H. 2.).

[31] Vgl. Combe, A.: "Zur Kritik der Sozialisationsforschung" in: Die deutsche Schule 64, H. 4 (1972) und Maase, a. a. O.

[32] Wolff, a. a. O. 63. Es ist an dieser Stelle anzumerken, daß die zitierten Unterrichtsmodelle als Demonstrationsobjekte für Problembereiche herangezogen wurden. Gerade Wolffs Modell gibt in seiner Durchführung einer quantitativen Inhaltsanalyse und der Verarbeitung kommunikationstheoretischer Fragen eine sinnvolle Weiterführung bisheriger ideologiekritisch vorgehender Arbeiten.

[33] Kloppmann, a. a. O. 46 f. unter Berufung auf Beaujean, M.: "Leser und Lektüre in der Bundesrepublik" in: Bücherei und Bildung 22 (1970) 143 f.

[34] Duske, U.: "Brecht ist keine Alternative zu Jerry Cotton" in: betrifft: erziehung 6, H. 10 (1971) 34.

[35] Stellvertretend für andere Daiber, H.: "Nachahmung der Vorsehung", in: Vogt, J. (Hrsg.): Der Kriminalroman II, München 1971, 433.

[36] Egloff, G.: Detektivroman und englisches Bürgertum, Düsseldorf 1974.

[37] Nusser, P.: "Aufklärung durch den Kriminalroman" in: Neue Deutsche Hefte 18, H. 3 (1971) 72 ff., 84 f.

[38] Ich verweise auf die Stuttgarter Magisterarbeit von S. Müller: Sozialkritik in den Polizeiromanen des schwedischen Autorenehepaares Sjöwall/Wahlhöö (1975).

[39] Enzensberger, H. M.: "Baukasten zu einer Theorie der Medien" in Kursbuch 2 (1970) 171.

[40] Pforte, D.: "Plädoyer für die Behandlung von Comics im ästhetischen Unterricht" in: ders. (Hrsg.): Comics im ästhetischen Unterricht, Frankfurt 1974, 11. Pforte meint, im Anschluß an Negt und Kluge, daß das Zusammenbinden von Unterhaltung und Aufklärung gerade dem Comic am ehesten gelingen könne, weil die dem Medium eigentümliche

Synechie von Wort und Bild der Spezialisierung der ästhetischen Wahrnehmung entgegen- und einer proletarischen (synästhetischen) Wahrnehmungsweise zugewendet sei.

[41] Das müßte allerdings intensiver vorbereitet, analysiert und vor allem besser ausgewertet werden als es Brödl/Wutz in ihrem Schulversuch tun, auf den aber ausdrücklich hinzuweisen ist (Der kluge Waffenfabrikant und die dummen Revolutionäre, Frankfurt/Main 1972).

[42] Vgl. auch Zimmermann a. a. O. 408; in ausführlicher Argumentation Maase a. a. O., 90 ff.

Dietger Pforte

BEDINGUNGEN UND FORMEN DER MATERIELLEN UND IMMATERIELLEN PRODUKTION VON HEFTROMANEN

Ein "Neues Märchen von einem, der auszog, das Fürchten zu lernen", erzählte 1910 von einem Mann, der — um das Gruseln zu lernen — eine ganze Nacht lang Detektiv-, Räuber-, Indianer- und Gespenstergeschichten las:

> "Und er las von Sherlock Holmes und Nick Carter, von Nat Pinkerton und dem genialen Meisterdieb Lord Lister, von den Geheimnissen des Weltdetektivs und der Roten Maske, vom Texas Jack und Buffalo Bill, von dem großen Räuberhauptmann Arno Kraft, und der zu Tode gepeitschten Großfürstin Feodora, von dem Giftmord am Teufelssee und der blutigen Hand auf der Kirchhofmauer [...]."

Der Mann aber gruselte sich nicht, sondern sagte am anderen Morgen traurig,

> "er hätte sich zwar königlich unterhalten über die Leute, die sich solchen konzentrierten Blödsinn aus den Fingern saugen",

und auch über die Leute, die "ihr ganzes Taschengeld und noch einiges mehr in solchen Quatsch" anlegen. Als indes dem Mann die statistische Mitteilung in die Hände fiel,

> "daß das deutsche Volk jährlich fünfzig Millionen Mark, also fast eine Mark pro Kopf, in solchen Meisterwerken der deutschen Literatur anlege, wie sie unseren Freund beschäftigt hatten [...] als der Mann, der das Gruseln lernen wollte, das las, da fuhr er zusammen und rief: 'Jetzt fürcht ich mich! Nun weiß ich, was Gruseln ist!' "[1]

Der Mann mit der beschränkten Fähigkeit zu fürchten wird in dem Märchen als trefflicher Hüter Wilhelminischer Kultur vorgeführt. Mit seinem dünkelhaften Daherreden über die Leute, die solchen 'konzentrierten Blödsinn' schreiben, und über die Leute, die 'solchen Quatsch' kaufen und lesen, befand er sich zweifelsohne auf der Höhe eines Bürgertums, das seine Bildung, auch die literarische, als Ausweis gesellschaftlicher Reputation nahm, also als kulturelles Merkmal seiner Unterscheidung von kleinbürgerlichen und proletarischen Schichten. — Auf der Höhe eines Bürgertums, das seine Macht zunehmend aus der Kapitalisierung aller ge-

sellschaftlichen Bereiche — also auch aus der der Kultur — zog, befand sich der Mann auch mit seiner Furcht angesichts der Tatsache,
daß der Handel mit dem kapitalisierten Kulturprodukt Heftroman
einen Umsatz von 50 Millionen Mark macht. Denn dieses Bürgertum war schizophren genug zu leugnen, daß seine Kultur nicht zuletzt auf solch hohen Umsätzen im Bereich industrieller Kulturwaren-Produktion gründete.

Ebenso wie dem Mann aus dem Märchen ergeht es noch immer
jenen, die es nicht wahrhaben wollen, daß der literarische Markt
nichts anderes ist als ein "sozial-ökonomisches System der Produktion, Distribution und Konsumtion einer spezifischen Ware: des
Buches bzw. der Zeitung und der Zeitschrift"[2]. Über dem Gebrauchswert eines Buchs, den es z. B. als Mittel zur Aufklärung, zur
moralischen, ästhetischen und wissenschaftlichen Bildung, zur Unterhaltung hat, wird immer noch gern übersehen, daß dieser Gebrauchswert "als Funktion des Tauschwerts"[3] auf den Markt tritt.

Dieses Nicht-sehen liegt begründet in der wechselseitigen Bedingtheit von Text und Medium; Text und Medium sind von einander getrennt nicht völlig zu erfassen. — Dennoch wird es notwendig sein, beide von einander zu unterscheiden, um ihre wechselseitige Bedingtheit um so genauer beschreiben zu können. In unserem Fall heißt das, den Heftroman als Text vom *Romanheft* als
Medium zu scheiden. Die Produktion von Heftromanen soll dabei
als *immaterielle Produktion*, die Produktion von Romanheften als
materielle Produktion bezeichnet werden.[4] Weil aber, wie schon
gesagt, beide Produktionen aufs engste miteinander zu tun haben,
indem das materielle Produkt ohne das immaterielle Produkt nicht
sein kann, und weil der Begriff Heftroman die Gebundenheit einer
Textsorte an eine bestimmte mediale Form ausdrückt, soll das Endprodukt, in welches immaterielles und materielles Produkt integrieren, im folgenden *Heftroman* genannt werden, das immaterielle
Produkt als sein Teil *Heftroman als Text*.

Auf die Besonderheiten der immateriellen Produktion von Heftromanen als Texte und auf die Besonderheiten der materiellen Produktion von Romanheften sowie auf die wechselseitige Bedingtheit
beider Produktionen wird im folgenden so ausführlich eingegangen, weil die Produktion von Heftromanen die Konsumtion von
Heftromanen produziert (ebenso wie die Produktion eines jeden anderen Gegenstands die Konsumtion dieses Gegenstands),

"1. indem sie ihr das Material schafft; 2. indem sie die Weise der Konsumtion bestimmt; 3. indem sie die erst von ihr als Gegenstand gesetzten Produkte als Bedürfnis im Konsumenten erzeugt. Sie produziert daher Gegenstand der Konsumtion, Weise der Konsumtion, Trieb der Konsumtion."[5]

Wer also Heftromane kritisch zu lesen lernen will, wer die Rezeptionsformen von Heftromanen und die vom Heftroman im Rezipienten erzeugten Bedürfnisse erkennen will, tut gut daran, auch die Produktionsformen von Heftromanen zu berücksichtigen.

Die folgende Darstellung wird sich beschränken auf das Medium Romanheft. Ausgeklammert bleiben die ihm benachbarten Medien Magazin, Taschenbuch, Zeitung, Illustrierte und Comic, weil beispielsweise selbst ein als Heftroman geschriebener Text im Taschenbuch, in der Zeitung, in der Illustrierten sowie im Magazin durch den Medienwechsel eine Veränderung erfährt. Am deutlichsten mag dies am Zeitungs- und Illustrierten-Fortsetzungsroman, der selbst als Vorläufer des Heftromans anzusehen ist[6], zu erkennen sein, weil die Medien Zeitung und Illustrierte andere Produktions- und Rezeptionsformen zeitigen als das Medium Romanheft.[7] Comic-Romane schließlich sind aufgrund ihrer Wort-Bild-Synechie auch dann, wenn sie in Heftform auf den Markt kommen, einem von der reinen Wort-Literatur abgehobenen Medien-Bereich zuzuordnen.[8]

1. Zur Situation des literarischen Markts

Nur graduell unterscheiden sich die Produktions- und die Distributionsformen der Buchroman-Verlage von denen der Heftroman-Verlage. Die gern behauptete Dichotomie beider Verlagssysteme erweist sich als unhaltbar nicht erst, seitdem in immer mehr Verlagsimperien sowohl Buchromane als auch Heftromane hergestellt werden.[9] Vielmehr galt stets für beide Verlagssysteme, daß die Produktion, "wenn sie im ökonomischen Sinn überleben will, [sich] marktkonform verhalten [muß]. Das gilt selbst für jene Produktion, die ihrer Intention nach nicht marktkonform ist."[10] Auch die Produktionsverhältnisse beider Verlagssysteme sind, seitdem es neben Buchroman-Verlagen ausgesprochene Heftroman-Verlage gibt, grundsätzlich gleich. In Sonderheit die Eigentumsverhältnisse im Hinblick auf die zur Herstellung der Medien notwendigen Industrien ähneln einander und damit auch die ökonomischen Abhängigkeiten der Textproduzenten von den Besitzern der Verlage, Druckereien, Bindereien usw. In beiden Verlagssystemen ist es notwendig, für eine regelmäßige Produktion bei gleichbleibender Qualität der Produkte zu sorgen, um die Produktionsanlagen voll auslasten zu können und um die Produkte absetzen zu können; dieser Absatz der Produkte muß in beiden Verlagssystemen geplant werden und zugleich muß von beiden versucht werden, den Marktanteil ihrer Produkte zu erweitern. Beide Verlagssysteme versuchen immer mehr, sich durch Konzentration und Zentralisation ausgedehnte Lesermärkte zu schaffen, um eine Steigerung des Umsatzes und damit auch der Vertriebserlöse garantieren zu können.[11]

Dennoch wäre es falsch, bei der Untersuchung des literarischen Markts "Allein von der Ökonomie auszugehen als von etwas weiter nicht Ableitbarem und Gegebenem", weil dadurch "die Einsicht in ökonomische Prozesse in ihr Ergebnis" verwandelt und "zur Fetischisierung der Ökonomie" führen würde.[12] Vielmehr ist — mit Jaeggi — zu fragen, ob

"die Warenform vielleicht bloß die notwendige Form [ist], um die literarischen Werke in Umlauf zu bringen, ohne daß diese dadurch wirklich als Ware abgestempelt würden"[13].

Dies zu fragen impliziert aber auch die weitere Frage, ob das literarische Werk als immaterielles Produkt durch die Qualität des materiellen Produkts als Warenform mit bestimmt wird.

2. Zur materiellen Produktion von Romanheften

Zur Entwicklung der Heftroman-Verlage in der Bundesrepublik Deutschland

1949, unmittelbar nach Aufhebung des Lizenzzwangs der drei westlichen Siegermächte für die Verleger der Bundesrepublik Deutschland einschließlich des Landes Berlin, wurden zahlreiche Heftroman-Verlage gegründet. Dies führte dazu, daß bereits vier Jahre später 162 verschiedene Heftserien und -reihen auf dem Markt angeboten wurden.[14] Die meisten dieser Heftroman-Verlage konnten mit ihren Serien und Reihen ihren anfänglich erworbenen Marktanteil nicht halten, geschweige denn vergrößern; sie machten zugunsten einiger weniger immer größer werdender Verlage Konkurs. So sank die Zahl der Serien und Reihen zwischen 1953 und 1971 auf rund 80 bei gleichzeitiger Steigerung der Auflagenhöhen einzelner Serien und Reihen.

Mitte der 70er Jahre teilen sich einige wenige Verlage fast den gesamten Heftroman-Markt. Es handelt sich um den Bastei-Verlag, Bergisch-Gladbach, der 1954 von Gustav H. Lübbe gegründet worden ist, um den Heinrich-Bauer-Verlag, Hamburg, der seit 1971 die Heftroman-Verlage Moewig und Semrau in München sowie Pabel in Rastatt aufgekauft hat, um den 1971 vom Springer-Konzern gegründeten Koralle-Verlag, Hamburg/Berlin, um den Zauberkreis-Verlag, Rastatt, den Kelter-Verlag, Hamburg, und den Marken-Verlag, Köln.

Allein zwei dieser Verlage teilen sich rund Dreiviertel des Heftroman-Markts: der Bauer-Verlag mit einem Marktanteil von rund 35 % und der Bastei-Verlag mit einem Marktanteil von rund 40 %. So beschickte der Bastei-Verlag z. B. 1971 den Markt mit 21 Heftroman-Reihen und -Serien, der Bauer-Verlag mit 18, der Zauberkreis-Verlag mit 20, der Kelter-Verlag mit 21, der Marken-Verlag und der Hallberg-Verlag, Nürnberg-Feucht, mit je 6 und der Neuzeit-Verlag, München, mit 4 Heftroman-Reihen und -Serien. Die Gesamtauflage dieser Reihen und Serien belief sich damals bei Bastei auf rund 56,5 Millionen Exemplare, bei Bauer auf rund 50 Millionen, bei Zauberkreis auf rund 46 Millionen, bei Kelter auf rund 28,5 Millionen, bei Marken auf rund 15 Millionen, bei Hallberg auf rund 4 Millionen und bei Neuzeit auf rund 2,5 Millionen Exemplare.[15]

Die jährliche Gesamtauflage aller Heftromane hat sich um die 370 Millionen Exemplare eingependelt[16]: der Markt scheint weitgehend gesättigt zu sein, wenn auch die Tendenz zur weiteren Ausbreitung der Heftromane bestehen bleibt, weil Massenmedien sich gegenseitig fördern und mit erhöhtem Konsum an unterhaltenden Fernseh- und Rundfunk-Sendungen z. B. ein erhöhter Konsum an unterhaltender Literatur korrespondiert.[17] — Die starken Fluktuationen innerhalb des Heftroman-Markts signalisieren intensive und wechselhafte Kämpfe um Marktanteile. Weil deshalb die derzeitigen Daten recht bald überholt sein dürften, wird von der Nennung der derzeitig auf dem Markt befindlichen Reihen und Serien und ihren derzeitigen Druck- und Verkaufsauflagen abgesehen. Der jeweils neueste Stand ist im übrigen unschwer den verschiedenen

Handbüchern für Werbeträger zu entnehmen, in denen die Roman-
heft- und Zeitschriften-Verlage ihre Produkte als Werbeträger an-
dienen unter Nennung von Druckauflage, Verkaufsauflage und Ab-
satzgebiet.[18] Interessant, weil von solchen Fluktuationen nicht betroffen, mag in diesem Zusammenhang indes der Hinweis sein, daß
Serien und Reihen, deren einzelner Titel nicht zumindest in 30
Tausend Exemplaren gedruckt wird, kaum die Chance haben,
sich lange auf dem Markt behaupten zu können. Bei den meisten
Serien und Reihen bewegen sich die Druckauflagen zwischen 60
Tausend und 100 Tausend Exemplaren. Druckauflagen von 200 Tau-
send und mehr Exemplaren pro einzelnem Titel einer Serie oder
Reihe bilden eine Ausnahme.[19]

Zur formalen Gestaltung von Reihen- und Serien-Romanheften

Zu unterscheiden sind Heftroman-*Reihen,* die unter einem Reihen-
titel eigenständige, in sich abgeschlossene und mit wechselndem
Personal ausgestattete Romane subsumieren, von Heftroman-*Serien,*
die zwar in sich abgeschlossene, aber mit jeweils gleichem Personal
ausgestattete Romane umfassen. Reihen und Serien gemein ist eine
regelmäßige (wöchentliche, 14tägige, monatliche u. ä.) Abfolge der
einzelnen Hefte. Das Einzelheft im DIN A-8-Format hat in der
Regel einen Umfang von vier Bögen, 64 Seiten also.

Zumeist wird Zeitungs-Papier für die Textseiten verwendet; sicherlich um die Materialkosten möglichst niedrig zu halten, vor
allem aber, weil Zeitungs-Papier während des schnellen Rotations-
drucks die Druckerfarbe rasch aufnimmt. Lediglich für den Heftum-
schlag wird meistens leichtes Hochglanzpapier gewählt, um dem einzelnen Heft einen gediegenen Anstrich zu geben.

Einen Gebrauchswert des Heftromans als Unterhaltungsliteratur
hat die Gestaltung der vorderen Umschlagseite zu versprechen. Zugleich hat die Gestaltung der vorderen Umschlagseite den Reihen-
bzw. Serien-Charakter des einzelnen Hefts hervorzuheben.[20] — Das
Hauptaugenmerk wird dabei auf eine genormte und standardisierte
Gestaltung des oberen Viertels der Umschlagvorderseite gelegt, weil
bei der im Einzelhandel üblichen Praxis einer gestaffelten Auslage
von Romanheften dieser obere Teil für den Kauf des Hefts werben
muß. Deshalb trägt dieser obere Teil den Reihen- bzw. Serien-Titel

in stets gleicher Typenform, Größe und Farbe. Neben dem auf diese
Weise als Markenzeichen fungierendem Reihen- oder Serien-Titel
wird oftmals noch ein stilisiertes Kennzeichen gesetzt. Diese Rei-
hen- bzw. Serien-Kennzeichen haben das jeweilige literarische Genre
einer Reihe zu symbolisieren: beispielsweise ein Herz einen Liebesroman, eine Krone einen Fürstenroman, eine Pistole einen Kriminalroman, ein Cowboy einen Wildwestroman, eine Rakete einen
Science Fiction-Roman.

Unterhalb dieser Markenzeichen einer Reihe bzw. Serie wird
fast ausschließlich ein Bild gesetzt, das den Inhalt des einzelnen
Hefts signalisieren und emotional das Kaufinteresse beim Betrach-
ter wecken soll.[21] Um bei möglichst vielen Kaufinteressenten Emotionen zu wecken und diese Emotionen an das bestimmte Heft zu
binden, heben die Bilder in der Regel nicht auf den konkreten Inhalt des Hefts ab, sondern beschränken sich auf Andeutungen, deren Deutbarkeit beliebig zu sein hat im Sinne gebundener Assoziationen. Auch den Umschlag-Bildern kommt u. a. — wie bereits den
erwähnten Symbolzeichen — die Aufgabe zu, das literarische Genre
zu bezeichnen.

Im unteren Fünftel oder Sechstel der Umschlagvorderseite, unter
dem Bild, wird in der Regel der Titel des einzelnen Hefts einer
Serie bzw. Reihe gesetzt. Die im Verhältnis zum Serien-, bzw. Reihen-Titel kleinere Schrifttype verweist bereits auf die untergeordnete Bedeutung dieser Einzeltitel. Ihre Formulierungen haben die
Aufgabe, durch einen Anschein des Poetischen auf ein gewisses
ästhetisches Bedürfnis der Kaufinteressenten zu antworten und in
Verbindung mit der emotionalen Ansprache dieser Interessenten
durch die Bildwahl und -gestaltung zum Erwerb des Hefts zu überreden.[22] — Der Meinung, daß der dem Serien- oder Reihen-Titel
untergeordnete Titel eines einzelnen Hefts dazu beitragen soll, die
einzelnen aufeinander abfolgenden Hefte auseinanderzuhalten, ist
entgegenzuhalten, daß diese Aufgabe vor allem von der fortlaufen-
den Durchnummerierung der Reihen- und Serien-Hefte abgenom-
men wird.

Am unbedeutendsten — wenn auch nicht ganz unwichtig — für
die Umschlagvorderseiten-Gestaltung als Mittel der Käuferansprache
ist der Name des Autors. Wenn er überhaupt im Titel erscheint,
so in der Regel wiederum dem Titel des einzelnen Hefts unterge-
ordnet. Im Gegensatz zu der Gepflogenheit der Käufer und Leser
von Buchromanen achten Käufer und Leser von Heftromanen kaum

auf den Autor, bzw. die Autoren eines Romans. Wenn der Leser von Buchromanen Qualitätserwartungen generell mit den Namen von Romanautoren verknüpft, so verbindet der Leser von Heftromanen seine Qualitätserwartungen generell mit den Titeln der Heftroman-Reihen und -Serien. Eine Ausnahme machen lediglich Fan-Leser bestimmter Genres, die innerhalb einer Reihe oder Serie erscheinende Heftromane auch im Hinblick auf die Leistungen der Autoren vergleichen und jeden Heftroman als individuelle Autor-Leistung einzeln werten.

Romanhefte sind zumeist nicht mit einer besonderen Titelseite ausgestattet. Die vordere Umschlagseite vereinigt in sich alle Funktionen der Titelei von Büchern; sie ist zugleich Schutztitel, Titelblatt und manchmal auch Inhaltsverzeichnis — letzteres durch einen den Heftroman inhaltlich bezeichnenden Untertitel zum Einzelheft-Titel. Aus diesem Grund werden lediglich im oberen Viertel oder Fünftel der ersten Textseite eines Romanhefts der Titel des Einzelhefts, gegebenenfalls auch der Untertitel sowie der Autor genannt.

Der Anfang des Heftromans als Text folgt nach dieser Schrumpf-Titelei entweder ein- oder zweispaltig gesetzt. Zweispaltig gegliederte Romanheft-Seiten lassen sich durch die auch für ungeübtere Leser mit einem Blick überschaubare Zeilenlänge leichter lesen als einspaltig bedruckte Seiten. Zugleich lassen sich zweispaltig gedruckte Heftromane auch leichter handhaben. Beispielsweise sind sie lektüregerecht längs über die Mittelachse einer Seite zu falten, so daß nur die über die halbe Seitenbreite laufenden Zeilen zu sehen sind.

Damit Heftromane ohne Überanstrengungen der Augen zu lesen sind, werden generell keine kleineren Schriftgrade als Petit verwendet. Jugendlichen Lesern kommen Romanheft-Verlage entgegen, in dem sie prinzipiell keine deutschen Schrifttypen — wie beispielsweise die Fraktur-Schrift — verwenden, die inzwischen kaum noch in den Schulen vermittelt werden.

Der Text selbst ist in viele kleine Kapitel untergliedert, die sich wiederum aus möglichst kleinen Absätzen zusammenfügen. Manchmal akzentuieren Zwischenüberschriften die kurze Kapitelabfolge. Durch dieses formale Gliederungsprinzip wird ein Heftroman in lauter kleine Leseeinheiten zergliedert, die jeweils nur wenige Minuten Lektürezeit für sich beanspruchen. So kommt bereits in der formalen Textgestaltung zum Ausdruck, daß Heftromane keine zeitintensive Lektüre darstellen sollen.

Manche Heftroman-Verlage versehen alle rechten Seiten der abfolgenden Doppelseiten eines Hefts mit einem Reihen- bzw. Serien-Titel, der kolumnenähnlich gesetzt wird.

Das Impressum findet sich meistens auf einer der letzten Seiten eines Hefts: sein Informationsgehalt entspricht dem von Zeitschriftenimpressen. Neben Verlagsanschrift u. ä. verzeichnet es den Redakteur der Serie bzw. Reihe, manchmal auch die Redakteure der anderen Serien und Reihen des Verlags, weil mit dieser Auskunft die Anlaufstellen für potentielle Autoren genannt sind. Überwiegend für das Zeitschriftengrosso und den Einzelhandel bestimmt sind Namen und Anschrift beispielsweise der Verlags- und Vertriebsleiter. Zugleich wird in den meisten Heftroman-Impressen auf die jeweils gültigen Anzeigenpreislisten verwiesen. Dieser Hinweis gilt den Werbetreibenden.

Auf den letzten Seiten eines Hefts werden oftmals die folgenden Hefte der Reihe bzw. Serie unter Nennung von Einzeltitel, Autor und kurzer Inhaltsbeschreibung vorgestellt und noch lieferbare früher erschienene Hefte unter Nennung der Anschrift der Verlagsauslieferung aufgeführt. Seltener ist zu beobachten, daß auf den letzten Seiten der Anfang des folgenden Heftromans vorabgedruckt wird.

Als Werbeträger für Produkte beliebiger Warenbereiche dienen in Sonderheit die hintere Umschlagseite und die beiden Innenseiten des Umschlags. Daneben werden immer häufiger Werbeanzeigen in den Textteil eines Hefts eingefügt.

Der Raum der inneren Umschlagseiten oder der von dem Textteil gesondert vor- oder nachgeschalteten Seiten wird auch gern dem Kontakt mit dem Leser gewidmet: Leserbriefen (zumeist von Fans der Serie oder des Genres), Absichtserklärungen der Serien-, bzw. Reihen-Redaktion, Sachinformationen über Gegenstände der Serie bzw. Reihe, die mit dem Anschein von Wissenschaftlichkeit oder mit Nützlichkeitsversprechen operieren.

Zu den Heftromanverlagen

Hergestellt werden Heftromane sowohl in Ein-Mann-Verlagen als auch in "Unternehmen von respektabler Größe — mit zwei- bis vierhundert Angestellten, mit Lektoraten, Vertriebsabteilungen, Packereien und Druckereien, mit Kantine, Telephonzentrale und graphischem Atelier".[23] Die Aufgaben der Heftromanverlage sind ebenso vielfältig wie die der Buchverlage: sie haben für regelmäßigen Nachschub an Manuskripten zu sorgen, sie haben Autoren für bereits laufende oder für neue Serien und Reihen hinzuzugewinnen und/oder fester an den Verlag anzubinden, sie haben ihre Autoren während und nach der Manuskript-Herstellung zu beraten, die Manuskripte für den Druck einzurichten und in Druck zu geben. Sie haben für die Korrektur der Druckfahnen zu sorgen (zusammen mit dem jeweiligen Autor) und für den Vertrieb der fertiggestellten Heftromane. Schließlich haben sie gegebenenfalls für eine Weiterverwertung des Romans zu sorgen.

Ihren Autorennachwuchs suchen Heftromanverlage über Anzeigen in Fachzeitschriften des Buchhandels und über Literatur-Agenturen. Dennoch kommt es zu einem ersten Kontakt zwischen Autor und Verlag meistens durch den Autor selbst, indem er sich dem Verlag mit einem Heftroman-Manuskript oder -Exposé andient.

Zur Lektorats-Arbeit

In größeren Verlagen existieren für jedes Heftroman-Genre, wenn nicht gar für jede Reihe oder Serie, eigenständige Lektorate respektive Redaktionen. Den Lektoraten fällt die Aufgabe zu, die Autoren zu betreuen. Dies bedeutet in Heftromanverlagen vor allem, daß die Lektorate für die 'Stimmigkeit' ihrer Serien bzw. Reihen zu sorgen haben, indem sie für alle Autoren einer Serie bzw. Reihe verbindliche Schreibanweisungen erarbeiten, neu hinzukommende Autoren auf den geforderten Reihen- bzw. Serien-Stil trimmen und Manuskripte — im Fall ihrer Annahme — gegebenenfalls überarbeiten.

Die meisten Lektoren pflegen einen persönlichen Kontakt mit ihren Autoren durch regelmäßige Hausbesuche oder auf vom Verlag organisierten Autorentreffen.[24] Solche Autorentreffen werden aber nur selten durchgeführt, weil es nicht im Interesse der Heftromanverlage liegt, wenn sich die Autoren z. B. einer Reihe zu gut kennen und dadurch zu eventuellen Absprachen hinsichtlich der Serienkonzeption oder gar der Honorierung ihrer Arbeit motiviert werden könnten. Zur Vereinzelung der Autoren gerade auch einer

Serie, einer Reihe trägt auch der Brauch bei, 'verdiente Autoren' mit
Geld- oder Sachpreisen auszuzeichnen und dadurch zum einen verstärkt dem Verlag zu verpflichten, zum anderen um dadurch einer
Solidarität der Autoren vorzubeugen. Verdient machen sich Autoren
z. B., wenn ihr 50., 100. usw. Heftroman im Verlagsprogramm aufgenommen werden kann.[25]

Zu den Vertragsbedingungen

In den Lektoraten werden auch die Vertragsbedingungen mit den
Autoren ausgehandelt, die häufig — um das Verhältnis zwischen
Lektor und Autor nicht mit Honorarfragen u. ä. zu belasten — von
einer besonderen Vertragsabteilung endgültig fixiert werden.

Das Honorar für ein Roman-Manuskript mit rund 220 Tausend
Anschlägen, was in etwa dem Umfang von 120 Schreibmaschinen-
Seiten bzw. 64 Heftseiten entspricht, bewegt sich derzeit zwischen
DM 800,— und DM 2700,—. DM 1800,— und mehr werden aber
bloß 'Starschreibern' geboten; die Mehrheit der Heftromanautoren
muß mit DM 1200,— bis DM 1400,— zufrieden sein. Damit liegen
die Honorare bei Heftromanen erheblich niedriger als die bei Publikumszeitschriften etwa, obgleich Heftroman-Verlage aufgrund ihrer
Produktionsbedingungen für sich in Anspruch nehmen, mit Zeit-
schriften-Verlagen vergleichbar zu sein. Anzumerken ist, daß bestimmte Genres von Heftromanen besser als andere honoriert werden: Kriminalromane und Science Fiction-Romane beispielsweise
bringen ihren Autoren mehr ein als Liebesromane. Dahinter steht
die Vorstellung, daß das Schreiben von Liebesromanen nicht soviel
Faktenwissen und Phantasie erfordere wie das von Kriminalromanen oder Science Fiction-Romanen.

Die Verträge werden von den Heftromanverlagen meistens erst
nach Ablieferung des Roman-Manuskripts geschlossen. Dies schließt
also eine Verpflichtung zur Abnahme des Manuskripts durch den
Verlag aus. Selbst Autoren gegenüber, die seit Jahren zur Zufrieden-
heit eines Verlags für eine Serie oder Reihe schreiben, verhalten
sich die Verlage nicht anders.[26]

Das ausgehandelte Pauschalhonorar — um ein solches handelt es
sich zumeist — wird teils in voller Höhe nach Manuskript-Annahme
ausgezahlt, teils gesplittet nach Manuskript-Annahme und nach

Erscheinen des Romans. Zum Honorar kommen noch bis zu 20 Be-
legexemplare des Romans hinzu.

Die Verträge sehen in der Regel vor, daß der Autor sich einver-
standen erklärt mit eventuellen Titeländerungen und Text-Umän-
derungen, mit der Wahl eines Pseudonyms sowie mit der Titelge-
staltung durch den Verlag. — Der bürgerliche Name eines Autors
erscheint sehr selten auf den Titelblättern von Heftromanen; einzig
bei Autoren von Landser- und ähnlichen Erlebnis-Romanen ist eine
starke Abweichung von dieser Regel zu beobachten. Die Pseudonyme wiederum sind meistens Eigentum der Verlage und deshalb
von einem Autor nicht von einem zum anderen Verlag mitzuneh-
men. Hinter einem Pseudonym verbergen sich machmal bis zu
50 Autoren, die nacheinander und/oder gleichzeitig für eine Serie
oder Reihe schreiben. So erscheint aber auch nicht selten die Heftroman-Produktion ein und desselben Autors in ein und demselben
Verlag unter verschiedenen Pseudonymen, wenn der Autor für
mehrere Serien bzw. Reihen schreibt. Dabei achten die Verlage
darauf, daß die gewählten Pseudonyme zum jeweiligen Genre pas-
sen: eine 'Gitta van Bergen' wird ebenso wenig als Autorin eines
Kriminalromans wie ein 'James Falker' als Autor eines Frauenromans fungieren. Die Wahl der Pseudonyme ist auch unabhängig
vom Geschlecht des Autors; Heinz-Werner Höber, der als 'Jerry
Cotton' über 300 Romane dieser Kriminalroman-Serie geschrieben
hat, publiziert u. a. auch unter dem Pseudonym 'Karin van Zeyck'.[27]

Meistens tritt der Autor mit Vertragsabschluß alle Rechte an seinem Roman an den Verlag ab. Im Fall einer Weiterverwertung
eines Heftromans (Abdruck in Zeitschriften und Zeitungen; Übersetzungen; Verfilmungen u. ä.) erhält der Autor maximal 50 %
des Ertrags. Nicht selten wird der Autor gar nicht mehr beteiligt:
seine Arbeit gilt mit dem Pauschalhonorar ein für allemal als ab-
gegolten.[28]

Zur Vertriebspraxis bei Heftromanen

Weil der Absatzmarkt von Heftromanen nicht beliebig zu erweitern ist, kommt einem durchrationalisierten und genau kalkulier-
ten Vertriebssystem ebenso große Bedeutung zu wie dem Herstel-
lungsprozeß von Heftromanen.

Zwei Vertriebswege konkurrierten bis in die 70er Jahre hinein miteinander: die Auslieferung der Heftromane über das Zeitschriftengrosso an den Einzelhändler und die Auslieferung über verlagseigene Vertriebsorganisationen. Im Zuge der immer stärker werdenden Konzentration im Heftroman-Verlagswesen und der Notwendigkeit, zur Marktausschöpfung systematisch auch den entlegensten Laden in der tiefsten Provinz zu beliefern — was sehr kostenintensiv ist —, hat sich die Auslieferung über Grossisten bewährt, die die Produkte mehrerer Verlage nebeneinander vertreiben. Hauptabnehmer sind Zeitschriften-Kioske, Bahnhofsbuchhandlungen und Geschäfte in Ferienzentren.

An diesen Einzelhandel werden die Heftromane entweder zeitlich versetzt oder — wie es auch bei anderen Periodika der Fall ist — regelmäßig zu festen Terminen ausgeliefert. Bei einer versetzten Auslieferung wird zunächst bloß eine Hälfte des Absatzgebiets beliefert; erst die Remittenden dieses Absatzgebiets gehen in die andere Hälfte. Die auch dort nicht verkauften Hefte werden erneut ausgeliefert in die von deutschsprachigen Touristen stark besuchten Feriengebiete des In- und Auslands. — Bei einer fest terminierten regelmäßigen Auslieferung werden die bis zum Erscheinen des folgenden Hefts einer Serie bzw. Reihe nicht verkauften Exemplare zurückgenommen. Ein Vorteil dieser Auslieferungsweise liegt auch darin, daß der Käufer sich an das regelmäßige Erscheinen neuer Hefte gewöhnt und die jeweils nächsten Hefte einer Serie bzw. Reihe auch außerhalb seines gewöhnlichen Kauforts in den ihm bekannten Intervallen erwerben kann.

Gleichgültig, welches Auslieferungssystem gewählt worden ist, die am Schluß an den Verlag wieder zurückfließenden Heftroman-Exemplare werden in den seltensten Fällen eingestampft, vielmehr werden sie entweder zu Konvoluten von zwei bis drei Heften gebunden und als Sammelbände zu ermäßigtem Preis erneut auf den Markt geworfen oder aber sie werden vom Verlag für Einzel-Nachbestellungen gelagert.[29]

Wenn in seiner Bedeutung zweifellos nicht zu überschätzen, so doch auch nicht gänzlich unbedeutend ist das Verfahren fast aller Verlage, auf dem Postweg Serien bzw. Reihen zu vertreiben. Dieser 'diskrete' Versand direkt an den Endverbraucher ist vor allem "für Personen gedacht, die sich in 'gehobener gesellschaftlicher Stellung' befinden und nicht durch Kauf am Kiosk diskriminiert werden möchten".[30]

Das soziale Prestige der Romanheft-Leser ist den Herstellern solcher Literatur so bedeutsam, daß sie ihren Lesern Rückendeckung zu geben versuchen: durch den Aufbau eines Fremd-Images, durch das der Leser bestärkt wird, "sich mit dem Romanheft zu identifizieren"[31]. Dazu sollen u. a. die — nicht selten von Lektoren und Autoren von Romanheft-Serien und -Reihen gegründeten — Fan-Clubs beitragen, ebenso die wissenschaftlich eingekleideten "Sachinformationen" für Leser in den Heften und der ständige Hinweis auf berühmte Zeitgenossen, die ebenfalls solche Literatur lesen oder gelesen haben.[32]

Solche Zielgruppen-Arbeit der Heftroman-Verlage ist ein wesentlicher Bestandteil der Vertriebspraxis. Sie hat dazu geführt, daß es für fast alle Heftroman-Reihen und -Serien Sammler gibt, die — wie ehedem der Bildungsbürger auf seine 'Sämtlichen Werke' der Klassiker — voll Stolz auf ihre sämtlichen, also lückenlos gesammelten, Heftroman-Serien und -Reihen hinweisen. Die Verlage bieten diesen Kunden Sammelmappen für jeweils etwa 12 Hefte an.

Der Sammelleidenschaft entgegen kommt auch die Praxis der Verlage, bei gut und schon über Jahre laufenden Serien und Reihen im üblichen Turnus parallel zur originalen Neuausgabe eine zweite und manchmal gar eine dritte Auflage der früher erschienenen Heftromane auszuliefern. Eine zweite Auflage wird bei wöchentlich erscheinenden Reihen und Serien z. B. nach etwa 250 Heftnummern, eine dritte Auflage nach etwa 350 Heftnummern gestartet. Im Abstand also von rund fünf bzw. sieben Jahren beginnen die Wiederabdrucke von Heftnummer 1 ff.[33]

Wo die Verlage nicht mehr mithalten wollen, setzt die Arbeit der wenigen auf Heftromane spezialisierten Antiquare ein, die sich gern "Spezialgeschäfte für Kurzromane" nennen. Bis zu 30 Tausend Titel der westdeutschen Heftromanproduktion nach 1949 halten sie am Lager vorrätig. Vor 1945 erschienene Einzelhefte oder gar vollständige Reihen und Serien sind ihre Glanzstücke, für die sie von Sammlern ohne weiteres bis zu DM 40,— pro Heft erhalten. Denn, meint ein solcher Antiquar, "Das ist wie bei Briefmarken und richtet sich nach Angebot und Nachfrage"[34].

Zum Profitwert von Heftromanen

Anders als es der Verdacht einer kulturpessimistischen Kritik der Massenliteratur-Produktion und anders als es die Behauptung einer unmaterialistisch und undialektisch verfahrenden Ideologiekritik der Massenliteratur wahr haben wollen, ist "im florierenden Kapitalismus das Profitinteresse immer das primäre [...] noch vor dem der ideologischen Manipulation"[35].

Sowohl die Autoren als auch — in noch viel stärkerem Maße — die Verleger von Heftromanen wollen vor allem Geld verdienen. Dieses Ziel erreichen zuvörderst die Verleger: Bei einem durchschnittlichen Endverkaufspreis von DM 1,50 pro Heftroman und einer durchschnittlichen Verkaufsauflage von 100 Tausend Exemplaren pro Einzelheft werden DM 150 000,— umgesetzt. Wenn in der Romanheft-Branche für die Vertriebskosten 50 % des Umsatzes, für das Autorenhonorar maximal 3 % und für die Verlags-, Druck-, Bindearbeiten usw. maximal 25 % als fixe Kosten anzusetzen sind, so bleibt dem Verleger ein Gewinn von 22 %; in unserem Beispiel sind das DM 33 000,—. Selbst wenn davon auszugehen ist, daß die Druckauflage auch bei guter Kalkulation 20 bis 30 Prozent höher ist als die Verkaufsauflage, streicht der Verleger einen sehr guten Gewinn ein, weil trotz aller Steigerungen des Zeitungspapier-Preises während der letzten Jahre die Kosten für Papier im Verhältnis zu den übrigen Produktionskosten nicht allzu sehr ins Gewicht fallen.[36]

Hinzu kommt, daß der Verleger nicht bloß den Heftroman-Käufer als Kunden hat, sondern auch die Werbetreibenden, denen in seinen Heftromanen gegen ansehnliche Bezahlung Platz für Annoncen eingeräumt wird.[37]

Auch die Ware Romanheft ist — wie die Ware der Presse — "immer zugleich 'werbende Ware', also unmittelbarer Ausdruck des doppelseitig konstitutiven Ineinander von Wirtschaft und Presse"[38]. — Während indes beispielsweise Wochen-Presse und Illustrierte bis zu 40 % ihres Umfangs der Werbung einräumen, sind es in Heftromanen maximal 8 %, meistens nicht mehr als 5 %. Dies findet seinen Grund nicht zuletzt darin, daß Heftroman-Verlage eine relativ große Unabhängigkeit von den Konjunkturbewegungen der Gesamtökonomie behalten müssen, wenn sie ihre Produkte gerade auch in wirtschaftlich schlechten, also insertions-armen Zeiten unvermindert herstellen und absetzen wollen. Soweit der für Insertionen eingeräumte Platz in Heftromanen nicht von Werbung für Produkte des eigenen Verlags gefüllt wird, für die vermutlich bei der innerbetrieblichen Umverteilung größere Rabatte eingeräumt werden, wird die Höhe des Anzeigenpreises berechnet nach der Höhe der Verkaufsauflage der Reihe bzw. Serie, nach der Zahl der Doppel-leser pro verkauftem Heft, nach der Alters-, Geschlechts- und So-zialstruktur der Leser usw. Solche Daten werden in regelmäßigen Abständen von Marktforschungs-Unternehmen im Auftrag der Ver-lage ermittelt. Die Daten dienen zugleich der Überprüfung der Wirksamkeit der Romanheft-Serien und -Reihen als Unterhaltungs-literatur. Sollte sich dabei zeigen, daß eine Reihe oder Serie nicht mehr so richtig 'ankommt', so wird deren Konzeption unverzüglich den veränderten Lesererwartungen angeglichen.

Der Anzeigenpreis für eine Seite in Heftromanen ist zwar unver-gleichlich niedriger als der in Illustrierten. Indes entspricht die Höhe der mit dem Insertionsgeschäft erzielten Gewinne auf jeden Fall zumindest der Höhe des Autoren-Honorars.[39]

3. Zur immateriellen Produktion von Heftromanen

Zur Situation von Heftromanautoren

War bislang von den Bedingungen und Formen der materiellen Produktion von Romanheften die Rede, so wird im folgenden von den Bedingungen und Formen der immateriellen Produktion von Heftromanen zu sprechen sein. Zu diesen Bedingungen und Formen der immateriellen Produktion sind nicht bloß die literarischen Mit-tel zu rechnen, die einem Autor zur Verfügung stehen, und sein schreibhandwerkliches Können, sondern ebenso die Lebensverhält-nisse und Arbeitsbedingungen eines Autors.

Wenn die meisten der rund 2000 Heftromanautoren aus West-deutschland, Österreich und der deutschsprachigen Schweiz[40] pro Heftroman nicht mehr als durchschnittlich DM 1200,— bis DM 1400,— erhalten und wenn die meisten dieser Autoren Profis[41] sind, ihren Unterhalt also ausschließlich als Schriftsteller verdienen, so müßten diese Autoren — wenn sie nicht durch andere schriftstelle-rische Tätigkeiten Einnahmen haben — monatlich im Schnitt zwei Heftromane schreiben und verkaufen können, um auf ein Brutto-Gehalt zu kommen, das — z. B. — dem eines Lehrers in Berlin-West entspricht. Bloß haben Autoren, denen es gelingt, allmonatlich zwei Heftromane zu schreiben und zu verkaufen, dann noch lange nicht den bezahlten Urlaub eines Lehrers; bereits vier Wochen Urlaub senken das durchschnittliche Monats-Bruttoeinkommen erheblich.

Dies liegt daran, daß Heftromanautoren keine festen Mitarbeiter oder Angestellte eines Verlags sind, sondern formal 'freien Unternehmern' gleichgestellt sind. Der Heftromanautor hat formal die Freiheit der Auswahl seines Vertragspartners. Im Gegensatz aber zum 'freien Unternehmer' verfügt er nicht über eigene Produktionsmittel, um seine Romane drucken und verbreiten zu können. Aufgrund der ökonomischen Überlegenheit der entsprechenden Produktionsmitteleigner, der Verleger, können diese dem Autor ihre Bedingungen diktieren.[42] Die Tendenz der gemeinhin üblichen Verlagsverträge in der Heftroman-Branche ist auf den Nenner zu bringen: "Größtmögliche Freiheit des Unternehmers bei der Produktion und Distribution des Werkes, geringstmögliche Einwirkung des Autors [. . .]"[43].

In den "Abstufungen der ökonomischen Stellung des Schriftstellers vom Lohnarbeiter bis zum selbständigen Warenproduzenten"[44] haben Heftromanautoren eindeutig die Stellung von Lohnarbeitern inne. Für Heftromanautoren tritt an die Stelle persönlicher Bindung eindeutig nicht bloß eine indirekte, sondern eine direkte Abhängigkeit vom Heftroman-Markt und seinen Gesetzen.[45]

Zu den Arbeitsphasen der immateriellen Produktion eines Heftromans

Ein wesentlicher Aspekt dieser Marktgesetze ist bereits mit den Vertragsbedingungen und den formalen Anforderungen der Verlage an ein druckreifes Manuskript (genormte Romanlänge, genormte Romanstruktur usw.) genannt worden. Ein weiterer Aspekt ist mit den meist sehr genau vorgeschriebenen Arbeitsphasen der immateriellen Produktion eines Heftromans gegeben.[46] Dabei ist teilweise wiederum zwischen der immateriellen Produktion eines Serien-Heftromans und der eines Reihen-Heftromans zu trennen.

Verallgemeinernd läßt sich der immaterielle Produktionsprozeß folgendermaßen beschreiben: Wenn oder sobald die Konzeption einer Heftroman-Serie, die von mehreren Autoren geschrieben wird, im Hinblick auf Grundidee, Handlungsort(e), Milieu und handelnde Personen festlegt, liefert das Lektorat dem Autor ein ca. fünfseitiges Exposé mit der Skizze des Themas und des Handlungsablaufs bis hinein in die Kapitel- und Seiteneinteilung. Bei Heftroman-

Reihen (und auch bei Serien, die von einem Autor allein geschrieben werden) wird das Exposé vom Autor dem Lektorat vorgelegt. Das prüft die dramatische Grundidee des geplanten Romans, seine Glaubhaftigkeit, seinen Konfliktreichtum, seine Spannungssteigerung, sein Milieu und seine Hauptpersonen daraufhin, ob sie eine Identifikation des Lesers mit dem Dargestellten ermöglichen.

Wenn über das Exposé eines Romans für eine Reihe vom Lektorat positiv entschieden worden ist oder wenn der Autor einer Heftroman-Serie vom Lektorat ein Exposé angenommen hat, so hat der Autor — dem Exposé entsprechend — einen Heftroman von rund 120 Schreibmaschinenseiten herzustellen. Das fertige Manuskript geht an das Lektorat, wo es darauf geprüft wird, ob der Roman wirklich der Serien- bzw. Reihen-Konzeption entspricht und ob der Handlungsablauf 'logisch' ist. Zugleich wird das Manuskript auf seine Konformität mit verlags- und marktinternen sowie mit staatlichen Auflagen hinsichtlich gewisser moralischer und ethischer Normen überprüft.

Daneben wird das Manuskript auch daraufhin angesehen, ob es den stilistischen Anforderungen des Lektorats genügt und ob es die Regeln der für Heftromane entwickelten Spannungsdramaturgie befolgt. Gegebenenfalls wird das Manuskript — wenn es angenommen worden ist — im Lektorat überarbeitet. Und schließlich erhält der Heftroman im Lektorat seinen endgültigen Titel, der sehr häufig ganz anders lautet als der Titelvorschlag des Autors.

Die Niederschrift eines Heftromans ist, laut Selbstaussagen der Autoren, manchmal bereits nach acht Tagen beendet. Die meisten Autoren indes benötigen durchschnittlich vier Wochen für diese Arbeit.[47]

Zu beachten hat der Autor, daß er die vorgeschriebene Länge des Romans nicht wesentlich unter- oder überschreitet. Manche Verlage erleichtern die genaue Berechnung der Länge sich selbst und ihren Autoren, indem sie Manuskriptpapier mit vorgeschriebenen Spalten und Zeilenabständen zur Verfügung stellen.[48]

Zu den sprachlichen und literarischen Arbeitsinstrumenten

Die Arbeitsinstrumente eines Autors erschöpfen sich nicht in materiellen Instrumenten wie Manuskriptpapier, Schreibmaschine,

Schreibtisch usw.; vielmehr umfassen sie in Sonderheit "das sprachliche Material eines Werks sowie die literarischen Verfahrenswei-
sen, die zur Behandlung dieses Materials bereitstehen"[49]. — "Literarische Materialien dieser Art sind", wie Warneken zu Recht in seinem "Abriß einer Analyse literarischer Produktion" ausführt,

> "die Sprache, das in einzelnen Sprachprodukten an Resultaten Ent-
> haltene ebenso wie die in Wortschatz und Syntax bereitstehenden
> Möglichkeiten, die einzelnen Sprachfiguren und Verbindungen bis
> hinauf zu den literarischen Gattungen. Oft mit dem Material ver-
> schränkt sind die literarischen Verfahrensweisen oder Techniken: etwa
> Motivverknüpfung, Montage und Entwicklungsprinzip; verschiedene
> Erzählerstandpunkte; kausale, assoziative, aleatorische Konstruktion
> und dergleichen."[50]

Zu den Schreibanweisungen der Heftromanverlage

Wer meint, daß Heftromanautoren über solche sprachlichen und
literarischen Arbeitsinstrumente frei verfügen könnten, daß in dieser freien Verfügung ihre Phantasie zur Wirkung komme, irrt: auch
in der Wahl dieser Materialien werden Heftromanautoren weitgehend von den Verlagen, respektive den Lektoraten fremdbestimmt.

Der Autor wird in der Regel verpflichtet, sich jeweils auf ein bestimmtes literarisches Genre einzulassen und Verschränkungen
mehrerer Genres tunlichst zu vermeiden, damit der einzelne Roman
in eine der genregemäßen Serien bzw. Reihen einzubringen ist. Solche gängigen Heftroman-Genres sind z. B. Frauenromane (Liebes-,
Schicksals-, Adels-, Arzt-, Heimat- usw. Romane), Wildwestromane,
Kriminalromane, Science Fiction-Romane, Landser-Romane, Grusel-
und Horror-Romane, Pornoromane[51].

In mündlichen und schriftlichen "Schreibanweisungen", respektive "Richtlinien", die für jeden Autor verbindlich sind[52], werden
für jede Serie bzw. Reihe bestimmte gerasterte Handlungsabläufe
festgelegt: "Tugendlohn und Sündenstrafe, Menschenjagd, bes. Verfolgung des Verfolgers, Partnerwechsel im Dreiecksverhältnis, Handeln als Ausführung eines Auftrags"[53]. "In dieser geringen Varia-
tionsbreite der Situationen [...] pendelt sich mühelos ein polares
Wertprogramm ein, das vorgängig bereits von starken Affekten getragen wird."[54]

Der Autor hat in seinem Heftroman die "auftretenden Personen in Anzahl, Aussehen, Charakter und Rolle" zu standardisieren[55]: Die Zahl der Hauptfiguren hat überschaubar zu bleiben, also möglichst nicht mehr als sechs Personen zu umfassen. Die positiv gezeichneten Hauptpersonen haben "gut aus[zu]sehen, es sind schöne Menschen, sie tragen edle Züge"[56]. Die negativ gezeichneten Hauptpersonen haben stets zu unterliegen, sei es durch Vernichtung, sei es durch Bekehrung zum Guten.

Ebenso hat der Heftromanautor dem Genre entsprechend den Handlungsort und seine Dinge zu standardisieren: Prinzipiell immer wieder das gleiche Kinderheim im Schicksalsroman, das gleiche Schloß, die gleiche Villa im Adelsroman, das gleiche Krankenhaus im Arztroman, die gleiche nordamerikanische Stadtlandschaft in Kriminalromanen, die gleiche Prärie, die gleichen Ranchs und Saloons in Wildwestromanen.

Ebenso hat der Heftromanautor Vokabular und Syntax zu formalisieren: in einer in New York oder Chicago spielenden Kriminalroman-Serie z. B. sind pro Heft sechs bis acht englischsprachige Wörter unterzubringen[57]. Zugleich dürfen Vokabular und Syntax keine allzu großen Anforderungen an den Leser stellen: möglichst kurze und einfache Sätze, möglichst keine Fremdwörter, möglichst viele handlungstreibende Dialoge sind erwünscht.[58] Wie bedeutungsvoll dieser Aspekt ist, illustriert folgender fast anekdotischer Bericht eines Heftromanautors:

"Eine ganze Serie krankte jahrelang daran, daß man dem Helden unbedacht den Namen 'McCormick' umgehängt hatte. Verzweifelt über den deutschen Bildungsnotstand taufte man ihn um in 'Mac Cormick' — vergeblich, das war immer noch zu fremdländisch für die deutsche Zunge. Da ergab sich laut Verlagsmitteilung an die Leser folgendes: 'Der Name Mac Cormick ist in der Unterwelt der Vereinigten Staaten bekannt wie ein bunter Hund. Wo immer man von Mac Cormick spricht, sind die Gangster gewarnt. Darum hat Mac Cormick einen neuen Namen annehmen müssen.' Jetzt heißt er 'Glenn Collins', das glubscht auch dem einfachen Gemüt leicht und flüssig von der Zunge."[59]

Damit nicht genug: Auch die Handlungsstruktur eines Heftromans wird dem Autor vom Verlag vorgegeben. Bereits auf den ersten Seiten haben "Erregungsmomente" aufzutauchen, eine "tragende Idee muß Spannung und Konfliktsituationen über 64 Seiten des Heftromans gewähren", das "Grundproblem des Romans muß

mit dem ersten Spannungsmoment schon angeschnitten werden",
bei Szenenwechsel "muß klar und deutlich" in die folgende Szene
eingewiesen werden, "gegen Schluß jeder Szene [muß] eine neue
Spannung erzeugt" werden, "die den Leser auf den nächsten Abschnitt neugierig macht"[60].

   Auflage der Verlage ist es auch, daß beschriebene Wirklichkeits-
Partikel im Detail faktisch richtig zu sein haben. Kriminalroman-
Autoren z. B. werden von vielen Heftromanverlagen zu diesem
Zweck "mit Bildbänden und Stadtplänen der großen amerikani-
schen Städte [. . .], Unterlagen über den Aufbau von FBI, CIA und
Polizei in den USA und ein bißchen Fachliteratur"[61] ausgestattet.
— Eine Arztroman-Autorin versichert sich der faktischen Richtigkeit
ihrer Operations-Schilderungen, indem sie das Konzept dieser Schil-
derungen an ihr bekannte Ärzte schickt:

   "die korrigieren mir das umsonst, auch ein Chefarzt. Ich sag dann
   dem Verlag auch, daß diese Stellen nicht verändert werden dürfen"[62].

   Zu besonderen Anstrengungen treibt die Faktizitätsforderung die
Autoren von Landserromanen an. Voller Stolz teilte einer von
ihnen mit:

   "Alle genannten Namen entsprechen der Wahrheit. Einige Genannte
   leben noch heute und können meine Schilderungen bestätigen. Darunter der Kommodore des Jagdgeschwaders 300, Wilde Sau, Herr
   Oberst a. D. Walter Dahl."[63]

   Solche Fakten-Treue wird von Heftromanverlagen dem Autor
abverlangt, um dem Leser eine Identifizierung mit dem Dargestellten zu erleichtern. Erkennbare oder bekannte nicht-fiktionale Wirk-
lichkeitspartikel in einer fiktionalen Darstellung haben dem Leser
eine Faktizität der gesamten Darstellung zu suggerieren und leisten
somit einer unkritischen, identifikatorischen Rezeption des Heftromans Vorschub.

Zur Selbstzensur-Praxis in der immateriellen Heftroman-Produktion

Neben den auf sprachliche und literarische Arbeitsinstrumente des
Autors abhebenden Schreibanweisungen sind in den meisten Heftromanverlagen "Tabu"-Kataloge erstellt worden. Diese Kataloge
verzeichnen, was nicht und wie etwas nicht beschrieben werden
darf, um nicht mit dem Gesetz — in Sonderheit mit dem Gesetz

über die Verbreitung jugendgefährdender Schriften — in Konflikt zu geraten. Diesem Konflikt beugen Heftromanverlage vor, weniger weil sie sich die im Gesetz verankerten gesellschaftlichen Normen zu eigen gemacht haben, als vielmehr weil eine mehrfache Indizierung einzelner Titel einer Heftroman-Reihe oder -Serie durch die Bundesprüfstelle für jugendgefährdende Schriften zum Verbot des offenen Verkaufs der gesamten Reihe oder Serie führen kann.

Als jugendgefährdend gelten vor allem "unsittliche, verrohend wirkende, zu Gewalttätigkeit, Verbrechen oder Rassenhaß anreizende sowie den Krieg verherrlichende Schriften" (§ 1 GjS). — Die meisten Heftromanverlage führen vorbeugend eine Selbstkontrolle durch: im eigenen Verlag und/oder im Rahmen der "Selbstkontrolle deutscher Romanheft-Verlage", die 1963 von den Verlagen Bastei, Marken, Moewig und Zauberkreis gegründet worden ist und der sich später die Verlage Kelter und — anstelle von Moewig — Pabel und inzwischen fast alle größeren Heftromanverlage angeschlossen haben.[64]

Mit Ausnahme von pornographischen u. ä. Heftromanen, die sowieso nicht an Jugendliche verkauft werden dürfen, werden alle Manuskripte anhand der sich selbst auferlegten Richtlinien, die vorgeben, "nicht unerheblich über den Rahmen des Gesetzes über die Verbreitung jugendgefährdender Schriften" hinauszugehen[65], geprüft. Um bis zur gesetzlich gerade noch vertretbaren Grenze alle Möglichkeiten 'literarischer Freiheit' ausschöpfen zu können, werden von den Verlagen hochqualifizierte Juristen beschäftigt. So kooperiert z. B. der Bastei-Verlag mit Franz Schilling, dem ehemaligen Leiter der Bundesprüfstelle für jugendgefährdende Schriften[66].

Aufgabe dieser Kontrolleure ist es auch, die Richtlinien immer wieder den sich verändernden moralischen und ethischen Normen anzupassen, bzw. diesen Veränderungen bei der Auslegung und Anwendung der Richtlinien Rechnung zu tragen.

Die "Richtlinien für Autoren und Lektoren der der Selbstkontrolle deutscher Romanheft-Verlage angeschlossenen Verlage", Stand 1968, lauten:[67]

"1. Zu vermeiden sind die ausführliche Schilderung von Morden oder Folterungen sowie die auf Seiten ausgedehnte und als Selbstzweck deutlich erkennbare Darstellung von Schlägereien und Schießereien; ferner die sinnlose Anwendung roher Gewalt und die bis in Einzelheiten gehende Schilderung von Sadismus und Perversitäten.

2. Verbrecherfiguren sollten so angelegt sein, daß sie in der Gesamt-

schau nicht sympathisch auf den Leser wirken. In Figuren, in denen sich das Gute und das Böse treffen, muß bei der Charakterschilderung differenziert werden. Es muß deutlich werden, daß etwa die oft zitierte 'Ganovenehre' keine positiven Rückschlüsse auf das gesamte Charakterbild eines Verbrechers zuläßt.

3. Ein Verbrechen sollte nie mit psychologischen Vorwänden entschuldigt werden, wohl kann es in seiner Entwicklung mit psychologischen Momenten erklärt werden. Verniedlichung und Verherrlichung des Verbrechens sind nicht zulässig. In jedem Fall muß das Verbrechen, zumindest am Ende des Romans, vom Leser eindeutig als Verbrechen und damit als abzulehnende Handlungsweise erkennbar sein.

4. Behörden und Ordnungsmächte sollten ebenso wie Personen, die Recht und Moral vertreten (Richter, Geistliche, Polizei usw.) grundsätzlich als positive Gruppen oder Figuren erkennbar sein. Wenn sich in ihren Charakterbildern, der Realität des Lebens entsprechend, positive und negative Züge mischen, müssen die Figuren differenziert geschildert werden. Als Grundsatz gilt, daß Behörden und Ordnungsmächte nicht als korrupt oder verbrecherisch geschildert werden dürfen, daß aber Einzelpersonen dieser Stellen oder Einzelmitglieder der genannten Berufsgruppen korrupt oder Verbrecher sein können. Sie müssen dann in dieser Eigenschaft klar erkennbar sein und entlarvt werden.

5. Der Held, der auf der Seite des Rechts steht, muß sich gesetzestreu verhalten. Erlaubt sind Notwehr und Maßnahmen, die sich aus Notstandssituationen ergeben.

6. Die Diskriminierung von Völkern, Rassen, Religionen, Ehe, Familie, Kunst und Wissenschaft sind ebensowenig gestattet, wie die Verherrlichung oder Verharmlosung des Krieges.

7. Die Darstellung sexueller Vorgänge soll weitgehender Zurückhaltung unterliegen und von den allgemeinen gültigen Normen des guten Geschmacks bestimmt werden. Vor allem muß in Heftromanen auf die Verherrlichung des außerehelichen Verkehrs, die Bagatellisierung des Ehebruchs und die Schilderung von Perversitäten verzichtet werden. Sexualbezogene Passagen in Taschenbüchern, die unter Berücksichtigung der von der internationalen Literatur geprägten Maßstäbe differenziert beurteilt werden müssen, sollen grundsätzlich nicht aufgesetzt wirken, sondern zum logischen Handlungsablauf gehören.

8. Der Text soll sprachlich sauber und nicht mit vulgären Ausdrücken überladen sein; Gangsterjargon soll nur dort erscheinen, wo er vom Milieu her motiviert ist.

9. Das Titelbild soll von den Grundsätzen des guten Geschmacks

bestimmt werden. Überzogene Brutalitäten und Sexualszenen dürfen nicht dargestellt werden.

10. Der Anzeigenteil kann unter Wahrung der Grundsätze des guten Geschmacks Inserate veröffentlichen, wie sie seit Jahren in zahlreichen deutschen Wochenzeitschriften und Illustrierten unbeanstandet erscheinen. In Zweifelsfällen soll der jeweilige Verlag gehalten sein, die Anzeigenmuster dem Leiter der Selbstkontrolle zur Prüfung vorzulegen."

Wie zwingend diese "Richtlinien" für den Heftromanautor sind, erhellt der Umstand, daß bei Ablehnung eines Manuskripts durch diese freiwillige Selbstkontrolle deutscher Romanheft-Verlage der mit dem Autor geschlossene Vertrag seine Gültigkeit verliert.[68] Allein der Autor trägt das Risiko und nicht der Verlag.[69]

Zum Selbstverständnis von Heftromanautoren

Heftromanautoren — sollte man mit Nutz meinen — fassen zumeist "ihr Schreiben als ausgesprochenes Handwerk auf", "sind intelligente Leserpsychologen, die schreiben können, d. h. das Handwerk des Trivialromans beherrschen", und "schreiben, um Geld zu verdienen"[70]. Der Heftromanautor als "programmierter Kopfarbeiter, der vorhandene Klischees mit neuen Effekten (gags) und der vorschriftsmäßigen Gesinnung zu ständig gleichen Märchen-Folgen montiert"[71], muß — sollte mit mit Warneken meinen — "auf allzu irrationale Schaffensvorstellungen"[72] verzichten angesichts der beschriebenen Produktionsbedingungen und -formen.

Indes wird von den wenigsten Heftromanautoren die immaterielle Produktion eines Romans als "depersonalisierter Schreibakt"[73] begriffen. — Die meisten Heftromanautoren kommen aus dem kleinbürgerlichen Mittelstand, haben eine höhere Schulbildung, seltener einen Studienabschluß[74] und verstehen sich als Dichter, die bloß noch nicht ihre Chance bekommen haben. Fast ein Allgemeinplatz ist die Beteuerung von Heftromanautoren, daß sie einen "Roman in der Schublade haben"[75], daß eine "Menge des Stoffs [ihrer Heftromane] ohne weiteres auch zu einem belletristischen Roman umgearbeitet werden" kann.[76]

Der durchschnittliche Heftromanautor "ist ein idealtypischer Konformist", der "den Massengeschmack sozusagen aus seinem eigenen

Inneren" schöpft.[77] Dieser nicht bloß literarästhetische Konformismus ist dem einzelnen Heftromanautor ebensowenig wie dem einzelnen Leser solcher Heftromane anzulasten, vielmehr verweist dieser Konformismus auf den desolaten Zustand einer breiten ästhetischen und politischen Bildung in unserer Gesellschaft.

Heftromanautoren schreiben — wie ihre 'anerkannten' Kollegen aus der Buchroman-Branche — zu allererst, weil sie schreiben wollen; niemand zwingt sie dazu.[78] — Wie unreflektiert das Schreiben bleibt, wie unreflektiert die eigene Arbeitssituation bleibt, zeigt sich, wenn beispielsweise der Kriminalroman-Autor Heinz-Werner Höber sich mit "seinem" Helden Jerry Cotton identifiziert und sich freut, von seinen Freunden 'Jerry' gerufen zu werden.[79] Ohne Distanz zum beschriebenen Gegenstand, ohne kühle Leserberechnung bleibt der Heftromanautor, wenn er beispielsweise wie der Landserroman-Autor Karl Rusack den Vorwurf, keinen Versuch gemacht zu haben, die Perspektive eines Kriegserlebnisberichts, der nach 1946 geschrieben wurde, ins Politische zu erweitern, mit dem Hinweis kontert, die Jagdflieger der Jahre 1944 und 1945 seien nicht politisch gewesen, sie hätten keine Zeit gehabt und, wenn die Zeit einmal da war, keine Lust dazu, darüber nachzudenken, ja: daß es "besonders keine Zeit [war], um schöngeistige politische Gedanken zu kultivieren"[80].

Behas beim Illustrierten-Romanautor gemachte Beobachtung gilt auch für den Heftromanautor: er "ist sich seiner politischen Tätigkeit nicht bewußt"[81].

Und in solchem falschen (Selbst-)Bewußtsein werden solche Autoren von Seiten der Heftromanverleger bestärkt, wenn z. B. der Bastei-Verleger Gustav H. Lübbe meint, genügend problembewußte Romane zu produzieren, die dem Leser helfen können, seine Situation klarer zu sehen, da beispielsweise

"die Frage der zerrütteten Ehe, des Kindes, das ohne Liebe ist, die Frage des Zusammenlebens von Eltern, des sozialen Aufstiegs [...]" angesprochen werde. Und wenn er auf erschreckende Weise arglos weiter meint, "jeder Roman in sich" sei "eine Story aus dem Leben, wie sie vorgefallen sein könnte, vielleicht hineinprojiziert in eine etwas freundlichere Welt als sie uns im Durchschnitt begegnet"[82].

Ausblick

Mag die Hoffnung nicht grundlos sein, daß "Widerstand gegen das Chaos einer sich quasi naturgesetzlich vollziehenden Gesamtbewegung" deutlich wird, wo sich "heute Rationalisierung in der Literatur über bloß äußerliche oder sonst partikulare Stimmigkeit hinaus durchsetzt"[83]. In der derzeit üblichen Rationalisierung der Produktion von Heftromanen geht nichts über bloß äußerliche oder sonst partikulare Stimmigkeit hinaus und kann nichts hinausgehen. Die Verpflichtung, die die Sachlichkeit der materiellen Produktion von Romanheften für die immaterielle Produktion von Heftromanen als Texte im Hinblick auf die innerkünstlerische Gestaltung bedeutet, bleibt mit System unbeachtet.[84]

Wenn generell auf dem literarischen Markt die "Erweiterung und Verbilligung der Produktion durch Standardisierung, Neuheitenproduktion, Disziplinierung und Freisetzung der literarischen Produktivkräfte (Sprache, Phantasie, Erfindungen) [...] unmittelbar aus dem Verwertungsinteresse des Verlags-Kapitals und nur mittelbar aus dem Bedürfnis des Publikums nach spezifischen Gebrauchswerten zu erklären"[85] sind, so dienen die technisch-arbeitsteiligen Verfahren bei der Produktion von Heftromanen allemal nicht der Verbesserung des Gebrauchswerts dieser Heftromane, sondern der Verringerung der Herstellungskosten der Heftromane und damit der Steigerung der verlegerischen Gewinnspanne. Winckler betont zu Recht, daß "unter kapitalistischen Produktionsbedingungen [...] die 'industrie- und serienmäßige Herstellung' in der Regel zu einem Qualitätsverlust der informationellen und ästhetischen Produkte [führt] — im Falle der letzteren bis zu ihrer Dekomposition"[86].

Eine immaterielle und materielle Produktion von Heftromanen mit aufklärerischer Funktion, in denen eine kritische Aussage mit nach vorwärts getriebenen sprachlichen und literarischen Formen korrespondiert, wird, solange die derzeitigen Bedingungen und Formen der Heftromanproduktion weiterexistieren, nicht möglich werden. Die Warenform Romanheft ist nämlich bei Heftromanen nicht bloß die notwendige Form, um das immaterielle Produkt, d. i. der Heftroman als Text, in Umlauf zu bringen, da sie tatsächlich nichts anderes leistet, als das immaterielle Produkt als Ware abzustempeln.

Anmerkungen

[1] Hennig, R.: "Neues Märchen von einem, der auszog, das Fürchten zu lernen" in: Schultze E.: Die Schundliteratur. Ihr Wesen. Ihre Folgen. Ihre Bekämpfung, Halle ³1925, 171–172, hier: 172. — Das Märchen war auf die 1909 erschienene 1. Auflage des Buchs von Schultze hin in der "Jugend" erstmals veröffentlicht worden.

[2] Winckler, L.: "Entstehung und Funktion des literarischen Marktes" in: Winckler, L.: Kulturwarenproduktion. Aufsätze zur Literatur- und Sprachsoziologie, Frankfurt/Main 1973, 12–75, hier: 30.

[3] Ebd., 43.

[4] Vgl. Weißenborn, R.: "Warenwert und bürgerliche Massenkommunikation" in: Diskurs, Jg. 3, H. 2 (1973) 11–36, wo zwischen "publizistischem Produktionsprozeß", den Weißenborn "abstrakte Medienproduktion" nennt, und "konkreter Medienproduktion" geschieden wird (18).

[5] Marx, K.: Einleitung zur Kritik der Politischen Ökonomie (MEW. Bd. 13, 624.); zit. nach Marx, K., Engels, F.: "Über Kunst und Literatur", hrsg. von M. Kliem, Bd. 1, Berlin 1967, 117.

[6] Vgl. Jansen, J.: "Zwischen 'Silvia' und 'Jerry Cotton'. Über Romanheftserien" in: Vogt, J. (Hrsg.): Literaturdidaktik, Düsseldorf 1972, 258–272, hier: 259.

[7] Vgl. Hollstein W.: Der deutsche Illustriertenroman der Gegenwart. Produktionsweise — Inhalte — Ideologie, München 1973.

[8] Vgl. Pforte, D. (Hrsg.): Comics im ästhetischen Unterricht, Frankfurt/Main 1974. In Sonderheit den Beitrag des Herausgebers "Zur Produktion von Comics", 277–292.

[9] Zu denken ist an den Springer-Konzern etwa, der u. a. neben dem Buchverlag Ullstein den Romanheft-Verlag Koralle umfaßt, oder an den Bastei-Verlag, der als Romanheftverlag gegründet wurde und seit Mitte der 60er Jahre auch bibliophile Bücher produziert.

[10] O. F. Walter in einer Diskussion über "Die Rückwirkung der ökonomisch-technischen Bedingungen auf die Literaturproduktion" in: Gegenwartsliteratur. Mittel und Bedingungen ihrer Produktion. Eine Dokumentation, hrsg. von P. A. Bloch, Bern, München 1975, 106.

[11] Vgl. Holzer, H.: Kommunikationssoziologie, Reinbek 1973, 141. — Einen tabellarischen Vergleich materieller Herstellungs- und Vertriebsformen, in dem die generelle Übereinstimmung bei der materiellen Produktion von Heftromanen, Bestsellern und Literatenliteratur belegt wird, gibt Zimmermann, H. D.: "Das Vorurteil über die Trivialliteratur, das ein Vorurteil über die Literatur ist" in: Akzente, Jg. 19, H. 5 (1972) 386–408, hier 404.

[12] Jaeggi, U.: Literatur und Politik, Frankfurt/Main 1972, 25 — in Anlehnung an K. Kosik.

[13] Ebd., 25.

[14] Vgl. hier und im folgenden: Weinmayer, B.: "Frauenromane in der BRD" in: Kürbiskern 1 (1971) 80–92, hier: 80. Wernsing, A. V./ Wucherpfennig, W.: Die 'Groschenhefte'. Individualität als Ware, Wiesbaden 1976, 6–7.

[15] Vgl. Fohrbeck, K./Wiesand A. J.: Der Autorenreport, Reinbek 1972, 124–125.

[16] Vgl. ebd., 125.

[17] Vgl. Baumgärtner, A. C. (Hrsg.): Lesen – Ein Handbuch, Hamburg 1973, 40. (Schenda, R.: Blatt und Heft, 26–47).

[18] Vgl. beispielsweise: Media-Daten, Handbuch der deutschen Werbeträger, Jg. 14, 1976 ff.

[19] Die erfolgreichste Romanheft-Serie nach 1945 stellt die Kriminalroman-Serie "Jerry Cotton" aus dem Bastei-Verlag dar. 1971 erschienen laut Auskunft des Chefredakteurs des Bastei-Verlags wöchentlich rund 250 Tausend Exemplare einschließlich der Erst- und Nachdrucke der Heft- und Taschenbuchserien. Insider schätzen die wöchentliche Auflage auf 300 Tausend Exemplare und meinen, daß der Verlag aus optischen Gründen bewußt sehr niedrige Zahlen nenne. – Vgl. Burg, K.: "Mit dem Herzblut der Autoren. Heft-Romanfabriken in Westdeutschland" in: Kürbiskern 1 (1967) 108–113, hier: 108. – Vgl. auch: Düdder, R.: "Jerry Cotton vor Gericht" in: Die Zeit, Nr. 9 vom 26. 2. 1971.

[20] Vgl. Jansen, J. (Anm. 6), 260.

[21] Vgl. Schemme, W.: Trivialliteratur und literarische Wertung, Stuttgart 1975, 182.

[22] Vgl. Fohrbeck/Wiesand (Anm. 15), 128–129, wo eine Fülle von Beispielen die genrespezifische Betitelung von Heftromanen belegt.

[23] Herm, G.: "Die Romanfabriken" in: Die Zeit, Nr. 39 vom 23. 9. 1966.

[24] Zu den Aufgaben der Lektoren/Redakteure in Heftromanverlagen vgl.: Fohrbeck/Wiesand (Anm. 15), 137; Thresen, H.: "Die Romanfabrik. Ein Groschenschreiber packt aus" in: Konkret, Nr. 7 vom 24. 3. 1969; Burg, K. (Anm. 19), 109.

[25] Bastei-Verleger Lübbe überreichte z. B. seinem "Jerry Cotton"-Starautor Heinz-Werner Höber ein in Kunstleder gebundenes Exemplar des 100. Bands der Serie, das mit einer persönlich gehaltenen Widmung des Verlegers versehen war.

[26] So erhielt auch Höber, der für Bastei über 300 Romane geschrieben hat, erst für jedes vom Verlag angenommene Manuskript einen Einzelvertrag.

[27] Vgl. zu den Pseudonymen: Fohrbeck/Wiesand (Anm. 15), 136; Burg (Anm. 19), 109; Wenzel, R.: "Massenliteratur" in: Bremer Kollektiv: Grundriß einer Didaktik und Methodik des Deutschunterrichts in der Sekundarstufe I und II, Stuttgart 1974, 187–244, hier 200.

[28] Zur Vertragspraxis vgl.: Fohrbeck/Wiesand (Anm. 15), 133–137; Burg (Anm. 19), 109.

[29] Vgl. den Brauch, am Schluß eines Hefts die noch lieferbaren Titel der Serie bzw. Reihe aufzuführen.

[30] Ziermann, K.: Romane vom Fließband, Berlin 1969, 310, Anm. 106.

[31] Schemme (Anm. 21), 183.

[32] Hierher gehört z. B. der "Krimi-Leser Adenauer".

[33] Zum Vertrieb von Heftromanen vgl.: Schemme (Anm. 21), 183; Herm (Anm. 23); Burg (Anm. 19), 111; Thresen (Anm. 24); Leiner, F., Gutsch J. (Hrsg.): Science-fiction, Materialien und Hinweise, Frankfurt/Main 1972, 28.

[34] H. Schattner aus Berlin laut Methner, C.: "Er hat das Heft in der Hand" in: BZ vom 25. 9. 1972.

[35] Giesenfeld, G.: "Zum Stand der Trivialliteratur-Forschung" in: Das Argument, Jg. 14, H. 3/4 (1972) Nr. 72, 233–242, hier 241. Vgl. auch Bürger, Ch.: Textanalyse als Ideologiekritik, Frankfurt/Main 1973, 42. Auch: Nusser, P.: Romane für die Unterschicht, Stuttgart 1973, 98. – Die These wird auch belegt durch die Tatsache, daß westdeutsche Heftromanverlage ab und an Druckaufträge an staatliche Betriebe aus den sozialistischen Staaten vergeben: auch diese staatlichen Druckereien setzen ihr Profitinteresse über das ideologische.

[36] Vgl. zum Profitwert von Heftromanen: Fohrbeck/Wiesand (Anm. 15), 125–126.

[37] Vgl. Fohrbeck/Wiesand (Anm. 15), 126, die hier Max Webers These von den zwei Kunden der Presse folgen.

[38] Schweppenhäuser, H.: "Die Zeitungspresse als Produkt und als Produzent gesellschaftlicher Verhältnisse" in: Ästhetik und Kommunikation, Jg. 2, H. 3 (1971) 40–48, hier 45.

[39] Die jeweils geltenden Anzeigenpreise sind zu entnehmen: Media-Daten (Anm. 18).

[40] Herm (Anm. 23) spricht von 1500 bis 2000, Thresen (Anm. 24) von 1700 bis 2000 Heftromanautoren.

[41] Im folgenden werden 'Halbamateure', die neben der Ausübung eines 'Brotberufs' regelmäßig Heftromane schreiben, und 'Amateure', die in ihrem Leben vielleicht zwei, drei Heftromane verfassen und überhaupt nicht auf das Honorar angewiesen sind, das ihnen pro Roman gezahlt wird, nicht berücksichtigt. Auf sie trifft generell das gleiche zu wie auf die 'Profis'.

[42] Vgl. zur ökonomischen, beruflichen und inhaltlichen Abhängigkeit des Heftromanautors vom Verleger: Zimmermann (Anm. 11), 404–406; sowie: Olenhusen, A. G. von: "Heimarbeit und Industrie" in: Kürbiskern 4 (1972) 551–557.

[43] Olenhusen (Anm. 42), 553.

[44] Winckler (Anm. 2), 37.

[45] Vgl. Warneken, B. J.: "Abriß einer Analyse literarischer Produktion" in: Das Argument, Jg. 14, H. 3/4, Nr. 72 (1972) 207–232, hier 223.

[46] Vgl. zu den Arbeitsphasen in Sonderheit: Thresen (Anm. 24), Burg (Anm. 19), 110–111; "Schöne Menschen, edle Züge" in: Frankfurter Rundschau, Nr. 18 vom 22. 1. 1972.

[47] Vgl. Fohrbeck/Wiesand (Anm. 15), 134; Burg (Anm. 19), 109; Trips, U.: "Das Vergnügen, Heftchenromane zu schreiben" in: Deutsche Zeitung, Nr. 2/3 vom 10. 1. 1975.

[48] Vgl. Fohrbeck/Wiesand (Anm. 15), 137.

[49] Warneken (Anm. 45), 219.

[50] Ebd. 219.

[51] Gelegentliche Versuche, Genres miteinander zu verbinden (z. B. Science Fiction-Krimis und Porno-Western), haben sich auf dem deutschsprachigen Markt nicht durchsetzen können.

[52] Vgl. zu den von Verlagen erlassenen "Anweisungen" vor allem: Fohrbeck/Wiesand (Anm. 15), 131–133 und 429, Anm. 85; Melzer, H.: Trivialliteratur I, München 1974, 16–17; Schöne Menschen... (Anm. 46); Thresen (Anm. 24); Ziermann (Anm. 30), 117–118; Wernsing/Wucherpfennig (Anm. 14), 11–14.

[53] Wernsing/Wucherpfennig (Anm. 14), 12.

[54] Arbeitsgruppe Massenliteratur: "Verwertbare Unmündigkeit. Zur Romanheftserie Jerry Cotton" in: Ästhetik und Kommunikation, Jg. 2, H. 5/6 (1972) 49–57, hier 54.

[55] Wernsing/Wucherpfennig (Anm. 14), 12.

[56] Schöne Menschen... (Anm. 46).

[57] Anweisung des Bastei-Verlags für Autoren von "Jerry-Cotton-Romanen", zit. nach dem Begleittext zur Sendung "Fluchtversuch. Dokumentation über Heftromane", Landesbildstelle Berlin, 1975, 6.

[58] Schöne Menschen... (Anm. 46).

[59] Thresen (Anm. 24).

[60] Schöne Menschen... (Anm. 46); vgl. besonders Melzer (Anm. 52), 16–17.

[61] Thresen (Anm. 24); vgl. auch Herm (Anm. 23).

[62] Fohrbeck/Wiesand (Anm. 15), 138.

[63] Rusack, K.: "Bild von einer Mentalität" in: Die Zeit, Nr. 47 vom 15. 11. 1974.

[64] Vgl. Rieger, W.: "Selbstkontrolle deutscher Romanheft-Verlage" in: Medien- & Sexual-Pädagogik, Jg. 3, H. 2 (1975) 36–37, hier 36. Rieger ist Leiter dieser Selbstkontrolle.

[65] Ebd., 36.

[66] Vgl. Fohrbeck/Wiesand (Anm. 15), 131; vgl. auch Burg (Anm. 19), 110–111.

[67] Zit. nach einer vom Bastei-Verlag seinen Autoren zugestellten Kopie.

[68] § 5 eines von Thresen (Anm. 24) zitierten Verlagsvertrags.

[69] Vgl. Fohrbeck/Wiesand (Anm. 15), 136.

[70] Nutz, W.: Der Trivialroman, seine Formen und seine Herstellung. Köln, Opladen 1962, 97.

[71] Beha, E.: "Der Illustrierten-Autor" in: Kürbiskern 1 (1972) 100–105, hier: 101–102.

[72] Warneken (Anm. 45) 224.

[73] Arbeitsgruppe Massenliteratur (Anm. 54), 49.

[74] Vgl. Beha (Anm. 71), 102.

[75] Vgl. Fohrbeck/Wiesand (Anm. 15), 134–138; Beha (Anm. 71), 104.

[76] Fohrbeck/Wiesand (Anm. 15), 138.

[77] Beha (Anm. 71), 103.

[78] So fast wörtlich: Jaeggi (Anm. 12), 113.

[79] Auskunft Höbers.

[80] Rusack (Anm. 63).

[81] Beha (Anm. 71), 101.

[82] G. H. Lübbe, zit. nach Bühl, H.: "Das unvermeidliche Happy End" in: Konkret, Nr. 23 vom 23. 11. 1973.

[83] Warneken (Anm. 45), 213.

[84] Vgl. in diesem Zusammenhang Adornos Bemerkung zur Kulturindustrie: "Sie lebt gleichsam parasitär von der außerkünstlerischen Technik materieller Güterherstellung, ohne die Verpflichtung zu achten, die deren Sachlichkeit für die innerkünstlerische Gestalt bedeutet, aber auch ohne Rücksicht aufs Formgesetz ästhetischer Autonomie." Adorno, Th. W.: "Résumé über Kulturindustrie" in: Adorno, Th. W.: Ohne Leitbild, Parva Aesthetica, Frankfurt/Main 1967, 60–70, hier: 64.

[85] Winckler (Anm. 2), 43.

[86] Winckler, L.: "Über einige Zusammenhänge zwischen ästhetischer Produktion und gesellschaftlicher Produktivkraftentwicklung" in: Winckler, L.: Kulturwarenproduktion (Anm. 2.), 76–126, hier: 91–92.

Peter Nusser

ZUR REZEPTION VON HEFTROMANEN

Im Jahr 1967 lasen 37 % aller Erwachsenen (ab 16 Jahren) in der Bundesrepublik mehr oder minder regelmäßig Heftromane. 1975 waren es nur noch 27 %[1] oder: gaben nur noch 27 % aller Erwachsenen bei Befragungen eine ehrliche Auskunft. Was die Kritik an Heftromanen einschließlich des Schulunterrichts in den letzten Jahren bewirkt hat — Distanzierung oder nur die Scheu, sich zu einem öffentlich geschmähten Vergnügen zu bekennen —, ist nicht festzustellen.

Die Zusammensetzung der Leserschaft nach Geschlecht, Alter und Beruf hat sich tendenziell nicht verändert. Nach wie vor lesen Frauen mehr Heftromane als Männer (30 % gegenüber 23 %)[2], und bilden Jugendliche und junge Erwachsene die stärkste Lesergruppe: Von den 14—29jährigen lesen 34 % Heftromane[3] — 1967 waren es in dieser Altersgruppe einer Angabe Schmidtchens zufolge sogar noch 49 %[4] — von den 30—44jährigen lesen 26 % diese Literatur, von den 45—59jährigen 22 %, von den über 60jährigen 24 %[5]. Nach wie vor sind Heftromane unter angelernten Arbeitern, Facharbeitern, einfachen und mittleren Angestellten und Beamten verbreiteter als unter leitenden Angestellten, höheren Beamten und freiberuflich Tätigen. 40 % aller angelernten Arbeiter nennen sie als Lektüre, 30 % aller Facharbeiter, 26 % aller einfachen und mittleren Angestellten und Beamten, aber immerhin auch 13 % aller leitenden Angestellten und höheren Beamten und 14 % aller freiberuflich Tätigen[6].

Aufmerksamkeit verdient sicherlich ein Befragungsergebnis aus dem Jahr 1973 über den Schulabschluß der Heftromanleser[7]. Während 1967 noch 41 % den Volksschulabschluß hatten und 26 % die Mittlere Reife, sind es 1973 nur 34 % bzw. 24 %. Dagegen haben im Jahr 1967 nur 13 % das Abitur, 1973 aber 15 %. Läßt sich daraus schließen, daß der Heftromankonsum gerade in den unteren sozialen Schichten zurückgegangen ist? Diese interessierende Frage muß unbeantwortet bleiben, weil der Zusammenhang von Schulabschluß und sozialer Stellung nicht ohne weiteres herstellbar ist und weil vor allem der Wahrheitsgehalt der Leserantworten nicht gesichert ist.

Über die Motivationen der Heftromanleser, den Intensitätsgrad und die Wirkung der Lektüre vermögen die zitierten empirischen Erhebungen nichts auszusagen, nicht einmal etwas über die Popularität der einzelnen Heftromangenres. Gerade derartige Fragen sind für den Literaturwissenschaftler und Literaturdidaktiker jedoch von Bedeutung. Wer dem Funktionszusammenhang von Produktion und Konsumtion dieser Literatur oder — wie es das Thema dieses Aufsatzes nahelegt — dem Wechselverhältnis von Leserbedürfnissen und den Wirkungen trivialer Texte nachgehen will, bleibt auf hermeneutische Verfahren angewiesen, da eine mit zulänglichen Kriterien arbeitende empirische Wirkungsforschung bisher noch nicht existiert. Dies schließt jedoch nicht aus, daß empirisch ermittelte Einzelergebnisse in die Argumentation einbezogen werden.

In seinen 'Thesen zur gegenwärtigen Massenkommunikation'[8] hat Grimminger herausgestellt, daß die Produzenten der Massenmedien sich an den 'Durchschnittsbedürfnissen' der Käufer orientieren müssen, wenn sie ihre Produkte gewinnbringend verkaufen wollen. "Information und Unterhaltung sind dem Geschmack des Käufers angepaßt oder nicht lebensfähig".[9] Umgekehrt ist dieser Geschmack nicht naturgegeben, sondern sozial gelernt, wird also von den Massenmedien durchaus beeinflußt. "Einerseits hat also das Plebiszit des Käufers über die wirtschaftliche Rentabilität des Mediums zu entscheiden; zum anderen sollen die Bedürfnisse des Käufers in der tatsächlichen Begegnung mit dem Medium erst geweckt und bis zum Ergebnis manifester Handlungen verstärkt werden: bis zum Kauf und zur Lektüre, die sich zu reinen Gewohnheiten verfestigen können."[10] In der weitgehenden Übereinstimmung zwischen den Lesererwartungen der Käufer und dem Angebot der Texte liegen also deren Konsumierbarkeit und Wirksamkeit begründet. In der Publizistikwissenschaft bezeichnet man diesen Zusammenhang auch gern als "Adäquanz inhaltlicher Strukturen der Aussagen und kommunikativer Dispositionen beim Rezipienten"[11]. Die Evidenz dieses Zusammenhangs wird von den Ergebnissen der empirischen Kommunikationsforschung bestätigt, nach denen Texte sich als besonders wirksam erweisen, wenn sie unter anderem mit der Situation des Lesers korrespondieren, von diesem praktisch verwertbar sind, sich als Mittel zur sozialen Selbstbehauptung erweisen und vom Leser akzeptierte kulturelle Werte bestätigen.[12]

Daraus läßt sich folgern, daß ein so publikumswirksames Medium wie die Trivialliteratur (hier in der Form der Heftromane) einen hohen Adäquanzgrad erreicht, also den Dispositionen der Leser weitgehend gerecht wird.[13]

Wer nun den Funktionszusammenhang zwischen der Beschaffenheit trivialer Texte und ihrer Lektüre erhellen und auch eventuelle Ansatzpunkte zu seiner Durchbrechung finden will, muß die inhaltlichen, strukturellen und sprachlichen Merkmale der Texte mit den Dispositionen der Rezipienten oder — um einen Terminus der Sozialisationsforschung zu verwenden — den 'Orientierungsmustern' der Leser[14] in Beziehung setzen. Man hat dies bisher auf verschiedene Weise versucht:

Davids hat am Beispiel des Wildwestromanhefts ('Das Wildwestromanheft in der Bundesrepublik')[15] das Vorgehen einer 'funktionalen Ästhetik' vorgeführt, das nach der 'Machart der Texte' fragt, "um bewußtseinstragende und bewußtseinsbildende Funktionen zu erhellen, Beeinflussungen des Lesers zu entdecken"; Waldmann ('Der Trivialroman als literarisches Zeichensystem')[16] ging in einer strukturalen Analyse des Frauen-Heftromans noch weiter und bemühte sich — den rezeptionsästhetischen Ansatz von Jauß und Weinrich aufgreifend — "die Wirkungsintentionen des Textes in bezug auf den intendierten Leser (den ästhetischen Informanten), d. h. die durch den bestimmten Zeichensektor entworfenen Leserrollen zu beschreiben und die über sie bewirkten möglichen Bewußtseinsinduktionen des Lesers insbesondere in ihrer gesellschaftlichen Bedeutung anzuzeigen". Ein solches Verfahren kann in der Tat sehr differenziert verdeutlichen, welche Lesehaltung die Texte dem Leser nahelegen, oder: auf welche Weise die Produzenten der Texte darauf abzielen, deren Rezeption vorzuprogrammieren. Ein solches Verfahren kann vor allem auch darauf hinweisen, daß Trivialliteratur sich nicht nur auf schon vorhandene Bedürfnisse bestimmter Lesergruppen einstellt, sondern deren Erwartungshorizont immer auch mitproduziert.[17] Dennoch ist dieses vom Text auf den Leser schließende Verfahren einseitig. Zu Recht hat man kritisiert,[18] daß über die tatsächliche Aufnahme und Wirkung der Texte so nichts ausgesagt werden kann. Hierzu müßten die das Leseverhalten determinierenden Sozialbeziehungen der Leser, deren historisch, sozial, politisch bedingte Einstellungen und Lesemotivationen in den Blick gerückt werden, müßten aber auch die kategorial divergierenden Situationen beschrieben werden, in denen die Lektüre

einzelner Leser oder Lesergruppen erfolgt.[19] Einen zureichenden
Versuch der Beschreibung unterschiedlicher Lesesituationen, der gerade für die Didaktik von besonderem Interesse wäre, gibt es m. W.
noch nicht. Er verlangt ausgedehnte empirische Untersuchungen
unter psychologischen Aspekten.

Dagegen liegen bisher jedoch zwei viel diskutierte Arbeiten vor,
die sich von der Wirklichkeit der Leser auszugehen bemühen und
das Textmaterial unter dem Gesichtspunkt prüfen, welchen Leserbedürfnissen es entspricht und welche Wirkung es auszuüben vermag. Beide Arbeiten gehen hermeneutisch vor und bleiben den
empirischen Beweis ihrer Ergebnisse schuldig. Die eine ist ein 1973
erschienenes Buch des Verfassers dieses Aufsatzes ('Romane für die
Unterschicht. Groschenhefte und ihre Leser')[20], die andere eine
schon 1971 erschienene Abhandlung von G. Giesenfeld ('Methodische Vorüberlegungen zum Umgang mit nicht anerkannter Literatur')[21]. In der ersteren werden im Rückgriff auf Forschungsergeb-
nisse vornehmlich der empirischen Sozialpsychologie die Sozialbeziehungen und die daraus ableitbaren kognitiven wie affektiven
Einstellungen der größten Lesergruppe, der Angehörigen der Unterschicht, umrissen und den Inhalten, den Strukturen und der Sprache der Heftromane gegenübergestellt, wobei sich weitgehende, im
einzelnen dargestellte Affinitäten ergeben, die Rückschlüsse auf die
besonders intensive Wirksamkeit der Heftromane gerade in der
Unterschicht erlauben. Gegen diesen Ansatz sind mehrfach zwei
Einwände geltend gemacht worden: 1. Er verwende das problematische (weil idealtypische) dichotome Schichtenmodell der empirischen Sozialpsychologie und trage so dazu bei, den der Unterschicht
zugeschriebenen Mängelkatalog zu verfestigen. 2. Er versäume, die
Determinanten der bundesrepublikanischen Klassengesellschaft zu
bestimmen.

Der erste Einwand beruht insofern auf einem Mißverständnis,
als es in diesem Buch nicht um die soziologische Festschreibung des
Psychogramms einer Gesellschaftsschicht geht (und schon gar nicht
um seine Bewertung), sondern um den Nachweis der Adäquanz
ganz bestimmter, psychologisch und soziologisch erklärbarer Orientierungsmuster von Lesern und ganz bestimmter literaturwissen-
schaftlich beschreibbarer Merkmale der Heftromanliteratur. Daß
die von der Sozialpsychologie der Unterschicht zugeschriebenen
Eigenschaften auch Angehörige anderer Gruppen oder Schichten teilen können, ist dabei unterstellt und ebensowenig bestritten wor-

den wie die Fragwürdigkeit des Schichtenmodells, das notgedrungen benutzt wurde, weil empirische Ergebnisse fast nur im Rahmen dieses Modells vorfindbar waren. Daß die sich mit den Textmerkmalen berührenden Orientierungsmuster sich wohl dennoch am häufigsten und am ausgeprägtesten in den unteren sozialen Schichten finden, dürfte allerdings auch von den Autoren kaum zu bestreiten sein, die mit dem nicht weniger problematischen (weil noch mehr verallgemeinernden) Klassenbegriff arbeiten. Die Verwendung dieses Begriffs impliziert allerdings eine Theorie der Klassengesellschaft, die — insofern besteht der zweite Einwand zu Recht — in dem Buch des Verfassers nicht zugrundegelegt wird. Nach dessen Meinung gehört zu einer haltbaren Ableitung der Sozialbeziehungen der Leser aus der objektiven Sozialstruktur der Gesellschaft das methodische Instrumentarium anderer wissenschaftlicher Disziplinen, das vielleicht einmal in einem Forschungsteam eingebracht werden könnte, und nicht nur ein formelhaft eingesetztes marxistisches Erklärungsmodell.

Zu welchen Ergebnissen dies führt, zeigt die zweite der genannten Arbeiten. Giesenfeld beginnt mit einer Beschreibung der ökonomischen Grundlagen kapitalistischer Gesellschaften, geht ausführlich auf die Entfremdungssituation der Lohnabhängigen während der Arbeitszeit und während der Freizeit ein und leitet aus der Grunderfahrung der Entfremdung bestimmte Denk- und Verhaltensweisen und jene Bedürfnisstruktur her, die von der kommerziellen Massenliteratur ausgebeutet wird. Zum Nachweis zeigt er am Beispiel eines Frauenromans, wie Personendarstellung und Handlungsstruktur geeignet sind, die in der Wirklichkeit durch den kapitalistischen Konkurrenzkampf erfahrenen und angewandten Taktiken der Verstellung sowie das permanente Gefühl des Mißtrauens durch die Vorspiegelung der Möglichkeit echter Kommunikation in einer durchschaubaren Welt zu kompensieren. Damit werden nach Giesenfeld dem Leser "die Widersprüche der Realität verschleiert und aus ihnen entstehende Bedürfnisse nach Veränderung in Konsumbedürfnisse" umgemünzt.[22]

Auch Giesenfeld muß sich Einwände gefallen lassen: 1. Sind die von ihm aus den ökonomischen Verhältnissen abgeleiteten und auf den Begriff gebrachten menschlichen Verhaltensweisen und Grundbedürfnisse nicht zu einseitig erfaßt und reichen sie aus, um auch nur die wichtigsten literarischen Strategien der Trivialliteratur zu erklären? Übertrifft der bei Giesenfeld zum Ausdruck kom-

mende Schematismus noch den der Trivialliteratur?[23] 2. Ist das Bedürfnis der Leser nach einer durchschaubaren und heilen Welt nur
die Folge des Versagens des kapitalistischen Gesellschaftssystems
oder handelt es sich vielmehr — worauf auch der erhebliche Konsum
von Trivialliteratur in sozialistischen Ländern hinwiese — um eine
Reaktion auf technologische und organisatorische, also systemneu-
trale Tatbestände?[24]

Es ist zweifellos anregend, daß Giesenfeld die Suche nach einer
Antwort auf die gesellschaftliche Funktion von Trivialliteratur so
weit vorangetrieben hat, doch scheint es sich in der Tat um 'Vorüberlegungen' zu handeln, die bisher nicht weitergeführt wurden.

Überblickt man den Forschungsstand, so stößt man also relativ
schnell auf Grenzen, wo es um die Aufhellung der Leserwirklich-
keit geht. Ergiebige literaturpsychologische Untersuchungen zur Motivation des Lesers und zur Intensität des Lesens fehlen ebenso wie
Versuche der Beschreibung typischer Lesesituationen. Literatursozio-
logische Arbeiten gelangen entweder schnell zu pauschalen Urteilen, die für die Erklärung der Kommunikationsfunktionen auch nur
der wichtigsten literarischen Strategien nicht genügend hergeben,
oder aber sie konstatieren differenzierte funktionale Beziehungen
zwischen Texten und Lesergruppen, verzichten aber auf die 'alle'
Zusammenhänge 'erklärende' Systemkritik. Hier käme man m. E.
auf wissenschaftlich einwandfreie Weise nur durch interdisziplinäre
Arbeiten weiter voran.

Da gerade psychologische Aspekte der individuellen Aufnahme
und Wirkung trivialer Texte noch weitgehend ungeklärt sind, lassen sich didaktisch verwertbare Aussagen über den Zusammenhang
von Leserbedürfnissen und Textwirkungen zunächst nur auf soziologischer Ebene treffen. Für alle rezeptionsästhetischen und literatursoziologischen Arbeiten gilt dabei (dies ist ihrer aller mehr oder
weniger explizierte Voraussetzung, von der auch hier ausgegangen
wird) die Korrespondenz von Leserdispositionen und Textmerkmalen als Kriterium für deren Wirksamkeit. Je direkter Textmerkmale
die Bedürfnislage oder Motivationsstruktur der Leser treffen, desto
intensiver scheint die Aufnahme und Verinnerlichung der Texte zu
sein, wobei es zu den Eigenarten trivialer Texte gehört, den Wunsch
nach ihrer Lektüre immer neu hervorzurufen. In der Gegenüberstellung und Abwägung der Beziehungen zwischen Leserbedürfnissen und Textmerkmalen läßt sich über die Wirkung der Texte auf
Leser also etwas aussagen. Da es sich auf diesen wenigen Seiten

nur darum handeln kann, auf einige der wichtigsten dieser Beziehungen hinzuweisen,[25] gehe ich aus Gründen der Übersichtlichkeit von einigen Begriffen Grimmingers aus, die auch didaktisch gut zu verwerten sein dürften. Grimminger unterscheidet drei Gruppen medienimmanenter (sicherlich auch für Heftromane gültiger) Strategien, die von den auf profitbringenden Absatz bedachten Produzenten der Texte mit der Absicht entworfen werden, die eingespielten Gewohnheiten, Einstellungen und Urteile der 'Durchschnittsleser'[26] genau zu reproduzieren: 1. Strategien zur Erleichterung der Wahrnehmung, 2. Strategien zur Erleichterung des Urteils und zur Vermeidung von Wertkonflikten zwischen Medium und Leser, 3. Affektlösende Strategien. Mehr als durch den Begriff der im Text entworfenen 'Leserrolle' wird durch den Begriff der 'Strategie' also die unmittelbare, auf Deckungsgleichheit zielende Anpassung an die Motivationsstruktur der Leser betont.

Es wird im folgenden zu erläutern sein, welche der wichtigsten Textmerkmale der Heftromane solchen strategischen Wert für die Befriedigung der in soziologischen und literatursoziologischen Arbeiten immer wieder genannten Bedürfnisse der Leser haben. Dabei handelt es sich um Bedürfnisse, die zunächst einmal — wie ja auch die beiden von Grimminger gebrauchten Verlegenheitsbegriffe 'Durchschnittsleser' und 'Durchschnittsbedürfnisse' zeigen — prinzipiell allen Lesern eigen sein können, aber sowohl individuell als auch gruppen- und schichtenspezifisch verschieden stark ausgeprägt und mehr oder weniger flexibel sein können. Je heftiger bestimmte Bedürfnisse freilich zum Ausdruck kommen — etwa in einzelnen sozialen Gruppen oder Schichten aufgrund der für sie typischen Sozialbeziehungen (z. B. der Beziehungen am Arbeitsplatz und in der Familie, der durch bestimmte Erziehungstechniken präformierten Beziehungen zur Umwelt) — desto intensiver — so läßt sich schließen — werden auch die ihnen entgegenkommenden Textmerkmale aufgenommen werden, desto größer wird die Wirkung der durch sie vermittelten Inhalte, wird die Suggestivkraft der über die Inhalte transportierten Ideologiegehalte sein.

1. Strategien zur Erleichterung der Wahrnehmung

Nach Grimminger erleichtern Information und Unterhaltung die Wahrnehmung, wenn sie sich den natürlichen Gegebenheiten primärer Kommunikationsvorgänge annähern, "wenn sie möglichst weitgehend Abbilder des personalen, alltagspraktischen Sprechens und Handelns miteinander liefern"[27]. Die Kehrseite der konkretistischen Darstellung von Personen und Situationen ist der weitgehende Verzicht auf die Vermittlung größerer Zusammenhänge sozioökonomischer, kultureller, politischer Natur und — dies kann man hinzufügen — psychologischer Begründungen menschlichen Handelns. Die Beziehungen zwischen Menschen und zwischen Mensch und Objektwelt werden so weit wie möglich auf ihre bloße Faktizität und auf grobe Raster sinnlicher Wahrnehmbarkeit reduziert.

Es läßt sich bestätigen, daß dieses Darstellungsverfahren in den Heftromanen wenigstens tendenziell durchgängig angewandt wird. Weder der Frauenroman (Schicksals-, Schloß-, Arzt-, Heimatroman usw.) noch der Abenteuerroman (Wildwest-, Landser-, Zukunfts-, Horror-, Kriminalroman) kennt eigentliche Konflikte. Jeder Konflikt müßte, um als solcher dargestellt und nachvollziehbar zu werden, die Oberfläche des reinen Vorgangs durchbrechen. Psychologische oder gesellschaftliche Begründungen, die über die Reaktionen der Personen auf bloße Oberflächenreize hinausgingen, werden jedoch in den Heftromanen fast ausnahmslos vermieden. Den handelnden Personen stellen sich auf ihrer Suche nach Glück und Erfolg nur ganz im Sinnlichen aufgehende Widerstände (z. B. böse Menschen) oder Hindernisse (z. B. die hohe Mauer) in den Weg, die es zu beseitigen bzw. zu überwinden gilt. Die vordergründig dargestellte Wirklichkeit erscheint unvermittelt, unerklärlich, durch Zufälle regiert. Um so nötiger ist es, sich an den gängigen Freund-Feind-Bildern zu orientieren und an den herausgehobenen einzelnen, den Helden, die als Hüter der Ordnung oder beschützende Liebhaber agieren. Die ihnen begegnenden Widerstände werden handgreiflich angegangen. Das Reden bereitet Handlungen allenfalls vor, wird aber selbst nicht als Problemlösungsstrategie eingesetzt. Indem die Gegenspieler aus der Welt geschafft werden, sich selbst (wie im Frauenroman) zurückziehen oder dem strafenden Schicksal anheimfallen, ist immer zugleich auch der Anlaß der Unruhe beseitigt, erscheint glückhaft im 'happy end' die 'heile Welt'.

Nicht nur durch die Verkürzung der Wirklichkeit auf ihre sinnlich erscheinende, verwirrende und nichtssagende Oberfläche wird die Wahrnehmung erleichtert, sondern auch durch die privatistische Überwindung personalisierter und verdinglichter Widerstände durch den Helden, der sich mit seinen überdimensionierten, den Idealvor-

stellungen der Leser angepaßten Eigenschaften als Identifikationsobjekt anbietet. Die 'vorbildliche' Lösung auftretender Probleme
durch auserwählte einzelne, die mit aller möglichen, nie einsichtig
abgeleiteten oder gar hinterfragten Autorität ausgestattet sind (vgl.
die Helden der Abenteuerromane) und vom Schicksal begünstigt
bzw. belohnt werden (vgl. die Heldinnen der Frauenromane) suggerieren die von allen Massenmedien vermittelte Vorstellung, daß die
gesellschaftliche Wirklichkeit von wenigen, sich duellierenden Einzelpersonen bestimmt wird (und nicht von gesellschaftlichen Kräf-
ten und Antagonismen). Der Sinn dieser Personalisierung gesellschaftlicher Wirklichkeit dürfte nicht nur darin liegen, den Lesern
die Projektion eigener unerfüllter Wünsche in Vorbildfiguren zu erlauben, sondern auch darin, über den Vorgang der Identifikation
ganz bestimmte, noch zu bezeichnende Ideologiegehalte besonders
wirksam zu introjizieren.

Dabei wird der Vorgang der Identifikation durch die der Leit-
figur zugeschriebenen Qualitäten in Gang gesetzt und unter anderem durch die literarische Technik der Typisierung unterstützt. Das
Erscheinungsbild der Helden bleibt relativ ungenau, wodurch es
dem Leser leichter fällt, das eigene Ich in die fiktive Gestalt hinein-
zuprojizieren. Auch die sprachliche Realisation der Handlungen des
Helden, wie überhaupt der Interaktionen in ihrer Gesamtheit, bietet durch die Verwendung möglichst einfacher grammatischer Strukturen und eines wenig umfangreichen alltagssprachlichen lexikali-
schen Repertoires, d. h. durch die Nachahmung der aktuell gespro-
chenen Sprache, dem Leser keinerlei Verständnisschwierigkeiten,
keinerlei Anlaß für Irritation und Distanzierung.

Die Strategien zur Erleichterung der Wahrnehmung treffen auf
bestimmte, bei den einzelnen Rezipienten graduell verschieden
stark ausgeprägte Motivationsstrukturen und Orientierungsmuster,
die (auf soziologischer Ebene) von den Sozialbeziehungen der einzelnen Rezipientengruppe abzuleiten wären und weitgehend abgeleitet worden sind,[28] letztlich aber aus der objektiven Sozialstruktur
der Gesellschaft erklärt werden müßten. Man kann — um nur einige
Andeutungen zu geben — mit Holzer[29] auf die gegenüber den Institutionen der industriell hochentwickelten und verwaltungstechnisch
weitgehend durchrationalisierten Gesellschaft allgemein stark emp-
fundene Entfremdung hinweisen, die zu dem Verlangen nach Über-
schaubarkeit der Wirklichkeit führt (was am ehesten durch Personen, Protagonisten gesellschaftlicher Kräfte, gewährleistet wird), die

aber auch den Wunsch des Rückzugs aufs Individuell-Menschliche, Private, wo ein verläßliche Orientierung noch möglich erscheint, verständlich macht. Die Personalisierung gesellschaftlicher Tatbestände und die Etablierung eines Persönlichkeitskultes in den Texten kommen Leserwünschen dieser Art effektiv entgegen. Man muß aber wohl hinzufügen: Die Verkürzung der Wirklichkeit auf sinnlich an ihrer Oberfläche Wahrnehmbares und die Abgabe bloßer Scheinerklärungen, welche die komplexen Verhältnisse der Realität nicht fassen, geschweige denn sie als veränderbar begreifen lassen, zeigen die bewußte Anpassung der Produzenten an Restriktionen, die von der Sozialisationsforschung als typisch für Angehörige der unteren sozialen Schichten herausgestellt werden.[30] Wessen Erfahrungsmöglichkeiten durch autoritäre Erziehungstechniken und die abhängige Stellung am Arbeitsplatz ständig eingeengt worden sind und wer immer eher über situationsbedingte als über abstrakte Sachverhalte zu kommunizieren gelernt hat, der wird relativ geringe Fähigkeiten und Neigungen entwickelt haben, seine Umwelt zu explorieren und sich komplizierte Zusammenhänge der Objektwelt durchschaubar zu machen, und deswegen auch die Klischees der Heftromane akzeptieren. Es ist auch wahrscheinlich, daß er sich von den aktionistischen (unreflektierten) Problemlösungen der Helden besonders angesprochen fühlt. Gerade auf die Angehörigen der unteren sozialen Schichten dürften auch die Überhöhungen der Helden (vor allem der Abenteuerromane) zu omnipotenten, vertrauenerweckenden Vaterfiguren besonders wirken, nicht nur weil die ständige Erfahrung von Autorität sie empfänglich macht für alles, was den Anspruch auf Vorbildhaftigkeit erhebt, sondern weil hier projektiv das aus der eigenen Abhängigkeit erklärbare Sicherheits- und Freiheitsbedürfnis befriedigt wird.

2. Strategien zur Erleichterung des Urteils und zur Vermeidung von Wertkonflikten zwischen Medium und Leser

Maximale Konsumierbarkeit setzt maximale Bestätigung "lebenspraktisch verankerter Einstellungen großer Teile der Bevölkerung" voraus.[31] Oder: "Konsumierbarkeit steht ... in kontradiktorischem Widerspruch zur Problematisierung eingespielter Gewohnheiten und Vorurteile und also zum 'Lernen'. Sie ist dagegen identisch mit Wiederholungen von Teilen des gesellschaftlichen status quo."[32] Die Produzenten der Heftromane, denen es aus Gründen der Gewinnmaximierung auf massenhaften Konsum ankommen muß, werden daher die optimale Übereinstimmung zwischen Botschaft und Struktur der Heftromane und den Urteilen der Leser zu sichern suchen. Für die Wirksamkeit von Texten ist nach Auskunft der Kommunikationsforschung die Majorisierbarkeit der Urteile von entscheidender Bedeutung. Daher reproduzieren die Heftromane diejenigen Normen und Wertvorstellungen, die von allen oder den größten Teilen der Bevölkerung vertreten werden. Sie sorgen dabei dafür, daß diese majorisierbaren Normen und Werte ausschließlich von den Helden, den Identifikationsobjekten der Leser, repräsentiert werden. Das Auffinden der Identifikationsobjekte wird den Lesern durch die bipolare Anordnung der Figuren in Träger gesellschaftlich akzeptierter bzw. nicht-akzeptierter Rollen erleichtert.

Überblickt man diese von den Helden vertretenen Normen und Wertvorstellungen, fällt folgendes auf: In den Frauenromanen zeichnet sich die Heldin vor allem durch hausfrauliche Fertigkeiten und Tugenden und durch Passivität in Liebe und Ehe aus. Auch wo sie das empirische Erfahrungsfeld der Leserin verläßt, also in eine Umgebung gerät, die sich diese nur erträumen kann, oder bestimmte Eigenschaften in einer Vollkommenheit vertritt, die zur Idealvorstellung der Leserin von sich selbst gehören mögen, werden die allgemeingültigen Urteilsstandards doch letztlich immer aufrechterhalten. Zum Beispiel wird durch Reichtum und Luxus (Kleidung), die der Heldin als Belohnung ihrer Tugenden zufließen, die Statusrolle der Frau nicht angetastet, bleibt auch die bestehende ökonomische Struktur der Gesellschaft unproblematisch; das weibliche Rollenverständnis 'Passivität' wird durch die Überbewertung von Verhaltensweisen wie Keuschheit und Demut eher noch verstärkt; die Überhöhung der Liebe in eine 'romantische' entspricht der Verdrängung sexueller Wünsche als gesellschaftlicher Norm; und schließlich bestätigt auch die Väterlichkeit und Stärke des idealen Partners die autoritäre Rolle des Mannes.

Analog verfahren die Abenteuer-Heftromane: Die Helden verkörpern die allgemein anerkannten Leistungstugenden: Loyalität, Disziplin, Einsatzbereitschaft, Verzicht. Ihr Menschenbild greift die gesellschaftlichen Vorurteile gegen Fremdländisches, Fremdrassige, Andersdenkende auf. In der dem Eskapismus der Leser dienenden

Überhöhung ihrer Eigenschaften bleibt auch hier wie im Frauenroman der Normenhorizont des Lesers unberührt. Zum Beispiel bestätigt die Ausstrahlungskraft des Helden das gängige Männlich-
keitsideal; seine Autorität, Autonomie und Omnipotenz das Urteil
von der Angemessenheit einer vertikalen Gesellschaftsstruktur, in
der die einen befehlen, die anderen gehorchen. Und auch die zum
Teil völlig unglaubwürdigen pragmatischen Fähigkeiten der Helden, ihre Risikofreudigkeit, ihre Instinktsicherheit, ihre vom Schicksal garantierte Unverletzlichkeit geben schließlich dem verbreiteten
Mißtrauen gegen Intelligenz und rationale Wirklichkeitsbewälti-
gung recht.

Zu den Strategien der Bestätigung — dies sei hier nur angemerkt —
gehört auch die Benennung all der Attribute des Luxus und der
Technik, mit denen die Helden, aber auch ihre Gegenspieler sich
umgeben. Diese ein Bild glücklichen Lebens entwerfende 'Poesie'
der Warenwelt — vom Markenartikel bis zum exotischen Ferien-
paradies — trägt dazu bei, den Kaufzwang der Konsumenten zu verstärken und eine Gesellschaft zu sichern, welche die Ware fetischi-
siert (d. h. auch die sozialen Beziehungen unter dem Aspekt des
Tauschwertes beurteilt).

Die Strategien der Bestätigung rechnen vor allem mit den allgemeinen Bedürfnissen nach Entspannung von den Leistungszwängen
der Arbeit. Denn das Wiedererkennen des schon Bekannten und
Akzeptierten wirkt nicht nur beruhigend, es erfordert auch weder
Konzentration noch anstrengende Reflexion. Um so ungehinderter
können somit eigene unbefriedigte Wünsche in die Personen der
Helden projiziert und im Tagtraum als erfüllt erlebt werden. Das
Refugium des Tagtraums wirkt um so angenehmer, als ja auch in
ihm die Werte gelten, die man gewohnt ist. Ihre Bestätigung verschafft zugleich die Lust der "Einfühlung in die Normen, Symbole
und Deutungsansätze der eigenen Gesellschaft"[33] und funktioniert
so als indirekte Sozialisation. Der Wunsch der Leser nach Orientierung, ihr Verlangen, bei allen Unsicherheiten und Ängsten doch
auf der 'richtigen Seite' zu stehen und sich auch politisch und ideologisch geborgen zu fühlen, wird von den Texten durch die klare
Bewertung der Menschen und Institutionen beantwortet und nicht
zuletzt auch durch die Suggestion, daß in der Gesellschaft, der auch
der Leser angehört, fast alles Erstrebenswerte käuflich und damit er-
reichbar sei. Die Paarung von Ideologie und Geschäft (der Roman-
produzenten) wird nirgends deutlicher als hier.

3. Affektlösende Strategien

Affektlösende Strategien zielen auf die Auslösung emotionaler Reaktionen des Lesers, die um so stärker sind, je mehr es zuvor gelungen ist, psychische Spannungen im Leser aufzubauen oder zu verstärken.

Um solche Spannungen zu erzeugen, arbeiten die Heftromane schwerpunktmäßig mit der Erregung von Angst. Angst kann beispielsweise durch Diffamierungen hervorgerufen werden. Der Abenteuerroman kennt eine ganze Diffamierungsskala, die vom Unappetitlichen und Häßlichen über das Ungesunde bis zum Anormalen und Tierischen reicht. Diffamiert werden solche Personen oder Personengruppen, gegen die auch in der Realität eine besonders starke Abwehrhaltung festzustellen ist, etwa Intellektuelle, Kommunisten, Südländer, Asiaten, berufstätige, intelligente oder sexuell ungehemmte Frauen. Aus ihnen werden in den Romanen meist die outgroups zusammengestellt. Angst kann auch erzeugt werden durch aggressive außermenschliche Wesen (Roboter, Monster, Vampire), durch Folterszenen oder Szenen des Kampfes, in denen der Held sich in Todesgefahr befindet. Der Frauenroman spricht vor allem die Angst an, den ersehnten Partner nicht zu gewinnen (der Nebenbuhlerin zu unterliegen) oder ihn zu verlieren.

Die so erzeugten Spannungen werden gelöst durch die Aktionen der Helden (z. B. Befreiung, Verfolgung, Gefangennahme im Abenteuerroman; Sieg über den (in Besitz genommenen) Partner im Frauenroman) und durch das eingreifende Schicksal, mit dem der Held sich verbunden weiß. Sein Vertrauen in ihn leitende Mächte korreliert mit der Unfehlbarkeit seines ihm eingeborenen Instinkts, der ihn im Abenteuerroman Entscheidungen (z. B. die offene Gewaltanwendung) emotional treffen, aber nicht rational begründen läßt, es sei denn mit Scheinargumenten, und der ihn im Frauenroman 'auf den ersten Blick' den rechten Partner erkennen läßt, ohne daß der schwierige Weg des 'Kennenlernens' beschritten werden muß. Auf diese Weise, durch die happy ends bestätigt, wird dem Leser eingeredet, daß das Schicksal über den Guten walte und die Welt sinnvoll geordnet sei.

Spannung (Angst) und Entspannung (Erleichterung) wechseln bei der Lektüre der Heftromane im Leser ständig ab. Auch dies gehört zu den Strategien der Texte, daß die Gefühle der Leser in ständiger

Bewegung gehalten werden. Gefangensetzung und Befreiung, Flucht und Verfolgung, Niederlage und Sieg wiederholen sich im Abenteuerroman als ein endloses Räuber- und Gendarmspiel,[34] das über die abgeschlossene Handlung des einen Heftes im nächsten mit den gleichen, wohlbekannten Helden weitergeführt wird; Sehnsucht und Begegnung, Trennung und Vereinigung in den Frauenromanen bilden die immer wiederkehrenden inneren Bewegungen, die, da die große Liebe einmalig ist, in anderen Heften unter anderen Namen fortgesetzt werden.

Die durch das aktionistische Geschehen verursachte 'mitreißende' Wirkung wird durch erzähltechnische und sprachliche Mittel noch verstärkt. Die lineare, auf zeitliche Umstellungen verzichtende Erzählweise, der die Neugierde provozierende Szenenwechsel, oft auch Einschübe des Erzählers, die den Zusammenhang des Geschehens vorwegnehmen oder zusammenfassen und dadurch dem Leser weniger Konzentration auf die kausale Verknüpfung der Vorgänge abnötigen, belegen dies ebenso wie die unkomplizierte Syntax und die Fülle der leicht eingängigen Floskeln, Redensarten und Sentenzen.

Auch den affektlösenden Strategien entsprechen Bedürfnisse der Leser. Seit jeher gehört es zu den Gewohnheiten gerade der sozial unterprivilegierten Schichten, ihre unbewältigten Ängste in bedrohliche und phantastische Bilder zu kleiden — man denke z. B. an Hexenaberglauben und Gespensterfurcht. Die Angstbereitschaft dürfte sich heute angesichts undurchschaubarer Herrschaftsverhältnisse und Informationsdefizite kaum vermindert haben, wohl aber die Zahl konkreter Angstanlässe. Auf die gleichsam ins Leere stoßende, 'frei flottierende Angst' reagieren die Produzenten der Heftromane profitbewußt, indem sie sinnlich faßbare, personalisierte "Feind-Valenzen"[35] anbieten, teilweise 'monströse Konstruktionen', teilweise Außenseiter der Gesellschaft, an denen die Angst der Leser sich festmachen kann.[36] Die Problematik dieses Vorgangs, der letztlich als Angriff auf rationale Welterkenntnis und menschliche Emanzipation bewertet werden muß, wird ganz deutlich, wenn man weiß, daß Angst aggressives Potential entbindet. Aggressionen der Leser können durch die gewaltsamen, meist durch Notwehrsituationen künstlich legitimierten Aktionen der Identifikationsobjekte (der Helden) in der Phantasie abgeführt werden. Sofern damit auch unerwünschte Impulse, die das eigene Selbst des Lesers bedrängen, abgewehrt werden, haben diese Abfuhren eine psychohygienische Funktion, die freilich nicht unbedingt positiv einzuschätzen ist.

Denn dem Leser gehen auf diese Weise auch Energien verloren, die einem progressiven Veränderungswillen zugeführt werden könnten. Hinzu kommt, daß durch die gewaltsamen Handlungen der Helden das Feindbild der gesellschaftlichen Minderheiten vertieft wird und daß die Darstellung aggressiver Handlungen, wenn sie — wie die der Helden — letztlich mit Erfolg belohnt werden, auch aggressionsaufbauende Wirkungen haben kann.[37]

Die Handlungen der Helden werden, jedenfalls in den Abenteuerromanen, meist in Form sehr schneller Bewegungsabläufe dargestellt, die das Lesetempo und damit den Impetus der Affektabfuhren erhöhen. Damit entsprechen die Texte zweifellos dem aus der monotonen und frustrierenden Arbeitssituation der meisten Leser erklärbaren Bedürfnis, Affekte impulsiv zu entladen.

Auch der in den Romanen hergestellte Bund der Helden mit transzendenten Mächten, die (ähnlich wie im Märchen) als Helfer fungieren und schützend bzw. problemlösend eingreifen, bezieht sich auf die Motivationsstruktur der 'durchschnittlichen' Leser. Hier korrespondieren die Texte mit Determinationsvorstellungen, deren weite Verbreitung eine Unzahl entsprechender, umgangssprachlich verwendeter Redewendungen beweisen, und mit einem gerade von den Angehörigen der Unterschicht sich selbst zugeschriebenen Fatalismus. Wer wie sie die Struktur und die Machbarkeit gesellschaftlicher Verhältnisse nicht zu durchschauen gelernt hat, reagiert auf sie emotional und akzeptiert sie leicht als schicksalsgegeben. Indem sich die Heftromane auf diese Haltung einstellen, wirken sie auch hierdurch als Garanten einer nicht-emanzipierten, außengeleiteten Gesellschaft.

Daß die hier skizzierten Strategien sich gegenseitig stützen, ist evident und braucht nicht eigens erörtert zu werden. Wie die durch sie hergestellte Adäquanz von Textmerkmalen und Orientierungsmustern der Leser durchbrochen werden könnte, um die fatale Wirksamkeit der Heftromane zu vermindern, ist ungelöst und bleibt eine vor allem die Literaturdidaktik fesselnde Frage.[38]

Der Vorschlag Dahrendorfs[39], später von Waldmann[40] aufgegriffen, zielt auf die Einübung eines rollenbewußten Umgangs mit Literatur, der es erlaubt, je nach Interessen- oder Bedürfnislage entweder zu Trivialliteratur oder zu 'ästhetisch-kritischer' Literatur oder zu Sachliteratur etc. zu greifen. Diese Zielvorstellung basiert auf der Voraussetzung, daß die Bedürfnisse der Leser (hier der Schü-

ler) sich nicht nur trennen ließen (z. B. in Unterhaltungs-, Spiel-,
Aufklärungsbedürfnisse), sondern auch flexibel seien und daß man
sich daher gleichsam spielerisch von ihnen lösen, sich ihnen aber
auch wieder hingeben könne. Dagegen wäre immerhin zu bedenken, ob die Bedürfnisse in der Person des Lesers nicht vielmehr eine
widersprüchliche Einheit bilden und ob ihre Isolierung nicht ein
Bewußtseinsvorgang ist, den gerade die Angehörigen der unteren
sozialen Schichten schwer vollziehen können, weil ihre Sozialisa-
tionserfahrungen und ihre Sozialbeziehungen der Flexibilität in der
Übernahme von Rollen, also auch von Leserrollen, eher entgegen-
wirken.

Einen anderen Weg für die Entschärfung der bewußtseinsverbil-
denden Wirkung von Trivialliteratur zeigen Stumpf, Giesenfeld
und andere.[41] Sie meinen, daß die Beschäftigung mit Trivialliteratur
einer Art 'therapeutischer Analyse' dienen sollte, die zur Erkenntnis eigener Bedürfnisse und zur Aussprache über sie führen müßte
und die vor allem den Zusammenhang zwischen Ersatzbefriedigun-
gen und den in konkreten Lebenssituationen erfahrenen Frustrationen zu erhellen hätte, wobei die systematische Verbindung von
scheinbar persönlich-subjektiven Äußerungen mit ihren gesell-
schaftlich-objektiven Bedingungen angestrebt werden müßte. Solch
ein Verfahren zielt ausschließlich auf Einsicht und Erkenntnislei-
stung, wobei wohl (mit Brecht) angenommen wird, daß das Erkennen der eigenen Situation und ihrer Bedingungen immer auch Vergnügen bereite. Die Frage muß aber gestellt werden, ob Leser (hier
Schüler) durch die soziologische Erklärung ihrer Unterhaltungsbe-
dürfnisse nicht in die Enge getrieben und schließlich ohne Antwort
darüber gelassen werden, wie sie ihre Bestätigungs-, Spannungs-
und Erkenntnisbedürfnisse, die psychologisch eine Einheit bilden,
nun eigentlich befriedigen können.

Deswegen führt − im Deutschunterricht − vielleicht ein Weg am
weitesten, der an anderer Stelle von mir mit Beispielen erläutert
wurde[42]: bei den Wünschen der Schüler nach Identifikation und
Spannung anzuknüpfen und ihnen eine Literatur anzubieten, die
diese Wünsche befriedigt oder ihnen entgegenkommt, zugleich aber
so viele aufklärerische Impulse enthält, daß sie gesellschaftskritische
Reflexionen — wenigstens in Teilbereichen — auszulösen und so
auch die Motivationsstruktur der Schüler zu beeinflussen vermag.
Eine Analyse der Kommunikationsfunktionen von Trivialliteratur
wäre damit keineswegs ausgeschlossen.

Anmerkungen

[1] Institut für Demoskopie Allensbach, Romanhefte verloren Leser, 1975/Nr. 23, 4.

[2] a. a. O., 6.

[3] Ebd.

[4] Schmidtchen, G.: "Lesekultur 1974" in: Börsenblatt für den deutschen Buchhandel, Nr. 39, vom 17. 5. 74. Ein Einfluß des Schulunterrichts ist bei der Diskrepanz dieser Zahlen nicht auszuschließen.

[5] Institut für Demoskopie Allensbach, a. a. O., 6.

[6] Direkte Vergleichszahlen fehlen in diesem Fall. Frühere Untersuchungen des Instituts für Demoskopie Allensbach (1964) und der Marplan Forschungsgesellschaft (1969) wurden unter etwas anderen Fragestellungen durchgeführt. Einige Ergebnisse dieser Untersuchungen sind zitiert bei Nusser, P.: Romane für die Unterschicht. Groschenhefte und ihre Leser, Stuttgart 1973 (^{3}1974), 7 f.

[7] Schmidtchen, G., a. a. O., 773. — Der statistisch ausgewiesene Rückgang der Hauptschulabsolventen unter den Heftromanlesern von 41 % (1967) auf 34 % (1973) hängt möglicherweise mit dem allgemeinen Rückgang der Hauptschüler zugunsten der Realschüler zusammen.

[8] Grimminger, R.: "Kaum aufklärender Konsum. Strategien des 'Spiegel' in der gegenwärtigen Massenkommunikation" in: Rucktäschel, A. (Hrsg.): Sprache und Gesellschaft, München 1972, 17.

[9] Ebd.

[10] a. a. O., 18.

[11] Prakke, H.: Kommunikation der Gesellschaft, Münster 1968, 92 f.

[12] Liebhart, E.: "Wirkungen des Lesens" in: Baumgärtner, A. C. (Hrsg): Lesen. Ein Handbuch, Hamburg 1973, 240 ff. Vgl. auch Maletzke, G.: Psychologie der Massenkommunikation, Hamburg 1963; Benesch, H.: Experimentelle Psychologie des Fernsehens, München und Basel 1968.

[13] Vgl. Hoppe, O.: "Triviale Lektüre. Publizistische und sozialpsychologische Überlegungen zu einer Didaktik der Trivialliteratur" in: Linguistik und Didaktik 13 (1973) 16—33.

[14] Vgl. Oevermann, U.: "Schichtenspezifische Formen des Sprachverhaltens und ihr Einfluß auf die kognitiven Prozesse" in: Roth, H.: Begabung und Lernen, Stuttgart 1969.

[15] Davids, J.-U.: Das Wildwestromanheft in der Bundesrepublik, Tübingen 1969.

[16] Waldmann, G.: "Der Trivialroman als literarisches Zeichensystem", in: Wirkendes Wort, H. 4 (1972) 248—267.

[17] Dieser Gesichtspunkt ist etwa von J. Bark herausgestellt worden: "Trivialliteratur. Überlegungen zur gegenwärtigen Diskussion" in: Sprache im technischen Zeitalter 41 (1972) 52—65.

[18] Hoppe, a. a. O., 21.

[19] Ebd.

[20] Nusser, P.: Romane für die Unterschicht. Groschenhefte und ihre Leser, a. a. O.

[21] Giesenfeld, G.: "Methodische Vorüberlegungen zum Umgang mit nicht anerkannter Literatur" in: Diskussion Deutsch 6 (1971) 314–334.

[22] a. a. O., 316.

[23] Vgl. zu dieser Kritik auch Graf, G.: "Behandlung von Trivialliteratur in Wissenschaft und Didaktik – auch Mode und Ideologie?" in: Zeitnahe Schularbeit 3 (1974) 20.

[24] Vgl. Schemme, W.: Trivialliteratur und literarische Wertung, Stuttgart 1975, 176 f.

[25] Eine ausführliche Darstellung dieser Beziehungen findet sich bei Nusser, a. a. O.

[26] Grimminger, a. a. O., 23.

[27] Grimminger, a. a. O., 24.

[28] Vgl. etwa Gottschalch, W./Neumann-Schönwetter, M./Soukup, G.: Sozialisationsforschung. Materialien, Probleme, Kritik, Frankfurt/Main 1971.

[29] Holzer, H.: Massenkommunikation und Demokratie in der BRD, Opladen 1969, 41.

[30] Vgl. Anm. 28.

[31] Grimminger, a. a. O., 31.

[32] Ebd.

[33] Brinckmann, C.: "Legitimation und Funktion des Spielfilms als Unterrichtsgegenstand" in: Diskussion Deutsch 14 (1973) 342.

[34] Vgl. Klotz, V.: "Durch die Wüste und so weiter" in: Schmidt-Henkel, G. u. a. (Hrsg.): Trivialliteratur. Aufsätze, Berlin 1964, 42.

[35] Bilz, R.: "Der Subjektzentrismus im Erleben der Angst" in: Ditfurth, H. v. (Hrsg.): Aspekte der Angst, München o. J., 138.

[36] Eine ausführliche Analyse des Verhältnisses von Angst und Trivialität findet sich in einer Arbeit von Freund, W.: "Horrorliteratur als didaktische Aufgabe" in: Der Deutschunterricht, H. 1 (1975) 90 ff.

[37] Vgl. Fürntratt, E.: "Psychologie der Aggression. Ursachen und Formen aggressiven Verhaltens" in: betrifft: erziehung 5 (1972) 27–33.

[38] Die didaktische Diskussion über Trivialliteratur ist jetzt in ihren Grundzügen in einem Sammelband zu verfolgen, in dem auch fast alle im folgenden zitierten Autoren vertreten sind: Nusser, P. (Hrsg.): Didaktik der Trivialliteratur, Stuttgart 1976.

[39] Dahrendorf, M.: „Trivialliteratur als Herausforderung für eine literaturdidaktische Konzeption" in: Diskussion Deutsch 6 (1971) 302–313 (vgl. auch Anm. 38).

[40] Waldmann, G.: Theorie und Didaktik der Trivialliteratur, München 1973.

[41] G. Giesenfeld, a. a. O. (vgl. auch Anm. 38) und ders.: "Ein Kurs in

Trivialliteratur" in: Ide, H.: Massenmedien und Trivialliteratur, Projekt Deutschunterricht Bd. 5, Stuttgart 1973; Stumpf, C.: "Wozu Trivialität? Zur gesellschaftlichen Funktion 'nicht anerkannter Literatur' im Deutschunterricht" in: Diskussion Deutsch 14 (1973) (vgl. auch Anm. 38).

[42] Nusser, P.: "Kafkas Roman 'Amerika' ('Der Verschollene') im Deutschunterricht der Sekundarstufe I. Zum Problem der Literaturbarrieren" in: Wirkendes Wort (1974) 361–372 und ders.: "Kriminalromane zur Überwindung von Literaturbarrieren" in: Der Deutschunterricht H. 1 (1975) (vgl. auch Anm. 38).

Hans Dieter Zimmermann

HEFTROMANE UND ZEITGENÖSSISCHE ROMANE ANGESEHENER AUTOREN

Untersuchung mit Hilfe der Linguistischen Datenverarbeitung

Gerade das, was sonst als Nachteil dieser Methode erscheint, macht sie uns nützlich: sie erlaubt einen ungewohnten Blick auf die Literatur, weil sie den Interpreten nicht in die übliche Rolle des Lesers drängt. Diese Rolle bringt ihre Erwartungen mit sich, die von der Lektüre befriedigt werden wollen und enttäuscht werden können.

Gerade die Trivialliteratur trifft bei dem geschulten Leser auf bestimmte Vorurteile.[1] Ob diese Vorurteile unberechtigt sind, also fallen gelassen werden müssen, oder ob sie berechtigt sind, also als Urteile verifiziert werden können, gilt es in der Interpretation zu untersuchen. So ist der Interpret in der schwierigen Situation, zugleich ein Leser zu sein, der das Werk voll Anteilnahme liest, zugleich aber auch ein Beobachter zu sein, der diesen Vorgang — ein Leser liest ein Werk — gleichsam von Außen als Unbeteiligter untersucht.

Einen solchen Blick von Außen könnte uns die Methode erleichtern, die die Linguistische Datenverarbeitung nahelegt. Sie fragt nach den zählbaren Einheiten eines Textes, von denen sie uns eine statistische Auswertung ermöglichen oder schon liefern kann. Nach den zählbaren Einheiten eines Textes fragt der übliche Leser natürlich nicht, er versucht, die im Text aufbewahrte (codierte) Bedeutung für sich zu erschließen (zu decodieren), was ihm je nach Differenziertheitsgrad des Textes und je nach seinen Lesekenntnissen gelingt, um diese Bedeutung mit seinen eigenen Vorstellungen zu vergleichen, sie zu ergänzen, sie zu variieren.

Die zählbaren Einheiten, die der Text enthält, sollten aber auch Hinweise auf den Code des Textes, auch auf dessen Differenziertheitsgrad geben, was wiederum Rückschlüsse auf dessen Bedeutung zuläßt. Wir wählen also diese Methode nicht, um von der Bedeutung des Textes abzusehen und vom Vorgang des Lesens, sondern wir wählen sie, weil wir gerade darüber Genaueres erfahren wollen. Die statistische Methode ist hier ein Umweg, der an den Rezeptionsvorgang heranführen soll, sozusagen von Außen.

Daß zwischen Trivialliteratur und Literatenliteratur — wir wollen diese Begriffe hier ohne Polemik verwenden — ein erheblicher Unterschied besteht, ist verbreitetes Urteil. Die Texte dieser verschiedenen Schichten der Literatur haben unterschiedliche Differenziertheitsgrade, wie sich an Syntax und Semantik ablesen läßt. An der Trivialliteratur werden Merkmale festgestellt, die denen ähnlich sind, die für den eingeschränkten Sprachgebrauch, den restricted code der sozialen Unterschicht namhaft gemacht wurden.[2] Zwar ist auch die Trivialliteratur bereits ein ausgearbeiteter Sprachgebrauch, ein elaborated code, doch können innerhalb dieses elaborated code, also des ausgearbeiteten schriftlichen Sprachgebrauchs von Trivialliteratur und Literatenliteratur wiederum Unterscheidungen von eingeschränkt und ausgearbeitet getroffen werden. Auch in der Trivialliteratur finden wir: verhältnismäßig geringer Wortschatz, weniger Konstruktionspläne, hohe Sicherheit der Voraussage, standardisierte sprachliche Ausdrücke, traditionelle Normen, Orientierung am sozialen Status der Personen. Dies alles im Gegensatz zur Literatenliteratur, die nicht nur umfangreicheren Wortschatz und zahlreichere Konstruktionspläne, also größere Variabilität bietet, sondern auch in der Regel eigenwillig und originell ist, was traditionelle Normen und sozialen Status infragestellen kann. Soweit wollen wir das verbreitete Urteil zusammenfassen, es gleichzeitig in eine Form bringend, die nicht nur eine Verbindung zur Rezeption unterschiedlich differenzierter Texte durch unterschiedlich literarisch vorgebildete Leser bringt, sondern uns auch den Ansatz für unsere Untersuchung bietet.

In einer kleinen ersten Untersuchung haben wir versucht, mit einer Inhaltsanalyse Personenkonstellationen und Handlungsverläufe in Heftromanen zu erfassen. In einer weiter gefaßten zweiten Untersuchung, eben mit Hilfe der Linguistischen Datenverarbeitung, haben wir versucht, Aufschluß über den Wortschatz und — soweit möglich — auch über die syntaktischen Konstruktionspläne von Trivialliteratur im Vergleich zur Literatenliteratur zu erhalten.

Auch diese zweite Untersuchung wäre eher als Voruntersuchung aufzufassen. Sie fußt auf einem Corpus von vierzehn Texten, sieben der Literatenliteratur, sieben der Trivialliteratur. Bei der Literatenliteratur konnten wir auf das Corpus des Instituts für deutsche Sprache in Mannheim zurückgreifen, die beiden vorhandenen Mannheimer Texte der Trivialliteratur haben wir um fünf Heftromane des Bastei-Verlags ergänzt. Es wurden jeweils die ersten

2.000 Wörter der Texte geprüft, also eine verhältnismäßig geringe Zahl. Die Untersuchung war als Stichprobe gedacht, die den erwarteten Trend bestätigen oder widerlegen sollte, so daß sich dann umfangreichere Untersuchungen anschließen könnten: auf größerer Basis, mit zusätzlichen Indikatoren, eventuell auch mit manuell vorbereitetem Material. Wir haben lediglich mit den in Mannheim bereits vorhandenen Programmen gearbeitet, die eine statistische Auswertung ohne manuelle Vorarbeit erbringen.

In der Inhaltsanalyse prüften wir 18 Heftromane des Bastei-Verlags, Liebesromane, keine Kriminal- oder Western-Romane. Die einzelnen Sorten dieser Heftroman-Produktion sind deutlich voneinander unterschieden, jede hat ihre eigenen Handlungsschemata. Wenn wir auch noch Krimis überprüft hätten, hätte sich die Personenkonstellation verschoben und die Konflikte wären um einige vermehrt worden. Die Handlungsschemata sind also verschieden, jedes hat seine Tradition, jedes hat seine Zielgruppe unter den Lesern, und der Verlag achtet streng auf die Einhaltung der Regeln. Allerdings liegt sämtlichen Schemata, bei aller Divergenz, die gleiche Struktur von starker Einheitlichkeit und Simplizität zugrunde. Das läßt sich schon an der vorliegenden Analyse ablesen.

Die Anzahl der Personen ist begrenzt, die hierarchische Ordnung nach dem sozialen Status der Personen ist streng, positive und negative Figuren sind deutlich gekennzeichnet, der Handlungsraum ist beschränkt und läßt nur wenige Konflikte zu, sehr äußerliche Konflikte, die sich alle leicht in unseren einfachen Kategorien unterbringen lassen.

Wir haben versucht, mit dem gleichen Fragebogen Werke der Literatenliteratur zu erfassen, die sich in gewisser Weise mit diesen von Frauen für Frauen geschriebenen Heftromanen vergleichen lassen, z. B. Christa Wolfs "Nachdenken über Christa T." und Ingeborg Bachmanns "Malina". Diese Romane entziehen sich einer solchen Fragestellung völlig. Zwar lassen sich die handelnden Personen aufzählen, auch nach Beruf und Nationalität, aber bereits die Frage, ob sie negativ oder positiv zu bewerten sind, läßt sich nicht mehr beantworten, da das eine Frage ist, die in den Romanen nichts ihr Entsprechendes findet und — wenn sie trotzdem aufrechterhalten wird — an ihnen vorbeigeht. Ebenso läßt sich nicht in gleichem Sinne von Konflikten sprechen wie in den Heftromanen. Da die Fabel hier meist in den Hintergrund tritt, spielen auch durch die Fabel hervorgebrachte Konflikte — wie etwa das Auseinander- und

Inhaltsanalyse
Auswertung von 18 Liebesromanen des Bastei-Verlages

1. Handelnde Personen
   weiblich   50   männlich   51

2. Klassenzugehörigkeit
   Adel   56   Bauern   7
   Bürger   27   Arbeiter   11

3.

	positive Personen	negative Personen	neutrale Personen
männlich	36	10	7
weiblich	33	7	10
Adel	44	10	2
Bürger	17	4	6
Bauern	6	1	–
Arbeiter	–	3	8
Nation	immer Deutschland (einmal Österreich)		

4. Berufe (unvollständig, nicht immer war Beruf deutlich zu entnehmen)
   Gutsbesitzer   29   Hausfrauen
   Unternehmer   4   (meist bürgerlich)   7
   Kaufleute   2   Bauern   7
   Intellektuelle   Landarbeiter   6
   (Künstler,   Arbeiter   5
   Wissenschaftler)   10   Jäger   3
                                   Detektiv   1

5. Freizeitbeschäftigungen
   Salon   6   Lesen   2
   Sport   8   Jagd   2
   Reisen   5   Kunst und Wissenschaft   3

6. Konfliktursachen
   Standesunterschied   6   Generationsunterschied   3
   Autoritätskonflikt   3   Unmoral   3
   Unmögliche Liebe   5

7. Konfliktlösungen
   Tod   2   Gehorsam, Reue   3
   Heirat   12   Auswandern   2

8. Schwangere Frau   2   (eine ist unverheiratet, eine stirbt)
   Junge Mutter   1   (es ist die eine der beiden Schwan-
                                  geren)

Zusammenführen von Personen — kaum eine Rolle. Und die Konflikte, die aus den Werken herausgeschält werden können, lassen sich vielleicht auf einer Seite mit vielen Worten beschreiben, nicht aber auf einer Zeile mit einem Kreuz.

Das ist das wichtigste Ergebnis dieser kleinen Inhaltsanalyse: daß sie zwar über die Heftromane Auskunft gibt — eben weil die Schlichtheit des Fragebogens mit der des Textes korrespondiert —, nicht aber die Romane der Literatenliteratur erfassen kann. Da die Heftromane so stark standardisiert sind, kann ein Leser, der einige von ihnen bereits gelesen hat, ohne allzu große Schwierigkeiten den Inhalt anderer Romane der gleichen Sorte, die er noch nicht gelesen hat, voraussagen.

Wir haben diesen Test gemacht: Studenten lasen einen Heftroman zur Hälfte und sagten dann das Ende des Romans voraus, das sie nicht kennen konnten, weil die zweite Hälfte des Heftes abgetrennt war.[3] In allen Fällen, vierzehn Studenten beteiligten sich an dem Test, wurde das Ende mit gewissen Modifikationen richtig vorausgesagt. Die hohe Sicherheit der Voraussage ist ein wichtiges Kriterium für die Unterscheidung der zeitgenössischen Trivialliteratur und Literatenliteratur. Die Sicherheit fußt auf der einfachen Struktur der Trivialliteratur, die immer wieder repetiert wird; sie geht auf Vorläufer zurück, die älter sind als die Heftromane.[4]

Die Voraussagewahrscheinlichkeit beschränkt sich nicht auf den Inhalt, sie geht bis ins Detail. So läßt sich — je nach Heftroman-Sorte — voraussehen, welche Beschreibung den negativen und den positiven Personen zuteil werden wird, oder es läßt sich aufgrund der Beschreibung vermuten, wer als gut und wer als böse sich herausstellen wird. Die Beschreibung der Personen konzentriert sich gewöhnlich auf ihr Äußeres, wofür wieder ein bestimmtes Reservoir an Wörtern zur Verfügung steht. Die Voraussagewahrscheinlichkeit geht also auch in Details des Wortschatzes und des Satzbaus, worauf unsere Untersuchung mit Hilfe der Linguistischen Datenverarbeitung ein Licht werfen könnte.

Wir haben folgende Werke untersucht:

LMB = Thomas Mann: Die Betrogene. Erzählung.
Frankfurt a. M. 1954 (Fischer)

LGB = Günter Grass: Die Blechtrommel. Roman.
Neuwied-Berlin 1964 (Luchterhand)

LBC = Heinrich Böll: Ansichten eines Clowns. Roman.
Köln-Berlin 1963 (Kiepenheuer und Witsch)

LJA = Uwe Johnson: Das dritte Buch über Achim. Roman.
Frankfurt a. M. 1961 (Suhrkamp)

LFH = Max Frisch: Homo Faber. Ein Bericht.
Frankfurt a. M. 1966 (Suhrkamp)

LBT = Werner Bergengruen: Das Tempelchen. Erzählung.
München o. J. (Arche und Nymphenburger Verlags-
buchhandlung)

LSO = Erwin Strittmatter: Ole Bienkopp. Roman.
Gütersloh 1963 (Sigbert Mohn)

Und folgende Werke der Trivialliteratur:

TPM = Heinz Pinkwart: Mord ist schlecht für hohen Blutdruck.
Kriminal-Roman. München 1963 (Goldmann)

TJM = Else Jung: Die Magd vom Zelterhof. Bergroman.
Hamburg o. J. (Martin Kelter)

TPN = Jonny Pegg: Nacht des Jägers. Wo Männer noch Männer sind. Western-Hit.
Bergisch-Gladbach o. J. (1971, Bastei)

TSI = Sabine Stephan: Ihre Liebe gab ihr Leben. Dr. Körbers
schwerste Entscheidung. Arzt-Roman.
Bergisch-Gladbach o. J. (1971, Bastei)

TLD = Viola Larsen: Die heimlichen Wege der schönen Prin-
zessin. Niemand wußte, woher sie kam. Fürsten-Roman.
Bergisch-Gladbach o. J. (1971, Bastei)

TUU = Yvonne Uhl: Um Mitternacht im blaußen Schloß. Ein
spannender Adelsroman.
Bergisch-Gladbach o. J. (1971, Bastei)

TCE = Jerry Cotton: Ein Teenager soll sterben. Ein Kriminalroman − explosiv wie Dynamit.
Bergisch-Gladbach o. J. (1971, Bastei)

Es wurden jeweils die ersten 2.000 Wörter dieser vierzehn Texte untersucht, Ausnahme ist das Satzlängenprofil (Tafel 1 a — n), das an den ersten 1.000 Sätzen gefunden wurde. Das Satzlängenprofil zeigt auf der einen Koordinate die Anzahl der Sätze, auf der anderen die Anzahl der Wörter, die pro Satz gezählt wurden. Viele Sätze mit wenig Wörtern ergeben eine zu Anfang hoch ansetzende und dann steil abfallende Kurve; je zahlreicher die Sätze mit vielen Wörtern im Text sind, um so niedriger beginnt die Kurve und um so sanfter fällt sie ab.

Bei Thomas Mann, Böll, Johnson und Grass (Tafel 1 a — d) finden sich Sätze, die 90 und mehr Wörter enthalten, dafür verhältnismäßig wenig Sätze mit weniger als zehn Wörtern. Max Frisch (Tafel 1 e) benutzt auch solche kurzen Sätze, aber auch lange Sätze. Erwin Strittmatter (Tafel 1 g) dagegen gebraucht vor allem kurze Sätze, keiner seiner Sätze enthält mehr als 46 Wörter, die meisten enthalten weniger als 28 Wörter. Das Satzlängenprofil von Strittmatter gleicht dem der meisten Texte der Trivialliteratur. Unter diesen hat der Text von Else Jung (Tafel 1 h) die längsten Sätze, auch Heinz Pinkwart (Tafel 1 i) und Viola Larsen (Tafel 1 j) haben einige Sätze mit mehr als 40 Wörtern. Der Text von Jonny Pegg (Tafel 1 n) bringt das steilste und kürzeste Profil, hat also nur kurze Sätze, die nicht über 38 Wörter hinausgehen. Die meisten Sätze der Texte der Trivialliteratur bestehen aus weniger als 30 Wörtern, während die Texte der Literatenliteratur eine verhältnismäßig gleichmäßige Verteilung der Satzlängen von fünf bis 100 Wörtern zeigen.

Die Texte von Frisch, Strittmatter, Pinkwart und Jung scheinen eine mittlere Position einzunehmen; Frisch hat lange Sätze wie sonst auch die Literatenliteratur, aber auch viele kurze Sätze. Pinkwarts Text und der von Else Jung sind nicht als Heftromane erschienen, sondern als Bücher, Pinkwarts Krimi als Taschenbuch. Wir haben hier also zwei Texte vor uns, die nicht unter den gleichen Bedingungen produziert wurden wie die Heftromane.

Die Satzlängenprofile zeigen uns anschaulich das Verhältnis von Wörtern zu Sätzen, das in den Bereichen Trivialliteratur und Literatenliteratur unterschiedlich ist. Das zeigt auch Tabelle 1, die eben dieses Verhältnis an den ersten 2.000 Wörtern der Texte mißt. Demnach haben die sechs Werke der Literatenliteratur — Strittmatter ist wieder die Ausnahme, die an zweitletzter Stelle rangiert — eine geringere Anzahl von Sätzen bei etwa gleicher Anzahl

Mann   Tafel 1 a

SATZLAENGENPROFIL LMB

SATZLAENGENPROFIL LBC

SATZLAENGENPROFIL LJA

BELEGSAETZE

```
                                                              | 100
                                                              | 99
                                                              | 98
                                                              | 97
                                                              | 96
                                                              | 95
                                                              | 94
                                                              | 93
                                                              | 92
                                                              | 91
                                                              | 90
                                                              | 89
                                                              | 88
                                                              | 87
                                                              | 86
                                                              | 85
                                                              | 84
                                                              | 83
                                                              | 82
                                                              | 81
                                                              | 80
                                                              | 79
                                                              | 78
                                                              | 77
                                                              | 76
                                                              | 75
                                                              | 74
                                                              | 73
                                                              | 72
                                                              | 71
                                                              | 70
                                                              | 69
                                                              | 68
                                                              | 67
                                                              | 66
                                                              | 65
                                                              | 64
                                                              | 63
   +                                                          | 62
   +                                                          | 61
   +                                                          | 60
   + +                                                        | 59
   + +                                                        | 58
   + +                                                        | 57
   + +                                                        | 56
   +++                                                        | 55
   +++                                                        | 54
   +++                                                        | 53
   +++                                                        | 52
   +++ +                                                      | 51
   +++ +                                                      | 50
   +++ +                                                      | 49
   +++ +                                                      | 48
   +++ +                                                      | 47
   +++ +                                                      | 46
   +++ +                                                      | 45
   +++ +                                                      | 44
   +++ +                                                      | 43
   +++ +                                                      | 42
   +++ +                                                      | 41
   +++ +                                                      | 40
   +++ +                                                      | 39
   +++ +                                                      | 38
   +++ +                                                      | 37
   +++++  +                                                   | 36
   +++++  +                                                   | 35
   +++++  ++                                                  | 34
   +++++  ++                                                  | 33
   +++++  ++                                                  | 32
   +++++++ ++                                                 | 31
   ++++++++++ +                                               | 30
   ++++++++++ +                                               | 29
   ++++++++++ +                                               | 28
   ++++++++++ +       +                                       | 27
   ++++++++++ ++                                              | 26
   ++++++++++ ++      +                                       | 25
   ++++++++++ ++  +  +                                        | 24
   +++++++++++ ++ ++  +                                       | 23
   +++++++++++ +++++  +                                       | 22
   +++++++++++ +++++  + +                                     | 21
   +++++++++++ ++++++ + +                                     | 20
   +++++++++++ ++++++ +  + +                                  | 19
   +++++++++++ +++++++ ++ ++                                  | 18
   +++++++++++ +++++++ ++  ++                                 | 17
   +++++++++++ +++++++++ ++ ++                                | 16
   +++++++++++ +++++++++ ++ ++                                | 15
   +++++++++++ ++++++++++++ ++ +                              | 14
   +++++++++++ ++++++++++++ ++ +                              | 13
                                                              | 12
   ++++++++++++++++++++++++++ ++ ++                           | 11
   ++++++++++++++++++++++++++ ++ ++                           | 10
   ++++++++++++++++++++++++++++++ ++ ++  ++                   | 9
   +++++++++++++++++++++++++++++++++ ++ ++  ++       +        | 8
   ++++++++++++++++++++++++++++++++++ ++++ +++  +            | 7
   ++++++++++++++++++++++++++++++++++ +++++ +++  :  :  +      | 6
   +++++++++++++++++++++++++++++++++++++ +++++ +++  +  +  +   | 5
   ++++++++++++++++++++++++++++++++++++++++++++ + +++++ + ++++ + | 4
   ++++++++++++++++++++++++++++++++++++++++++++ + +++++++ + +++++  + +   + +    + | 3
   +++++++++++++++++++++++++++++++++++++++++++++++++++++ ++ +++++ +  +++ ++  ++ + +++ | 2
   ++++++++++++++++++++++++++++++++++++++++++++++++++++++ +++++  + ++++ ++  ++ + +++ +| 1
   ----------------------------------------------------------------------------------
        10        20        30        40        50        60        70        80        90
```

SATZLAENGENPROFIL LGH

SATZLAENGENPROFIL LFH

BELEGSAETZE

Satzlaengenprofil — scatter plot with y-axis labeled BELEGSAETZE numbered 1 to 100 and x-axis marked 10, 20, 30, 40, 50, 60, 70, 80, 90.

SATZLAENGENPROFIL L8

BELEGSAETZE

SATZLAENGENPROFIL LSD

BELEGSAETZE

```
 *                                                    I 100
 *                                                    I  99
 *                                                    I  98
 *                                                    I  97
 *                                                    I  96
 *                                                    I  95
 *                                                    I  94
 *  *                                                 I  93
 *  **                                                I  92
 *  **                                                I  91
 *  **                                                I  90
 *  **                                                I  89
 *  **                                                I  88
 *  **                                                I  87
 *  **                                                I  86
 *  **                                                I  85
 *  **                                                I  84
 *  **                                                I  83
 *  **                                                I  82
 *  **                                                I  81
 *  **                                                I  80
 ++++                                                 I  79
 +++++                                                I  78
 +++++                                                I  77
 +++++                                                I  76
 +++++                                                I  75
 +++++                                                I  74
 +++++                                                I  73
 +++++                                                I  72
 ++++++                                               I  71
 ++++++                                               I  70
 ++++++                                               I  69
 ++++++                                               I  68
 +++++++                                              I  67
 +++++++                                              I  66
 +++++++                                              I  65
 +++++++                                              I  64
 +++++++                                              I  63
 +++++++                                              I  62
 +++++++                                              I  61
 +++++++                                              I  60
 +++++++                                              I  59
 +++++++  +                                           I  58
 +++++++  +                                           I  57
 ++++++++++                                           I  56
 +++++++++                                            I  55
 +++++++++                                            I  54
 +++++++++                                            I  53
 +++++++++                                            I  52
 +++++++++                                            I  51
 +++++++++                                            I  50
 ++++++++++                                           I  49
 ++++++++++                                           I  48
 ++++++++++                                           I  47
 ++++++++++                                           I  46
 ++++++++++                                           I  45
 ++++++++++                                           I  44
 ++++++++++                                           I  43
 ++++++++++                                           I  42
 ++++++++++                                           I  41
 ++++++++++                                           I  40
 ++++++++++                                           I  39
 ++++++++++                                           I  38
 ++++++++++                                           I  37
 +++++++++ *                                          I  36
 ++++++++++ *                                         I  35
 ++++++++++++                                         I  34
 ++++++++++++                                         I  33
 ++++++++++++                                         I  32
 ++++++++++++ *                                       I  31
 ++++++++++++ *                                       I  30
 ++++++++++++ *                                       I  29
 +++++++++++++                                        I  28
 +++++++++++++                                        I  27
 +++++++++++++ *                                      I  26
 +++++++++++++ *                                      I  25
 +++++++++++++ *                                      I  24
 +++++++++++++ *                                      I  23
 +++++++++++++ *                                      I  22
 +++++++++++++ *                                      I  21
 ++++++++++++++ *                                     I  20
 ++++++++++++++                                       I  19
 ++++++++++++++                                       I  18
 ++++++++++++++                                       I  17
 ++++++++++++++ *                                     I  16
 ++++++++++++++++ *                                   I  15
 ++++++++++++++++                                     I  14
 +++++++++++++++++                                    I  13
 +++++++++++++++++                                    I  12
 ++++++++++++++++++                                   I  11
 ++++++++++++++++++                                   I  10
 +++++++++++++++++++                                  I   9
 ++++++++++++++++++++ *                               I   8
 ++++++++++++++++++++++ *                              I   7
 +++++++++++++++++++++++ **                           I   6
 +++++++++++++++++++++++ *                            I   5
 ++++++++++++++++++++++++++ *                         I   4
 +++++++++++++++++++++++++++                          I   3
 ++++++++++++++++++++++++++++ +++++   + *  *          I   2
 ++++++++++++++++++++++++++++ ++++++   + * *          I   1
--------------------------------------------------------
      10    20    30    40    50    60    70    80    90
```

SATZLAENGENPROFIL TJM

SATZLAENGENPROFIL   TPM

SATZLAENGENPROFIL TDL

BELEGSAETZE

SATZLAENGENPROFIL TUU

```
SATZLAENGENPROFIL  TUU                                              BELEGSAETZE
            *                                                    I 100
            *                                                    I  99
            *                                                    I  98
            *                                                    I  97
            *                                                    I  96
            *                                                    I  95
            *                                                    I  94
            *                                                    I  93
            *                                                    I  92
            *                                                    I  91
           **                                                    I  90
           **                                                    I  89
           **                                                    I  88
           **                                                    I  87
          ***                                                    I  86
          ***                                                    I  85
          ****                                                   I  84
          ****                                                   I  83
          ****                                                   I  82
          ****                                                   I  81
          ****                                                   I  80
          ****                                                   I  79
          ****                                                   I  78
          *****                                                  I  77
          *****                                                  I  76
          *****                                                  I  75
          *****                                                  I  74
       *  ******                                                 I  73
          ******                                                 I  72
        *******                                                  I  71
      *** ******                                                 I  70
      *********                                                  I  69
      *********                                                  I  68
      *********                                                  I  67
      *********                                                  I  66
      *********                                                  I  65
      *********                                                  I  64
      *********                                                  I  63
      *********                                                  I  62
      *********                                                  I  61
      *********                                                  I  60
      *********                                                  I  59
      *********                                                  I  58
      *********                                                  I  57
      *********                                                  I  56
      *********  *                                               I  55
      *********  *                                               I  54
      *********  *                                               I  53
      *********  *                                               I  52
      *********  *                                               I  51
      *********                                                  I  50
      *********  *                                               I  49
      *********                                                  I  48
      *********  *                                               I  47
      **********                                                 I  46
      **********                                                 I  45
      **********                                                 I  44
      ***********                                                I  43
      ***********                                                I  42
      ***********                                                I  41
      ***********                                                I  40
      ***********                                                I  39
      ************                                               I  38
      ***********                                                I  37
      ************                                               I  36
      ************                                               I  35
      ************                                               I  34
      ************                                               I  33
      ************                                               I  32
      ************                                               I  31
      ************                                               I  30
      ************                                               I  29
      ************                                               I  28
      ***********                                                I  27
      ************                                               I  26
      ***********                                                I  25
      ***********  *                                             I  24
    **************  *                                            I  23
    ***************  *                                           I  22
    **+***********                                               I  21
    **************                                               I  20
    **************                                               I  19
    ****************   *                                         I  18
    *****************                                            I  17
    ****************                                             I  16
    ***************                                              I  15
    ***************                                              I  14
    ****************                                             I  13
    ****************                                             I  12
    ****************                                             I  11
    ****************                                             I  10
    *****************                                            I   9
    *****************                                            I   8
    ******************                                           I   7
    ***************                                              I   6
    ***************     *                                        I   5
    ****************  **  *                                      I   4
    ****************** ++ *                                      I   3
    ***************** **  +  + +                                 I   2
   ****************************  +   + + +        *              I   1
```

```
--------------------------------------------------------------------
      10      20      30      40      50      60      70      80      90
```

I 100
I 99
I 98
I 97
I 96
I 95
I 94
I 93
I 92
I 91
I 90
I 89
I 88
I 87
I 86
I 85
I 84
I 83
I 82
I 81
I 80
I 79
I 78
I 77
I 76
I 75
I 74
I 73
I 72
I 71
I 70
I 69
I 68
I 67
I 66
I 65
I 64
I 63
I 62
I 61
I 60
I 59
I 58
I 57
I 56
I 55
I 54
I 53
I 52
I 51
I 50
I 49
I 48
I 47
I 46
I 45
I 44
I 43
I 42
I 41
I 40
I 39
I 38
I 37
I 36
I 35
I 34
I 33
I 32
I 31
I 30
I 29
I 28
I 27
I 26
I 25
I 24
I 23
I 22
I 21
I 20
I 19
I 18
I 17
I 16
I 15
I 14
I 13
I 12
I 11
I 10
I 9
I 8
I 7
I 6
I 5
I 4
I 3
I 2
I 1

SATZLAENGENPROFIL   TCF
BELEGSAFTZE

SATZLAENGENPROFIL TPN

von Wörtern. Der erste Text der Rangfolge, der von Thomas Mann, bringt 72 Sätze bei 2.011 Wörtern, der letzte Text von Yvonne Uhl dagegen mehr als dreimal so viel Sätze, 247 auf 2.015 Wörter.

Auf den gleichen Unterschied im Sprachgebrauch weist Tabelle 2, die wiederum die Länge der Sätze anführt, diesmal das jeweilige Minimum an Wörtern pro Satz und das jeweilige Maximum, ebenso die niedrigste und die höchste Anzahl von Zeichen (d. i. Buchstaben), dazu den Durchschnittswert. Wir sehen wieder die sechs Texte der Literatenliteratur an der Spitze der Rangfolge, die nach dem Durchschnittswert von Wörtern pro Satz erstellt wurde. Thomas Mann hat zwar nicht das Maximum an Wörtern pro Satz zu verzeichnen, das hat Max Frisch, aber er hat im Durchschnitt die meisten Wörter pro Satz; über 20 Wörter pro Satz im Durchschnitt haben auch Böll, Johnson, Grass; Frisch und Bergengruen liegen bei 18; der niedrigste Wert ist 8 (Strittmatter und Uhl).

Als Satz haben wir jeweils die Einheit von Punkt zu Punkt gemessen. Innerhalb dieser Einheit kann natürlich mehr als ein Satz stehen, etwa wenn ein Hauptsatz von mehreren Nebensätzen ergänzt wird. Mit dem Punkt kommt aber auch die syntaktische Fügung, die vielfach untergliedert ist, zu einem Ende; danach setzt wieder eine neue ein.[5]

Wenn wir hier am Satz einen Unterschied zwischen Trivialliteratur und Literatenliteratur festgestellt haben, so haben wir damit ein wichtiges Kriterium der Unterscheidung gefunden. Wir untersuchen ja nicht zwei unterschiedliche Gattungen, wie etwa Wilhelm Fucks, der die wissenschaftliche Essayistik mit der belletristischen Prosa verglich,[6] ja auch nicht zwei unterschiedliche Arten des Sprachgebrauchs, wie etwa Christel Leska, die mündliche und schriftliche Rede miteinander verglich[7]; bei uns handelt es sich um dieselbe Gattung, nämlich die erzählende Prosa bzw. den Roman, innerhalb deren wir auf einen Unterschied stoßen. Allerdings bringen Fucks und Leska Aspekte, die auch auf unsere Feststellung ein Licht werfen. Fucks mißt in wissenschaftlichen Essays — wie zu erwarten — längere Sätze; ebenso findet Leska — wie zu erwarten — im schriftlichen Sprachgebrauch längere Sätze.

Kürzere Sätze zeigen eine gewisse Nähe zum mündlichen Sprachgebrauch: die Einheit Satz wird nicht mit allzu viel Wörtern gefüllt, nicht mit allzu viel Bedeutung belastet. Der Zuhörer kann sich der Bedeutung nicht so konzentriert — auch nicht durch wiederholtes Lesen — versichern wie der Leser. Allerdings bemerkt

Tabelle 1
Anzahl der Sätze auf ca. 2.000 Wörter

	Text	Sätze	Wörter
1	LMB	72	2011
2	LBC	80	2015
3	LJA	83	2023
4	LGB	85	2006
5	LFH	108	1981
6	LBT	109	2012
7	TJM	128	2009
8	TDL	141	2012
9	TPM	144	2018
10	TSI	179	2000
11	TPN	207	2024
12	TCE	214	1994
13	LSO	238	2014
14	TUU	247	2015

Tabelle 2
Wörter und Zeichen im Satz

Rangfolge nach Wörtern im Durchschnitt	Text	Minimum an Wörtern im Satz	Minimum an Zeichen im Satz	Maximum an Wörtern im Satz	Maximum an Zeichen im Satz	Wörter im Durchschnitt	Zeichen im Durchschnitt
1	LMB	1	10	85	554	27	165
2	LBC	1	2	111	638	25	139
3	LJA	1	6	106	607	24	134
4	LGB	2	11	115	577	23	134
5	LFH	2	10	135	702	18	100
6	LBT	1	9	66	387	18	94
7	TJM	1	8	50	227	15	77
8	TDL	1	10	44	229	14	80
9	TPM	1	2	43	237	14	79
10	TSI	1	6	36	181	11	58
11	TPN	1	8	29	156	9	52
12	TCE	1	1	37	149	8	50
13	LSO	1	2	32	211	8	47
14	TUU	1	4	39	223	9	44

Leska, daß hier soziale Schichtenunterschiede bestehen: der Journalist gebraucht auch in der mündlichen Rede längere Sätze als die Bäuerin.

Die kürzeren Sätze enthalten nicht nur weniger Wörter, auch ihre Konstruktion ist einfacher. Untergliederungen in Relativsätze, die noch genauere Erklärungen anfügen, oder in Temporalsätze, die einen zeitlichen, in Konditionalsätze, die einen funktionalen Zusammenhang herstellen, oder in Kausal- und Konzessivsätze, die Begründungen beibringen, solche Untergliederungen erweitern und verlängern die Einheit Satz von Punkt zu Punkt erheblich.

Der längere Satz führt also von der mündlichen Rede weiter weg, er verlangt vom Schreiber und vom Leser eine größere Anstrengung der Konzentration, ebenso eine größere Schulung im Schreiben bzw. Lesen. Er ermöglicht dafür umfangreichere, nuancenreichere Bedeutungen und kompliziertere Gedankenführung. Deshalb werden Wissenschaftler in argumentativen Arbeiten natürlich längere Sätze bilden als Schriftsteller in erzählenden Schriften, was Fucks ja auch festgestellt hat. In Texten der gleichen Gattung, nämlich der erzählenden Prosa, wie in unserem Fall, wird die Länge der Sätze ein wichtiges Maß für die Differenziertheit der Texte darstellen: Je länger die Sätze um so differenzierter dürfte der Text sein. Wir müssen uns allerdings vergegenwärtigen, daß das nicht für andere Gattungen gilt (kaum für das Drama, sicherlich nicht für die Lyrik) und daß es auch Texte geben kann, die in kurzen Sätzen eine höhere Differenziertheit erreichen, als aufgrund der kurzen Sätze zu erwarten gewesen wäre. Hier wird es — wie auch sonst — nötig sein, den Text genauer zu betrachten.

Differenziertheit ist für uns in dieser Arbeit zunächst ein quantitativer Begriff, den wir an unseren statistischen Maßzahlen gewinnen, und je mehr Maßzahlen wir zusammentragen, um so genauer werden wir die Differenziertheit eines Textes quantitativ erfassen, jedoch nicht qualitativ. Denn dieser quantitative Begriff ergibt nicht von selbst den qualitativen oder ist mit jenem identisch. Er weist vielmehr auf ihn hin, er gibt Anhaltspunkte.

Auch die nächsten Auswertungen, die wir in Tabellen zusammengestellt haben, sagen etwas über die Länge und die Konstruktion der Sätze. Tabelle 3 zeigt die Anzahl der Zeichen, also der Buchstaben und der Sonderzeichen, das sind die Zeichen der Interpunktion, die eine Untergliederung des Satzes markieren, auch direkte Rede, auch Frage und Aufforderung.

Hier ist die Anzahl der Zeichen kein Merkmal, an dem sich Trivialliteratur von Literatenliteratur scheidet; es ließe immerhin auf den Gebrauch längerer Wörter schließen. Ein Merkmal bieten aber die Sonderzeichen, da haben Johnson, Grass, Bergengruen und Thomas Mann die niedrigsten Zahl, was wieder darauf schließen läßt, daß längere Wortreihen zwischen den Interpunktionszeichen stehen, also längere Sätze bzw. Nebensätze gebildet werden, direkte Rede nicht so häufig ist, auch nicht Frage und Aufforderung, die mit Frage- bzw. Ausrufungszeichen beendet werden. Das sehen wir an den nächsten Tabellen.

Tabelle 4 bringt den Quotienten aus Zeichen zu Sonderzeichen, also die Maßzahl, aus der das jeweilige Verhältnis der beiden Gruppen von Zeichen hervorgeht. Johnson, Grass, Thomas Mann, Bergengruen stehen auf den ersten vier Rangplätzen, auf Platz 7 Böll; Strittmatter und Frisch auf Platz 11 bzw. 14, also in einer Position, die sie von den anderen fünf Texten wieder etwas absondert.

Den prozentualen Anteil der einzelnen Sonderzeichen an der Anzahl aller Sonderzeichen zeigt Tabelle 5. Hier sehen wir, daß tatsächlich Frage- und Ausrufungszeichen in den Texten der Trivialliteratur häufiger gebraucht werden als in denen der Literatenliteratur; Ausnahme ist wieder Strittmatter. Einen erstaunlich hohen

Tabelle 3
Anzahl der Zeichen und Sonderzeichen

Rangfolge nach Zeichen	**Text**	Zeichen	Sonderzeichen
1	LMB	11886	381
2	TPM	11504	434
3	LGB	11409	340
4	TDL	11340	429
5	LSO	11191	548
6	LBC	11186	468
7	LJA	11143	261
8	TPN	10962	460
9	TUU	10927	564
10	LFH	10883	602
11	TCE	10743	630
12	TSI	10403	507
13	LBT	10320	366
14	TJM	9962	450

Tabelle 4
Quotient aus Zeichen und Sonderzeichen

	Text	Quotient
1	LJA	43,00
2	LGB	33,60
3	LMB	31,15
4	LBT	28,25
5	TPM	26,55
6	TDL	26,45
7	LBC	23,86
8	TPN	23,70
9	TJM	22,15
10	TSI	20,56
11	LSO	20,40
12	TUU	19,40
13	LFH	18,09
14	TCE	17,05

Tabelle 5
Prozentualer Anteil einzelner Sonderzeichen
an der Gesamtzahl der Sonderzeichen

Rangfolge nach Punkt	Text	Punkt	Ausrufungszeichen	Gedankenstrich	Komma	Fragezeichen	Doppelpunkt	Quotient Punkt/Komma
1	LBC	17,95	0	1,71	52,78	1,50	7,26	0,34
2	LFH	19,60	1,66	7,48	48,34	0,33	17,94	0,41
3	LMB	20,73	1,05	4,72	65,35	0,52	0,52	0,32
4	LGB	25,00	0	4,12	62,94	0,88	3,24	0,40
5	LBT	29,78	1,09	1,09	57,92	1,37	0,55	0,51
6	LJA	32,57	0	1,92	41,58	0,77	12,64	0,78
7	TDL	32,87	0,23	0,93	46,15	0,93	0,47	0,71
8	TPM	34,56	2,53	2,07	39,17	3,23	1,61	0,88
9	TJM	37,33	3,11	1,56	39,33	2,44	1,78	0,95
10	TSI	40,83	1,18	0,79	33,53	4,14	0	1,22
11	TCE	43,17	1,75	2,22	24,60	2,70	0,32	1,76
12	TUU	44,86	3,01	0,89	19,86	3,72	0,71	2,26
13	LSO	46,17	3,10	2,01	21,53	6,75	4,38	2,15
14	TPN	46,30	10,00	2,39	25,00	1,30	0,87	1,85

Anteil von Doppelpunkten haben Frisch und Johnson, was wohl auf individuelle Stilcharakteristika schließen läßt. Einen solchen Schluß könnte auch der häufigere Gebrauch von Gedankenstrichen bei Grass und Mann nahelegen. Immerhin geben beide, Doppelpunkt und Gedankenstrich, auch wieder Anhaltspunkte für einen komplizierteren Satzbau: Der Doppelpunkt weist über den abgeschlossenen Satz hinaus, der Gedankenstrich markiert — wenigstens in der Regel — Parenthesen innerhalb des Satzes.

Die Anzahl von Punkten und Kommata sagt ebenfalls wieder über die Konstruktion der Sätze aus. Wenig Punkte bei allen Texten der Literatenliteratur — außer bei Strittmatter —, viele Kommata bei den gleichen Texten. Die Sätze in diesen Texten sind also lang und werden relativ häufig untergliedert durch Sequenzen, die durch Kommata getrennt sind, also Nebensätze, Appositionen, Parenthese. Der Quotient aus Punkt und Komma ist denn auch bei Thomas Mann, Böll, Grass, Frisch, Bergengruen am höchsten, in dieser Rangfolge, dann kommt ein Text der Trivialliteratur von Viola Larsen, dem Johnson folgt mit geringfügig höherem Quotienten.

Die hohe Zahl von Sonderzeichen bei den Texten der Trivialliteratur (siehe Tabelle 3) ist also nicht darin begründet, daß diese Texte mehr Kommata enthalten als die Texte der Literatenliteratur, wie eben Tabelle 5 zeigt. Die Trivialliteratur hat hingegen einen hohen Anteil von Frage- und Ausrufungszeichen und von Anführungszeichen, die die direkte Rede begrenzen. Auch Frage- und Ausrufungszeichen dürften oft gerade in der direkten Rede benutzt werden, sind aber auch an anderer Stelle des Textes Anzeichen für den Versuch des Autors, mit einfachen Mitteln — sozusagen auf direktem Wege — einen Appell an den Leser zu richten. Die direkte Rede, also die schriftliche Fixierung des mündlichen Sprechens zwischen zwei oder mehr Partnern, ist häufiger in der Trivialliteratur als in der Literatenliteratur, wie Tabelle 6 zeigt, die wieder auf einer Auszählung der ersten 2.000 Wörter des Textanfangs fußt. Sie bestätigt uns den Eindruck, den die Lektüre zahlreicher Texte der Trivialliteratur hervorruft.

Die ersten fünf Texte der Rangfolge, Texte der Literatenliteratur, haben nur wenig Anführungszeichen, dafür in zwei Fällen — Bergengruen und Mann — die meisten Wörter im Durchschnitt in Anführungszeichen. Wenn hier also direkte Rede im Text vorkommt, so mit langen Redeteilen der einzelnen Personen, bei Thomas Mann ihrem Umfange nach schon an die Gesprächssituation der ausführ-

lichen Konversation erinnernd, in der der einzelne Redner längere
Ausführungen macht, bevor der Partner mit ebenso langen antwortet. Bei Bergengruen verweist es auf die Erzählperspektive der vorliegenden Erzählung: Eine Person erzählt einer anderen die Geschichte, sie wird von der anderen selten unterbrochen, so daß
kaum noch von einem Dialog gesprochen werden kann. Es ist eine
Rahmenhandlung mit einer vorgeschobenen Figur, die der Autor
seine Geschichte erzählen läßt, die also eher einen langen Monolog
hält.

Über die Länge der Sätze und ihre Konstruktion haben wir bereits einiges erfahren. Die Tabellen 7 und 8 geben weiteren Aufschluß über den Satzbau, sie zeigen die Anzahl von Substantiven,

Tabelle 6
Anführungen im Text

Rangfolge nach An- führungen	Text	Anzahl der Anführungen	Anzahl der Wörter in Anführungen	Anzahl dieser Wörter im Durchschnitt
1	LJA	0	0	0
2	LFH	2	4	2
3	LGB	4	41	10
4	LBT	4	730	432
5	LMB	9	293	32
6	TJM	28	445	15
7	TPM	28	252	9
8	TPN	29	553	19
9	LBC	34	277	8
10	TDL	37	408	11
11	LSO	39	288	7
12	TSI	47	651	13
13	TCE	70	951	13
14	TUU	74	705	9

Verben und Adjektiven. Die Substantive in Tabelle 7 konnten
maschinell ausgezählt werden, es wurden alle Wortformen gezählt,
die mit großen Buchstaben beginnen, also auch Namen. (Beim
Speichern der Texte mußte die Großschreibung am Satzanfang in
Kleinschreibung verändert werden.) Die Adjektive und Verben wurden mit der Hand ausgezählt, nicht mitgezählt wurden Adverben
und die Partizipien des Präsens und des Perfekt, so daß nur die

Tabelle 7
Anzahl der Substantive

	Text	Substantive	Prozentualer Anteil
1	LSO	543	26,96 %
2	LMB	413	20,54 %
3	TPM	408	20,22 %
4	LBC	401	19,90 %
5	LGB	390	19,44 %
6	TPN	388	19,17 %
7	TDL	372	18,49 %
8	LJA	370	18,29 %
9	TCE	347	17,40 %
10	LFH	333	16,81 %
11	TJM	329	16,38 %
12	TSI	323	16,15 %
13	TUU	321	15,93 %
14	LBT	282	14,02 %

Tabelle 8
Anzahl der Verben und Adjektive

Rangfolge nach Verben	Text	Verben	Adjektive	Quotient aus Verb/Adjektiv
1	TCE	302	89	3,39
2	TSI	281	117	2,49
3	TUU	273	100	2,73
4	LFH	256	87	2,94
5	TPM	242	155	1,59
6	TPN	240	125	1,92
7	LBT	233	101	2,31
8	TJM	231	76	3,04
9	LBC	220	108	2,04
10	LSO	217	88	2,46
11	LJA	215	127	1,69
12	TDL	207	169	1,27
13	LGB	205	99	2,07
14	LMB	182	152	1,20

Verben, die tatsächlich Verb eines Satzes sind, und die Adjektive hier in der Tabelle erscheinen.

Wir sehen, daß der prozentuale Anteil der Substantive an allen Wortformen verhältnismäßig stark schwankt zwischen 26,96 % bei Strittmatter, dem höchsten, und 14,02 % bei Bergengruen, dem niedrigsten Stand. Der Substantiv-Anteil ist anscheinend kein deutliches Kriterium der Unterscheidung von Trivialliteratur und Literatenliteratur, wenn auch auffällt, daß unter den ersten fünf Rangplätzen immerhin vier Texte der Literatenliteratur zu finden sind. Das Verhältnis, in dem die Substantive zu allen anderen Wortformen stehen, sagt noch nicht so viel wie das Verhältnis, in dem sie zu den Verben und zu der Zahl der Sätze im untersuchten Textteil stehen, denn erst dieses Verhältnis gibt nähere Auskunft über die Syntax des Textes. Eine hohe Anzahl von Substantiven bei einer hohen Anzahl von Sätzen sagt uns, daß pro Satz eben ein bis zwei Substantive vorkommen, wie es hier bei Strittmatter der Fall ist. Tabelle 9 zeigt, daß er tatsächlich im Durchschnitt etwa zwei Substantive pro Satz gebraucht, was auf einen einfacheren Satzbau

Tabelle 9
Verhältnis von Substantiven zu Verben

Rangfolge nach Quotient Substantive/ Verben	Text	Substantive	Verben	Anzahl der Sätze	Substantive/Verben Quotient
1	LSO	543	217	238	2,50
2	LMB	413	182	72	2,27
3	LGB	390	205	85	1,90
4	LBC	401	220	80	1,83
5	TDL	372	207	141	1,80
6	LJA	370	215	83	1,72
7	TPM	408	242	144	1,69
8	TPN	3888	240	207	1,63
9	TJM	329	231	128	1,42
10	LFH	333	256	108	1,3
11	LBT	282	233	109	1,22
12	TUU	321	273	247	1,18
13	TSI	323	281	179	1,15
14	TCE	347	302	214	1,15

Tabelle 10
Verhältnis von Substantiven, Verben, Adjektiven
zur Anzahl der Sätze

Rangfolge nach Quotient Substantive/ Sätze	Text	Quotient Substantive/ Sätze	Quotient Verben/ Sätze	Quotient Adjektive/ Sätze
1	LMB	5,74	2,52	2,11
2	LBC	5,01	2,75	1,35
3	LGB	4,59	2,41	1,17
4	LJA	4,46	2,59	1,53
5	LFH	3,33	2,46	0,79
6	TPM	2,83	1,68	1,08
7	TDL	2,64	1,47	1,20
8	LBT	2,59	2,14	0,93
9	TJM	2,57	1,81	0,59
10	LSO	2,28	0,91	0,36
11	TPN	1,88	1,16	0,61
12	TSI	1,81	1,57	0,42
13	TCE	1,62	1,42	0,41
14	TUU	1,30	1,15	0,65

schließen läßt, als die hohe Zahl von Substantiven zunächst vermuten ließ. Er liebt es auch, wie die Lektüre lehrt, die Namen zu wiederholen, statt sie durch Pronomen zu ersetzen, was ebenfalls zu dem hohen Anteil der Substantive beiträgt.

Dagegen benutzt Thomas Mann, der in Tabelle 7 nach Strittmatter mit der nächst niedrigeren Zahl von Substantiven folgt, fünf bis sechs Substantive pro Satz, was auf einen höheren Differenziertheitsgrad schließen läßt. So steht denn auch Mann in Tabelle 10, die die Rangfolge nach dem Quotienten aus Substantiven zu Sätzen bringt, an erster Stelle, ihm folgen Böll, Grass, Johnson und Frisch; Strittmatter aber kommt erst auf Platz 10. In der Tabelle 10 ist auch der Text von Pinkwart, der in Tabelle 7 nach Mann an dritter Stelle kam, auf Platz 6 zurückgefallen, woraus sich schließen läßt, daß ein Merkmal — hier die Zahl der Substantive — in der Regel in Relation zu einem anderen Merkmal — hier die Zahl der Sätze — gesetzt werden muß; erst die Relation von mindestens zwei Merkmalen läßt einen Schatten des Profils eines Textes erkennen.

Das beobachten wir auch an Tabelle 8, die die Rangfolge nach der Zahl der Verben bringt. Es fällt auf, daß die Texte der Literatenliteratur weniger Verben haben. Tabelle 10 setzt die Verben wieder in Relation zu den Sätzen. Hier differieren deutlich die Texte der Literatenliteratur von denen der Trivialliteratur: Alle haben einen Quotienten, der über 2 liegt, also mehr als zwei Verben pro Satz, also einen hohen Anteil von Verben. Strittmatter allerdings liegt wieder in einem anderen Bereich, diesmal sogar noch unter der Trivialliteratur an letzter Stelle mit 0,91 Verben pro Satz. Es gibt bei ihm mehrere Sätze ohne Verb, also Ellipsen.

Die Adjektive scheinen kaum ein Merkmal, das ebenso entscheidend auf den Differenziertheitsgrad hinweist, zumindest sind hier keine auffallenden Unterschiede zwischen den beiden Text-Gruppen auszumachen, weder anhand des Quotienten aus Verben und Adjektiven (Tabelle 8), noch anhand des Quotienten aus Adjektiven und Sätzen (Tabelle 10). Beim letzteren allerdings sehen wir, daß die sechs Texte, die nach unseren bisherigen Messungen den niedrigsten Differenziertheitsgrad haben, die letzten Plätze einnehmen, aber die vier Texte, die nach unseren Messungen den höchsten Differenziertheitsgrad haben, auf den vier ersten Plätzen stehen und einen Quotienten von über 1,16 zeigen, was aber auch auf einen Text der Trivialliteratur zutrifft, auf den von Viola Larsen. Der gleiche Text von Larsen steht auch in Tabelle 9, die die Rangfolge nach dem Quotienten von Substantiv und Verb ordnet, auf Platz 5 vor Johnson. Die ersten vier Plätze nehmen Werke der Literatenliteratur ein, darunter unverhofft Strittmatter an erster Stelle, was wohl darauf zurückzuführen ist, daß er den höchsten Anteil an Substantiven hat und nur — siehe Tabelle 10 — einen geringen Anteil an Verben pro Satz. Der Quotient Substantive zu Verben scheint ebenso wie der Quotient Verben zu Adjektiven mehr auf individuelle Stilcharakteristika hinzudeuten, die von unterschiedlichem qualitativen Wert sein können.

Ähnlich schwierig dürfte die qualitative Einschätzung eines anderen Merkmals sein, das wir — angeregt durch Meiers Sprachstatistik — quantitativ erfaßt haben:[8] es ist das Verhältnis, in dem *den* zu *dem* steht. Laut Meier sollen in der Regel 60 % *den* 40 % *dem* gegenüberstehen. Er hat auch starke Schwankungen festgestellt, auch im Stil eines einzelnen Autors, ohne jedoch den qualitativen Wert dafür angeben zu können. Tabelle 11 verzeichnet auch unter unseren Texten starke Schwankungen zwischen 28,2 % *dem* und

53,8 % bzw. zwischen 71,8 % *den* und 46,2 %, doch sind es Schwankungen, die nicht von der Zugehörigkeit zu den beiden Text-Gruppen abhängen, sondern individuelle Merkmale darstellen.

Immerhin können wir aufgrund dieser Tabelle vermuten, daß *den* und der dazugehörige Akkusativ nicht auf eine so niedrige Prozentzahl herabsinken werden wie *dem* mit dem dazugehörigen Dativ. Selbst da, wo *den* weniger oft benutzt wird als *dem*, geht es nicht unter 45 % herunter, während *dem* doch einmal unter 30 % geht. Doch das ist eine Vermutung zum allgemeinen Sprachgebrauch, die über die vorliegenden Texte hinausgeht: der Akkusativ dürfte demnach in der Regel häufiger sein als der Dativ.

Meier begeht hier offensichtlich den Fehler, zwei Merkmale miteinander in ein Verhältnis zu setzen, die gar nicht voneinander abhängen, denn mehr Akkusative bedeuten eben nicht notwendig weniger Dative. Der Text von Else Jung (TJM) z. B. hat nicht nur die meisten *dem*, sondern auch sehr viele *den* (an 4. Stelle der Häufigkeitsrangfolge). In Relation setzen könnte man *den* samt Akkusativ bzw. *dem* samt Dativ zu Recht mit den Satzbauformen oder auch mit den Verben. Dann wäre es möglich, das Merkmal *dem* bzw. *den* mit den Merkmalen in Beziehung zu setzen, von denen es

Tabelle 11
Häufigkeit und prozentualer Anteil von dem *und* den

	Text	dem	Prozent	den	Prozent
1	LSO	9	28,2	23	71,8
2	LBT	8	32,0	17	68,0
3	TPN	14	32,6	29	67,4
4	LJA	15	34,1	29	65,9
5	TSI	13	34,2	25	65,8
6	TUU	11	34,4	21	65,6
7	TCE	9	34,6	17	65,4
8	LBC	11	37,9	18	62,1
9	LGB	26	40,6	38	59,4
10	TDL	13	46,4	15	53,6
11	TPM	18	48,6	19	51,4
12	LFH	10	50,0	10	50,0
13	LMB	17	53,1	15	46,9
14	TJM	28	53,8	24	46,2

Tabelle 12
Prozentualer Anteil von Vokalen und Konsonanten

Text	Vokale	Konsonanten
TUU	38,8	61,2
LFH	38,5	61,5
LBC	38,4	61,6
LMB	38,4	61,6
TDL	38,4	61,6
LBT	37,8	62,2
TCE	37,7	62,3
TJM	37,7	62,3
LSO	37,6	62,4
LJA	37,6	62,4
TPN	37,5	62,5
LGB	37,4	62,6
TSI	37,2	62,8
TPM	37,1	62,9

tatsächlich abhängt. Und das ergäbe auch einen Hinweis auf seinen qualitativen Wert.

Über die vorliegenden Texte hinaus weist auch Tabelle 12, diesmal sogar auf die Sprache, nicht mehr auf die Sprachverwendung. Noch die Artikelformen *dem* und *den* zeigten starke Schwankungen im Sprachgebrauch. Das ist hier nicht mehr so: hier sind wir in der Sprache selbst. Die Zahl der Vokale und Konsonanten deutet auf die Lautstruktur der Sprache hin, die immer konstant bleibt. Die Werte bewegen sich nur geringfügig um 38 % bei den Vokalen (zwischen 38,8 und 37,1) und um 62 % bei den Konsonanten (zwischen 61,2 und 62,9). Sie weichen auch nur in geringem Umfang von den bei Meier verzeichneten Zahlen ab (39,542 % zu 60,458 % bei *Prosa* und 37,876 % zu 62,124 % bei *Poesie*). Wie geringfügig die einzelnen Werte voneinander differieren, wird durch die Kurve in Tafel 8 anschaulich.

In den Tafeln 2 bis 9 haben wir einige der in den Tabellen vorgestellten Werte eingetragen, um die Unterschiede zwischen den beiden Textgruppen zu verdeutlichen.

Die Tafeln 2, 3, 4, 5, 6 und 9 zeigen immer wieder, daß die Kurven, die Literaten- und Trivialliteratur bilden, in der Regel von-

Tafel 2   Durchschnittliche Wörter pro Satz

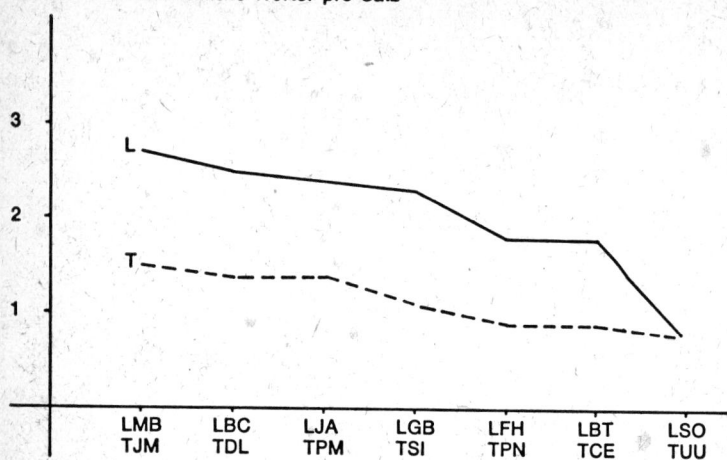

| LMB | LBC | LJA | LGB | LFH | LBT | LSO |
| TJM | TDL | TPM | TSI | TPN | TCE | TUU |

Tafel 3   Quotient Punkt/Komma

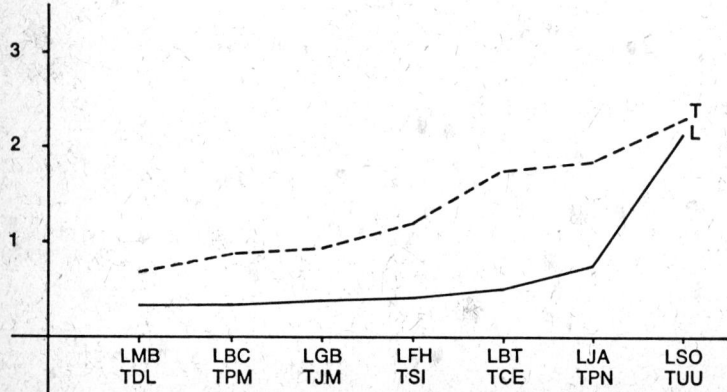

| LMB | LBC | LGB | LFH | LBT | LJA | LSO |
| TDL | TPM | TJM | TSI | TCE | TPN | TUU |

Tafel 4   Quotient Verben/Sätze

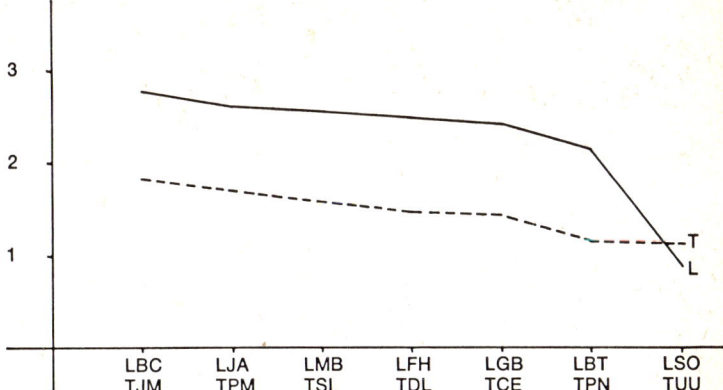

Tafel 5   Quotient Substantive/Sätze

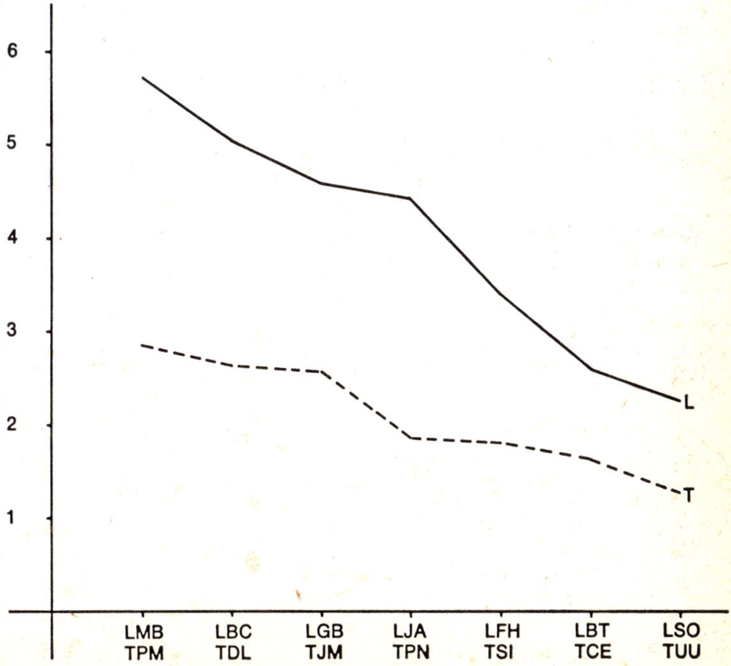

Tafel 6 Quotient Substantive/Verben

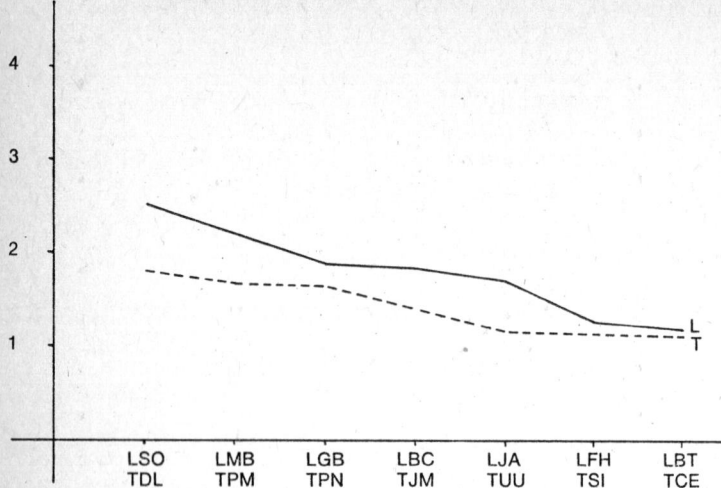

Tafel 7 Quotient Verben/Adjektive

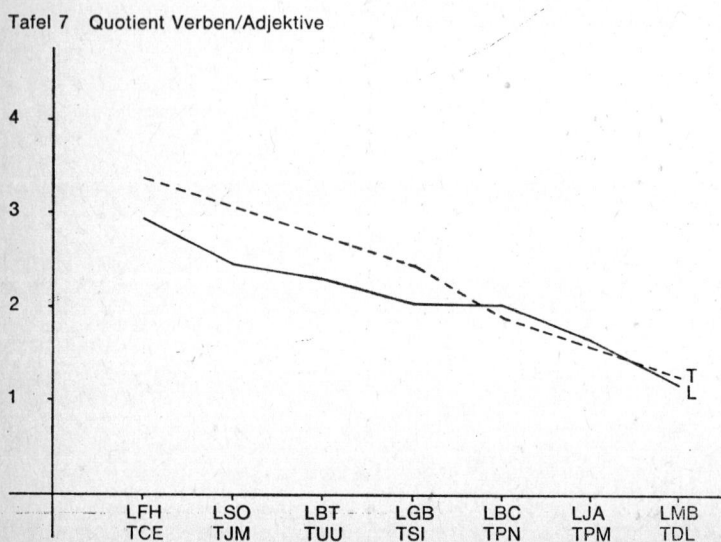

Tafel 8   Anteil von Vokalen und Konsonanten

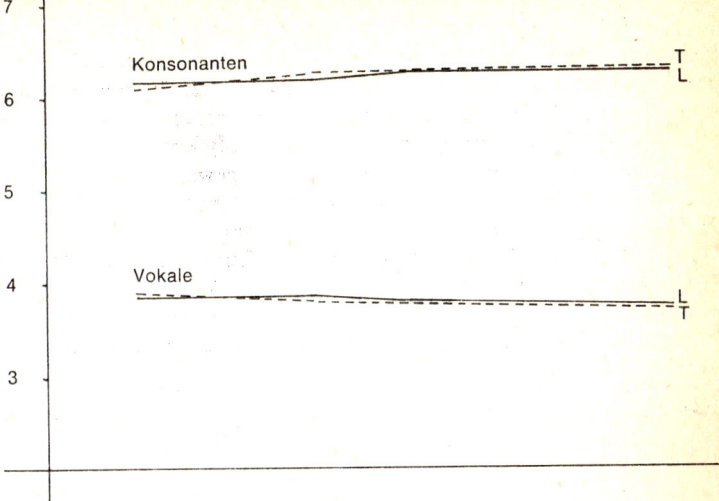

Tafel 9   Quotient Zeichen/Sonderzeichen

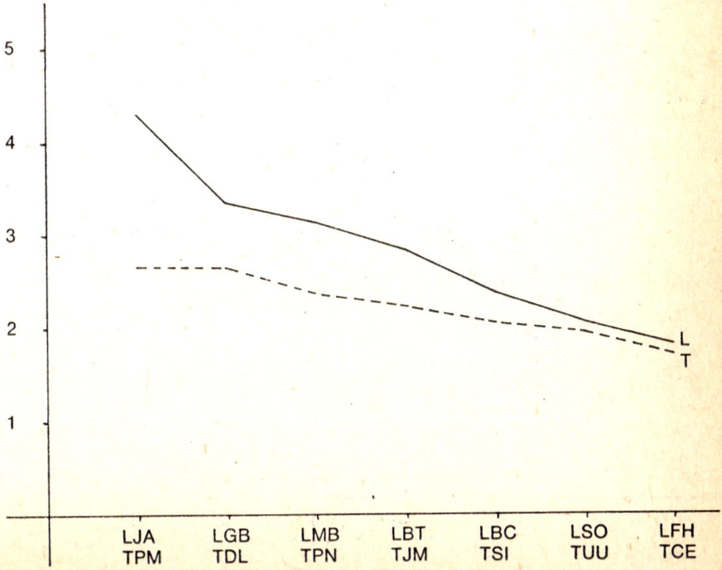

einander abgehoben sind. Der erste für einen Text der Trivialliteratur gemessene Wert liegt in den Tafeln 2, 4, 5, 6 und 9 unter den Werten, die für die meisten Texte der Literatenliteratur gemessen wurden (immer unter den Werten der Texte von Mann, Böll, Johnson und Grass), in der Tafel 3 liegt er über diesen Werten der Literatenliteratur. Tafel 7 zeigt, worüber schon gesprochen wurde, daß sich aus dem Quotienten von Verben zu Adjektiven kein Unterscheidungsmerkmal für die beiden Gruppen gewinnen läßt.

In den Tafeln 10 bis 13 haben wir sechs Quotienten jeweils zur Kurve eines Textes zusammengestellt. (Quotient 1: Punkt zu Komma, Quotient 2: Verben zu Adjektiven, Quotient 3: Zeichen zu Sonderzeichen, Quotient 4: Substantive zu Verben, Quotient 5: Substantive zu Sätzen, Quotient 6: Verben zu Sätzen.) Um den Differenziertheitsgrad eines Textes ermessen zu können, müßten

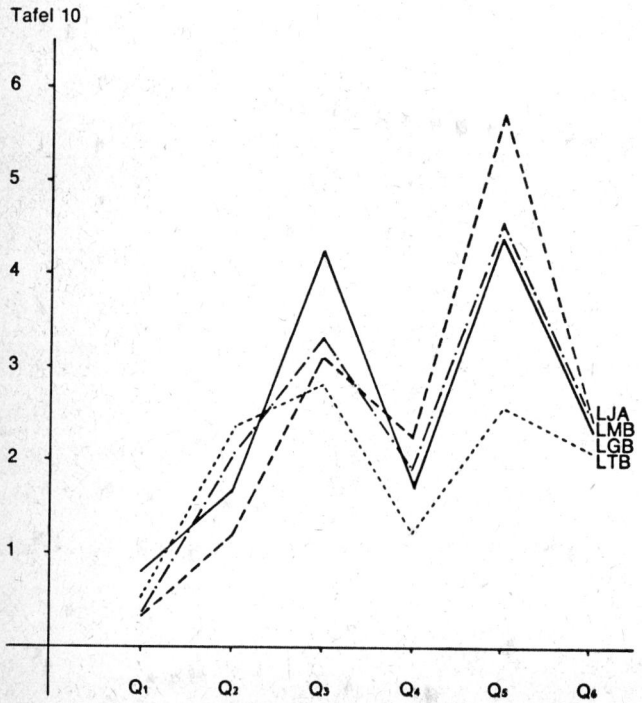

Tafel 10

Tafel 11

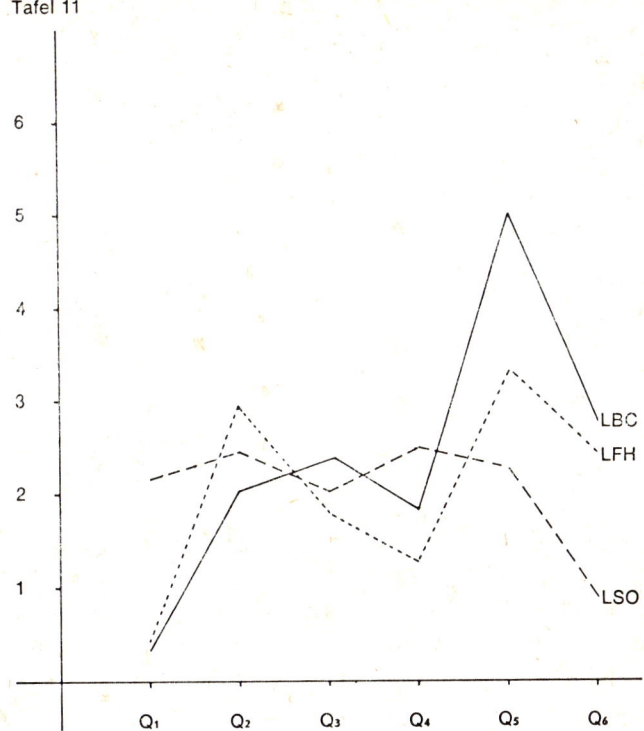

möglichst viele Merkmale in einer Formel oder in einer Kurve zusammengefaßt werden. Wir haben hier versucht, wenigstens sechs
Quotienten, die immer zwei Merkmale miteinander in Verbindung
setzen, in einer Kurve zusammenzubringen. Die Kurve ergibt immerhin eine Annäherung an das, was man die quantitativ zu mes-
sende Differenziertheit eines Textes nennen könnte; sie erlaubt also
einen Blick auf die Eigenart eines Textes, die ihn von den anderen
unterscheidet.

Die 14 Kurven der 14 Texte in den Tafeln 10 bis 13 sind denn
auch alle unterschiedlich, zeigen aber auch wieder gewisse Ähn-
lichkeiten, die bereits die Tabellen erbracht haben. Die Texte von
Mann, Johnson, Grass und Böll haben einen ähnlichen Kurven-

verlauf, die Texte von Frisch und Bergengruen nähern sich diesem
stark gezackten Verlauf (Tafeln 10 und 11). Strittmatters Kurve
nähert sich dagegen einer waagerechten Geraden. Die sieben Texte
der Trivialliteratur haben wiederum einen ähnlichen Kurvenver-
lauf, er ist gezackt, aber bei weitem nicht so stark wie der der Literatenliteratur. Auch unter diesen Kurven sind einander vier (Pinkwart, Stephan, Larsen, Pegg) wieder relativ ähnlich, die drei anderen haben einen etwas anderen Verlauf, der höher einsetzt und
dann stärker abfällt (Tafeln 12 und 13). Doch im Großen und Ganzen sind die beiden Textgruppen auch in diesen Kurven gut voneinander zu unterscheiden. Wenn wir die sechs Quotienten aller
Texte der einen und der anderen Gruppe zusammenzählen, wird
das vollends deutlich (Tafel 14).

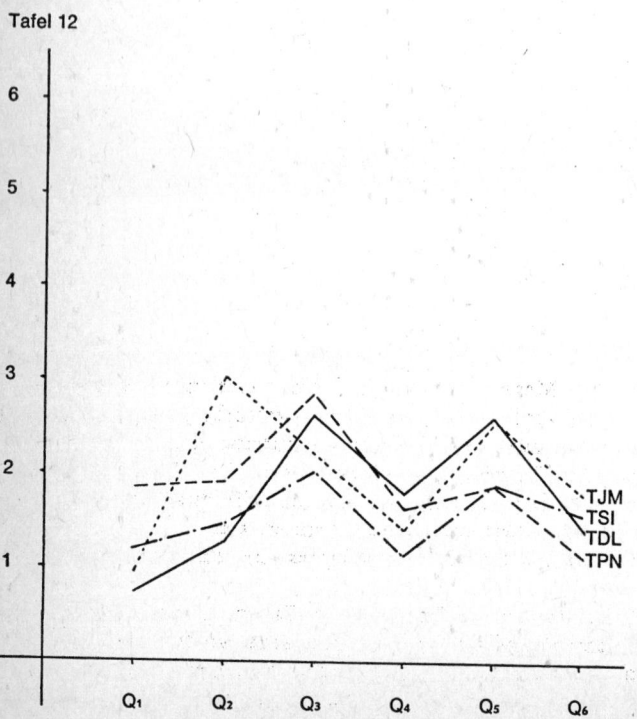

Tafel 12

Tafel 13

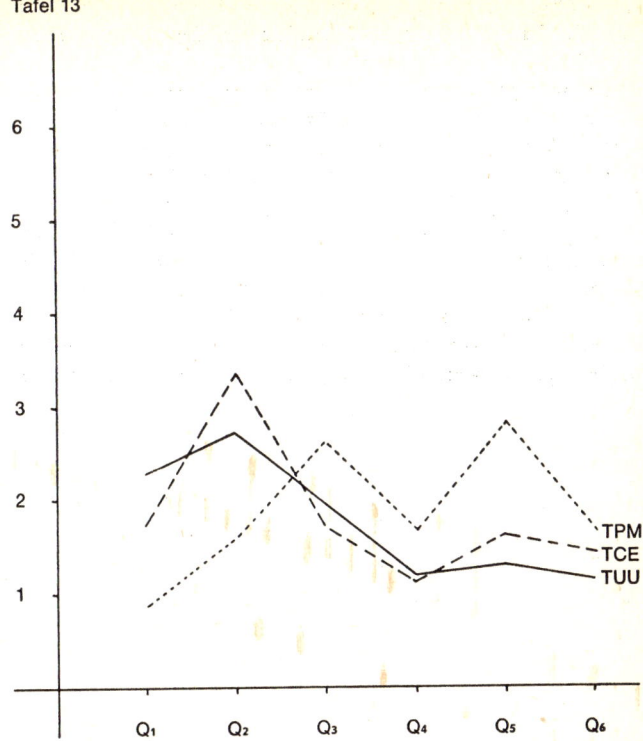

In Tafel 15 haben wir berücksichtigt, daß es auch innerhalb der beiden Gruppen Abweichungen gab, so daß sich in der Literaten- literatur nach unseren Kriterien vier Texte von ähnlicher Differen- ziertheit ergeben haben (Böll, Grass, Johnson, Mann), auch die Texte der Trivialliteratur zeigen Unterschiede. Wir vereinfachen ja stark, wenn wir hier von zwei Textgruppen sprechen. Besser wäre es, von einer Schichtung zu sprechen, die mehrere Schichten von Texten unterschiedlicher Differenziertheit einschließt; der höchste Differenziertheitsgrad wäre als oberste Schicht, der niedrigste als unterste Schicht anzusehen, dazwischen die übrigen Grade. Tafel 15 faßt einmal drei Textgruppen zu einer solchen Schichtung zusam- men. Böll, Grass, Johnson, Mann sind hier Schicht I, Bergengruen,

Frisch, Strittmatter, Pinkwart, Schicht II und Cotton, Larsen, Pegg, Uhl Schicht III. Die Schichtung ist deutlich an den Kurven abzulesen.

Die Kurven wurden aus sechs Quotienten gebildet, die alle sechs etwas über die Differenziertheit der Syntax der Sätze sagen, nicht nur Quotient 5 (Substantive/Sätze) und Quotient 6 (Verben/Sätze), sondern auch Quotient 1 (Punkt/Komma) und 3 (Zeichen/Sonderzeichen). Auf den Wert dieser Quotienten sind wir bereits eingegangen. Auch Quotient 2 (Verben/Adjektive) und 4 (Substantive/Verben) beziehen sich auf die Syntax der Sätze, wenn auch die Satzlänge hier nicht mit einbezogen wird. Merkmale des Satzbaus scheinen uns die wichtigsten Anhaltspunkte für die Differenziertheit eines Textes. Die Wortformen, die sich maschinell am leichtesten auszählen lassen, weshalb sie gern als wichtigstes statistisches

Tafel 14

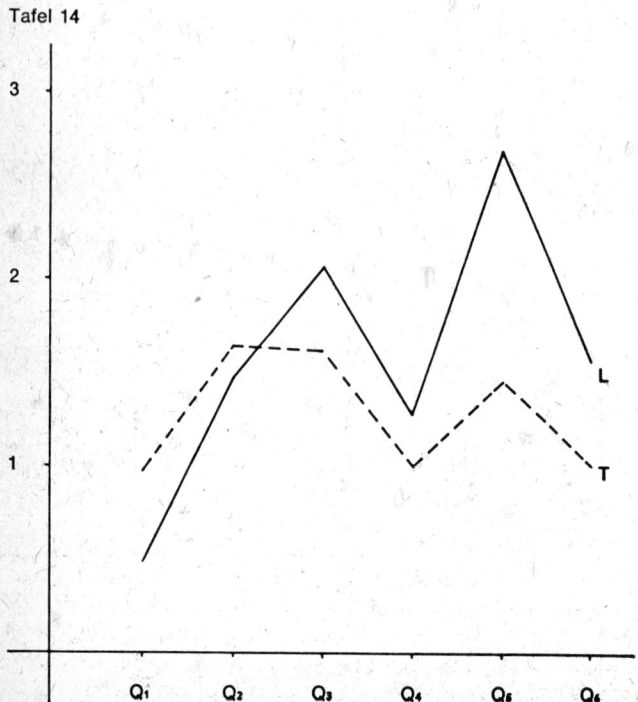

Tafel 15

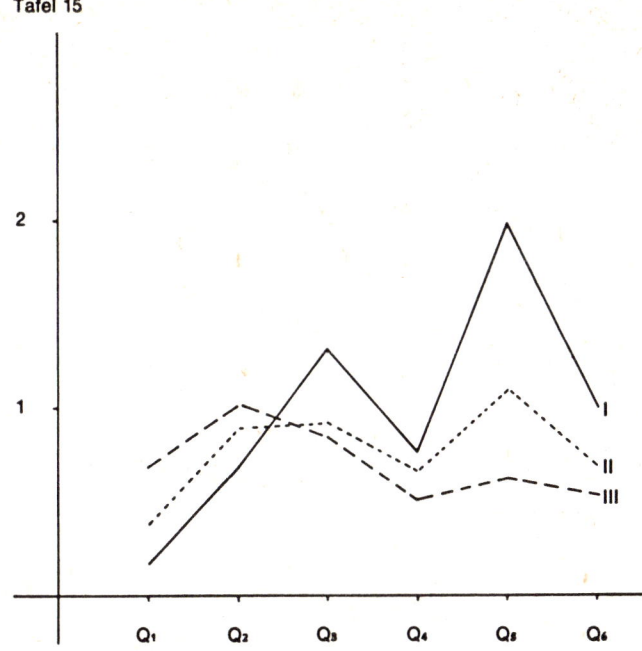

Material benutzt werden, scheinen uns dem gegenüber von nur sekundärer Wichtigkeit. Eine Statistik des Wortschatzes sammelt die Elemente, zeigt aber nicht die Struktur eines Textes. Allerdings lassen die Elemente in gewissem Umfang Schlüsse auf die Struktur des Textes zu. Die Wortformen müßten deshalb näher untersucht werden, wenn möglich sollten sie unter syntaktischen und semantischen Kategorien, vor allem semantischen — was maschinell nicht mehr möglich ist — untergliedert werden.

Unsere Tabelle 13 bringt die Anzahl der Wortformen, die unter den ersten 2.000 Wörtern der Texte gezählt wurden. Thomas Mann hat die meisten Wortformen zu verzeichnen, also am wenigsten Wiederholungen, also den umfangreichsten Wortschatz. Dann aber sehen wir zwei Texte der Trivialliteratur. Aus der Rangfolge dieser Tabelle 13 sind kaum unsere beiden Textgruppen als unterschiedliche Gruppen herauszuinterpretieren. Daß sich die beiden Text-

Tabelle 13
Anzahl der Wortformen

Reihen-folge	Text	Anzahl der Wortformen	Anzahl der Wortformen, die mehr als zweimal vorkommen	Anzahl der Wortformen, die mehr als neunmal vorkommen
1	LMB	1009	121	31
2	TPN	961	139	27
3	LJA	957	129	28
4	LGB	950	129	28
5	TPM	938	124	28
6	LSO	898	139	25
7	LBC	884	137	32
8	TDL	876	126	28
9	TCE	872	123	30
10	LFH	818	136	28
11	TUU	799	139	31
12	TSI	796	156	29
13	TJM	791	145	29
14	LBT	782	132	37

gruppen im Wortschatz nicht unterscheiden, dies daraus zu schließen, wäre allerdings voreilig, denn unsere Untersuchung fußte auf zu schmalem Material. Wenn wir umfangreichere Text-Passagen untersucht hätten, würde sich mit größerer Gewißheit eine Aussage über den Wortschatz machen lassen. Dann würde sich herausstellen, ob ein Autor nach immer wieder neuen Wörtern greift oder ob sein Wortschatz erschöpft ist und er Wörter immer häufiger wiederholt.

Die Anzahl der Wortformen, die mehr als zweimal vorkommt (Tabelle 13), zeigt aus dem gleichen Grund kaum auffällige Besonderheiten, höchstens daß Thomas Mann demnach wieder am wenigsten Wiederholungen hat, ein Text der Trivialliteratur wieder am meisten. Allerdings werden unter diesen Wortformen vor allem die Wörter erfaßt, die unumgänglich notwendig sind für den Bau jedes Satzes und deshalb immer wieder benutzt werden müssen: die *Struktursymbole* oder *Grammatikwörter*. Die Spalte der Tabelle 13, die die Wortformen aufführt, die mehr als neunmal vorkommen, verzeichnet fast nur noch solche Wörter, weshalb hier die meisten

Texte einen ähnlichen Wert um 28 aufweisen. Diese Wörter, es sind vor allem Präpositionen, Artikel, Konjunktionen, Pronomen und Formen von *sein* und *haben*, sind die weitaus am häufigsten benutzten der deutschen Sprache. Hier sind wir wieder über den je nach Sprecher sich ändernden Sprachgebrauch hinausgelangt zu den Gesetzmäßigkeiten der Sprache, diesmal nicht zur Lautstruktur der Sprache, sondern zu den Prinzipien des syntaktischen Aufbaus.

Hier wird wieder die Wechselwirkung von konstanten Gesetzmäßigkeiten der Sprache und von Variabilität des jeweiligen Sprachgebrauches klar. So stehen in allen Texten die Wörter an der Spitze, die auch laut Meiers Sprachstatistik die häufigsten deutschen Wörter sind, am häufigsten: *die, der, und*. Bis auf wenige Ausnahmen z. B. die beiden Substantive *Mark* und *Rock*, die von der Bedeutung des Textes abhängen, sind alle Wortformen in Meiers Rangfolge in die Wortstufen Ia bzw. Ib eingeordnet,[10] also in die Wortstufen, denen nur 0,04 % aller deutschen Wortformen angehören, die jedoch 47,1 % der Wörter stellen, die in allen Texten vorkommen.[11]

Diese Wortformen sind, vor allem Artikel und Präpositionen, also unsere *Struktursymbole*. Konjunktionen werden bis auf *und* nicht gleich oft benutzt,[12] sodann Pronomen (*er, sie, es, ihr* etc.), von den Hilfsverben *sein* und *haben* stehen die Praeteritumsformen *war* und *hatte* hier, die Negation *nicht* und das Wörtchen *zu* folgen.

In einer Zusammenstellung aller Wortformen, die mehr als zweimal vorkommen — aus Platzmangel können wir sie nicht abdrukken — zeigt sich die Differenziertheit des Textes und auch seine Bedeutung schon deutlicher: die Differenziertheit in den Wortformen, die wiederholt werden, die Bedeutung vor allem in den Substantiven. In der Trivialliteratur zählen wir zwar nicht auffallend mehr Wiederholungen von Wortformen als in der Literatenliteratur, aber andere. Neben den erwähnten *Struktursymbolen* sind es Verben und Substantive in höherem Maße als bei der Literatenliteratur.[13] Daraus läßt sich folgern, daß die Differenziertheit geringer ist: weniger Wiederholungen von *Struktursymbolen* bezeichnet einfacheren Satzbau, mehr Wiederholungen von Verben und Substantiven bezeichnet einen geringeren Wortschatz. Und daß in der Trivialliteratur an den Substantiven schon der Inhalt der Romane sich abzeichnet, ja mit gewissen Lesekenntnissen schon aufgrund dieser Substantive vorausgesagt werden kann, mit welcher Sorte Heftroman man es zu tun hat, und dann auch schon die Struktur der *story* erraten werden kann, das gibt allerdings einen starken Anhaltspunkt für den geringeren Differenziertheitsgrad dieser Texte. Thomas Manns Statistik von Wortformen dagegen enthält kein Wort, das einen Hinweis auf den Inhalt der Erzählung gäbe. Seine Benennungen wiederholen sich nicht, so abwechslungsreich ist sein Stil und so umfangreich ist sein Wortschatz.

Nicht also die Anzahl der Wortformen allein wirft schon genügend Licht auf die Differenziertheit eines Textes, die Wortformen selbst müssen betrachtet werden. Wir haben es hier kurz getan und wollen noch ein Beispiel dafür geben, daß am meisten die Substantive die Bedeutung der Texte tragen.

Wir haben drei Klassen von Substantiven von Hand ausgezählt; unsere semantische Klassifikation ist natürlich nicht vollständig, es gibt noch andere Klassen (unterschiedliche Konkreta, auch andere Abstrakta). Wir versprachen uns allerdings von unseren drei Klassen besonderen Aufschluß über die Texte. Klasse 1 bilden Substantive der *Bewegung*, wie wir sie genannt haben (z. B. Ablauf, Anfang, Abfahrt, Jahr, Tag), also Substantive, die einen räumlichen oder zeitlichen Vorgang bezeichnen; Klasse 2 bilden Substantive der *psychischen Motivation* (z. B. Heiterkeit, Angst, Freude, Sadismus, Erinnerung, Einfälle), die also seelische Vorgänge, auch Äußerungen seelischer Vorgänge bezeichnen; Klasse 3 bilden Substantive der *Abstraktion* (z. B. Bewußtsein, Ursache, Schicksal, Idee, Beziehungen, Möglichkeit), also Substantive, die eine Ordnung nach Kategorien vornehmen oder Relationen zwischen Kategorien herstellen.

Wir nahmen an, daß die Klasse 1 in der Trivialliteratur dominiert, weil dort oft Bewegungen in der Handlung beschrieben werden, daß die Klasse 3 in der Literatenliteratur dominiert, weil dort der Reflexionsgrad höher ist, und daß die Klasse 2 gleich häufig in beiden Textgruppen auftaucht, aber mit unterschiedlichen Benennungen. Tabelle 14 zeigt, wieweit unsere Erwartungen erfüllt wurden. Deutlich ist die Rangfolge nach Substantiven der *Abstraktion*, die Texte der Literatenliteratur liegen vorn, nicht deutlich ist die Rangfolge nach den Substantiven der *psychischen Motivation*. Hier dominieren zwei Texte der Literatenliteratur. Die erstaunlich hohen Zahlen von 60 bzw. von 37 liegen weit vor den folgenden Zahlen 13 und 10. Auch die Substantive der *Bewegung* ergeben keine deutliche Trennung der beiden Gruppen; diese Substantive, die schon einen Abstraktionsprozeß voraussetzen, scheinen in der Literatenliteratur häufiger.

Wir haben mit Tabelle 14 das Feld der statistischen Untersuchung, die Wortschatz und Syntax der Texte galt, verlassen und uns wieder auf das Gebiet der Inhaltsanalyse begeben, die uns eher Aufschlüsse über die Semantik der Texte geben kann. Natürlich überschneiden sich die beiden Methoden, nicht nur deshalb weil beide mit quantitativen Häufigkeiten arbeiten, sondern auch weil sie Aspekte des gleichen Gegenstandes, nämlich der Struktur des Textes, aufzeigen. Die Struktur ist eine Einheit, in der Syntax und Semantik unlösbar miteinander verbunden sind. Deshalb haben wir immer wieder versucht, aus den Größen der Statistik Schlüsse auf die Semantik der Texte zu ziehen. In der Inhaltsanalyse gehen wir allerdings von semantisch bestimmten Kategorien aus, mit denen wir danach erst die Quantitäten der Texte messen; die Maßzahlen führen dann wieder zur Semantik zurück. So auch hier.

Tabelle 14
Substantive der Bewegung *(1), der* psychischen Motivation *(2),*
der Abstraktion *(3)*

Rangfolge nach 3	Text	1	2	3
1	LMB	12	60	18
2	LBT	28	10	15
3	LBC	26	37	11
4	LGB	18	7	10
5	LFH	23	13	7
6	TDL	26	13	6
6	LSO	6	3	6
7	LJA	25	8	4
8	TPM	10	4	2
9	TSI	17	9	1
9	TPN	5	7	1
10	TJM	1	7	0
10	TCE	14	7	0
10	TUU	19	3	0

Wir sehen uns noch in den einzelnen Texten die in Tabelle 14 festgehaltenen Substantive an. Thomas Mann schildert in seiner Erzählung *Die Betrogene* die Konstellation von Mutter und Tochter, die seelische Konstitution der beiden Frauen; im Blickpunkt des Autors stehen ausschließlich seelische Regungen und Wirkungen.

Heinrich Böll beschreibt in *Ansichten eines Clowns* aus der Ich-Perspektive den melancholischen Clown, dessen Trennungsschmerz, dessen Erinnerungen an seine Frau; auch hier also steht die Psyche einer Figur im Blickpunkt. Deshalb die zahlreichen Substantive der *psychischen Motivation.*

Bei Frisch tritt die Schilderung der Psyche des *Homo Faber* — wieder aus der Ich-Perspektive — etwas in den Hintergrund, die Erzählung äußerer Ereignisse schiebt sich nach vorn; ähnlich ist es im Text von Bergengruen. Deshalb finden wir in beiden Texten weniger Substantive der *psychischen Motivation.*

Günter Grass in der *Blechtrommel* erzählt ebenfalls aus der Ich-Perspektive, aber nicht so sehr die inneren Regungen dieses Ich. Oskar ist vielmehr eine Figur, die die anderen beobachtet und die Verzerrung durch die Sicht Oskars macht den Reiz des Buches aus. Also wenig Substantive der *psychischen Motivation,* ebenso bei Johnson, der in *Das dritte Buch über Achim* sachlich-distanziert seine Figuren von Außen betrachtet.

Strittmatter teilt so gut wie nichts über das Innenleben seiner Figuren mit; er beschreibt in einem burschikosen Ton deren Verhalten. Die drei Nennungen in Tabelle 14 sind zweimal *Wärme* (die Ole Bienkopp im Bett seiner Frau sucht), einmal *Leidenschaften* (für Bier). Seine abstrakten sechs Substantive sind fünfmal *Arbeit,* einmal *Gerechtigkeit.*

In den Texten der Trivialliteratur finden wir folgende Substantive der *Psychischen Motivation:* TDL — Gleichmut (fünfmal), Beharrlichkeit, Haß, Liebe, Neid, Stimmung, Ungeduld; TUU — Vertrauen (zweimal), eiskalt durch die Adern; TCE — Angst, Erregung, Mut, Gefühl der Verfolgung; TJM — quälende Gedanken, Glücksgefühl, fröstelnd die Schultern zusammenzuziehen; TPM — Erregung, Schweiß auf der Stirn, Hirngespinste, Traum (fünfmal); TPN — Auflachen, Flackern in den Augen, Schauder übern Rücken, Schmerzen; TSI — Ohnmacht (fünfmal), Schmerzen (zweimal). Die Substantive sind also entweder sehr weit gefaßt oder mit formelhaften Wendungen verbunden. In der Regel ist demnach in der Trivialliteratur weniger oft die Rede von den psychischen Motivationen der Figuren als in den hier vorliegenden Texten der Literatenliteratur; in der Regel werden diese Motivationen, wenn sie denn beschrieben werden, vage oder stereotyp beschrieben.

Allerdings geraten wir hier in Gefahr, in die eingehendere Interpretation der Texte einzutreten und den streng gezogenen Pfad der Inhaltsanalyse zu verlassen. Doch es war ja gerade unsere Absicht, in dieser Untersuchung von der traditionellen Methode der Interpretation abzusehen, um mit Hilfe exakter Methoden einen neuen Blick auf die Literatur zu werfen. Das verlangt eine gewisse Selbstbescheidung vom Interpreten.

Diese strenge Selbstbescheidung kritisiert Siegfried Kracauer an der Inhaltsanalyse, wenn er auch eingesteht, daß die Content Analysis — im Unterschied zu anderen statistischen Methoden — immerhin auf die Semantik eines Textes eingeht, die sie mit einfachen Kategorien zu messen sucht.[14] Kracauers Kritik hilft uns, die Problematik unserer eigenen Untersuchung zu reflektieren. Seine Kritik läßt sich folgendermaßen zusammenfassen:

Auch in der quantitativen Analyse werden die Kriterien der Untersuchung *qualitativ* gesetzt, werden also dem Anspruch nach zweifelsfreier Exaktheit nicht gerecht. Was von diesen Kriterien nicht erfaßt wird, fällt aus der Analyse heraus und kann nicht mehr berücksichtigt werden; auch ein einzelnes Anzeichen kann jedoch wichtig sein für das *je Ganze*. Wenn die Kriterien quantitativ erfaßt sind, gehen die Operationen auf mathematischer Ebene weiter ohne Rekurs auf den Text. Und schließlich sein erheblichster Einwand: da von der Rezeption abgesehen wird, wird der Text als *totes Material* behandelt. Der Prozeß des Verstehens, der sich in der Rezeption vollzieht, eben zwischen dem Rezipienten und dem Text, macht erst die Qualität des Textes aus. So schließt Kracauer folgerichtig: "Subjektivität ... ist in Wahrheit unabdingbar zur Analyse der Materialien."[15] An diesem Satz dürften sich Interpreten und Analytiker, qualitative und quantitative Untersuchungsmethoden scheiden.

Wir erkennen diese Problematik ebenfalls an den eindrucksvollen statistischen Textanalysen, z. B. an denen von Wilhelm Fucks und Werner Müller, die sich allerdings nicht auf den Inhalt der Texte erstrecken. Die Übergangswahrscheinlichkeit, von der Fucks spricht, läßt sich präzise angeben.[16] Doch sagt sie über den Text selbst, an dem sie gemessen wird, nichts, nur etwas über den Unterschied, der ihn von anderen Texten trennt. So sehen wir die Kurve eines Textes von Goethe, eine andere Kurve eines Textes von Kant, wir sehen, da gibt es einen deutlichen Stil-Unterschied, wir wissen aber aufgrund der Kurve nicht, worin er besteht. Nicht einmal eine quantitative Differenziertheit läßt sich daraus ablesen. Diese Methode scheint am ehesten geeignet — wie Fucks vorschlägt — für Untersuchungen nach dem fraglichen Autor eines Textes.

Werner Müllers Arbeit geht dagegen einen quantitativen Differenziertheitsgrad an, auf seinem Weg, den er der Anregung der Ökonometrie verdankt, werden weitere fruchtbringende Schritte möglich sein, gerade weil er grammatikalische Einheiten in ihrem Verhältnis zu Satzeinheiten und Texteinheiten mißt und die fortschreitende Entwicklung des Textes beachtet, indem er die einzelnen Texteinheiten miteinander in Beziehung setzt, so daß er von der Textlänge abhängige, "evolutorische" und von der Textlänge unabhängige, "stationäre" Textcharakteristika erhält.[17]

So gelingt es ihm, die Differenziertheit des Textes zu erfassen, allerdings nicht seine Bedeutung. Seine Untersuchung geht wie die von Fucks und anderen darauf aus, eine vorliegende Textmenge möglichst exakt zu beschreiben. Die Frage, was durch diese Textmenge in der Vorstellung eines Rezipienten aktualisiert wird, wenn er sie liest und sie nicht mehr "totes Material" ist, ist nicht seine Frage, wohl aber die wichtigste Frage des Literaturwissenschaftlers. Wir haben deshalb in dieser bescheidenen Untersuchung immer versucht, die einfachen Merkmale, die wir gemessen haben, daraufhin zu prüfen, ob sie Indiz für die Differenziertheit des Textes sein können, und zu prüfen, ob sie Hinweise auf die Bedeutung des Textes geben. Deshalb haben wir auch immer wieder den Rekurs auf den Text eingeschlagen.

Wir betrachten unsere Untersuchung nicht als vollständige Analyse, das ist sie weder als Statistik noch als Interpretation, da sie sich zwischen beiden spannt: sie will auf die Problematik des einen und des anderen verweisen. Unsere statistische Trendanalyse hat gezeigt, daß tatsächlich — wie in verschiedenen Interpretationen gesagt wird — ein Unterschied in der Differenziertheit der beiden untersuchten Textgruppen besteht, der erheblich sein muß, wenn er sich bereits in unserer Statistik bemerkbar macht. Denn unsere Messungen haben nur grobe Fundamente des jeweiligen Sprachgebrauchs erfaßt, nicht aber die Feinheiten, die darauf aufbauen und in denen sich erst die Qualität eines Textes ausdrückt.[18]

Diese Feinheiten äußern sich in der Rezeption, im Wechselverhältnis von Emissionsniveau des Textes und Rezeptionsniveau des Lesers; diese Rezeption kann der Interpret nur verstehen, weil er selbst Rezipient ist. Insofern kommt Subjektivität ins Spiel, insofern ist sie aber auch unabdingbar. Diese Subjektivität des Interpreten kann sich allerdings eher der Objektivität eines Textes versichern als die Objektivität des Analytikers, der den Text zerstört, um daraus einzelne Teile messen zu können.[19] So macht er den Text seiner Methode zugänglich, nicht aber den Lesern.

Das ist aber die Aufgabe der literaturwissenschaftlichen Interpretation: daß sie nicht nur die Rezeption erklärt, sondern sie auch dem Rezipienten erklärt, und zwar — in der Art einer rechten Didaktik — von dessen ersten Rezeptionseindrücken ausgehend, ihn zu einem tieferen Verständnis des Textes führend.

Nachbemerkung

Unsere Untersuchung war fruchtbar insoweit, als sie die Problematik der Untersuchungsmethode aufgeworfen und ihren Gegenstand erhellt hat und zwar von einer Seite, die für die übliche Interpretation ungewöhnlich ist. Es mag nützlich für den Interpreten sein, wenn er einmal den üblichen Standort verläßt, um von einer anderen Stelle den Prozeß des Sprachgebrauchs zu erblicken. Die an dieser Stelle gewonnenen Erkenntnisse kann er in seine Interpretation wieder zurückführen; die eine Methode muß also die andere nicht ausschließen, sondern kann sie ergänzen. Soweit wäre ein Kompromiß gefunden, der dem besseren Verständnis der Sprache und der Literatur dient.

Es ist aber nicht zu leugnen, daß die mathematisierende Tendenz in der Sprachwissenschaft und deshalb nach und nach auch in der Literaturwissenschaft immer dominierender wird. Auch vorläufig dürftige Ergebnisse werden getragen von der allgemeinen Zustimmung eines technischen Zeitalters. In den Geisteswissenschaften bahnt sich auf diese Weise eine Auseinandersetzung an, die als naturwissenschaftliche den Germanisten aus der deutschen Literatur vertraut ist, weshalb hier kurz auf sie eingegangen werden soll: Goethes Farbenlehre war die letzte Position einer nicht-mathematischen Naturwissenschaft, die schon zu Goethes Lebzeiten nur von ihm und wenigen Getreuen vertreten wurde. Nach seinem Tode verfiel sie vollends dem Verdikt der mechanistischen Naturwissenschaft. Mancher Physiker goß seinen Spott über Goethe, weil er sich selbst als Letzten in der wissenschaftlichen Entwicklung sah, seine Vorgänger herablassend bedenkend, nicht aber an die dachte, die nach ihm kommen sollten und für die er Vorläufer sein sollte und seine Position eine vorläufige. Und so fort.

Erst in unserer Zeit gibt es wieder Versuche, Goethes Farbenlehre als ernsthaften Beitrag zur Wissenschaft einzuschätzen. Hans Mayer hat in seinem Band "Goethe im XX. Jahrhundert" neben anderen auch einen Aufsatz des Mediziners und Poeten Gottfried Benn und einen des Physikers Werner Heisenberg zu diesem Thema vorgelegt.[20] Dort ist die erneute Auseinandersetzung nachzulesen. Wir wollen hier nur den für uns wichtigen Gesichtspunkt herausgreifen. Benn meint, Newton und Goethe widersprächen einander nicht, wie man immer behauptete, denn sie erörterten zwei unterschiedliche Aspekte derselben Sache: Newton die meßbaren physikalischen Eigenschaften des Lichts, Goethe dessen psychologische Wirkung auf den Menschen. Goethe geht von der Wahrnehmung des Menschen aus, von seiner eigenen Wahrnehmung und versucht, sich dem wahrgenommenen Gegenstand zu nähern, sich seiner nach und nach versichernd. Er geht also vom Wahrnehmenden aus wie der Interpret vom Rezipienten, und so unähnlich scheint seine Methode von der der Interpretation nicht.

Goethe: "Ich achte darauf, daß sich mein Denken von den Gegenständen nicht sondere..." Als Gegenposition zitiert Benn Dove: "Das Experiment ist die geistige Geburt des Gegenstandes, den wir erst *zertrümmern* (Hervorhebung vom Verf.) müssen, um seine gelösten Glieder zu einem neuen Ganzen zu verbinden."[21]

Hier haben wir unseren Gegensatz, den von Umfassen des Ganzen in der Interpretation und den von Zerlegen in Elemente in der statistischen, aber auch der algebraischen Analyse, also den Gegensatz von *Synthese* und *Analyse*, wie Benn sagt. Bild und Symbol, in denen Goethe die Objektivität anschaulich wird, stehen gegen Zahl und Begriff, die die Objektivität zerteilen und gliedern.

Bilder und Symbole sind kaum von der Analyse zu erfassen, sie streuben sich gegen Zahl und Begriff, weshalb konsequente Statistiker wie Fucks sie schlichtweg liquidieren wollen, und mit ihnen genau das, was die Literatur ausmacht.[22]

Walter Benjamin, der die erkenntnistheoretischen Überlegungen seiner Arbeit *Ursprung des deutschen Trauerspiels* mit einem Zitat aus Goethes Farbenlehre einleitet, unterscheidet dort zwischen Erkenntnis und Wahrheit: "Erkenntnis richtet sich auf das Einzelne, auf dessen Einheit aber nicht unmittelbar." Während: "... während im Wesen der Wahrheit die Einheit durchaus unvermittelt und direkte Bestimmung ist."[23] Auch bei ihm finden wir den Gedanken, daß das Ganze mitunter zertrümmert wird, damit seine Teile erkennbar werden: "... daß Wahrheit nicht Enthüllung ist, die das Geheimnis vernichtet, sondern Offenbarung, die ihm gerecht wird."[24] Und: "Erkenntnis ist erfragbar, nicht aber die Wahrheit."[25]

Die Erkenntnis ist jederzeit präsent, sie ist nachprüfbar, sie ist exakt, während die Wahrheit sich verhüllt und nur in bestimmten Augenblicken, in bestimmten Durchblicken sich zeigt. Der Anspruch auf Exaktheit und auf Nachprüfbarkeit der Ergebnisse, der ja der Interpretation eingeschworener Feind zu sein scheint, führt den Siegeszug der Analyse aus der Naturwissenschaft in die Geisteswissenschaft hinüber. Der Anspruch verlangt Erkenntnisse. Interpretation läßt manchmal, selten genug, die Wahrheit eines interpretierten Textes durchschimmern, meist ist sie allerdings dilettantisch, denn nicht jeder Interpret ist gleich fähig. Aber jeder fleißige Analytiker ist für Erkenntnisse begabt — wie ein Techniker für die Bedienung komplizierter Maschinen.[26] Allerdings sind die großen Erkenntnisse der Naturwissenschaft wie die Wahrheit entdeckt worden, durch *Zufall* oder *Intuition* oder philosophische Betrachtung.

Benjamin bestreitet die Größe und Souveränität der Mathematik nicht, er bewundert sie; ebensowenig leugnet Benn die Verdienste der mathematischen Naturwissenschaft, im Gegenteil. Er gesteht Goethe zu, daß er im Bereich der Pflanzen und Tiere, im Bereich der organischen Morphologie mit seinen Arbeiten die Richtung für die wichtigen weiteren Erkenntnisse auf diesen Gebieten gewiesen habe, im Bereich der Physik gesteht er ihm jedoch nur begrenzte Einsichten zu.

Ähnlich Werner Heisenberg, der zwischen dem subjektiven Bereich der Geistes- und Gesellschaftswissenschaften und dem objektiven der Naturwissenschaft trennt.[27] Im subjektiven Bereich will er gerne Goethes Methode anerkennen, also auch in der Literaturwissenschaft. Heisenberg sieht den Gang der Naturwissenschaft als unaufhaltsam an, sie muß ihren Weg zu Ende gehen, er sieht noch nicht, daß dieser Weg sie auch in den "subjektiven" Bereich der Geisteswissenschaft unaufhaltsam vordringen läßt.

Mit ihrem Anspruch auf ihre Objektivität setzt sie ihren Siegeszug fort; ihre Erkenntnisse sind einzelne, deren Einheit nachträglich, zuweilen mühsam hergestellt werden muß; Carl Friedrich von Weizsäcker versucht das. Weizsäckers Buch "Die Einheit der Natur" trägt diese Programmatik im Titel.[28] Im Nachhinein muß der Philosoph — von Weizsäcker ist von der Physik zur Philosophie übergegangen — die einzelnen Erkenntnisse der Naturwissenschaft sammeln und ordnen und versuchen, sie zu einer Einheit zusammenzuführen, und zwar in einer philosophischen, also geisteswissenschaftlichen Abhandlung, in einer natürlichen Sprache, in Deutsch, nicht in einer Konstruktsprache, etwa der der Mathematik. So kann er auch am besten die "Rezipienten" erreichen, denen er Ordnung und Einheit bieten muß, damit sie die neuesten Erkenntnisse in ihr Weltbild einfügen können. Der zweifelhafte Erfolg vieler Sachbücher, die eine einzelne Erkenntnis der Naturwissenschaft als *die* Wahrheit ausgeben, hat hier ebenfalls ihre Ursache. Die Leser sind begierig, die Objektivität zu erkennen, die natürlich auf dem populärwissenschaftlichen Transport manchen Schaden leidet.

Heisenberg weist allerdings daraufhin, daß diese Objektivität nicht in dem früher von den Naturwissenschaftlern angenommenen Sinne aufrecht erhalten werden kann.[29] Die Subjektivität des Betrachters, der im ("zertrümmernden") Experiment eingreift, um die Objektivität für sich, für seine subjektive Wahrnehmung zugänglich und meßbar zu machen, bringt auch in die Exaktheit der mathematischen Naturwissenschaft jene Dialektik von Subjektivität und Objektivität, die dem Geisteswissenschaftler bekannt ist. So könnten die unterschiedlichen Bemühungen um mathematische Exaktheit in der Geisteswissenschaft und um philosophische Deutung in der Naturwissenschaft auf eine neue Einheit der Wissenschaften hinweisen, die jedoch noch in weiter Ferne liegt.

Anmerkungen

Der Dank des Verfassers gilt Paul Wolfangel, dem Leiter der Abteilung Linguistische Datenverarbeitung des Instituts für deutsche Sprache in Mannheim, und seinen Mitarbeitern, die bei der Erstellung des Corpus und der Programme behilflich waren. Dank auch dem Bastei-Verlag Gustav H. Lübbe in Bergisch-Gladbach, der dem Institut die Lochstreifen von fünf Bastei-Romanen zur Verfügung gestellt hat. — Die Untersuchung wurde 1973 vorgenommen.
[1] Siehe die Arbeit des Verfassers: "Das Vorurteil über die Trivialliteratur, das ein Vorurteil über die Literatur ist" in: Akzente 5 (1972) 386–408. Dort auch der Vorschlag eines Schichtenmodells der Literatur

mit Trivialliteratur, Unterhaltungsliteratur und Literatenliteratur. Was hier Literatenliteratur genannt wird, der besseren Unterscheidung wegen, dürfte nach dem dortigen Modell eher zwischen Literatenliteratur und Unterhaltungsliteratur einzuordnen sein.

[2] P. Nusser hat diesen Ansatz fruchtbar gemacht: Nusser, P.: Romane für die Unterschicht. Groschenhefte und ihre Leser, Stuttgart 1973.

[3] Der Test wurde am Seminar für deutsche Literatur und Sprache der TU Hannover im SS 1971 gemacht.

[4] Über den Beginn der Unterhaltungs- und Trivialliteratur in Deutschland siehe u. a.:
Beaujean, M.: Der Trivialroman in der zweiten Hälfte des 18. Jahrhunderts, Bonn 1964.
Schenda, R.: Volk ohne Buch. Studie zur Sozialgeschichte der populären Lesestoffe 1770–1910, Frankfurt/Main 1970.

[5] Siehe dazu Eggers, H.: "Ein erstes und nicht ganz äußerliches Kriterium für die Beurteilung der Syntax liegt bereits in der Länge der Sätze. Sicher gehört es zu den Charakteristika einer Sprache, wieviel Denkinhalt 'in dem einheitlichen Stoß des sprachlichen Hinsetzens' (Friedrich Neumann) bewältigt wird. Dabei hätte man freilich zwecks sorgfältiger Untersuchung genau zu unterscheiden aus was für Wörtern ein Satz gebildet wird." Zitiert nach Leska, Ch.: Beiträge, Halle 1965, 87. Bd., 439.

[6] Fucks, W. und Lauter, J.: "Mathematische Analyse des literarischen Stils" in: Mathematik und Dichtung, hrsg. von H. Kreuzer zusammen mit R. Gunzenhäuser, München 1965, 113.

[7] Leska, Ch.: "Vergleichende Untersuchung zur Syntax gesprochener und geschriebener deutscher Gegenwartssprache" in: Beiträge, Halle 1965, 87. Bd., 427–464.

[8] Meier, H.: Deutsche Sprachstatistik I, II, Hildesheim 1964, I, 212.

[9] Es ist auch gefährlich, den in einem kurzen Text gefundenen Wert mit einem Wert zu korrelieren, den man in zahlreichen langen Texten gefunden hat. So kann leicht eine falsche Relation entstehen.

[10] Meier, I, 52–53.

[11] Wir haben auch auf die Konjunktionen geachtet, die Nebensätze einleiten, in der Hoffnung, daß sie etwas über den Satzbau sagen. Es zeigen sich starke individuelle Schwankungen, kaum aber deutliche Unterschiede zwischen den beiden Textgruppen. *Wenn* (konditional) ist häufiger in Trivialliteratur (29 gegen 17), ebenso *daß* als Einleitung eines Aussagesatzes (81 gegen 61). *Damit* ist häufiger in Literatenliteratur (11 gegen 0), *da* (10 gegen 1) und *weil* (14 gegen 6), was darauf hinweist, daß kausale Verknüpfungen in Literatenliteratur häufiger sind, konditionale in Trivialliteratur. Die konditionalen dürften auch eher mündlichem Sprachgebrauch entsprechen. Allerdings dürfte in beiden Fällen eine ähnliche Abhängigkeit verbalisiert werden (kausale

bzw. funktionale) und die Differenziertheit demnach nicht unterschiedlich sein.

Wichtig ist noch ein Unterschied von *und* und *oder*, die als Verbindung von Sätzen bei beiden Gruppen ähnlich häufig sind, aber als Verbindung von Satzgliedern bei Literatenliteratur häufiger sind (*und* 210 gegen 115, *oder* 26 gegen 3): also wieder auf längere Sätze hinweisen.

[12] Daß 0,04 % aller Wörter des Lexikons 47,1 % der Wörter im Sprachgebrauch stellen, erklärt die Ökonomie der Sprache, die mit begrenztem Material eine unbegrenzte Zahl von Sätzen bilden kann. Die Struktursymbole werden wiederholt, nicht aber die Elemente, die sie miteinander verbinden und die die Bedeutung der Sätze tragen. – H. Pollack meint, daß die "reinen Struktursymbole" wie *daß* und *ob* "in der heutigen Sprache keinerlei Bedeutungswert und nur syntaktischen Beziehungswert haben". (Pollack, H.: "Gibt es Wortklassen vom Standpunkt der Bedeutung?" in: Beiträge, Tübingen, 1958, 33 f.)

[13] Ein besonders eindrucksvolles Beispiel zum Gebrauch der Verben bietet der Text von Sabine Stephan (TSI). Sie bevorzugt eine begrenzte Zahl von Verben: bekommen (10mal), blickte (6), blieb (7), fiel (4), fragte (5), gab (3), ging (8), kommen (8), liegen (4), machte (8), nickte (4), stand (3), starren (4), wußte (4). Nur *wußte* gibt es auch bei Thomas Mann (LMB), den wir zum Vergleich heranziehen, viermal, alle anderen Verben tauchen bei ihm nicht in der Liste auf, die die Verben verzeichnet, die mehr als zweimal vorkommen.

[14] Kracauer, S.: "Für eine qualitative Inhaltsanalyse" in: Ästhetik und Kommunikation 7 (1972) 53–58.

[15] Kracauer, a. a. O., 58.

[16] Fucks und Lauter, a. a. O., 117. Übergangswahrscheinlichkeit meint die Wahrscheinlichkeit, mit der ein Autor von einer Wortklasse (z. B. Adjektiv) zu einer anderen (z. B. Substantiv) übergeht.

[17] Müller, W.: "Textklassifikation und Stilanalyse. Gedanken zur automatischen Beschreibung eines Produkts und seines Produktionsprozesses" in: Literatur und Datenverarbeitung, hrsg. v. H. Schanze, Tübingen 1972, 160–187. Der Band Literatur und Datenverarbeitung faßt den derzeitigen Stand der Forschung zusammen.

[18] Da er diese Feinheiten nicht messen kann, möchte Fucks sie gerne aus der Sprache eliminieren, so daß die Sprache so einfach würde wie seine Methode. Fucks, W.: Nach allen Regeln der Kunst, Stuttgart 1968, 126: "Ein Nachteil der überkommenen Sprachen ... ist, daß sie unrationell sind. Sie führen neben der mehr oder minder untergründig verknüpften, begrifflich mißverständlichen und emotionell färbenden Beladung rein informationell überflüssigen Ballast mit; sie sind 'redundant'. Die Alternative wäre eine sprechbare Sprache, die nicht von Strömen von Emotionen begleitet und begrifflich weniger mißverständlich

wäre als die überkommenen Sprachen, d. h. bei der man sich über die in die Sprache einprogrammierten logischen Strukturen im klaren wäre." Mit anderen Worten: die Alternative zum Menschen, der sehr viele Nachteile hat, wie wir wissen, z. B. Emotionen, wäre der Roboter.

[19] Kracauer spricht vom "nihilistischen" Einfluß der quantitativen Inhaltsanalyse, a. a. O., 58.

[20] Mayer, H. (Hrsg.): Goethe im XX. Jahrhundert. Spiegelungen und Deutungen. Hamburg 1967. Darin Benn, G.: Goethe und die Naturwissenschaften, 394–417. Und Heisenberg, W.: Die Goethesche und die Newtonsche Farbenlehre im Lichte der modernen Physik, 418–432. Benns Aufsatz erschien zuerst 1942, Heisenbergs 1941.

[21] Zitiert nach Benn, a. a. O., 410.

[22] Siehe Anmerkung 18.

[23] Benjamin, W.: Ursprung des deutschen Trauerspiels. Frankfurt/Main 1972, 10.

[24] a. a. O., 12.

[25] a. a. O., 10.

[26] C. F. von Weizsäcker weist daraufhin: "Man kann freilich den Geisteswissenschaften den Vorwurf nicht ersparen, daß sie ihre wichtige Rolle für unser Bewußtsein nicht immer gut spielen. Meines Erachtens hat hier ihre Überwältigung durch das Wissenschaftsideal der Naturwissenschaft, die auch durch die Reflexion der Dilthey-Zeit nicht gründlich genug kritisiert worden ist, eine unglückliche Wirkung. In der Naturwissenschaft sind die Erfahrungen relativ leicht als wiedererkennbare Ja-Nein-Entscheidungen zu stilisieren und darum leicht durch Personen sehr verschiedenen Naturells und Lebensschicksals zu überprüfen. Die Erfahrung, die man in der Geisteswissenschaft braucht, um einen Text oder eine historische Aktion zu verstehen, ist die innere Erfahrung von eben derjenigen Art menschlichen Erlebens und Handelns, aus der dieser Text oder diese Aktion hervorging." Das erörtert dasselbe, was wir hier mit der Rolle des Rezipienten beschrieben haben. (Weizsäcker, C. F. v.: Die Einheit der Natur. München 1972, 34).

[27] Heisenberg, a. a. O., 427.

[28] Weizsäcker, a. a. O.
In einem Interview mit dem Verfasser, das im Juni 1969 für eine Sendung zum 80. Geburtstag von Martin Heidegger (Fernseh-Produktion des Südwestfunks, Baden-Baden) aufgenommen wurde, sagte v. Weizsäcker auf Fragen nach der unterschiedlichen Sprache von Naturwissenschaft und Philosophie und nach dem Verhältnis der Naturwissenschaftler, hier v. Weizsäckers, zur Philosophie, hier Heideggers, u. a.:
"Sicher gibt es da ein unterschiedliches Verständnis der Phänomene, das sich in der Sprechweise äußert. Wahrscheinlich würde man dem auf den Grund kommen, wenn man das, was Sie hier gerade mit dem Wort gültig genannt haben, mehr analysierte; denn gültig bedeutet wahr-

scheinlich in der heutigen Wissenschaft etwas anderes als in einer Philosophie wie der von Heidegger. Dabei muß man bedenken, daß ja die bloße Formel überhaupt keine Sprache ist; man redet zwar manchmal so, aber das ist falsch. Denn die Formel hat nur dann einen Sinn, wenn sie gedeutet ist. Und die Deutung müssen wir doch in der natürlichen Sprache geben, und das, was die natürliche Sprache leisten kann, auch in der Naturwissenschaft, das ist eine Frage, auf die sich allerdings die Heideggersche Philosophie bezieht. ...

Heidegger hat gelegentlich gesagt — und er hat damit die Wissenschaftler geärgert —, aber er hat etwas Richtiges gesagt: 'Die Wissenschaft denkt nicht.' Das soll heißen, die Wissenschaft im Gegensatz zur Philosophie zieht ihre eigenen Voraussetzungen nicht in Zweifel. ... In Wirklichkeit aber, glaube ich, ist der Prozeß so, daß die moderne Naturwissenschaft und überhaupt alle Naturwissenschaft dort, wo sie tatsächlich große Schritte tut, das gerade dadurch tut, daß sie doch denkt, und zwar im Heideggerschen Sinne, nämlich ihre Voraussetzungen in Frage stellt. Und das ist in der Relativitätstheorie und in der Quantentheorie geschehen. Doch das ist geschehen ohne Einfluß von Heidegger, aber nicht ohne Einfluß von Philosophie. Heute ist die Aufgabe gestellt, das, was in diesen Theorien geleistet worden ist, zu interpretieren. ..."

[29] Heisenberg, a. a. O., 428.

Jürgen Peters

KLEINER VERSUCH ÜBER DEN GROSSEN ERFOLG

Beschreibung eines Problems

I

Tanzende Lachse. — Die Geschichte vom Juden, der seine Nachbarn bluffen wollte: Er lancierte die Nachricht, auf dem Marktplatz könne man einen Lachs tanzen sehen. Und die Story vom tanzenden Lachs sprach sich schnell herum. Der Jude stellte sich ans Fenster um dem Exodus der Neugierigen zuzusehen. Es werden immer mehr und mehr. Dann wird er unruhig, greift zum Mantel. "Wer weiß", sagt er zu seiner Frau: "vielleicht tanzt dort *wirklich* ein Lachs."

II

Der Erfolg oder *Das übermäßige Leiden an der Objektivität*

Zitate
1
Ein Buch, das große Wirkung hatte, kann eigentlich gar nicht mehr beurteilt werden. (Goethe)
Der Bucherfolg ist das Zeichen eines *geglückten soziologischen Experiments*, der Beweis dafür, daß wieder einmal eine Mischung von Elementen gelungen ist, die dem Geschmack der anonymen Lesermassen entspricht. (Siegfried Kracauer)
2
An wen hat sich die Propaganda zu wenden? An die wissenschaftliche Intelligenz oder an die weniger gebildete Masse?
Sie hat sich ewig nur an die Masse zu richten! ...
Die Aufnahmefähigkeit der großen Masse ist nur sehr beschränkt, das Verständnis klein, dafür jedoch die Vergeßlichkeit groß. Aus diesen Tatsachen heraus hat sich jede wirkungsvolle Propaganda auf nur sehr wenige Punkte zu beschränken und diese schlagwortartig solange zu verwerten, bis auch bestimmt der Letzte das Gewollte sich vorzustellen vermag. Sowie man diesen Grundsatz opfert und vielseitig werden will, wird man die Wirkung zum Zerflattern bringen, da die Menge den gebotenen Stoff weder zu verdauen noch zu behalten vermag. (Adolf Hitler)

Da muß man die anderen immer identifizieren damit, daß sie den Sozialismus und die Unfreiheit repräsentieren, daß sie das Kollektiv und die Funktionärsherrschaft repräsentieren und daß ihre Politik auf die Hegemonie der Sowjetunion über Westeuropa hinausläuft. Daß es bei den anderen eine ganze Menge von Leuten gibt, die das nicht wollen, soll uns nicht daran hindern, unter einem Übermaß an Objektivität zu leiden und das hier zu sagen. (Franz-Josef Strauß)
Der Pöbel urteilt nur nach dem Schein und dem Erfolge — und es gibt in der Welt nur Pöbel. (Machiavelli)

3
Herostratos, der (356 v. Chr.) aus purer ruhmsucht den tempel von ephesos in brand steckte, opferte seinem ansinnen nicht nur zeit und energie, sondern gar sich selbst. zwar wurde er berühmt, wie er beabsichtigte — sonst könnte ich ihn hier nicht zitieren —, aber erst nach seinem tode. er mußte seine herostratisch-pyromanische aktion mit dem leben bezahlen. er konnte folglich kein rechtes vorbild für mich sein.
... so gelang es mir endlich und sogar ohne große mühe, berühmt zu werden — berühmt als derjenige, der auszog, berühmt zu werden. (Tim Ulrichs)
Sie klatschten Beifall, welchen Unsinn habe ich gesagt? (Friedrich Nietzsche)

4
Bestseller, m. (e. best am besten; to sell verkaufen), das in den USA am besten verkäufliche Buch; kein Maßstab für literarischen Wert. (Keysers Fremdwörterlexikon)
Ein Bestseller ist nicht einfach ein Buch, das sich etwas besser verkauft als die übrigen. Ein Bestseller ist ein Buch, das die Normalauflage von fünfhundert bis fünftausend um das Zehn- bis Hundertfache übertrifft. Der Abstand zwischen dem normalen Buch und dem Bestseller ist in den letzten Jahren immer größer geworden. (Dieter E. Zimmer)
Für mich sind die Bestsellerlisten von heute oft die Friedhofstafeln von morgen. (Siegfried Unseld)

5
Hat eine kleine Frau der Hilfe von Stöckelschuhen bedurft, das an Kork hinzufügend, was ihr an Wuchs fehlte, dann fällt es gleich allen andern ein, welche zu tragen, und mögen sie auch höher aufgeschossen sein als die Giralda von Sevilla oder Saragossas neuer Turm. Eine andere verlegt sich darauf, weit ausgeschnitten zu gehen und Alabaster feilzubieten, und ihr wollen die aus Guinea folgen, indem sie den schwarzen Gagatstein zu Markte tragen, und das ist bei den einen wie den andern eine große Albernheit und eine höchst lumpige

Tracht. Und bemerkenswert ist es, daß am längsten das Schlimmste und Unehrbarste anhält. (Baltasar Gracián)
In the future everybody will be worldfamous for fifteen minutes. (Andy Warhol)
Die Presse-Berühmtheiten und Tagesschriftsteller gehören garnicht zur Literatur; mag das Publikum auch ihren Namen hundertmal mehr, als die der genialsten Poeten, kennen. Sie alle sind unsterblich — solange sie leben. (Carl Bleibtreu)

III

Zur Theorie des Erfolges

1.

Indes bestand die Parallelaktion eigentlich damals noch gar nicht, und worin sie bestehen werde, wußte selbst Graf Leinsdorf noch nicht. Wie sich mit Sicherheit sagen läßt, war das einzige Bestimmte, was ihm bis zu jenem Zeitpunkt eingefallen war, eine Reihe von Namen.

Aber auch das ist ungemein viel. Denn so bestand in diesem Zeitpunkt, ohne daß irgend jemand eine sachliche Vorstellung zu haben brauchte, schon ein Netz von Bereitschaft, das einen großen Zusammenhang umspannte; und man darf wohl behaupten, daß dies die richtige Reihenfolge ist. Denn erst mußten Messer und Gabel erfunden werden, und dann lernte die Menschheit anständig essen; so erklärte es Graf Leinsdorf.[1]

Was hier Robert Musil seinen Erzähler anläßlich des Grafen Leinsdorf sagen läßt, das ist — neben der Geschichte von dem tanzenden Lachs — noch die genaueste Beschreibung vom *funktionierenden massenhaften Erfolg*, die ich bislang habe finden können. Sie entstammt nicht einem Werk der Soziologie, sondern einem der Literatur. Das ist kein Zufall.

Denn die Soziologie setzt — bislang — offenbar erst dann ein, wenn der Erfolg Ereignis wurde. Da kann man dann — post festum — von empirisch gesicherten Tatsachen ausgehen, und man kann leicht dem Trugschluß erliegen, daß das, was Erfolg hatte, Erfolg haben *mußte*: Dabei befindet sich der kluge Analytiker etwa in der Lage der SPIEGEL-Redaktion, die vor Bundestagswahlen mehrere Titelgeschichten vorbereitet, die das dann jeweils eintretende Ergebnis erklären können sollen: Warum das alles genau so kommen mußte (und nicht ganz anders). — Warum die betreffenden Parteien aber tatsächlich erfolgreich waren, oder erfolglos, das wird nicht geklärt; es kann nicht geklärt werden.

Und auch dort, wo Erfolgsforschung betrieben wird — im Bereich des individuellen Erfolges, des gesellschaftlichen Aufstiegs — sind die Ergebnisse in unserem Zusammenhang nicht anwendbar; individueller Erfolg funktioniert anders als der massenhafte.

Einen wichtigen Hinweis darauf, wie Bedürfnisse erfolgreich produziert und befriedigt werden gibt das *Tom-Sawyer-Prinzip*[2]. Tom muß auf Befehl von Tante Polly einen großen Zaun streichen. Das ist als Strafe gedacht und wird auch so empfunden. Nicht nur von Tom. Es gelingt ihm zudem auch nicht, seine Kameraden dazu zu überreden, ihm bei der Arbeit zu helfen, auch dann nicht, als er für die potentiellen Mitarbeiter Belohnungen aussetzt. Sie wollen diesen Drecksjob einfach nicht. Da Tom lernfähig ist, definiert er seine Situation neu und es gelingt ihm, seine neue Einschätzung dieser seiner mißlichen Lage den anderen zu verkaufen. Er stellt das Zaun-Streichen als eine erstrebenswerte und nur den Wenigen vorbehaltene Auszeichnung dar: "Ob's mir Spaß macht? Na, ich wüßte nicht, weshalb es mir keinen Spaß machen sollte. Bekommt ein Junge vielleicht jeden Tag einen Zaun zu streichen?" — Um auch einmal streichen zu dürfen muß man Tom bestechen. So malen die Freunde den Zaun für Tom an und der macht Kasse: "Zwölf Murmeln, ein Stück von einer Mundharmonika, einen Scherben blaues Flaschenglas, durch den man hindurchschauen konnte, einen Revolver, einen Schlüssel, der nichts aufschloß, ein Stück Kreide, einen Glasstöpsel von einer Karaffe, einen Zinnsoldaten, zwei Kaulquappen, sechs Knallfrösche, ein einäugiges Kätzchen, einen Türgriff aus Messing, ein Hundehalsband — aber keinen Hund — ein Messergriff, vier Orangenschalen und einen verrotteten alten Fensterrahmen." Und, als ganz große Kostbarkeit, eine "tote Ratte samt einer Schnur, mit der man sie herumschwingen konnte". — Tom Sawyer also gelingt es, etwas Überflüssiges — hier sogar das Verachtete — als erstrebenswert zu propagieren. Und da er zugleich das Monopol innehat, macht er seinen Reibach. Tom hat Erfolg als Verkäufer. Aber das kann man erst post festum erklären. Tom hätte auch scheitern können. Erfolge lassen sich nicht prognostizieren, warum der Erfolg in diesem Fall funktioniert (und in vielen anderen nicht), das ist nicht voraussagbar; wer Erfolg haben will, der muß immer auch das *Tom-Sawyer-Risiko* eingehen.

Nichts ist sicher. Aber, man kann Fehler vermeiden. Wenn man sich an die Rahmenbedingungen des massenhaften Erfolges hält. Die werden von unserer Gesellschaft definiert. Von einer Gesellschaft also, welche die Einheit von Erfolg, Leistung und Qualität postuliert[3]; Erfolg soll nur Qualität/Leistung haben können, was Erfolg wurde *ist* Qualität.

Zu den Rahmenbedingungen gehört auch, daß es in dieser Gesellschaft immer ein bestimmtes Quantum Erfolg geben muß. Ablesbar ist das an den quantitativ limitierten Endresultaten, etwa in den Bestseller-Listen. Die Spitzenreiter wechseln, die Seller-Liste bleibt. Fest steht nur, daß "der Wechsel selbst nicht wechselt"[4], wie Georg (der richtige) Simmel festhält. Deshalb läßt sich auch über den Einzelfall, der erfolgreich war, nichts anderes sagen, als daß es zufällig ist, welches der vielen startenden Produkte das Rennen macht. "Daß mich vorige Nacht ein Floh um vier Uhr morgens gebissen hat und nicht um drei oder um fünf, und zwar auf die rechte Schulter, nicht aber auf die linke Wade, alles das sind Tatsachen, die durch eine unverrückbare Verkettung von Ursache und Wirkung, durch eine unerschütterliche Notwendigkeit hervorgebracht sind."[5] Aber, diese unerschütterliche Notwendigkeit ist immer erst nachträglich konstatierbar. Denn daß dieser Floh — sozusagen eine materialistische Muse — ausgerechnet Friedrich Engels in die rechte Schulter gebissen hat (und nicht in die linke Wade) ist zufällig.

2.
Bleibt der Erfolg. — *Erfolg ist kein Zufall: Er wird von Menschen gemacht.*[6]

Post festum lassen sich einige Kriterien festhalten:

Erfolge korrespondieren mit massenhaften Bedürfnissen. Die Bedürfnisse sind sehr gemischt. Man will Unterhaltung, Weltflucht, Orientierung. Man will aber auch signalisieren, daß man zu einer Gruppe gehört, zu der Gruppe, die sich mit dem Auserwählten identifiziert. *Wir* machen den Erfolg: der Erfolg macht *Uns*.

Bei Büchern (und nicht nur da) ist dies — *Laß das Büchlein deinen Freund sein, wenn du aus Geschick oder eigener Schuld keinen nähern finden kannst* — die Identifikation Einzelner, Einsamer. "Das Massenpublikum stellt keine Integration, sondern — im Gegensatz zu seinem scheinbaren Begriff — eine Atomisierung der Gruppe der Rezeptiven dar."[7]

SIMMEL SAGT: Der Streit um die Zukunft unserer gesellschaftlichen Ordnung darf nicht zwischen Ideologien und Borniertheiten entschieden werden, sondern von denen, die allen Extremen mit kritischer Distanz begegnen.[8] — Erfolge korrespondieren mit klassenspezifisch unterschiedlich produzierten Bedürfnissen. Was allerdings nicht bedeutet, daß einunddasselbe Produkt nicht unterschiedliche Gruppen/Klassen ansprechen kann. Nur *funktioniert* er dann jeweils klassenspezifisch anders. — Für die Lesekultur gilt allerdings, daß sie, gemäß ihrer bürgerlichen Tradition, in der Bannmeile der bürgerlichen Öffentlichkeit bleibt. Was nicht bedeuten muß, daß jeder Bücherleser auch Bürger ist. Aber Bürger sein möchte er doch. Hier wird ein für jede erfolgreiche Mode notwendiger Aspekt besonders deutlich: Die *Abgrenzung gegen die da unten.* "So bedeutet die Mode einerseits den Anschluß an die Gleichgestellten, die Einheit eines durch sie charakterisierten Kreises, und eben damit den Abschluß dieser Gruppe gegen die tiefer Stehenden, die Charakterisierung dieser als nicht zu jener gehörig. Verbinden und Unterscheiden sind die beiden Grundfunktionen, die sich hier untrennbar vereinigen."[9]

Erfolge haben ihre eigne irrationale Dynamik. Sie wird ermöglicht durch die Identifikations-Disposition der potentiellen Käufer. Der Erfolg ist ein Gerücht, das Unsichere trifft. Unentschlossene, die um jeden Preis *dabei* sein wollen. Der Kauf besiegelt die vorweggenommene Identifikation mit der Gruppe, die *in* ist. Man schmeckt etwas und man kann es erjagen, kaufend. Und man kann es schwarz auf weiß nach Hause tragen. — Michelangelo Antonioni hat diesen Sachverhalt in seinem Film "Blow up" präzise dargestellt. Der Fotograph Thomas gerät — auf der Suche nach einer Dame namens Jane — in einen Beat-Schuppen. Es spielen die Yardbirds. Einer der Gitarristen zerschlägt angesichts der enthusiastischen Zuschauer seine Gitarre. Da setzt der *run* auf die derart hergestellten Reliquien ein, jeder will einen Teil der Gitarre, auch Thomas. Auch er ist *dabei* und er hat Erfolg. Auf der Straße dann sieht er den heiß erkämpften Fetisch noch einmal an. Er ist jetzt allein und kann plötzlich mit diesem wertlosen Stück Holz nichts mehr anfangen. Er wirft es weg. Ein Passant, der beobachtet hat, daß da was weggeworfen wurde, hebt den Gegenstand auf, starrt ihn an und läßt ihn fallen. Dreck.

Entscheidend ist auch der *Zeitpunkt*, zu dem ein Produkt, eine Person ins Rennen geschickt wird. Auch da ist schlecht kalkulieren:

Man kennt ja nicht die Konkurrenten, die Alternativen, die gleichzeitig gestartet werden. "Es ist ja ganz erstaunlich, wie launisch, wie plötzlich die Schwankungen in der Bewertung einer öffentlichen Persönlichkeit sind. Alles hängt davon ab, ob das Publikum den Mann braucht, beziehungsweise glaubt, daß es ihn brauche; und das wiederum ist eine Frage, über die das Publikum sich eine Woche vorher nicht im geringsten im klaren ist; und daß es, einmal darüber ins Klare gekommen, auch nur eine Woche hindurch desselben Sinnes bleibt, steht mitnichten fest. Falls es einen Mann nicht braucht — wenn er etwa den Geschmack der Zeit, und den Anforderungen des Augenblicks nicht genau entspricht — dann wird er, ungeachtet seiner Beredsamkeit, seiner Fähigkeiten, seiner Tugenden, beiseite geschoben und niedergebrüllt. Wird er aber gebraucht — strahlt der Spiegel des Tages sein Bild zurück — dann erweist sich dieser Spiegel als ein mächtiger Vergrößerer — sämtliche Proportionen schwellen — sie werden gigantisch."[10] Das *Netz der Bereitschaft*, die *Anforderung des Augenblicks*, die notwendig unbestimmt sein müssen, aber offenbar doch realen Bedürfnissen entsprechen, sind also Voraussetzungen des Erfolges. Und nicht nur des persönlichen Erfolges. — Was nicht bedeutet, daß diese Erwartungen dann auch tatsächlich erfüllt würden; sonst *würde der Wechsel selbst wechseln*.

· Außerdem ist der aktuelle vom langanhaltenden Erfolg zu unterscheiden. Der aktuelle Erfolg, also der aus dem Nichts entstehende Wirbel, der alles mit sich reißt und dann über Nacht wieder *out* ist, weg vom Fenster, der ist in unserem Zusammenhang das Interessante. Das ist der Stoff, aus dem auch Bestseller gemacht werden: Wenn alles auf eine Karte gesetzt wird und diese Karte dann auch tatsächlich sticht. — Daneben gibt es dann den langanhaltenden Erfolg einer mittlerweile gut eingeführten Ware. Dieser Erfolg kann dann abgesichert, kann ausgebaut werden. Aber, sagt Kurt Schwitters, nur *Ewig währt am längsten*[11]. Und dann gibt es den Erfolg, der über längere Zeiträume hinweg anhält; wechselnde Generationen, wechselndes Publikum. Weil sie aufgrund ihres Erfolges ihre eignen Maßstäbe setzen. Das gilt insbesondere für erfolgreiche Bücher. Sie können, wie Goethe formuliert hat, nicht mehr beurteilt werden: Weil sie selbst die Geschmackskriterien bestimmt haben, nach denen sie beurteilt werden. Man nennt sie Klassiker.

Notwendige Voraussetzung für jeden Erfolg ist zudem der eingespielte Distributionsapparat. Da muß es die Instanzen geben, die in der Lage sind, die jeweiligen Produkte nicht nur zu propagieren, sondern sie auch tatsächlich dann — möglichst schnell — zu liefern.

Schließlich ist — unter dem Aspekt, der hier zur Debatte steht — festzuhalten, was im Folgenden unter *Bucherfolg* verstanden wird.

Es wird hier die Rede sein von den Erfolgen, die tatsächlich *Verkaufserfolge* sind. Denn neben dem massenhaften Verkaufserfolg gibt es ja auch den — sozusagen osmotischen — Diskussionserfolg. Aber, im Gespräch sein heißt nicht zugleich auch gekauft werden. Nicht jeder Rousseauist hatte seinen "Emile" gelesen, geschweige denn gekauft.

Was als literarischer Erfolg zu bewerten ist, hängt von der Größe der potentiellen Rezipientengruppe ab. Wenn von "Zettels Traum" einige tausend Exemplare verkauft wurden, so ist das als Erfolg zu bezeichnen. Aber man kann nicht von einem *massenhaften* Erfolg sprechen. Da muß man schon zu Autoren wie Simmel oder Lenz greifen.

Es gibt viele Bücher, die im Bereich der (sagen wir) Belletristik erfolgreich sind. Deren Verkaufsauflagen sind allerdings nicht zu vergleichen mit den Dauerbrennern auf dem Buchmarkt: Logarithmentafeln, Kochbücher; die Belletristik-Verlage rangieren in der BRD im Mittelfeld der Buchverlage. Gleichwohl wird im folgenden allein die erfolgreiche belletristische Literatur interessieren.[11a]

Das Ei und ich. — Die persönliche Einschätzung des Erfolgs ist ambivalent, sie unterliegt also der jeweiligen gesellschaftlichen Definition des Erfolges. Das macht die Kritik des Erfolges so schwierig. Weil — wie Robert Ichheiser in seiner "Kritik des Erfolges"[12] herausgearbeitet hat — neben der Einstellung "im Prinzip" die des "besonderen Falles" steht, der man selbstredend selber ist. — So wird es mir mit meinem mutmaßlichen Leser so gehen: Wie jenem Studenten der Soziologie, der seine Untersuchung vorgelegt hatte mit dem Ergebnis, die Zensurengebung bei wissenschaftlichen Arbeiten sei zutiefst irrational, der aber zugleich zutiefst empört war, daß er dafür "nur" eine zwei erhielt.

3

Das Denken ist freilich eine harte Arbeit für manchen, aber wir müssen es dahin bringen, daß, wer auch nicht denken kann, sich doch schämt, es zu gestehen, und unser Lobredner wider Willen wird, um zu scheinen, was er nicht ist.[13] — Massenhafter Erfolg als

Ziel: Darin sind die Bestseller-Macher von anderen Warenproduzenten nicht zu unterscheiden. Und es gilt auch für Bestseller, daß der Tauschwert das Primäre, der Gebrauchswert das Sekundäre ist.

Aber, auch wenn das Buch eine Ware ist: Es gibt innerhalb der bürgerlichen Lesekultur zwei Gruppen von Büchern, die jeweils einen anderen Adressaten, ein anderes Publikum haben. Es gibt die Massenliteratur und es gibt die avantgardistische Literatur. Und die avantgardistische Literatur ist durchaus primär Gebrauchswert. Ästhetischer Gebrauchswert. Weil sie ästhetisch ihren Tauschwert-Charakter reflektiert und kritisiert.

Es sind deshalb die gesellschaftlich-historischen Ursachen dieser Aufteilung in *zwei Lesekulturen* zu bezeichnen, wenn man nach dem Charakter der modernen Massenliteratur fragt.

Auf den ersten Blick sieht es ja so aus, daß es diesen Unterschied zwischen der schwierigen und der populären Literatur in unserer Kultur immer schon gegeben habe. "Tristan und Isolde" und daneben die Vaganten-Poesie. Dennoch ist festzuhalten, daß gegen Ende des achtzehnten Jahrhunderts der Zusammenhang von populärer und schwieriger Literatur neu definiert wurde.

Spätestens zu diesem Zeitpunkt nämlich war erfahrbar/erkennbar geworden, daß die Ungleichheit der Menschen nicht allein in den Köpfen — belehrbarer — Einzelner bestand, sondern gesellschaftlich bedingt war. Und es war jetzt die bürgerliche Klasse, die befand, da habe sich auch nichts mehr zu verändern. Diejenige Klasse, die sich — wie in England: — ökonomisch durchgesetzt hatte, beziehungsweise — wie in den anderen europäischen Staaten: — durchsetzen sollte. Avantgardisten[14], die die Emanzipation des ganzen Menschengeschlechtes propagierten, waren nicht mehr gefragt. Sie wurden nicht mehr gebraucht. — Für Deutschland bedeutet das: Wie zuvor die Thesen der Aufklärung von einer kleinen Gruppe Intellektueller — in einer gesellschaftlich ungleichzeitigen Situation — importiert worden waren, so jetzt auch die nächste Phase der Entwicklung. Was aber zugleich bedeutete, daß diese Theorien in Deutschland anders funktionierten. Denn hier sprach nicht eine Bourgeoisie, die kraft ökonomischer Macht den Status quo verteidigte und deshalb gegen gesellschaftliche Veränderungen war, sondern es gab hier einen Mittelstand, der von Politik und Wirtschaft noch lange ausgeschlossen blieb und das auch rationalisiert wissen wollte. Das bestimmte die Literatur des sich entwickelnden Mittelstandes. Das bestimmte auch die avantgardistische Kultur. Sie war

— im internationalen Vergleich gesehen — ästhetisch deshalb so radikal, weil sie aufgrund ihrer gesellschaftlichen Funktion vergleichsweise ungebunden war.

Der Mittelstand und seine Außenseiter: Jeder hatte jetzt seine Literatur.

Es war nun erkennbar geworden, daß die kleine Elite der Schreibenden — die bislang deshalb elitär sein durfte weil sie den Übrigen nur voraus war — nunmehr eine gesellschaftlich isolierte Minderheit darstellte. Eine Minorität von Kunstproduzenten und Rezipienten, die gesellschaftlich am Rande stand. Dem stand jetzt das sich herausbildende lesende Massenpublikum gegenüber, jetzt entwickelte sich der literarische Markt, auf dem primär ökonomische Kriterien gelten sollten.

Entscheidend ist, daß sich dieses Publikum zwar als bürgerliches Lesepublikum verstand, also Bücher lesen wollte, zugleich aber nicht in der Lage war, die Produkte der schreibenden Avantgardisten — die ja nicht mehr primär Sprecher der bürgerlichen Klasse waren sondern zu deren Kritikern wurden — zu rezipieren. Denn diese Literatur wurde immer schwieriger. Das Interesse des lesenden Publikums war — wie bislang auch — primär am Stofflichen interessiert. Dem hatte die Literatur der Aufklärer entsprochen. Der "Tom Jones" zum Beispiel war ja zugleich unterhaltend und ästhetisch progressiv gewesen. Nun wurde die ästhetisch progressive Literatur aber schwierig. Deren Inhalte mußten aus der Distanz heraus mühsam ästhetisch erarbeitet werden. Dazu war unter Anderem auch Bildung notwendig. Und die blieb Privileg einer Minderheit.

Nun bedingten sich ästhetisches Niveau der Literatur und die Bedürfnisse des lesenden Publikums wechselseitig. Und der Weg steuerte infolge der sich immer stärker konzentrierenden Tendenzen des Kapitalismus auf immer weniger aber erfolgreiche Produkte der Literatur des gemeinsamen kleinsten Nenners: "Je mehr Personen zusammenkommen ... desto tiefer muß der Punkt gesucht werden, der ihren Antrieben und Interessen gemeinsam ist"[15]: "Die unerläßlichste Voraussetzung, um ein Großschriftsteller zu werden, bleibt also die, daß man Bücher oder Theaterstücke schreibt, die sich für hoch und niedrig eignen."

Denn der Großschriftsteller vertritt bei allen seinen Tätigkeiten niemals die ganze Nation, sondern gerade nur ihren fortschrittlichsten Teil, die große, beinahe schon in der Mehrheit befindliche

Auserlesenheit.[16] — Die Massenhaftigkeit des Erfolges ist — nicht nur bei Büchern — ökonomisch erwünscht wie ideologisch prekär, gerade im Bereich von Besitz und Bildung. Daher leitet sich der Doppelcharakter der Massenliteratur ab: Gerade deshalb, weil sie erfolgreich sein soll, muß sie jeweils als das Besondere, das Unverwechselbare erscheinen, muß zu der *in der Mehrheit befindlichen Auserlesenheit* sprechen; der Werbemann, der den Slogan von der "Bibliothek des Einzelgängers" erfand, hat dieses Problem auf die Formel gebracht. Tom Sawyer was here. — Erst die heutigen Bestseller haben diese Doppelstrategie aufgeben können.

Die produktive Antwort der schreibenden Avantgardisten auf diese gesellschaftliche Entwicklung mußte notwendigerweise die Trennung vom großen Publikum dann noch vertiefen. Man fand sich als Minderheit vor und produzierte unter diesen Voraussetzungen; in der Literaturgeschichte heißt das dann Klassik und Romantik.

Der literarische Erfolg wird jetzt zum Problem. Bislang war der ja ästhetisch unproblematisch gewesen. Literatur war — moralisch/didaktisch — auf die unmittelbare Wirkung bei den Zeitgenossen aus. Die Antwort Schillers 1791 auf die Bürgersche These, Erfolg sei das Siegel der Vollkommenheit, signalisiert, daß die Autoren jetzt mit dem Wandel ihrer gesellschaftlichen Position fertigwerden mußten.[17] Jetzt wird die Erfahrung des Mißerfolges konstitutiv für die Produktion.[18] Erfolg als Siegel der Unvollkommenheit; zu den Adressaten moderner Literatur gehört jetzt auch immer die Nachwelt.

Unter diesen Voraussetzungen verändern sich die Formen der ästhetischen Produktion. Als Einzelne für eine Minderheit schreibend, als kritische Außenseiter nur noch für sich selbst sprechend, werden die eignen Erfahrungen zum Thema, werden die Formen der Aneignung von Erfahrung zum Formprinzip. Und diese ästhetische Arbeit wird immer komplizierter, immer differenzierter; sie arbeitet sich ab an dem immer größer werdenden entfremdenden Druck, den die Gesellschaft auf die rational-sinnliche Gesamtperson ausübt.

In diesem Zusammenhang wird zudem wichtig, daß der artifizielle Charakter der Literatur immer entscheidender wird: Man beginnt, die literarischen Medien immer mehr in ihrer ästhetischen Eigenart zu verstehen; die Produktionsästhetik löst die Wirkungsästhetik ab. Und das half nicht gerade dem großen Publikum Brükken bauen. Zu dem Publikum, das weiterhin von Werken versorgt werden wollte, die von der — für die Literatur nunmehr reaktionär geworden — aristotelischen Ästhetik des Heulens und Zähneklapperns bestimmt waren.

4

Nichts haut mich um aber Du: Ein schlechter Verfasser, sagt man, hat oft eben so dringende Ursachen dafür zu sorgen, wie er seiner Werke loß werden könne, als ein Gärtner, der gezwungen ist seine Blumen beym frühen Morgen zu Markte zu tragen; Beyde müssen befürchten, ihr Ware möchte das Ende des Tages nicht erleben[19a]. — Das alles hat Folgen für die unmittelbare Rezeption der Literatur durch die Zeitgenossen. Wenn es schon sehr schwierig ist, als Literaturproduzent gegenwartsbezogen zu arbeiten[19], so ist die Schwierigkeit des Lesers noch größer. Die Erarbeitung avantgardistischer Literatur braucht — darin liegt ja ihre entscheidende Qualität als Medium der Erkenntnis — Distanz und Zeit: Nur wenige Zeitgenossen dürften das spontan erahnen, was als die Gegenwart transzendierend die Möglichkeiten des Noch-Nicht, als utopischer Kern die Qualität des Kunstwerkes ausmacht. Der massenhafte Erfolg eines Kunstwerkes ist nur möglich als *Mißverständnis*.

Von den kritischen *Kommentaren* der Zeit sind dann diejenigen Bücher zu unterscheiden, die *Ausdruck* ihrer Zeit sind, die unmittelbar und nachvollziehbar das aussprechen, was den Zeitgenossen jeweils als Problem erscheint.[20] Aber, es ist dies eine Affinität des Stofflichen — also nicht eines Themas, das erst durch seine ästhetische Bewältigung gegeben wird —; das sind Bücher, die uns in der historischen Distanz als trivial erscheinen, sie gehören aber nicht zu der Literatur, die unmittelbar auf die trivialen Bedürfnisse des großen Publikums zielt, sie sind nicht Trivialliteratur. Und: Es sind ja die Werke, die *Ausdruck* der Zeit waren, die uns als Zeitgenossen beschäftigt haben, in denen wir uns veröffentlicht sahen und sehen. *Ein Schlager von Rang ist mehr 1950 als fünfhundert Seiten Kulturkrise.*[21]

IV

Historische Modelle: Aspekte des literarischen Erfolges

Es gibt also Erfolge, aber niemand kennt das Patentrezept. Weil es das nicht gibt. — Und wir wissen, daß der massenhafte Erfolg nicht aufgrund ästhetischer Qualität entsteht.

Es gibt Literatur, die Erkenntnis der Realität gestaltet. Und es gibt die Literatur, die Erkenntnisse über die Bedürfnisse ihrer Rezipienten vermittelt. Beide Literaturen sind Gegenstand der Literaturwissenschaft als der Wissenschaft vom Lesen und vom Schreiben. Zugleich ist die auch in unserem Zusammenhang für den Literaturwissenschaftler immer wieder entscheidende Frage, nämlich die Frage nach der Qualität eines Werkes, beantwortet; daß die moderne Massenliteratur auf die unmittelbaren Bedürfnisse des Publikums antwortet, spricht ja nicht gegen die Berechtigung dieser Bedürfnisse, wohl aber gegen diese Literatur: Also gegen die gesellschaftlichen Verhältnisse, in denen derartige Bücher massenhafte Erfolge werden können. Absurd wäre es, mit Hilfe der berechtigten massenhaften Bedürfnisse die Massenliteratur nobilitieren zu wollen.

Die massenhaften Bedürfnisse und der literarische Erfolg: Es bleibt zu untersuchen, wie es um Kontinuität und Wandel dieser Literatur steht.

1.

Der Kalbskopf mit dem goldenen Lorbeerblatt im Maule. — Das erste Drama des August von Kotzebue, "Menschenhaß und Reue" (1789), war ein Welterfolg. Das Stück machte den Namen seines Verfassers zum Markenzeichen; Kotzebues Erfolg aus dem Jahre 1803 — "Die deutschen Kleinstädter" — hat bis heute hin angehalten. Und das nicht ohne Grund.

Die deutschen Kleinstädter: Das ist die Geschichte vom Außenseiter Olmers, der in die Kleinstadt Krähwinkel kommt, um des Bürgermeisters Töchterlein zu freien. Das allerdings stellt sich als schwierig heraus. Denn Olmers entspricht nicht den Normen, die hier — in Krähwinkel — gelten. Er kommt nicht zurecht mit den Standards, der korrekten Titelsucht, er scheitert an dem starren prinzipientreuen Bürgermeister, auch Oberältesten zu Krähwinkel, Nikolaus Staar: "Ein Kalbskopf mit einem vergoldeten Lorbeerblatt im Maule"[22]: ist sein Leibgericht. Nun, es handelt sich um ein Lustspiel, das Happy-End ist erwartungsgemäß nicht zu verhindern. Sabine stutzt ihrem Olmers den Kopf zurecht, der spielt jetzt mit, sein Benehmen bekommt Weltniveau. Olmers sagt — um die Formel Jean Arps aufzunehmen — Kakasie zum Kakadu, wird akzeptiert und darf mit Sabine — um das Arp-Zitat fortzusetzen, jetzt psychoanalytisch verstanden — Gewehr bei Fuß ins Bett steigen.

Olmers spielt also mit, das ist das eine. Wichtiger allerdings ist,

daß er selbst Besitz und Titel hat, das hatte er nur zu erwähnen
vergessen. Von hierher gesehen wird aber das Happy-End erst möglich. "Die Unwahrheit liegt dabei nicht im Detail, sondern im Ganzen, im plot. Es handelt sich hier ja um ein Lustspiel, man weiß,
daß Alles gut ausgehen wird weil es gut ausgehen muß."[23]

Man stelle sich vor, Olmers sei tatsächlich besitz- und titellos.
Im Kontext dieses Stückes wäre dann *er* die komische Figur. Also
ist hier nicht eigentlich die Titelsucht lächerlich, sondern die Blindheit der Krähwinkler. Wenn sie nur wüßten, daß Olmers durchaus seinen Titel hat ... Und es ist auf dem Theater nicht primär
komisch, daß Olmers Inhaber eines Titels ist, sondern eher befrei-
end. Man muß also, wie der Geheime Kommissionsrat Olmers, aus
der Residenzstadt kommen, die Protektion des Ministers nebst Titel
haben, um die Krähwinkler durchschauen zu können. Denn es ist
ja die Perspektive der Residenzstadt, die Perspektive des Adels also,
die das Stück des Präsidenten August von Kotzebue bestimmt. Und
dieser Angriff auf das Kleinstädtische hat den Erfolg des Stückes gemacht. Die Kleinstädter, das sind die anderen.

Über diese Kleinstädter lachte man in den Großstädten und in
den Residenztheatern. Und man lachte aus denselben Gründen, die
den geborenen Bürger Kotzebue zum Spott reizten; der Adel — Klas-
sengegner des Kleinbürgertums — lachte hier gemeinsam mit derjenigen Schicht, aus der sich dann Jahre später die deutsche Bourgeoisie rekrutieren sollte: Hier lachte im Theater bereits eine Koali-
tion, die später dann anderes Theater als Theater im Sinn haben
sollte.

Die Komik dieses Stückes resultiert aus dem Gegensatz zum adeligen Ideal. Dadurch bleibt sie harmlos. Nikolai Gogol und Johann
Nestroy haben später — in bewußter Nachfolge Kotzebues — gezeigt,
daß Kritik an kleinbürgerlichen Verhaltensweisen erst dann mit
durchschlagendem, was meint: ästhetischem Erfolg geübt werden
kann, wenn die Widersprüche im Kleinbürgertum selbst aufgezeigt
werden können. Der Olmers im 1838 erschienenen "Revisor" hat
keinen Titel, er *ist* ein Hochstapler. Er ist — wie Gogol in seiner
Vorrede bemerkt — "leicht dümmlich und wie man zusagen pflegt:
ohne Grütze im Kopf"[24]. Und er hat Erfolg. So kann sich dann die
unheitere, die unhumane Seite der Krähwinkler präsentieren. Wild-
gewordene Kleinbürger mit Zukunftschancen.

Das herauszuarbeiten war nicht das Programm des Autors August
von Kotzebue. Nicht Kritik will er provozieren sondern Bestätigung.

Auf den Brettern seines Theaters will man Stücke sehen, welche die Vorurteile des Publikums zwar kitzeln, letztlich aber bestätigen. Kotzebue arbeitet für einen eingefahrenen Theaterbetrieb, dessen Publikum seine Aufmerksamkeit genüßlich zwischen Bühne und Fürstenloge, Fürstenloge und Bühne teilt. Daher der Erfolg.

Kotzebue liefert also bereits eine Literatur, die die Anforderung erfüllt, die dann jenes Produkt, das man heute Bestseller nennt, stellt. Er schreibt für ein Massenpublikum, das seine Standards, seine Tabus dadurch bestätigt sehen will, indem sie scheinbar infrage gestellt werden. Kotzebue gelingt so das — für Erfolgsliteratur immer wieder verbindliche — Kunststück, ein Omelett zu machen, ohne die Eier zu zerschlagen. "Sämtliche Fabeln der Durchschnittsproduktion sind bewußte oder unbewußte Umgehungsmanöver".[25]

Zusatz:
Der Bestseller ist ein Surrogat für die eigentliche Lösung durch die Umgehung der wirklichen Schwierigkeiten.[26] — Bis heute hin ist es also Aufgabe der Kolportage geblieben, mit radikalem Gestus die richtigen Fragen auf möglichst verlogene Weise zu beantworten. Das gilt für alle Lesekulturen, die sich primär an der Tradition der bürgerlichen Kultur orientieren. In Hermann Kants DDR-Erfolgsroman "Das Impressum" stellt ein Freund dem Helden so richtig provozierende Fragen "Wie ist das nun mit der Arbeiterklasse und unsereins? Ich hab doch nicht deshalb studiert, damit es eines Tages heißt: Du gehörst nicht mehr zur Arbeiterklasse"[27]. Drauf David, der Held (der kleine Mann mit der Schleuder): "Das Problem ist schwierig genug. Weil wir doch tatsächlich keine Arbeiter mehr sind, Handarbeiter nicht und Proletarier schon gar nicht."[28] — Die Alternative, und das dürfte dem aufmerksamen DDR-Leser nicht entgangen sein, wäre zum Beispiel die des "operierenden Schriftstellers", wie ihn Tretjakov gefordert hat. Aber von diesem Ausweg ist bei Kant überhaupt nicht die Rede. Nicht einmal davon, daß sich die Schreibenden nur zeitweise in die Produktion begeben, als Gäste sozusagen. Das erscheint als lächerlich: weil unökonomisch. So spottet David um dann Minister der DDR zu werden. Also: Goliath.

2

Ihr Mann ist tot und läßt Sie grüßen. — "Darum entsteht die echte Ehrfurcht vor lange bewährten Werken nicht nur aus leichtgläubi-

gem Vertrauen auf die höhere Weisheit vergangener Zeitalter oder
aus der düsteren Überzeugung, die Menschheit sei seither entartet:
sie ist vielmehr die Folge der erwiesenen und unbezweifelbaren
Tatsache, daß, was am längsten bekannt war, am genauesten geprüft worden ist, auch am besten in seinem Wert verstanden
wird"[29]; so Dr. Samuel Johnson LL.D. 1765 in der Vorrede zu seiner
Shakespeare-Ausgabe.

Sie sind tot und man nennt sie Klassiker. Hier gibt es die Affinität eines Publikums, das Klassiker braucht und sich die auch leisten
kann. Und das ist eine umfassende Liebe, man geht aufs Ganze.
Klassiker schreiben nicht einzelne Werke sondern Gesamtausgaben.
Allerdings ist — im Gegenzug zu Dr. Johnson — zu fragen, ob diese
Werke tatsächlich aufgrund ihrer Qualität die Standards setzen:
Man "kann dem Glauben daran, daß das Gute sich durchsetzt, nur
zweifelnd entgegenhalten, ob es nicht oft eher umgekehrt ist, d. h.
daß das, was sich durchsetzt, hernach als das Gute betrachtet wird".[30]

3

No man is an island[31]. — In den Erzählungen Theodor Storms schaut
der Erzähler immer wieder — wie der besungene Kätner — behag-
lich zum Fenster raus und blinzelt nach den wilden Bienen. Aber,
auch er war einmal jung. Und diese Spannung zwischen resignie-
render Altersweisheit und den verletzenden Jugenderlebnissen stellt
bis heute hin die Affinität her zwischen diesem Schriftsteller und
seinem Publikum.

Theodor Storm spielt immer wieder mit den überstandenen Ge-
fährdungen, die die Mitglieder des Bürgertums in Kindheit und Jugend bewältigen mußten. Immer wieder Klassenschranken, immer
wieder Sexualität, aber das wird dann nie so richtig deutlich. Und
die Probleme werden gelöst: In der Sphäre der altersweisen Kunst.

Hier waltet die *unbewußte Affinität*[32] des Lesers zum Werk, sie
ist die Geheimgeschichte des Stormschen Erfolges. Bis heute hin.
Die Traumata dieser Gesellschaft haben sich offenbar kaum gewan-
delt.

In "Aquis submersus" geht es vorerst um die reine, ergo schöne
Jugendliebe des subalternen Knaben zum gesellschaftlich höherste-
henden Mädchen, Als dann, später, die böse fleischliche Sexualität
hinzukommt wird alles zur Tragödie. — Immer wieder gibt es bei
Storm diesen Gegensatz zwischen reiner Kindheit und dem bösen
Erwachsenenleben. Und wenn zudem noch die Jugendliebe eine

Mesaliance ist, so wird der doppelte Tabu-Bruch beschworen. Das ist dann ganz schön erschreckend, abschreckend.

Bleibt der Traum von der Reinheit.

In der Novelle "Viola tricolor" — sie beginnt tatsächlich folgendermaßen: "Es war sehr still in dem großen Hause; aber selbst auf dem Flur spürte man den Duft von frischen Blumensträußen" — erzählt Ehefrau Ines von ihrer ersten Liebe: "Es war, glaube ich, an meinem dreizehnten Geburtstag; ich hatte mich ganz in das Kind, den kleinen Christus verliebt, ich mochte meine Puppen nicht mehr ansehen ... Ich hatte an jenem Tage nur Augen für das Christkind; auch Nachmittags als meine Gespielinnen da waren; ich schlich mich heimlich hin und küßte das Glas vor seinem kleinen Munde"[33]: "Ich hatte einen kleinen Wahn, wissen Sie, Herr Norton. Ich wollte der Gerechtigkeit dienen ... Aber ich bin müde geworden dabei. In meiner Jugend, zuallererst, da hatte ich noch einen anderen Traum. Ich wollte das Gute fördern ..."[34]

Hamlet, ZORRO und Co[35]. — Die triviale Variante gefühlter Affinität, diesmal als Identifikation mit einer Zweierbeziehung, gibt der zu Beginn unseres Jahrhunderts geschriebene Roman der Emmuska Baroness Orczy: "Scarlet Pimpernel"[36]. Die edle Dame ist mit einem Trottel von Mann verheiratet: lieb, adelig aber doof. Aber, irgendwie, fühlt sie, irgendwie ist er etwas Besonderes. Und tatsächlich: Der Herr Gatte hatte sich verstellt. In Wahrheit ist er — man schreibt die Zeit der Französischen Revolution — der Anführer einer Gruppe, welche unschuldige Opfer dieser gräßlichen Terroristenbewegung ins freie England rettet. Eben Scarlet Pimpernel, der Geheimnisvolle, den alle Welt unbekannterweise bewundert. Der noch unentdeckte Held im Manne fand und findet sein Lesepublikum. Das dürfte nicht nur aus Frauen bestehen.

4

Wilhelm Busch lebte von 1832 bis 1908. Volkstümlicher Karikaturist (Max und Moritz, Die fromme Helene), aber auch ein ernster Dichter[37]. — Der humoristische Hausschatz des niedersächsischen Lyrikers und Graphikers Wilhelm Busch ist bis heute hin erfolgreich. Das Erstaunliche dabei ist, daß er in seinen Bildergeschichten das bürgerliche Heldenleben mit einer Radikalität kritisiert hat wie sonst keiner seiner damaligen Zeitgenossen. Und das ist eine Kritik, deren Objekte auch noch von unserer Zeit sind.

In den Texten der Bildergeschichten wird scheinbar mit dem schmunzelnden Einverständnis der Leser gerechnet. Aber, es geht hier nicht um Einverständnis sondern um Provokation. Denn es werden immer wieder die Urteile *des* Menschenverstandes zitiert, der sich gerne selbst als gesund apostrophiert. Sie werden zitiert und kritisiert. *Schöner ist doch unsereiner!:* Heißt es von Schiefelbeiner. Genau das Gegenteil ist der Fall. Denn, was die Distanz des Zeichners Wilhelm Busch angeht, so unterscheidet sich jener Schiefelbeiner nicht von den anderen Gestalten der Bilderbögen. Der Satz *Schöner ist doch unsereiner* meint — wenn man dies Bild nicht von den anderen Bildern isoliert —, genau das Gegenteil: So siehst Du aus! — Buschs Bilder appellieren nicht an das Einverständnis, es gibt nicht die bruchlose Identifikation mit den Gestalten, also auch nicht die unmittelbare Identifikation mit den Texten.

Es gibt nur die Distanz und die Katastrophe.

Warum dann aber der Erfolg Wilhelm Buschs? — Der hängt mit dem *Medium* zusammen, mit dem Medium Bildergeschichte. Man spürte die Kritik und glaubte, sicher sein zu können. Man spürte die Irritation und meinte, daß dies alles so ernst nicht gemeint sein konnte/durfte. Es vollzog und vollzieht sich also bei Busch dasselbe wie bei Kotzebue (und anderen): Man genoß die Irritation und deren Abwehr. Bei Kotzebue war sie durch das Happy-End gegeben. Hier bei Busch wurde sie in der Verkennung des *Mediums* vom Publikum hinzugetan. So ernst war das alles gar nicht gemeint, denn Kunst war das ja nicht; Wilhelm Busch selbst, übrigens, ist dieser Fehlinterpretation nie entgegengetreten, er sah es wohl nicht anders. Allotria, Schnickschnack, Kinderkram: Der Erfolg Wilhelm Buschs wurde so möglich aufgrund eines doppelten *Mißverständnisses.* Der Virtuose Busch konnte auf absichtslose Weise an sein großes Werk gehen, das Publikum machte absichtslos dieses gesellschaftskritische Werk zum Klassiker. Zum Klassiker des humoristischen Hausschatzes.

Grüß mich unter den Linden. — Der Dramatiker Bertolt Brecht, ein "moderner Klassiker", wie es in der Verlagswerbung heißt, hat großen Erfolg gehabt; die GROSSE PÄDAGOGIK, Brechts entscheidender Beitrag zur modernen Theatertheorie, blieb und bleibt — hüben wie drüben — ohne Folgen.

Der Erfolg des Dramatikers Brecht ist durch ein *Mißverständnis* seines Urhebers und durch die richtige Einschätzung dieses Mißverständnisses auf der Seite des Publikums bestimmt. Mit der richtigen Intention, der marxistischen, hat Brecht auf das falsche Medium gesetzt. Daß er nämlich dem Marxismus das Bürgerrecht auf dem Theater erkämpfen wollte, konnte von dem in der bürgerlichen Tradition stehenden Publikum hüben wie drüben nicht nur gebilligt, sondern auch goutiert werden. Weil die kritische Intention ästhetisch folgenlos bleiben mußte. Auf diesem Theater geht es immer wieder, immer noch um die Probleme Einzelner, um bürgerliche Individuen also; woher die Figuren auch — gesellschaftlich — kommen mögen. Der proletarische Lebenszusammenhang entzieht sich aber der bürgerlichen Theatralik.

Diese Bretter bedeuten die Welt des Bürgertums.

5

1975: Das Thomas Mann-Jahr[38] (Halloh Robert Musil!). — Thomas Manns lang anhaltender Erfolg, ein ästhetischer Skandal und ein nicht nur deutsches Ereignis, war in dem Versuch begründet, die Künstlerproblematik als bürgerliche zu interpretieren. Da dies aber ästhetisch auf eine ungemein bürgerlich-traditionelle Weise geschah, konnte man den Umkehrschluß ziehen. Das Publikum der beiden Vor-Weltkriege konnte so seine Klassensituation als die prekäre Lage vieler einzelner Auch-Künstler begreifen.

Auch ich in Lübeck!

Nunmehr wird der Erfolg immer mehr geprägt von der Beziehung des Lesers zum Menschen Thomas Mann, mit dem man in fast privat-familiärem Umgang steht. In dieser *Identifikation mit dem Autor als Mensch,* die dann Klassiker produziert, Klassiker, die man mit Schüchternheit betrachtet, ist ein weiteres Erfolgsmodell gegeben.

Ablesbar ist das etwa an der einzigen großen Kontroverse, die im besagten Thomas Mann-Jahr geführt wurde. Im SPIEGEL hatte Hanjo Kesting respektlos Einiges zu Thomas Mann formuliert.[39] Dabei war allerdings kaum von den schriftstellerischen Qualitäten Thomas Manns die Rede gewesen; im Mittelpunkt standen Lebenszeugnisse und politische Ansichten des Autors. Das scheint aber kaum jemandem aufgefallen zu sein. Denn die Schelte Kestings provozierte dann eine Parallelaktion, die das literarische Werk des nunmehr Hundertjährigen fast ausklammerte und die Person Thomas Mann intensiv verteidigte. Thomas Mann als Mensch. Im SPIEGEL empörten sich also die Leserbriefschreiber und auch

Deutschlands erfolgreichster Dramatiker (nämlich Rolf Hochhuth), und die BILDzeitung vom 6. Juni 1975 — ONASSIS VERERBT DEN ARMEN MILLIARDEN — spricht dann in einem Leitartikel das letzte Wort:

"EIN DICHTER, KEIN SCHRIFTSTELLER

Es ist gut und richtig, daß heute Thomas Manns hundertster Geburtstag gefeiert wird. Denn vor lauter Schriftstellern kennt man heute die Dichter nicht mehr."

V

. . . Vom Winde verweht

1.

Diesem einheitlichen Gedanken muß nach außen hin Ausdruck verliehen werden, denn die Propaganda braucht ein Symbol, eine Fahne, einen Kristallisationspunkt, um den sich alles gruppiert. Für die islamische Religion heißt er Mohammed, für die Sozialdemokraten Freiheit, Gleichheit, Brüderlichkeit, für die kaufmännischen Geschäfte ist es die Marke — und für das Deutsche Reich ist es der Kaiser.[40] — Innerhalb der Massenkultur gibt es heute zwei Möglichkeiten. Nämlich einmal die (eher altmodische) Richtung, die sich betont in die Sphäre der *guten* Literatur stellt, die also nicht allein Unterhaltung geben will, sondern auch Höheres: KUNST. Solange die Bücher dieses angestrebte Ziel nicht erreichen, können sie durchaus Bestseller werden.[41]

Daneben gibt es — immer mehr sich durchsetzend — diejenige Literatur, die nun bewußt und ohne alles ästhetische Vertun als Ware produziert wird. Stromlinienförmig, kalkuliert, effektiv.

Dabei gelten für Bestseller dieselben Rezepte wie für die bislang erfolgreiche Literatur. Neu ist das quantitative Ausmaß des Erfolges, neu ist — wie bei allen Moden dieses Jahrhunderts — der Ausmaß der Massensuggestion. — Von Bestsellern kann man nämlich erst dann sprechen, wenn ein erfolgreiches Buch primär Produkt von Marktstrategien ist; der Werther war ein Erfolg, aber kein Bestseller.

Diese Entwicklung auf dem Buchmarkt ist im Zusammenhang mit den allgemeinen Konzentrationstendenzen auf dem Markt zu sehen, auch wenn sie sich mit zeitlicher Verzögerung durchgesetzt hat; ablesbar ist das etwa daran, daß der erste Versuch, Bücher mit Hilfe der Litfaßsäulen-Werbung zu propagieren, den Ernst Rowohlt

1910 unternahm[42], nicht Schule gemacht hat. An diese Werbeform hatte man sich erst in unserem Jahrzehnt zu gewöhnen. Für den Lesermarkt bedeutet diese Konzentration, daß sich immer weniger Verlage auf immer weniger Projekte konzentrieren können. Immer mehr Verlage gehen dazu über, allein noch Erfolgsliteratur zu produzieren[43]; wenn man Herrn Droemer wieder mal reden hört, seine Bestseller würden doch nur der guten Literatur ihr Lebensrecht sichern helfen, dann schaue man doch mal das Verlagsprogramm dieses freundlichen Mäzens durch.

Diese Entwicklung bringt es mit sich, daß sich die Werberezepte der Motiv-Forscher und Marktstrategen lesen wie Anweisungen für Bestseller-Macher. Einige Beispiele: "Wenn Ihre Kampagne nicht um eine große, einmalige Idee aufgebaut ist, werden Sie keinen Erfolg haben"[44]; "Aus Langeweile wird niemand etwas kaufen"[45]; "Sprechen Sie von Tatsachen"[46]; so die Ratschläge eines David Ogilvy. Tips für die Propagierung eines Markenprodukts. Und Ernest Dichter formuliert: "Man zeige das Produkt selber als ein neues, aber seine *Funktion* muß die gewohnte bleiben."[47] Und, anläßlich des Vorwurfs der Schwarz-Weiß-Malerei, beruhigend: "Das Verlangen nach Ordnung, selbst wenn sie auf Kosten der Wahrheit geht, ist ein fundamentaler menschlicher Wesenszug".[48]

Und auch die Rezeption wird — im Zeichen des kleinsten gemeinsamen Nenners — durch die Monopolisierung bestimmt. Möglichst viele Leser — so unterschiedlich ihre Erwartungen auch sein mögen — müssen für das *eine* Produkt interessiert werden: als Käufer. Für die neuere Entwicklung aber hat sich der Vorgang der Identifikation mit dem zu kaufenden Produkt verändert. Dazu schreibt Ernest Dichter: "Beim Kauf von Werkzeugen oder selbst Büchern ist es z. B. nicht gesagt, daß die Aussicht sie zu verwenden bzw. zu lesen, am reizvollsten ist"[49]: "Oft übersehen wir die Tatsache, daß in Amerika die Markenartikel beinahe ein Ersatz für Adel und Stammbaum geworden sind. Trägt man einen Stetson, rückt man in die Klasse der Herren auf, die den gleichen Hut tragen."[50]

Es muß nicht immer Stetson sein. Ein richtiges, gebundenes Buch erfüllt auch seine Funktion. Aber, gekauft werden muß.

Neben die Identifikation mit der zu kaufenden Ware tritt also die Identifikation mit deren Versprechen. Es ist dies die — wie Walter Benjamin formuliert hat — "Einfühlung in den Tauschwert selbst"[51], oder, genauer: Die Einfühlung in das Expandierende, das Erfolgreiche des Tauschwertes.

2.

Den Erfolg und die Rentabilität eines Verlagsunternehmens im voraus auch nur annähernd zu bestimmen, ist höchst schwierig. Denn wenn auch der Wert des Buches und der Name des Verfassers von großer Bedeutung sind, so ist der Absatz doch auch von andern, oft unberechenbaren Faktoren abhängig. Dahin gehören die Beziehungen, welche Verfasser und Verleger haben, die Unterstützung, welche das neue Werk bei Fachgenossen und in der Presse findet, der Zeitpunkt des Erscheinens, die Art und Weise der Ausstattung, der Verkaufspreis, die größere oder geringere Konkurrenz und endlich der oft wechselnde Geschmack des Publikums.[52] — Bestseller werden von vornherein für den Markt produziert, sind auf Erfolg getrimmt; wobei nie abzusehen ist, ob sie dann nicht doch das bleiben, was sie ästhetisch ohnehin sind: flops. — Dieter E. Zimmer ist diesem Aspekt anhand des Buches" Morgens um sieben ist die Welt noch in Ordnung", von Eric Malpass, in einem Fernsehfilm nachgegangen.[53] Dabei hat er alle, die am Erfolg dieses Buches beteiligt waren, interviewt.

Das Buch wurde eher zufällig für Deutschland entdeckt, es bekam einen neuen Titel, wurde von einem Klappentext eingeleitet, erhielt einen Umschlag mit einem sympathischen Jungen. Soweit die Primärinformationen die — unabhängig davon, was dann tatsächlich im Buch steht — das auf Identifikation gerichtete Interesse des potentiellen Käufers erregen sollen. Dazu sagt H. M. Ledig Rowohlt, der Verleger: "Man muß den Leser ansprechen, man muß den Charakter des Buches ein bißchen bezeichnen, der muß schön flott laufen." Dann folgen die Arrangements mit den Buchgemeinschaften, mit der Filmindustrie. Und James Last spielt dazu. Das heißt dann Medienverbund. Dazu Wolfgang Mönninghoff von der Pressestelle des Rowohlt-Verlages: "Wie Sie hier sehen, haben wir einige der für Malpass — für das erste Malpass-Buch erstellten Werbemittel aufgebaut. Eines der attraktivsten Beispiele dürfte die Schallplatte sein mit der Filmmusik von James Last, die es auch auf Kassette gibt, und ein anderes Beispiel für Gemeinschaftswerbung dürften die Quartettspiele sein. Doch damit hat es eigentlich gar nicht angefangen. Anfangen tut Buchwerbung gewöhnlich mit der Buchhändler-Vorinformation, die der Buchhändler, lange bevor das Buch fertig ist und erscheinen wird, in der Hand hält. Dann folgen Anzeigen im Börsenblatt des Deutschen Buchhandels ... und zwar haben wir drei Anzeigen in drei Nummern hintereinander gemacht,

und als es feststand, daß sowohl der erste wie auch der zweite Malpass ein Bestseller werden würde, haben wir diese großen Anzeigen
im Börsenblatt gemacht. Als die ersten Auflagen verkauft waren,
folgten Anzeigen in Publikumszeitschriften — besonders in christlichen Blättern ...”

Als die ersten Auflagen verkauft waren: Was bedeutet, daß der
Bestseller zwar gemacht, aber unabhängig von den klassischen Instanzen — der Werbung, der Presse — erst einmal sozusagen von
selber läuft: “Die eine Schwelle — es gibt mehrere Schwellen — die
eine ist die erste große Hürde, die liegt bei 10 000 bis 15 000. Wenn
man die überschritten hat und es geht dann also ohne allzu großen
Aufwand weiter, kann man sagen, es kommt also bis zu 40/50 000
innerhalb eines Jahres im Normalfall schon. Dann kommt die
zweite Schwelle, wird es darüber hinwegkommen, und dann kommt
die dritte — und wird es über 100 000 kommen —, wo es dann überhaupt zu Ende ist. ... Und wir haben uns damals überlegt, gibt
es nicht eine Grenze, daß man sagen kann, ausgehend von der
Überlegung, daß überhaupt eben nur ein Drittel Bücher kauft von
der Bevölkerung, gibt es nicht eine Grenze, hinter der es einfach
kaum mehr geht, weil es alle haben. Und die hat sich etwas aus-
gedehnt, diese Grenze, aber sie besteht, glaube ich, immer noch”;
so der Verlagsvertreter bei Rowohlt, Hartmut Gaier.

Soweit der Aspekt des Managements. Bestseller sind aber auch
inhaltlich als Waren konzipiert. Weil die Ware Buch, will sie massenhaft erfolgreich sein, ein Bündel von Identifikationsangeboten
schnüren, also mehrere Zielgruppen ansprechen muß, ohne die eine
gegen die andere auszuspielen. Es ist zu berichten von einem Buch
aus dem Jahre 1970. Als Gesundheit eine Krankheit war (und zwar
eine ganz schlimme):

3

Man stirbt neuerdings gern an Tuberkulose.[54] — Das war nämlich
eine ganz schlechte Zeit für Frauen, die nur ganz gewöhnliche
Krankheiten hatten wie Migräne oder Zahnschmerzen. Armbruch
war Beinbruch. Selbst der ordinäre Krebs war nicht recht attraktiv.
Es mußte schon Leukämie sein. Die Krankheit der Dame Jennifer
Cavilieri also, die mit Hilfe einer richtigen “Love story” ihren
Superman kennenlernt, als der von ihr den “Herbst des Mittel-
alters” ausleihen will.

Das Spezifische des Buches von Erich Segal[55] ist, daß jeder, der es liest, auf seine Weise Recht behalten kann. — Zum Beispiel die große Auseinandersetzung des jungen Oliver Barrett mit seinem Vater. Es geht darum, daß er, der Erbe eines großen Vermögens, die arme Jennifer heiraten will. Aus Liebe. Der reiche Vater ist entschieden dagegen. Man disputiert hin und her, dann kommt es zum Krach, Vater und Sohn sind getrennte Leute. Jennifer und Oliver werden dann — arm aber glücklich — ihre kurze, von der Leukämie beschlossene Ehe eingehen. In besagter Kontroverse nun spitzt sich alles auf folgenden Dialog zu: "Was stört dich am meisten, Vater, daß sie katholisch ist oder daß sie kein Geld hat?"

"Was schätzt du denn am meisten an ihr?"[56]

— Dieser Dialog kann aus beiden Perspektiven gesehen und billigend verstanden werden. Einmal aus der Olivers: Das ist ja eine Gemeinheit, daß der Vater dieser Ehe nicht zustimmen will, nur weil SIE kein Geld hat und zudem noch katholisch ist; oder dasselbe in anderer Reihenfolge. Und die schnöde Antwort ist ein unverständlicher Zynismus, der die Trennung der beiden Barretts nur erleichtert.

Dasselbe aus der Perspektive des Vaters gesehen: Recht hat er. Denn das ist ja nun wirklich deutlich geworden: Oliver liebt Jennifer, weil sie so *anders* ist. Die Gegenfrage des Vaters trifft diesen Sachverhalt auf den Punkt. — So eine jugendliche Verirrung zu einem kleinen Italienermädchen, dagegen ist natürlich überhaupt nichts einzuwenden. Hörner abstoßen und so. Aber das muß nun doch nicht gleich in eine Heirat ausarten. Zumal die Gründe des Engagements mit Liebe letztlich nichts zu tun haben. Die Liebe, das muß ein verantwortungsvoller Vater, der die Pflicht hat, weiter zu sehen, in größeren Zusammenhängen zu denken, schließlich sagen dürfen, ist MEHR.

Das als Detail. Die Unwahrheit steckt, auch hier, im Ganzen, im plot. Denn auch hier wird das angeschnittene Problem — die Mesalliance — gelöst. Mit Hilfe einer alten ästhetischen Dramaturgie, der letalen nämlich. Jennifer stirbt. Das ist, einerseits, das Ende einer großen Liebe, die stärker war als alle Zwänge der Gesellschaft. Oliver hat also auf der ganzen Linie recht behalten. Dieses Mädchen hätte er ja nun wirklich nicht sitzen lassen dürfen, wo doch, wie sich dann herausstellt, die Leukämie schon in ihr am rumrumoren war. — Aber auch der Vater behält, was das Endergebnis angeht, recht. Jennifer ist tatsächlich keine Frau für seinen Sohn gewesen: Das Schicksal ist da ganz seiner Meinung. Und jetzt, nach dem Hinschied, kann auch er verzeihen. Das ist jetzt nicht nur recht, sondern auch billig. Vater und Sohn finden sich, und Jennifers Knochenfinger weist den Weg: "Lieben heißt, daß man nie um Verzeihung bitten muß": "Und dann tat ich etwas, was ich noch nie in seiner Gegenwart getan hatte, und schon gar nicht in seinen Armen. Ich weinte."[57] Jetzt, endlich, und *jeder* Leser kann aufatmen, kann Oliver seiner wahren Berufung leben: dem reichen WASP-girl. Auch Trauerjahre enden.

4
Zusatz:

Ein Reicher und ein Bettler haben den Vorzug vor anderen gewöhnlichen Menschen, daß sie ihrem Hange zum Reisen vollen Lauf lassen dürfen.[58] — Die von den Marktgesetzen vorgezeichnete Tendenz zur Monopolisierung trifft nicht nur einzelne Autoren. Sie verhindert immer einschneidender die Weiterentwicklung der ästhetischen Produktivkräfte. Die Kunstproduzenten können nicht mehr — wie noch in der relativen Freiheit der Buchproduktion — die technischen Fortschritte der neuen Medien ästhetisch nutzen. Film und Fernsehen werden nämlich gesellschaftlich und ökonomisch (mit national unterschiedlichem Akzent) in dem Maße immer mehr beherrscht wie sie technisch-ästhetisch Fortschritte machen können; dabei steht es einem Bettler wie einem Reichen gleichermaßen frei, seinen Spielfilm zu drehen.

Da Kunstproduktion sich nie außerhalb der Medien vollzieht, sondern in der Arbeit *für* die Medien erst in Gang kommt, werden diejenigen, die sich nicht kontrollieren lassen wollen, die Avantgardisten also, immer mehr um die Chance gebracht, ästhetisch zu produzieren. Hinzu kommt, daß die Autoren außerdem noch in einem medienspezifischen Dilemma stecken: Ein Filmdrehbuch kann nicht in dem Maße das fertige Produkt, also die Realisierung der Vorlage, antizipieren wie ein Theaterstück. Ein Filmdrehbuch wird unmittelbar realisiert. Oder garnicht.

VI
Scarlet Pimpernel

Die Betrogenen und Enttäuschten haben in ihren Herzen natürlich immer noch Sehnsucht, unendliche Sehnsucht nach all dem GU-

TEN, *das so geschändet worden ist ... Dieses Etwas hat viele Na-men. Und kein Mensch kann leben, ohne einmal davon sein Teil erhalten zu haben.*[59] — Moden, auch die literarischen, sind auch da-durch bestimmt, daß sie das NEUE versprechen. "Die Mode ist die ewige Wiederkehr des Neuen", schreibt Walter Benjamin im "Zen-tralpark"[60], um fortzufahren: "Gibt es trotzdem gerade in der Mode Motive der Rettung?"

Trotzdem?: Offenbar ist das, was die Mode von der Rettung ausschließt, die ewige Wiederkehr des Immergleichen. Das also ist die Paradoxie der Mode: Daß das Neue nur als das ewig Immer-gleiche präsentiert wird. Wobei dieser Aspekt der Mode durch die scheinbare Radikalität des Neuen verstellt wird. Die Mode distan-ziert sich zwar vom Veralteten, aber das Alte ist hier nicht in der Realität zu suchen, sondern es ist die gestrige Mode. "Gegen das Veraltete — das heißt aber: gegen das Jüngstvergangene"[61] setzt sich die Mode ab. — Nichts sei, sagt Karl Kraus, so veraltet wie eine Zei-tung von gestern.

Was also neu ist an der Mode, mißt sich nicht an der Realität, sondern am Markt. Erfahrungen, die in dieser Sphäre gemacht wer-den, sind markt-interne Erfahrungen; das Neue, das *gegen* den Markt gerichtet wäre, darf Mode nicht sein.

Aber dies signalisiert das Bedürfnis nach Mode auch: Es gibt beim Publikum ein Phantasie-Potential, das vom Markt zwar ge-reizt, nicht aber befriedigt werden kann. Denn selbst in den ver-qualmtesten Vorstellungen des *Anderen*, des Besseren wird ja im-mer noch die *alteritas*, das Anders-sein-können gedacht, erträumt.[62] Hier gibt es immer noch die Fähigkeit, das Noch-Nicht denken/ fühlen zu können, gibt es immer noch tendenziell die Fähigkeiten des utopischen Bewußtseins.

In diesen Zusammenhang gehört auch die erfolgreiche Literatur. Denn auch sie verspricht immer wieder den Reiz des Neuen, auch sie verspricht, mit der Realität — so wie sie ist — zu brechen. Man ist also lesend durchaus bereit, überkommene Normen über Bord zu werfen, wenn auch auf schmerzlose, folgenlose Weise. Dabei wird dann allerdings nicht schockiert, sondern nur an Tabus herum-gefingert. Erlaubt ist, was gefallen wird. Aber immerhin: Hier wer-den schon die richtigen Ziele angepeilt, allerdings mit untauglichen Instrumenten.

VI

Wer immer bis zu diesem Tage den Sieg davontrug, der marschiert mit in dem Triumphzug, der die heute Herrschenden über die dahinführt, die heute am Boden liegen. Die Beute wird, wie das immer so üblich war, im Triumphzug mitgeführt. Man bezeichnet sie als Kulturgüter.[63] — Wer über den Erfolg nachdenkt, hat sich schon auf die Spielregeln des Erfolges eingelassen. Er hält das, was nicht erfolgreich war für Mißerfolg; für den Nicht-Erfolg, der kein Mißerfolg ist, kennt unsere Sprache nicht einmal ein eigenes Wort. Und, mit der Kategorie des Erfolges bleibt er notwendigerweise in der gesellschaftlichen Sphäre, die per definitionem societatis allein das Erfolgreiche wahrnimmt,[64] der bürgerlichen Öffentlichkeit.

Aber, das Gegenmodell ist mangels Erfahrung nur als Negation zu bestimmen. Und das ist keine literaturwissenschaftliche Frage mehr.

Anmerkungen

[1] Musil, R.: Der Mann ohne Eigenschaften, Hamburg 1970, 137.

[2] Schumann, K. F.: Das Tom-Sawyer-Prinzip (Manuskript). — Twain, M.: Tom Sawyers Abenteuer. Gesammelte Werke in fünf Bänden, München 1965, Bd. I, Kap. 2.

[3] Vgl. dazu Weber, M.: Die protestantische Ethik, München/Hamburg 1965. — Ichheiser, G.: Kritik des Erfolges, Leipzig 1930. — Erfolg — so wie wir dieses gesellschaftliche Phänomen kennen — ist eine spezifisch neuzeitliche Erscheinung. Für das, was den "Erfolg" von Personen/ Bewegungen etwa in der Antike oder im Feudalismus bewirkt hat, müßte, um Verwirrungen zu vermeiden, ein anderer Ausdruck gefunden werden. Ein Wort, das ausdrückt, daß hier nicht Arbeit und Leistung im modernen Sinne mit im Spiel sind.

[4] Simmel, G.: "Die Mode" in: Die Mode des 18. Jahrhunderts, München 1971, 29.

[5] Engels, F.: Dialektik der Natur, MEW 20, 487 f.

[6] Kino-Werbefilm: Die Stuyvesant-Generation geht ihren Weg (1975).

[7] Hauser, A.: Soziologie der Kunst, München 1974, 640.

[8] So "DZ-Leser Johannes Mario Simmel" über die 'Deutsche Zeitung'. Die Wochenzeitung der politischen Mitte. — Anzeige in der FAZ vom 18. September 1975, 22.

[9] Georg Simmel, 8.

[10] Bulwer-Lytton, E.: Was wird er damit machen? Nachrichten aus dem Leben eines Lords, München 1975, 562.

[11] Aber, *Einst wird kommen der Tag,* da Johannes Mario Simmel — nulla die sine linea — schreiben wird und schreiben und niemand wird das noch lesen wollen. Und der alte Freund Droemer wird dann immer gerade auf einer dieser ungemein wichtigen Konferenzen sein und just gerade — so leid es ihm tut — ausrichten lassen müssen, er habe jetzt leider keine Zeit für seinen Autor, dem er, selbstverständlich, menschlich nach wie vor so ungemein nahe steht. Aber wird er ihn dann immer noch in der Öffentlichkeit Mario — nur: Mario — nennen?

[11a] Vgl. Zimmer, D. E.: "Das Geheimnis der Mundorgel. Warum Bestsellerlisten nicht zu trauen ist" in: Die Zeit vom 6. 2. 1976, 33. Hier heißt es: "Was ist wohl das liebste Buch der Deutschen? ... Es heißt die 'Mundorgel' ... Auf die ... 'Mundorgel' folgen ... : 'Englisch für Sie 1', 'Grund- und Aufbauwortschatz Englisch', 'Französisch für Sie 1', 'Der kleine Prinz' von Saint-Exupéry, Asterix-Band 19 ('Der Seher'), die Neuausgabe von Diercke Weltatlas, das Arbeitsbuch zu 'Englisch für Sie 1', Langenscheids englisches Taschenwörterbuch und, an zehnter Stelle, noch einmal die 'Mundorgel', aber die teurere, die mit Noten."

[12] Ichheiser, 44.

[13] Schiller am 2. 3. 1975 an seinen Verleger Cotta.

[14] Vgl. in diesem Zusammenhang: Elias, N.: Der Prozeß der Zivilisation, Bern/München² 1969, Bd. 1, 17 ff. — Der Avantgarde-Begriff, der üblicherweise verwendet wird, trifft den Sachverhalt nicht. Die Autoren des 18. Jahrhunderts waren ja *auch* Avantgardisten. Sie bezogen sich dabei auf die gesamte Gesellschaft, deren Vorreiter sie sein wollten. Ihre Nachfolger waren dann nur noch Vorläufer im Bereich der Kunst. Da sich der Avantgarde-Begriff aber einmal eingebürgert hat, sei vorerst an ihm festgehalten.

[15] Simmel, G.: Soziologie, 1922, 51. (Zitiert nach A. Hauser, 640). — Punkte im Zitat bezeichnen auch hier Auslassungen, die von mir vorgenommen wurden.

[16] Musil, 429.

[17] Näheres dazu: Peters, J.: "Schillers wahre Einbürgerung. Prolegomena zur Ästhetik" in: Die Horen 98 (1975). — Ders.: Lemmatische Bemerkungen zur Kunst der Moderne besonders zum Roman. In: Zweitschrift, Heft 1 (1976).

[18] Diesen Sachverhalt hat H. Mayer am Beispiel Goethes exemplarisch herausgearbeitet. Mayer, H.: Goethe. Ein Versuch über den Erfolg, Frankfurt/Main 1973.

[19a] D. Johan Georg Zimmermann: Die Zerstörung von Lisabon. Ein Gedicht. Zürich, 1756, Vorrede.

[19] Bloch, E.: "Über Gegenwart in der Dichtung" in: Literarische Aufsätze, Gesamtausgabe Band 9, Frankfurt/Main 1965.

[20] Broch, H.: "Hofmannsthal und seine Zeit" in: Schriften zur Lite-

ratur 1, Frankfurt/Main 1975, 138 ff. Und: "James Joyce und die Gegenwart" a. a. O., 65 ff. — Schücking, L. L.: "Literarische Fehlurteile" in: Essays, Wiesbaden 1948.

[21] Benn, G.: Gedichte. (Gesammelte Werke) Wiesbaden 1960, Bd. 3, 474: Kleiner Kulturspiegel.

[22] Kotzebue, A. von: Die deutschen Kleinstädter. Stuttgart 1971, 16.

[23] Buck, E.: Der Bürger und sein Theater (Manuskript). 2. Teil, 137.

[24] Gogol, N.: Der Revisor. Stuttgart 1954, 5.

[25] Kracauer, S.: "Film 1928" in: Das Ornament der Masse, Frankfurt/Main 1963, 300. — Vgl. auch die Essays "Die kleinen Ladenmädchen gehen ins Kino" und "Über Erfolgsbücher und ihr Publikum" im selben Band.

[26] Hauser, 658. In sich gekürzt.

[27] Kant, H.: Das Impressum, Berlin [2]1972, 358.

[28] a. a. O.

[29] Johnson, S.: "Vorrede zur Shakespeare-Ausgabe" in: Sehrt, E. Th. (Hrsg.): Shakespeare, Stuttgart 1958, 51.

[30] Schücking, L. L.: Soziologie der literarischen Geschmacksbildung, Bern/München 1961, 63.

[31] Donne, J.: Devotions upon Emergent Occasions (1624) No. XVII.

[32] Dieser Aspekt der Literatur-Rezeption ist bislang kaum erforscht worden. Eine Ausnahme bildet das in seiner Bedeutung unterschätzte Karl-May-Buch von Schmidt, A.: Sitara oder der Weg dorthin. Karlsruhe 1963.

[33] Storm, Th.: Werke. Frankfurt/Main 1975, Bd. 1, 425.

[34] Simmel, J. M.: Niemand ist eine Insel, München 1975, 357 f. — Zu Simmel: Brüggemann, H.: "Trivialität und Ideologie" in: Arnold, H. L. (Hrsg.): Deutsche Bestseller — Deutsche Ideologie, Stuttgart 1975. — Peters, J.: "Hier bedient Sie Herr Simmel" in: Die Horen 95 (1974).

[35] Hamlet: Bekannte Dramenfigur des englischen Dichters William Shakespeare (1564?–1616).

[36] Baroneß Orczy: Scarlet Pimpernel, Frankfurt/Main 1975.

[37] Zug-Begleiter des IC-148-Wilhelm Busch. — Weiteres zu Busch: Peters, J.: "Wenn da nicht die Bilder wären. Einiges über Wilhelm Busch" in: Der neue Egoist, Bd. I (1975).

[38] Werbe-Slogan des Fischer-Verlages.

[39] Kesting, H.: "Thomas Mann oder der Selbsterwählte" in: DER SPIEGEL Nr. 22 (1975) 144 ff.

[40] So der Kaffee-Produzent Roselius 1906/1915. Zitiert nach Bongard, W.: Fetische des Konsums, Hamburg 1964, 43.

[41] Vgl.: Peters, Simmel, a. a. O. 95 f.

[42] Kiaulehn, W.: Mein Freund der Verleger. Reinbek 1967, 46. Geworben wurde übrigens für Scheerbart.

[43] Raddatz, F. J.: "Tradition und Kommerz. Zur Situation des Ver-

lagswesens" in: Der Monat 216 (1966). Zimmer, D. E.: "Bücher: Aspekte einer Strukturkrise" in: Merkur 283 (1971). — Graber, D.: " 'Mensch — ärgere — dich — nicht' oder: Was von den Listen eigentlich zu halten ist" in: Börsenblatt für den Deutschen Buchhandel vom 7. 3. 1975 (Frankfurter Ausgabe).

[44] Ogilvy, D.: Geständnisse eines Werbemannes, Düsseldorf 1964, 120.

[45] a. a. O., 122.

[46] a. a. O., 121.

[47] Dichter, E.: Strategie im Reich der Wünsche, Düsseldorf 1961, 250.

[48] a. a. O., 234.

[49] a. a. O., 205.

[50] a. a. O., 105.

[51] Scholem, G./Adorno, Th. W. (Hrsg.): Walter Benjamin: Briefe, Frankfurt/Main 1966, Bd. 2, 798.

[52] Brockhaus' Konversationslexikon (14. Auflage) 1898, Stichwort Verlagsbuchhandel.

[53] Zimmer, D. E.: "Die Herzen großer Publikumszahlen gefangenzunehmen". Über die Karriere eines Bestsellers, am Beispiel Eric Malpass. — Dieser Film wurde am 18. 3. 1971 von WDR III gesendet (Redaktion: Leo Kreutzer). Im folgenden wird aus dem vom WDR vervielfältigten Manuskript zitiert. Die Zitate sind z. T. in sich gekürzt.

[54] Kesten, H.: Josef sucht die Freiheit, Potsdam 1927, 183.

[55] Segal, E.: Love Story, Hamburg 1973. — Meyer, N.: The Love Story Story, New York 1971.

[56] a. a. O., 55.

[57] a. a. O., 120.

[58] (Klingemann): Nachtwachen von Bonaventura, Stuttgart 1964, 124.

[59] J. M. Simmel über Udo Jürgens. Zitiert nach: Süddeutsche Zeitung vom 16. September 1975, 15.

[60] Benjamin, W.: Gesammelte Schriften, Frankfurt/Main 1974, Band I, 2, 677.

[61] Benjamin, W.: "Paris, die Hauptstadt des XIX. Jahrhunderts" in: Schriften, Frankfurt/Main 1955. Bd. 1, 408.

[62] Vgl. Peters, J.: "Es muß nicht immer Marmor sein. Kleine Bloch-Kommentare" in: Ernst Bloch zum 90. Geburtstag, Berlin 1975, 41 f.

[63] Benjamin, W.: Über den Begriff der Geschichte, Gesammelte Schriften, Bd. I, 2, 696.

[64] Ichheiser, 60 f. — Am genauesten wird dies Problem noch vom Krimi-Autoren (und Lesern) gesehen: Wenn es um den perfekten Mord geht.

Hazel E. Rosenstrauch

ZUM BEISPIEL *DIE GARTENLAUBE*

Die *Gartenlaube* ist im allgemeinen Gedächtnis als Kitschblatt, das Rührseligkeit zwischen heimeligen Bilderchen aufbewahrt, haften geblieben. Das ist auch nicht prinzipiell falsch. Seit man zu wissen meint, was trivial ist, würde zumindest das Endprodukt, die Gartenlaube nach der Reichsgründung von 1871, den meisten Kriterien genügen: Wunschwelt, Stereotypen, mehr oder weniger industrielle Produktion der (seltenen) Gedanken, die verbreitet werden und auf deren Wiederholung Verlaß ist.

Die Zeitschrift kann als unmittelbare Vorläuferin der modernen Illustrierten bezeichnet werden, sie war das erste große und erfolgreiche deutsche Massenblatt. Ernst Keil, ihr Begründer und Herausgeber, wird zu Recht als ein Pionier auf dem Gebiet der massenhaft verbreiteten Publikumspresse gerühmt.[1]

Gesichtspunkte der Betrachtung

Die Spezialisierung auf eine von der Kunst abgesonderte triviale Literatur hat es fast noch schwerer gemacht, die Bedingungen der geist-losen Produktion zu durchschauen, der Gedanke an die Aufhebung der geistlosen Zustände wird in der Beobachtung des Kreislaufs von Produktionsbedingungen und notwendig folgender Form des trivialen Produkts gefangen gehalten. Mir hat bei der Lektüre der widersprüchlichen, einander korrigierenden, zurechtweisenden und nebeneinandergeschichteten Definitionen von Trivialität der Vorschlag J. Barks eingeleuchtet, man müsse die Trivialitäten nicht nur im Rahmen der zweigeteilten Kultur, sondern den Prozeß der Zweiteilung von Kultur verfolgen, um Aufschlüsse zu bekommen, die über die tolerierende oder kulturkritische Beschreibung hinausgehen.[2] Daraus ergab sich die Frage: wie ist es zu der heutigen Form der Groschenhefte gekommen, läßt sich zu dem Streit *Bedürfnis des Lesers* hier, *Manipulation des Lesers* dort, durch die Nachzeichnung der historischen Entwicklung Neues erfahren?

Die Groschenhefte werden ja nicht nur auf dem Markt, dem mit den Buden und Kiosken, zwischen Eiern, Fisch und Blumen gehandelt, sie werden auch mit ähnlich konzentriertem Gesicht in die Hand genommen und geprüft wie der Salatkopf, auf dessen Fülle es ankommt. Also Bedürfnis nach Grundnahrungsmitteln? Aber andererseits widerspricht das, was darin geboten wird, sowohl der Vorstellung, die wir von Literatur haben, als auch unserer Vorstellung von dem, wofür die Arbeiter oder die Unterschicht (oder das Volk?) sich eigentlich interessieren sollten. Die Behandlung der literarischen Fragen im ausgegrenzten Spezialgebiet hat nicht nur den moralischen Impetus weggeschoben, sondern auch das Interesse an den Ursachen der Entstehung neutralisiert. Die Normierung der Texte, Erfüllung von (angeblichen?) Leseerwartungen ist nur das Ende eines Prozesses. Bevor das Muster genormt wurde, die Maschinerie dafür gebaut und die Leute dafür angestellt und zum Verfassen der Texte angehalten wurden, mußte das Muster erst da sein, mußte es sich bewährt haben, sind die Techniken erprobt worden und andere Ansätze außer acht gelassen worden.

Die *Gartenlaube* war nicht von Anfang an ein primär kommerzielles Unternehmen, sondern zunächst ein wichtiges liberales Aufklärungsblatt;[3] Keil, der sie von 1852 bis zu seinem Tode redigierte, war kein Mann, der Texte wie Grünfutter produzierte, und doch gehören seine Produktionstechniken und das Instrumentarium der von ihm entdeckten Starautorin Marlitt zum Grundwerkzeug der Trivialliteraturproduktion. Eugenie Marlitt wurde anläßlich ihrer neuerlichen Verfilmung die 'Ahnfrau der Love-Story' genannt.[4] Sie hat das Genre Liebesroman mitbegründet und ist, auf naive Art, Erfinderin des Schnittmusters für Liebesheftchen. Ihre Vermarktung durch Keil zeigt die ersten Schritte der Effektivierung solcher Produktion, den Übergang vom Handwerk zur schnelleren, preiswerteren und zu diesem Zweck vereinheitlichten Massenproduktion.

Keil hat sich mit seiner Arbeit noch identifiziert, "nur gearbeitet, nur gegrübelt ... und nur dem Unternehmen gelebt"[5], und war am Ende seines Lebens genauso überzeugt, der liberalen Idee und der Aufklärung in seinem Blatt den Weg geebnet zu haben, wie zu Beginn seiner Karriere, als er als Staatsfeind in Festungshaft saß. Eugenie Marlitt empfand sich selbst als freie Schriftstellerin, die mit ihren Ideen dazu beitrug, die Welt zum Guten zu verändern. Es steht hier nicht eine subjektive Fehleinschätzung zur Debatte, eher eine systematische.

Die *Gartenlaube,* die zum Symbol für Kitsch geworden ist, hat
diese beispielhafte Kitschform erst seit 1870/71; die Jahreszahl bedeutet allerdings keinen Bruch in der Entwicklung, die Reichsgründung und das endgültige Arrangement des Bürgertums mit dem
Adel und infolgedessen die sprunghafte Ausdehnung auch der kommerziellen Unternehmen, deren Gegenstand die Meinungsbildung
war, ist nur noch ein kleiner Schritt auf dem Weg zur Industrie-
nahrung für unerfüllte Sehnsüchte, die auf kleine wirklichkeits-
fremde Träume nach einmal gestanztem Muster reduziert werden,
die nach genauer Schreibvorschrift von Lohnschreibern verfaßt werden. Die Entwicklung kann nicht aus einer eigenständigen Tradition von den moralischen Wochenschriften hergeleitet werden oder
als Geschichte spezieller Unterschichtsliteratur gedeutet werden.

Die *Gartenlaube* steht zwischen Handwerk und Industrie, Marlitt zwischen *freiem* Autor und Lohnschreiber, die Inhalte bezeichnen den Übergang von liberaler Weltanschauung zu Illusionskitsch.
Das Blatt ist vielleicht nicht repräsentativ für eine Entwicklungsge-
schichte der Trivialität, aber an dem Beispiel läßt sich erläutern, wie
die Entstehung neuer Formen der Kommunikation — mittels der
Massenpresse — und die Versuche einer *Demokratisierung* der
Kunst von oben zur Trivialität geführt haben, die heute u. a. als
Unkunst und undemokratisch gewertet wird. Ich versuche deshalb,
die einzelnen Schritte in der Metamorphose des Blattes, der zu-
grundeliegenden Weltanschauungen und der Arbeitsbedingungen
für Autoren und Verleger zu skizzieren.

Der Verlag ist das wichtigste Vermittlungsglied zwischen Literatur und Geld, Weltanschauung und Geschäft, zwischen Politik, die
gefordert, und Ökonomie, die bezweckt wird. In der Mitte des
19. Jahrhunderts und noch einmal (in anderer Form) in den achtziger Jahren erfährt das Verlagsgeschäft eine sprunghafte Ausdehnung, die Zeitschriften werden für immer mehr Schriftsteller zur
Haupteinnahmequelle, sie werden zur ökonomischen Grundlage für
einen *freien* Schriftsteller.[6] Bis in die vierziger Jahre waren noch
kurzlebige Blätter mit kleiner Auflage (500 bis max. 4000) die Regel und die bürgerliche Öffentlichkeit bestand aus einem Kreis, in
dem Publikum und Autor schicht- und bildungsmäßig weitgehend
einheitlich waren. Jetzt entsteht eine Massenpresse, mit der auch
die Schicht mittelständischer Autoren wächst, die finanziell nicht
abgesichert sind und die für ein Publikum schreiben, mit dem sie
nur über das Medium Presse kommunizieren. Die Schere zwischen

den Repräsentanten des öffentlichen Lebens und dem breiten Lesepublikum öffnet sich immer weiter.[7] Der soziale Wandel zeigt sich
auch in diesem Metier in der Auflösung der Zünfte, in der Etablierung der Gewerbefreiheit, in der Erfindung der technischen Mittel
der Reproduktion (vor allem Schnellpresse und Papier), dem Ausbau der Verkehrs- und Kommunikationswege, dem Anwachsen der
beruflich nicht gebundenen Mittelschicht, die sowohl das Publikum
als auch einen Großteil der Autoren der neuen Massenpresse stellt.
Billige Herstellung in großem Umfang, Publikum, Autoren und
Vertriebsmöglichkeiten stehen bereit.[8]

Der Verleger Ernst Keil

Ernst Keil, 1816 als Sohn eines Beamten geboren, hatte die sozialen
Voraussetzungen zum Bildungsbürger, jedoch nicht das Geld: er
wollte studieren und konnte nicht; als Absteiger in der nicht mehr
so festen Sozialordnung wurde er Buchhändler; er war Autodidakt
und hatte aufgrund seiner Biographie eine pragmatische Lebens-
einstellung. Als Lehrling in Weimar bediente er noch den alternden
Goethe, am Ende seines Lebens war er einer der erfolgreichsten Unternehmer auf dem Zeitschriftenmarkt, in dessen Verlag jährlich
4300 bis 4500 Ballen Papier verbraucht wurden; in seiner Drucke-
rei arbeiteten 60–70 Leute, in der Buchbinderei 40–50; das Ge-
schäftspersonal betrug 25 und bei der Herstellung des Blattes waren
18 Schnellpressen und 4 Satiniermaschinen in Betrieb.[9]
   Keils Werdegang ist ein Stück Geschichte des deutschen Liberalismus.[10] Zu Beginn seiner Laufbahn erwärmt sich Keil für alles
Revolutionäre und schwärmt für die Jungdeutschen. Seit 1837 lebt
er in Leipzig als Buchhandelsgehilfe, er übernimmt 1938 die Redaktion der Zeitschrift 'Unser Planet', das Blatt wird wegen seiner
politischen Tendenz verboten. 1845 gründet Keil sein erstes eigenes Verlagsunternehmen, den *Leuchtthurm*, der sich unter anderem
die Aufgabe gestellt hat, Robert Blums verbotene *Vaterlandsblätter*
zu ersetzen. Der *Leuchtthurm* wird ein wichtiges Vormärzorgan,
das sehr kämpferisch im Sinne des demokratischen Liberalismus
wirkt. Wegen seiner scharfen politischen Pamphlete und Artikel
muß Keil innerhalb von zwei Jahren sechs Mal den Verlagsort
wechseln und mehrmals den Namen der Zeitschrift. 1848 kann das

Blatt dann wieder in Leipzig erscheinen; es bringt eine Chronik der Frankfurter Ereignisse vom Standpunkt der Linken. Keil tritt für die Souveränität des Parlaments ein, gegen den Erbkaiser, hebt aber ängstlich den Zeigefinger, wo er das Eigentum in Gefahr sieht:

"Die Gewalt der Fürsten ist auf immer gebrochen ... Aber man verwechsle nicht Anarchie mit Freiheit, nicht Frechheit und Willkür mit Volkserhebung. Die jetzt an vielen Orten stattfindenden Eingriffe in das Eigentumsrecht des Einzelnen geben einen traurigen Beleg davon ab, wie wenig man die wahre Freiheit noch erkannt hat."[11]

Und als die ganze Demokratie 1849 schon wieder vorbei ist, bereut er anläßlich der militärischen Diktatur in Wien und des Belagerungszustands in Berlin:

"Wir hatten nicht den Mut, eine Revolution mit allen den revolutionären Mitteln durchzuführen, womit allein eine Revolution gemacht und glücklich zu Ende gebracht wird ... Man hat uns das Meiste, was wir im März erobert, wieder genommen und wird uns noch mehr nehmen, vielleicht schon nächstens, trotz aller Versprechungen, auch die Preßfreiheit. Es ist deshalb Pflicht der Presse, eine heilige, dringende Pflicht, mit dem Pfunde, das sie augenblicklich noch besitzt, auf jede Weise zu wuchern, damit einst den deutschen Völkern, wenn sie, völlig unterjocht, wieder unter dem Drucke einer nichtswürdigen Zensur schmachten, nicht die alte Schande nachgerufen wird: Sie waren immer Knechte, und als sie Herren geworden, haben sie sich selbst wieder die Bedientenlivree angelegt ... Wir verlangen von unseren Feinden keine Schonung; wir werden auch keine gegen sie üben ..."[12]

Der Mann, der auf der einen Seite mitten in der Revolution bremst, weil er den zentralen bürgerlichen Wert, das Eigentum, gefährdet sieht, und weil er Angst hat vor dem "Proletariat, (das) mit jeder Stunde einen grauenerregenden Zuwachs erhält",[12] war dann auf der anderen Seite wiederum radikal und mutig, als 1849 die Revolution gescheitert war, und seine Opposition beschränkte sich nicht nur auf Worte. Er konnte sein Organ mühsam und mit vielen Verkleidungen bis 1851 halten und manchem geflüchteten Radikalen zu Wort oder Geld verhelfen und auch manchen bei der Flucht unterbringen. Sein Blatt wurde solange entschärft, zensiert und verboten, bis es 1851 den Verfolgungen erlag. Danach erwarb Keil von seinem Freund Stolle den *Illustrierten Dorfbarbier*, eines der wenigen liberalen Blätter, die es noch gab. Bevor er aber damit eine neue Existenz aufbauen konnte, wurde er 1852 wegen eines

alten Pressevergehens für 9 Monate auf der Hubertusburg gefan-
gengesetzt.

Die Gartenlaube

Der Plan zur Gartenlaube entstand im Gefängnis, nach 10 Jahren
erfolgloser Opposition, als sich unter Deutschlands Demokraten
allgemein Resignation ausbreitete. Keil wurde vorzeitig aus der Haft
entlassen, gegen eine Geldbuße und angeblich gegen das Versprechen, daß voraussichtlich (seine) sämtliche(n) Verlagsunternehmun-
gen auf die nächsten fünf bis sechs Jahre keine politischen sein
werden[13]. In der ersten Nummer heißt es u. a.

> "Ein Blatt soll's werden fürs Haus und für die Familie, ein Buch für
> groß und klein, für jeden, dem ein warmes Herz an den Rippen pocht,
> der noch Lust hat am Guten und Edlen! Fern von aller raisonnierenden
> Politik und allem Meinungsstreit in Religions- und anderen Sa-
> chen, wollen wir Euch in wahrhaft guten Erzählungen einführen in
> die Geschichte des Menschenherzens und der Völker. . . ."[14]

In den ersten Jahren, solange es ihm verboten war, zeichnet Ferdinand Stolle verantwortlich, als Strohmann. Man muß die *Gartenlaube* als den Versuch des Liberalen sehen, sich den aufgezwun-
genen *Realitäten anzupassen* und seine Ideen weiterzuverfolgen, in
einer Weise, die der Zeit und den Interessen, sprich Reaktion, Resignation, politisches Desinteresse des Kleinbürgers, Rechnung trägt.
Die heimelige Aufmachung ist primär Verpackung und spekuliert
auf ein allgemeines Bedürfnis nach Sicherheit. Der wirtschaftlichen
Lage des neu zu erschließenden kleinbürgerlichen Leserkreises
kommt er durch den *volkstümlichen* Preis von nur 10 Neugroschen
vierteljährlich entgegen (der Preis erhöhte sich später mit zuneh-
mendem Umfang etwas, überstieg aber nie 15 Neugroschen, d. h.
2 Taler jährlich); dies dürfte die für den Erfolg ausschlaggebendste
Maßnahme Keils gewesen sein.[15] Man kann dem Verleger zu diesem Zeitpunkt noch nicht nachsagen, daß er allein oder auch nur
vor allem nach Profitinteressen gewirtschaftet hätte.

Keils Zeitschrift wollte *Schule* sein und das Volk zu nationalem
Selbstbewußtsein und politischer Verantwortung *hinauferziehen*
und sie sollte wettmachen, was durch die reaktionäre Schulpolitik
nach 1849, die Maßregelung der Lehrer und das Verbot von Asso-

ziationen und Vereinen nicht mehr offen als Politik betrieben werden konnte. Dahinter stand seine Einschätzung, daß die Bürger 1848 noch zu schwach für eine Revolution gewesen waren und die Hoffnung, daß der wirtschaftliche Aufschwung das bürgerliche Lager stärken würde. Freiheit, Gleichheit und Gerechtigkeit würden sich dann als allmählicher Fortschritt aufgrund der wirtschaftlichen und moralischen Überlegenheit durchsetzen. Die Forderungen nach Aufhebung der Handelsbeschränkungen, Beseitigung der Zollschranken, Vereinheitlichung des Maßsystems, Schaffung einheitlicher Rechtsgrundlagen waren die praktischen Ziele, die zur deutschen Einheit, zur Errichtung eines Nationalstaats und zur Schaffung der bürgerlichen Demokratie führen sollten.

In seinem Blatt erscheinen naturwissenschaftliche Abhandlungen als Popularisierung der materialistischen Lehre (von Roßmäßler), ein medizinischer Teil mit Aufklärungs- und Beratungsfunktion (von Bock),[16] Berichte über technische Errungenschaften werden direkt auf die Berufsnotwendigkeiten vor allem der Handwerker abgestimmt, dazu kommen Kalender und Daten von Messen und Märkten zur Orientierung für die Kaufleute; der Ausbau der wirtschaftlichen Macht der Bürger durch Handel und Verkehr soll dadurch gefördert werden. Die Informationen über das Ausland dienen den zahlreichen Auswanderern, wollen deren Bindung an die Heimat stärken und fordern eine einheitliche deutsche Vertretung im Ausland.[17] Historische Porträts sollen den Nationalsinn stärken, das Blatt soll den Drang nach der deutschen Einheit bestärken. Als Mitarbeiter sucht Keil sich Gesinnungsgenossen, engagierte Liberale, Linke verschiedener Herkunft — ehemalige Mitarbeiter, Leute aus dem Umkreis der Radikaldemokraten, der 'Freien' und der Jungdeutschen, Prominente der Volksbildungsbewegung; dazu kommen Emigranten, die ihre Beiträge aus dem Ausland schicken.

Das ursprüngliche Programm wird — ohne je politisch einheitlich zu sein — bis zu Beginn der sechziger Jahre durchgeführt. Der literarische Teil ist anfangs noch nicht zentral und wird es erst mit der Starautorin Marlitt.[18]

Keil hat mit seinem Blatt sehr schnell großen Erfolg, der erste Jahrgang schließt mit 5 000 Abnehmern, der zweite mit 14 500 Abonnenten ab (was die Herstellungskosten noch nicht deckt); 1855 schließt mit einem Absatz von 35 500 und bis 1860 hat sich die Zahl der Abonnenten auf 86 000 gesteigert. 1861 übersteigt die Abonnentenzahl 100 000, 1863 gipfelt der Absatz in der enormen

Zahl von 157 000.[19] Neben der Zeitschrift gibt er eine Romanbibliothek und andere Bücher heraus, Romane von Stolle, Storch, Heyse,
naturwissenschaftliche Schriften von Roßmäßler, Bock's Schulbuch,
volkswirtschaftliche Schriften von Schultze-Delitzsch, Schriften von
Adolf Glasbrenner, Friedrich Gerstäcker u. a. An Zeitungen erscheinen noch die von Berthold Auerbach (in Keils Auftrag) begründeten 'Deutschen Blätter', die 'Europa' und die 'Turnerzeitung' (1856—
1870), die in ihrem Einfluß und vor allem in ihren finanziellen Abhängigkeiten noch zu untersuchen wäre.

Keil ist als Prinzipal eines großen Druckereiunternehmens, als
Gewerbetreibender, der mit immer größeren Investitionen teure
Produktionsmittel anschafft, von allen aktuellen politischen und
ökonomischen Fragen direkt betroffen, von der Gültigkeit der Verträge in den verschiedenen Kleinstaaten, von deren Pressegesetzgebung und er wird auch mit der Arbeiterfrage direkt konfrontiert.[20]
Dementsprechend ändert sich sein Engagement.

Ende der fünfziger Jahre wird die *Gartenlaube* rein national, das
Blatt orientiert sich an der Politik des Nationalvereins und steuert
auf die Einigung von Demokraten und Liberalen unter konservativ-
liberaler Richtung hin (erst die Einheit, dann vielleicht die Freiheit), in der Hoffnung, daß das Gebiet des deutschen Zollvereins
unter einer starken preußischen Führung die für die wirtschaftliche
Weiterentwicklung notwendigen Maßnahmen von oben einleiten
wird.

Die Liberalen hoffen auf Einfluß in einer solchen preußischen
Regierung. Eine gelockerte Pressegesetzgebung ermöglicht es der
Gartenlaube, eine große und einflußreiche Kampagne für die deutsche Einheit unter schwarz-rot-goldenen Vorzeichen zu starten. Die
eingeübten Methoden, ob heimelig, ob aufklärerisch, werden für
die Ziele eingesetzt, die Keil jetzt für richtig hält.[21] Unter Berufung
auf die Ideale von 1848 wird die *Gartenlaube* zu einem maßgeb-
lichen Sprachrohr und Förderer der nationalen Turn-, Gesangs-
und Schützenvereine.[22]

Das wichtigste Datum des Umschwungs ist 1867, die Gründung
des norddeutschen Bundes; bis dahin ist die *Gartenlaube* noch soweit oppositionell, wie der Nationalverein bis zur Berufung Del-
brücks, dessen Wirtschafts- und Handelspolitik auch von Bismarck
als Grundlage der Zusammenarbeit von Großbourgoisie und Adel
akzeptiert wird. Die *Gartenlaube* wird immer friedlicher und unpo-
litischer. Die Unverbindlichkeit der Beiträge, die von Freiheit, Volk,

Gleichheit und Demokratie handeln, steigt parallel mit der Möglichkeit Keils, seine Interessen im Einvernehmen mit der bestehenden Macht durchzusetzen. Den Bildungsauftrag nimmt er wahr, indem er zum guten und schönen Leben in den bestehenden Verhältnissen erzieht.[23] Galten die allgemeinen bürgerlichen Ideen in den ersten zehn Jahren noch den *Unteren Schichten*, weil sie aus dem Interesse an der Durchsetzung bürgerlicher Forderungen gegenüber der herrschenden Macht resultierten, so wird nach der Erfüllung der wirtschaftlichen Forderungen das Interesse am *Volk* zu dem am Käufer. Der eine (kleinbürgerliche) Teil des Volkes kommt als Absatzreservoir infrage, der andere (proletarische) gefährdet die Ordnung oder muß zum richtigen Geschmack erzogen werden. Über alle widersprüchlichen Interessen der Leser hinweg wird der kleinste gemeinsame Nenner zum Garanten des größtmöglichen Leser- (bzw. Käufer-)Kreises. Die sentimentalen literarischen Formen, die einst kritische Inhalte transportieren sollten, verselbständigen sich vollends.

Keils Wandlung ist klassisch. Er steht vor der Schwierigkeit, die bürgerliche Wirklichkeit seiner wirtschaftlichen Interessen mit den bürgerlichen Ideen auf politischem und künstlerischem Gebiet zu vereinbaren. Er ist einer der ersten, der zur nationalen Politik Bismarcks umschwenkt und er begründet dies folgendermaßen:

"Von Frankfurt nach Berlin, von der Paulskirche ins preußische Herrenhaus ist ein weiter Schritt. Nicht ein jeder ist geneigt, nicht ein jeder ist innerlich frei genug, diesen weiten Schritt jetzt schon mitzumachen. Und doch ist es ein weiter Schritt — *vorwärts*... Diese nüchterne ernste Wirklichkeit in Berlin ist für die Erreichung unseres Zweckes am Ende doch wohl geeigneter als all 'die Poesie und Romantik damals in Frankfurt'. Gewiß, hier in diesen Räumen waltete sein (des Fürsten) Wille und nicht der unsrige; gewiß, hier ging alles sehr nach seinem Gebot, nicht nach dem unsrigen. Aber das Bewußtsein drängte sich... auf: Dieser Wille war mächtig und nicht bloß uns gegenüber, dieses Gebot hatte Nachdruck *und nicht bloß uns gegenüber!* Macht aber und Nachdruck, die waren es ja, an deren Mangel das Werk von Frankfurt gescheitert..."[24]

Da Bismarck dem liberalen Publikum noch immer schlecht zuzumuten war, nimmt die Gartenlaube Zuflucht zur Darstellung seines vorbildlichen Familienlebens.[25] Die historischen Porträts der Helden von 48 werden dazu benutzt, die Kontinuität zwischen den damaligen Forderungen und dem Bismarckreich zu unterstreichen.

Die Idee wird so verkürzt dargestellt, daß bürgerliche Revolutionäre und Bismarck friedlich als Helden nebeneinander stehen. Als unterhaltsames Familienblatt hat die *Gartenlaube* ungeheuren Einfluß, die Zahl der Leser wird 1876 auf ca. 5 Millionen geschätzt.[26]

Keil stirbt 1878 als einer der größten Leipziger Verleger, als überzeugter Liberaler und in voller Identifikation mit dem Geschäft. Er ist sich selbst treu geblieben und bis zum Schluß ein *ungebrochener Bürger*, der in seinem Werk geschäftlich und ideologisch aufgeht. Subjektiv hält Keil bis zu seinem Tod an den Ansprüchen des ehemaligen revolutionären Bürgers fest und formt sie derart, daß sie mit der Wirklichkeit vereinbar sind. Es werden hohle, abstrakte Idyllen, zusammengesetzt aus den Bausteinen des bürgerlichen Ideals von Freiheit, Gleichheit und Selbstbestimmung. Der inhaltliche Kern des Kitschs ist der Verfall des Ideals, denn die bürgerliche Ideenwelt, der er als Zeitungsmacher dient, und die bürgerliche Wirklichkeit, die ihm als Verleger dient, sind zum Widerspruch geworden. Er hat sich nicht verändert, in den veränderten Verhältnissen ist seine Darstellung der Ideen, die zu seinem Erfolg als Geschäfts-Bürger gehören, phrasenhaft, inadäquat und schließlich wirklichkeitsfeindlich geworden.

Marlitt (Pseudonym für Eugenie John)

Die Novelle ist von Anfang an ein wichtiger Bestandteil in Keils Konzept, er schätzt sie, analog zu den Jungdeutschen, als die literarische Form, die am besten dazu geeignet ist, Politisches in unterhaltsamer Verkleidung zu bringen.[27] Das Aufblühen dieser literarischen Gattung ist in engem Zusammenhang mit der Entstehung der Massenpresse zu sehen, die Autoren sind bemüht, den großen Bedarf der Zeitungen und Zeitschriften an kurzer erzählender Prosa zu decken. Die *Gartenlaube* hat die Entwicklung der Novelle und des Unterhaltungsromans stark beeinflußt; *die Marlitt* wird die Starautorin der 'Gartenlaube' und ist nicht unerheblich an deren Auflagensteigerung beteiligt. Keils Konzept sah ursprünglich "Novellen, möglichst kurz mit höchstens 2—3 Fortsetzungen"[28] vor, sie sollten vor allem patriotische Gesinnung und nationales Selbstbewußtsein in gefühlsbetonter Form, volkstümlich, leicht faßlich bringen.[29] Die gefällige Form sollte sich der lauernden Zensur und dem unpolitischen Leser als Unterhaltung darstellen. Wegen der Marlitt, die 1865 ihre erste Erzählung einschickt, geht Keil von dem Prinzip der kurzen Erzählung ab; er beginnt, lange Romane abzudrucken. Die Marlitt war für ihn genau die Autorin, die er immer schon gesucht hatte. Aufgrund ihres Erfolgs wird sie für Keil und allerlei Nachahmer zum Muster, nach dem Romane in Auftrag gegeben werden.[30] Die Marlitt versteht sich selbst als Künstlerin, die in erzieherischer Absicht schreibt und mit ihrem Schreiben gegen die konservativen Mächte kämpft, gegen die "Wiederkehr alter, verrotteter, menschenfeindlicher Institutionen".[31] Sie identifiziert sich voll und ganz mit Keil und der *Gartenlaube,* "wir beide haben ein Ziel, es ist der Ruhm und das Blühen der *Gartenlaube.* Sie können unmöglich ängstlicher um dieses Ziel sorgen, als ich." schreibt sie an den Herausgeber der Zeitschrift![32] Sie äußert sich auch gegen die Anpassung an das Publikum: "Wenn ich durch meine Frauengestalten in jungen Mädchenseelen den Trieb der Nacheiferung wecke, so ist mir dies ein weit höherer Lohn als der Beifall eines blasierten Publikums."[33]

Von der ersten Veröffentlichung an hat die Marlitt ein festes Arbeitsverhältnis ohne vertragliche Basis; sie schreibt ausschließlich für die *Gartenlaube.* Nach dem großen Erfolg ihres ersten Romans *Goldelse* schreibt sie ihren zweiten Roman bereits auf Anregung des Verlegers, den dritten Roman bereits in Fortsetzungen an den Verlag. Sie wehrt sich allerdings, als sie von Keil zur Eile angetrieben wird. Ihr letzter Roman wird schon von einer Nachfolgerin (Wilhelmine Heimburg) vollendet. Sie war noch keine regelrechte Vielschreiberin, ihre Gesamtproduktion umfaßt 8 Romane und 3 Erzählungen, noch zu ihren Lebzeiten werden mehrere Romane zum 5. und 6. Mal, einer sogar zum 13. Mal aufgelegt, die Auflagenhöhe beträgt ca. 5 000—10 000 Stück.[34]

Sie lebt isoliert, Keil ist einer ihrer wenigen Kontakte zur Außenwelt, seine Korrekturen empfindet sie nicht als Eingriff, sondern als Hilfe.[35] Keils Sorge, sie könnte auch einmal in einem anderen Blatt veröffentlichen — die Verlegerrechte sind noch nicht gesetzlich abgesichert und die Konkurrenz durch andere Familienzeitschriften wächst — ist unbegründet, sie ist ihm dankbar und seinem Ideal verpflichtet. Der Kontakt ist sehr eng, Keil nennt seine Tochter *Silberelse* nach Marlitts Roman *Goldelse,* er verwöhnt sie. Zwei besondere Geschenke des Verlegers an seine Erfolgsautorin sind überliefert. Zu Beginn ihrer Karriere schenkt er ihr einen neuen Schreibtisch und als sie reich genug war, um in ein neues Haus einzuziehen, verehrt er ihr ein Ölgemälde, auf dem alle Figuren aus ihren bis dahin erschienenen Romanen abgebildet und um die Autorin gruppiert sind.[36]

Ihr von kämpferischem Liberalismus geprägtes Selbstverständnis findet sich in Handlung und Figuren ihrer Romane nahezu ungebrochen wieder: bürgerliches Arbeitsethos, Fortschrittsgläubigkeit, Antiklerikalismus und vor allem Haß gegen den Falsch des höfischen Lebens. Das *Happy-End* — meist durch Heirat über die Klassenschranken hinweg — entspringt der harmonisierenden optimistischen Zukunftserwartung, weil zumeist der hochmütige Adelige von der Tugend der Bürgerin lernt (wobei auch reiche Bürger so unmenschlich sein können, wie es der alten Gesinnung entspricht und auch "gute" Adelige — im Sinne der bürgerlichen Moral — auftauchen können). Die Haltung, vor allem in den antiaristokratischen, antifranzösischen und antiklerikalen Stellen, entspricht den aktuellen Tendenzen, wie sie auch von der *Gartenlaube* verbreitet werden.[37] Was sie schreibt, ist genauer Ausdruck ihres Bewußtsein von der Welt und dieses Bewußtsein ist Ausdruck ihrer reduzierten Wahrnehmung. Sie *flieht* nicht aus der Realität, sondern nimmt diese selektiv wahr; hinzu kommen die Verkürzungen, die durch Keils Vor-Interpretation und ihre geringe Information entstehen. Wo für Sachverhalte und Gefühlswahrnehmungen keine eigenständige Artikulation möglich ist, werden Vergleiche, Abstrakta, hehres Vokabular und Ausdrucksmuster geborgt, fehlende Zusammenhänge werden durch Schicksal ersetzt.[38]

Für sie persönlich hat sich das Happy-End, das kaum möglich schien, durch Keils Hilfe eingestellt. Wenn sie nicht schon vorher in einer heilen Welt lebte, muß ihr die *Gartenlaube*-Mitarbeit die Sicherheit gegeben haben, aus der sie annimmt, daß mit dem *Heraufkommen der neuen Kräfte* für alle allmählich sich alles zum Guten wendet. Ihre Herkunft entspricht dem von echter Poesie durchwehten Bild aus dem deutschen Kleinbürgertum.[39] Ihr Vater eröffnet als verhinderter Künstler eine Leihbücherei und macht als Geschäftsmann bankrott. Die Familie zieht vom ererbten Patrizierhaus in feuchte Keller. Der Vater, der nicht Maler werden durfte, will aus der *begabten* Tochter eine Sängerin machen, weil auch der Kantor versichert, daß sie Millionen in der Kehle habe. Der verarmte Vater wendet sich an die regierende Kleinst-Fürstin Schwarzburg-Sondershausen, die das Gesangsstudium auch finanziert. Die

Hoffnungen der Familie auf ein besseres Leben und die Erwartungen der Mäzenatin muß sie enttäuschen, weil sie schwerhörig wird. Einige Zeit lebt sie noch als Vorleserin und Gesellschafterin bei Hof. Mit leeren Händen kehrt sie 38jährig in die thüringische Kleinstadt zurück und beginnt zu schreiben. Bodenstedt soll sie dazu ermuntert haben, Spielhagen war angeblich ihr Vorbild. Zu ihrem Gehörleiden kommen vielerlei andere Krankheiten und bald eine Lähmung, die sie an den Rollstuhl bindet. Sie lebt zurückgezogen in Arnstadt, zuerst im Hause ihres Bruders; 1868, zwei Jahre nach ihrer ersten Veröffentlichung, kann sie für sich und die ganze Familie den Umzug finanzieren; 1870 kann sie ein eigenes Haus bauen lassen, das von Keil — mittlerweile in 270 000 Exemplaren der *Gartenlaube* — als *Marlittsheim* bekanntgemacht wird.

Keil bringt jeweils den Vorabdruck ihrer Werke in seiner Zeitschrift und die Buchform ca. 2 Jahre später in seiner Romanbibliothek heraus. Mit Marlitt wurden Heftchen in einzelnen Lieferungen erprobt, Wilhelmine Heimburg und E. Werner (Pseudonym für Elisabeth Bürstenbinder) werden nach Marlitts Tod 1887 als *Thronfolgerinnen* dafür angestellt, nach Marlitts Rezept weiter zu wirken und Nathalie v. Eschstruth verwendet dasselbe Muster für adelig Gesinnte.

Marlitt war eine europäische Berühmtheit. Alle Romane wurden sofort nach dem Erscheinen in fast alle europäischen Sprachen übersetzt, in den USA deutsch nachgedruckt und englisch übersetzt, eine Zeitungsnotiz meldet "Die bestbekannten Autoren Deutschlands werden von den Buchhandlungen des Ostasiatischen Lloyd in Shanghai in billigen Ausgaben zu 15 bis 30 cents verbreitet. Als solche werden ausdrücklich und ausschließlich genannt: Spielhagen, Gustav Freytag, Marlitt."[40] Es erscheinen katholisierte Fassungen und Dramatisierungen ohne ihr Wissen und Einverständnis, unechte *Marlitts* und Stargeschichten, Schmähungen und Verteidigungen. Von den literaturkritischen Einschätzungen sind aus heutiger Sicht wahrscheinlich die Gottfried Kellers und Levin Schückings am interessantesten. Anerkannt wird von beiden vor allem ihr Erzähltalent, ihr Freiheitsgefühl, das Kolorit ihrer Darstellungen.[41] Geschätzt einerseits und für gefährlich gehalten von anderer Seite wird ihre *Volkstümlichkeit*, vor allem deren erzieherische Funktion durch die eindeutige Parteinahme.[42]

Man kann ohne weiteres sagen, daß noch bis in die achtziger Jahre liberal gebildete Schichten in den Romanen der Marlitt ihren

Fortschrittsoptimismus erkennen und zum Teil für realistisch halten. 1885 kommt es dann zu einer regelrechten Literaturfehde über den Wert oder Unwert ihrer Werke. Sie wird ästhetisch abqualifiziert und ihre Weltanschauung mißfällt jetzt einer neuen Generation von *Realisten* — zusammen mit Keller, Storm und Spielhagen zählt sie zu den *Alten*, denen die Naturalisten vorwerfen, daß *alleinzig* Liebeslust und Liebesleid das treibende Moment ihrer Erzählung sei.[43] Marlitt speziell wird sogar Sinnlichkeit und Lüsternheit vorgeworfen und in der Polemik gegen die Generation, die ebenfalls unter dem Anspruch der realistischen Erneuerung angetreten war, kritisiert man jetzt, daß alle Resultate wie auf einer Schüssel gar und reif präsentiert werden und dem Leser nichts zugetraut wird.[44] In dieser Zeit distanziert sich das gebildete Bürgertum mehr und mehr von dieser Literatur und parallel zur Ausbreitung der Zeitschriften auf proletarische Schichten gilt Marlitt als *Unterschichtsliteratur.*[45]

Keils Mittel zur Erweiterung des Käuferkreises

Es ist für das Zeitungsgeschäft im letzten Drittel des vorigen Jahrhunderts eine unerläßliche Bedingung, daß neue Leserschichten gewonnen werden. Die Grundlage für diese Expansion wird mit der Reichsgründung und dem Milliardenboom der Gründerzeit gelegt. Das Interesse der Publizistik an den Arbeitern setzt erst mit der intensiven Markterweiterung ein,[46] die durch die Gewerbefreiheit und mittels des Kolportagebuchhandels vorangetrieben wird. Da immer wieder der kitschige Geschmack des breiten Publikums primär für die Geschmacklosigkeit der Zeitschriften- und Romaninhalte verantwortlich gemacht wird, möchte ich noch einige Momente erwähnen, die bei der Auswahl der zu verbreitenden Formen und Inhalte eine Rolle spielen. Bereits genannt wurde die inhaltliche Deformation, relativ klar ist, daß die unteren Schichten wenig Bildung bekommen und als drittes Moment wäre die bewußte und die nur gönnerhafte Zensur durch den Verleger zu nennen, bedingt einerseits durch seine Interpretation des Publikums und beeinflußt durch die Handels- und Verkaufsformen dieses Gewerbes.

Keil vergibt sehr gezielte Aufträge und nimmt dabei so etwas

wie *Marketing* vorweg. Er streicht, warnt, droht, z. B. seinem Autor
Kolisch in Paris, der, wie die anderen Emigranten auf diese Publi-
kationsmöglichkeit angewiesen war, daß er ihn nicht weiter schreiben lasse, wenn er nicht spurt. Er wünscht sich von Max Ring einen
in Inhalt, Aufmachung und Ton sehr dezidiert vorgeschriebenen
Artikel für die Schiller-Feiern, der Zweck wird mitbenannt und er
beruft sich in seinen Anweisungen auf sein Publikum, das er beschreibt als Mittelklasse, bei der man also nicht Kenntnisse voraussetzen darf, die sie nicht hat[47]. Er verscherzt sich die Mitarbeit
Fontanes und Raabes durch Eingriffe, die er damit begründet, daß
er sein Publikum kenne und wisse, was der Leser (bzw. Käufer?)
wünsche.[48]

Die Vorschriften für die Literaten beziehen sich auf die Form,
die volkstümlich sein muß, die Inhalte, die einer Familienzeitschrift
gemäß sein müssen, anfangs noch die Gesinnung, die stark sein
soll und die gesamte Tendenz, die garantieren muß, daß das Blatt
auch von Frauen und jungen Mädchen im Familienkreis vorgelesen
werden kann, ohne moralischen Anstoß zu erregen oder Schaden
für das Gemüt anzurichten. Auch die Verfasser politischer Artikel
unterliegen der Reglementierung, wie aus Bebels Erinnerungen *Aus
meinem Leben* deutlich hervorgeht (Bebel und Keil hatten einst zu-
sammengearbeitet).[49] In den Romanen, über deren Auswahl natürlich Keil entscheidet, läßt sich die jeweilige politische Orientierung
ablesen. Die Thematik der sechziger Jahre ist von Nationalismus
und Freiheitskampf geprägt. Gegen Mitte der sechziger Jahre tritt
der Kulturkampf in den Vordergrund. Um 1870 wird die antifran-
zösische Stimmung besonders betont. Der Zweck der massenhaften
Verbreitung wird oberstes Gebot, so daß der allgemeinste Nenner
für jeden etwas bietet. Die Formel von Freiheit und Gleichheit
wird hohl, die Thematik bleibt in der Apologie des Frühkapitalis-
mus stecken. Die Feinde werden vom *Adel* über die *Konservativen*
zu *bösen Mächten*. Nicht nur der Adelige kann tugendhaft sein,
bei E. Werner kann sogar ein Arbeiter ins Bürgerhaus hinaufhei-
raten, wie zuvor nur der Bürger zum Adel. Die Probleme werden
diffuser, die Rollen austauschbar.[50]

Das *Vehikel* Unterhaltung bleibt — ohne die aufklärerischen fort-
schrittlichen Inhalte. In der Gründerzeit ist die *Gartenlaube* das
konservative Unterhaltungsblatt, das sich von anderen Familien-
blättern kaum mehr unterscheidet. Auf der Suche nach Autoren
heißt es jetzt:

"Die in unserem Blatt zur Veröffentlichung gelangenden Beiträge dürfen weder eine politische noch eine religiöse Tendenz enthalten und müssen in erotischer Hinsicht so gehalten sein, daß sie auch von jüngeren Mitgliedern im Familienkreise vorgelesen werden können. Auch darf weder eine Ehescheidung noch ein Selbstmord vorkommen. Die Handlung muß stetig an Spannung zunehmen und in jedem Kapitel muß irgendeine Wendung in der Fabel, ein Ereignis oder dergleichen eintreten. Der Ausgang muß ein glücklicher, einen angenehmen Eindruck hinterlassender sein."[51]

Diese Vorschrift unterscheidet sich nicht mehr allzu wesentlich von den heutigen Anweisungen an Lohnschreiber, sie ist noch weniger detailliert.[52] Damit ist dieser Vorgang der Produktion im wesentlichen abgeschlossen und die Perfektion, mit der später noch Figurenkonstellationen, thematische Einkreisung, Einheit von Ort und Zeit und Sprache, Cliffhänger und Moral ausgefeilt werden und von den — wahrscheinlich germanistisch geschulten — Lektoren an die Heimarbeiter gegeben werden, gibt die Inhaltsanalysen der Lächerlichkeit preis.[53]

Anmerkungen

[1] Haacke, W.: Die Zeitschrift, Schrift der Zeit, Essen 1961, 77; auch Langenbucher, W. in: Dovifat, E.: Handbuch der Publizistik, Band 3, Berlin 1969, 550; Zimmermann, M.: Die 'Gartenlaube' als Dokument ihrer Zeit, München 1963. Fast generell wird Keil neben seiner hervorragenden publizistischen Leistung ein schlechter Geschmack in literarischen Belangen bescheinigt, inwieweit dies korreliert war Teil meiner Fragestellung.

[2] Bark, J.: "Trivialliteratur — Zur gegenwärtigen Diskussion" in: Sprache im technischen Zeitalter 41 (1972) 52—65.

[3] Der Bayrischen Akademie der Wissenschaften galt ihr Erscheinen als ein 'epochemachendes Ereignis', u. a. wegen des Einflusses auf die allgemeine Bildung. Berichtet bei Proelß, J.: Zur Geschichte der Gartenlaube 1853—1903, Leipzig 1903, 6.

[4] In den letzten Jahren wurden Neuverfilmungen im Fernsehen gebracht, in den Fernsehankündigungen und Kritiken zu 'Das Geheimnis der alten Mamsell' vom 30. 7. 1972 wird sie je nach Adressatengruppe intellektuell oder alltäglich angekündigt und bewertet, neue Auflagen ihrer Romane gibt es als Kaufhausausgabe und in einer Nostalgie-Verpackung für Gebildete. S. a. Anm. 30.

[5] Menz, G.: Aus den Schriften der Sächsischen Kommission für Geschichte, Schrift XXXIII, Band 1, Dresden 1930, 117.

[6] Ausführlich dazu Becker, E. D.: " 'Zeitungen sind doch das Beste'. Bürgerliche Realisten und der Vorabdruck ihrer Werke in der periodischen Presse" in: Kreuzer, H. (Hrsg.): Gestaltungsgeschichte und Gesellschaftsgeschichte, Festschrift für Fritz Martini, Stuttgart, 1969, 382–408. Als ausführliche Beschreibung der Lage der Schriftsteller im Zusammenhang mit der Entwicklung auf dem Buch- und Zeitschriftenmarkt: Sinzheimer, L. (Hrsg.): Die geistigen Arbeiter, 1. und 2. Teil, hrsg. im Auftrag des Vereins für Socialpolitik, München 1922, darin bes. Marholz.

[7] Über die Auseinanderentwicklung in verschiedene arbeitsteilige Berufe seit dem Anfang des Journalismus bes.: Baumert, D. P.: Die Entstehung des deutschen Journalismus — Eine sozialgeschichtliche Studie, München/Leipzig 1928.

[8] Haacke, a. a. O. und Langenbucher, W.: Der aktuelle Unterhaltungsroman, Bonn 1964; als ausgezeichnetes Geschichtsbuch speziell für die Entwicklung im Druckereigewerbe: Beier, G.: Schwarze Kunst und Klassenkampf, Band I, Vom Geheimbund zum königlich-preußischen Gewerkverein (1830–1890), hrsg. von der Industriegewerkschaft Druck und Papier Stuttgart 1966.

[9] ADB 15, 530 ff., Zahlen von 1881.

[10] Als ausführliche Biographie Keils neben Proelß bes. Feißkohl, K.: Ernst Keils publizistische Wirksamkeit und Bedeutung, Stuttgart-Berlin-Leipzig 1914. Im Zusammenhang mit Geschichte des Liberalismus die ausgezeichnete Arbeit von Horovitz, R.: Vom Roman des Jungen Deutschland zum Roman der 'Gartenlaube', Diss. Basel 1937.

[11] Keil im Leuchtthurm 1848, s. Feißkohl 42 ff.

[12] Keil im Leuchtthurm 1848, s. Feißkohl 53 f.

[13] Proelß, a. a. O. 30, die Einschränkung ist nötig, weil Proelß einen wörtlichen Dialog bringt, der kaum so exakt überliefert sein wird.

[14] Gartenlaube Nr. 1/1853; die ausführlichen Plannotizen dazu bei Feißkohl, 66 f.

[15] Lt. Feißkohl, 69 die billigste in Deutschland. Zum Preisvergleich siehe Winterscheidt, F.: Deutsche Unterhaltungsliteratur der Jahre 1850–60, Bonn 1970, 113.

[16] Bock und Roßmäßler waren führende Köpfe der Linken in der Paulskirche und danach aktiv im Leipziger gewerblichen Bildungsverein, der durch das Verbot der Arbeiterassoziationen auch Auffangbecken anderer Organisationen war; Bebel arbeitete dort mit ihnen und z. T. auch mit Keil zusammen.

[17] Vornehmlich zuständig für Ausland war F. Gerstäcker, 'Für deutsche Schiffe deshalb die deutsche Flagge, für deutsche Interessen aber eine einige Vertretung Deutschlands' (Proelß 34) war auf diesem Sektor z. B.

eine für den Aufbau der Wirtschaft notwendige Forderung. Außerdem empfahl er z. B. Südamerika dem englischen Australien vorzuziehen.

[18] Einer der wichtigsten Autoren der ersten Jahre war Temme, ehemaliger Oberlandesgerichtsdirektor, der als 'Linker' ins Zürcher Exil geflohen war und von dort historische und kriminalistische Novellen (z. T. aus den Erfahrungen seiner juristischen Praxis) schrieb, die im Gewand scheinbar privater Familienhandlung eindeutig politische und soziale Anspielungen enthielten. Außerdem zu nennen sind F. Stolle und L. Storch; O. Ruppius, der die 1. Fortsetzungsgeschichte schrieb; B. Auerbach, der Begründer des Genres der Dorfnovelle.

[19] Nach Deutsche Buchhändler, Deutsche Buchdrucker, Beiträge zu einer Firmengeschichte des deutschen Buchgewerbes, hrsg. v. R. Schmidt, 3. Band, Berlin 1905, 532.

[20] 1862 kam es wegen der Forderung nach Lohnerhöhung zwischen dem Großteil der Leipziger Gehilfenschaft und den Prinzipalen zu Auseinandersetzungen und Streikdrohungen, die Arbeiter im Druckereigewerbe schlossen sich 1864 an Lasalle an, s. Beier, a. a. O. 341.

[21] Vgl. Lorenz, K.: Die publizistischen Wirkungsmittel der 'Gartenlaube' (1853–1878), Diss. Wien 1951. Die Arbeit ziehe ich nur mit Einschränkungen hinzu.

[22] Derlei Vereine haben zu der Zeit noch eine fortschrittliche Funktion, ebenso die Schillerfeiern, an deren Organisation Keil wesentlich beteiligt war. S. Mayer, G.: "Die Trennung der proletarischen von der bürgerlichen Demokratie in Deutschland 1863–1870" in: Radikalismus, Sozialismus und bürgerliche Demokratie, hrsg. von H. U. Wehler, Frankfurt/Main 1969 (Neuauflage).

[23] Ausführliche Beschreibung dieses Prozesses bei Horovitz, a. a. O. Die spezielle Entwicklung innerhalb der Gartenlaube zeigt: Radeck, H.: Zur Geschichte von Roman und Erzählung in der 'Gartenlaube' (1853–1914), Heroismus und Idylle als Instrument nationaler Ideologie, Diss. Erlangen-Nürnberg 1967.

[24] Nach Proelß 62.

[25] Lorenz, a. a. O. 59; vgl. Gartenlaube 20 (1869) 312.

[25] Lorenz, a. a. O. 59; vgl. Gartenlaube 20 (1869) 312. Feißkohl, a. a. O. 130 f.

[26] Nach Schmidt, a. a. O. 533, der einen zeitgenössischen Korrespondenten zitiert.

[27] Wie sehr Keil an die Tradition der Jungdeutschen anknüpft zeigt Horovitz, a. a. O. 49.

[28] Feißkohl, a. a. O. 66.

[29] Über Kriterien für den Abdruck vgl. Horovitz, a. a. O. 49.

[30] Marlittromane erscheinen in Fortsetzungen. Bausinger zieht die direkte Linie von ihr zu den Groschenheften; Bausinger, H.: "Wege zur

Erforschung der trivialen Literatur" in: Studien zur Trivialliteratur, hrsg. von H. O. Burger, Frankfurt/Main 1968, 22.

[31] Vgl. Marlitts Widmung an Keil in ihrem Roman "Reichsgräfin Gisela".

[32] Brief an Keil, zitiert bei Neckar M.: Nachwort in Marlitts Gesammelten Werken, Band 10, o. J. (ca. 1885).

[33] Potthast B.: Eugenie Marlitt, Diss. Köln-Bielefeld 1926, 14.

[34] Veröffentlichungen des Verlags, Auflagen, Preise in: Gesamt-Verlagskatalog des Deutschen Buchhandels, Leipzig, Münster: Russel, Bd. VII, Teil 2, 219–228.

[35] Vgl. Neckar, a. a. O. 436.

[36] Das Bild wurde vervielfältigt und über Geschenkmappen verkauft.

[37] Eine genaue Analyse dieses Phänomens kann hier nicht dargestellt werden. Die Tendenzen herausgearbeitet hat Radeck, a. a. O.

[38] Mauthner unterscheidet zwischen dem Kotzebue-Typ und dem Marlitt-Typ, 'sie weiß nicht, daß ihr bißchen Eigentum Diebstahl ist', er ist der bewußte Dieb. Mauthner, F.: "Das Denkmal der Marlitt" in: Gespräche im Himmel und andere Ketzereien, München-Leipzig 1914. Es ist jedenfalls lächerlich, ihre Ernsthaftigkeit zum Kriterium der Nicht-Trivialität zu machen, wie es manchmal geschehen ist, da so die Definition zur Erklärung gemacht wird.

[39] Ausführlich bei Potthast, a a. O.

[40] Strecker, G.: Frauenträume, Frauentränen. Über den unterhaltenden deutschen Frauenroman, Weilheim 1969, 24.

[41] "Das ist ein Zug, ein Fluß der Erzählung, ein Schwung der Stimmung und eine Gewalt der Darstellung dessen, was sie sieht und fühlt, — ja, wie sie das kann, bekommen wir alle das nicht fertig. Wir wollen nur nicht ungerecht sein und der Schwächen wegen, die sie auch hat, ihr das wegstreiten. In dem Frauenzimmer steckt was von dem göttlichen Funken ... Es lebt in (ihr) etwas, das viele schriftstellernden Männer nicht haben, ein hohes Ziel; diese Person besitzt ein tüchtiges Freiheitsgefühl, und sie empfindet wahren Schmerz über die Unvollkommenheit in der Stellung der Weiber." Keller in einer Rezension, erschienen im 'Berner Bund', zit. bei Potthast, a. a. O. 13. "... diese Erfolge (der Marlitt) sind ... in der That ... wohlverdient. Die Marlitt ist ein Erzählertalent, wie es noch keine Frau in Deutschland entwickelt hat, sie ist in manchen Dingen wirklich *groß!* Namentlich in zwei Dingen, in der Psychologie des Frauenherzens und in dem, was ich Kolorit nenne." schreibt L. Schücking, zit. bei Neckar, a. a. O. 428.
"Die Sachen von der Marlitt, von Max Ring, von Brachvogel, Personen, die ich gar nicht als Schriftsteller gelten lasse, erleben nicht nur zahlreiche Auflagen, sondern werden auch womöglich ins Vorder- und Hinter-indische übersetzt; um mich kümmert sich keine Katze. Es ist so stark, daß es zuletzt wieder ins Lächerliche umschlägt. Und das rettet

mich, sonst würd' ich leberkrank ...." (Fontane, Von Dreißig bis Achtzig. dtv-Bibliothek 6041, München 1975, 223.)

[42] R. von Gottschall, Herausgeber der 'Deutschen Nationalliteratur des 19. Jh.' und bekannt vor allem als Literaturkritiker und Herausgeber der 'Blätter für literarische Unterhaltung' lobt neben dem 'Talent der Schilderung', dem Stil 'frei von jeder Künstelei' und dem 'tadellosen Ausdruck' vor allem ihre Volkstümlichkeit. "Volkstümliche Teilnahme verlangt entschiedene Liebe und entschiedenen Haß; die halben und schwankenden Charaktere, ... werden nie Anteil wecken". "Wenn sie aber der 'Gartenlaube' nachrühmt, daß sie den Segen einer sittlich reinen, von verknöcherten Dogmen und Formen sich losringenden Weltanschauung ausströme, daß aus ihr der reiche Odem der Menschenliebe wehe, und daß sie mit denen zürne, die nur um ihres persönlichen Vorteils willen nach der Wiederkehr alter verrotterte menschenfeindlicher Institutionen ringen: so hat sie mit diesen Worten auch das geistige Gepräge ihrer eigenen Schöpfungen treffend charakterisiert und diejenige geistige Richtung, durch welche sich dieselben über die bloße Unterhaltungsliteratur erheben, obgleich wir ihnen das Lob nicht versagen können, daß sie zu den unterhaltendsten Werken unserer neuen erzählenden Literatur gehören." Vgl. Neckar, 417.

[43] Vgl. Potthast, a. a. O. 7.

[44] Friedrichs, H.: in: 'Magazin für Literatur des In- und Auslandes' nach Potthast a. a. O. 7.

[45] Engelsing setzt das Interesse der Publizistik an Arbeitern erst in den 70er Jahren an. Sie mußten Licht sparen, hatten keine Zeit und Zugang nur zu Gesangbüchern, Kalendern u. ä. Bei Engelsing auch die detailliertere Beschreibung über intensive und extensive Expansion der Zeitschriften. Engelsing, R.: Massenpublikum und Journalistentum im 19. Jahrhundert in Nordwestdeutschland, Berlin 1966, 76.

[46] Vgl. die ausführliche Beschreibung, Heinrici, K.: Die Zustände im deutschen Colportagebuchhandel, in: Schriften des Vereins für Socialpolitik, Band 79, Leipzig 1899.
Über die 'Zerteilung' der Bücher für diese Vertriebsform vgl. Foltin, H. F.: "Zur Erforschung der Unterhaltungs- und Trivialliteratur" in: Burger, H. O.: Studien, a. a. O.

[47] Brief Keils an S. Kolisch vom 10. 2. 1853, zit. bei Feißkohl, a. a. O. 106 f.

[48] Feißkohl (135 f.) bringt einige Äußerungen Keils, die dessen überhebliche Auffassung von seinen Lesern kennzeichnen.

[49] Vgl. Anm. 16; Bebel berichtet, wie dem Korrespondenten der 'Gartenlaube' der Bericht über den Jubel bei Bebels Jungfernrede im Parlament gestrichen wurde. Bebel, A.: Aus meinem Leben, Berlin-Hannover 1958, 54 f.

[50] Beschreibung dieses Prozesses vor allem bei Horovitz, auch bei Radeck, a. a. O.

[51] Nach Strecker, G., a. a. O. 17.

[52] Eine wunderschöne, genaue und aus der Gegenwart stammende Anweisung für die Autoren von Liebesromanen war abgedruckt in der Frankfurter Rundschau vom 20. 7. 1972.

[53] Für die Weiterarbeit am Thema Trivialliteratur unter historischen Aspekten verweise ich auf die materialreiche Arbeit von R. Schenda mit vielen Literaturhinweisen: Schenda, R.: Volk ohne Buch, Frankfurt/Main 1971.

Peter Demetz

THEODOR FONTANE ALS UNTERHALTUNGSAUTOR

Fontane hat seinen Lesern mehr zu verdanken als seinen Kritikern. Seine Leser haben ihm selbst in den chaotischen Jahren der deutschen Geschichte eine Loyalität von seltener Unverbrüchlichkeit bewahrt, und seine Kritiker sind ihm lange nachgehinkt. Merkwürdig, welcher Mühe (um nicht zu sagen: welcher Ausflüchte) es bedurfte, um seiner besonderen Wirkungskraft nahezukommen: 'Kunst ist nichts, Geheimerat ist alles', diese Klage Fontanes hat ihre fernwirkende Berechtigung — als ob es fast unmöglich gewesen wäre, seine kühle, winterliche, zivile Silberstiftkunst mit den Traditionen der deutschen Prosa in Einklang zu bringen, suchte die Kritik seine besondere Kraft im Stoischen des heiteren Darüberstehens, in den lokalen Tugenden des brandenburgischen Wanderers, in seinen bald versöhnlichen, bald ätzenden Briefen, oder, als ob er wahrhaftig ein sublimer 'Parteischuhputzer' gewesen wäre, in seinen Antizipationen soziologischer Wandlungen. Der kritische Wagen war lange vors Pferd gespannt — alles, alles, um der Konfrontation mit seiner Kunst zu entgehen, die alle anderen seiner Tugenden erst bedeutender und liebenswürdiger macht.

Die jüngste Strategie, die uns von der kritischen Lektüre ins Historische abzulenken versucht, verbindet sich mit dem Gedanken der Verspätung, der Fontanes Eigenart mit der Eigenart der deutschen Verhältnisse zu erklären versucht. In seinem entdeckenden Essay über den späten Fontane (1950) hat Georg Lukács den Gedanken der Verspätung Fontanes energisch skizziert, und ihm ist, mit verfeinerten biographischen Argumenten, Hans-Heinrich Reuter in seiner monumentalen Chronik von Fontanes Leben (1968) gefolgt: Fontanes Verspätung hat es mit der Verspätung sozialer und politischer Entwicklungen in Deutschland zu tun (die allerdings eine eher ideologische als wirtschaftlich-statistische Begründung finden), und Fontane wird erst dort zum Künstler, wo ihn die Wandlungen der Verhältnisse zu einer späten Radikalisierung drängen — der alte Fontane, der radikale Gesellschaftskritiker, der späte Künstler. Aber ich kann nicht glauben, daß Fontanes Romane spät und jäh wie Athene aus dem Haupte Jupiters in die literarische

Entwicklung springen, und ich bin geneigt zu fragen, wen die Verspätung zunächst betrifft. Wer ist der eigentliche Verspätete? Der Schriftsteller oder der Kritiker, der den Roman nicht anders zu definieren vermag als durch klassisch-romantische Normen und deshalb dazu verurteilt ist, ganze Konstellationen der Epik in Deutschland und anderswo zu mißachten oder in verzerrten Konstellationen zu sehen: — als Gestirne, die in seinem Universum nicht sein dürfen? Ich polemisiere nicht gegen Georg Lukács allein (nichts liegt mir ferner als gemeinsame Sache mit jenen DDR-Kritikern zu machen, die sich von ihm nähren, aber auf ihn herabblicken, weil es ihrer Obrigkeit im Augenblick so gefällt), sondern gegen die klassische Perspektive, zu welcher sich die rechten und die linken Hegelianer zugleich bekennen. Fritz Martini und Georg Lukács, Wolfgang Preisendanz und Lucien Goldmann sind nicht politische, aber philosophische Verbündete, und durch ihre einmütige Literaturbetrachtung geistern die Kategorien des Allgemeinen, Typischen und Sinnbildhaften, mit welchem man den deutschen Entwicklungsroman interpretieren darf, nicht aber die Traditionen, die sich von Jane Austen, Thackeray, Balzac, den Jungdeutschen und Fontane herleiten — eben jene Traditionen, die nicht zu Wiechert und Carossa, aber zu Alfred Andersch, Martin Walsers *Ehen in Philippsburg* und Heimito von Doderer führen. Ich habe meine eigene Nagelprobe für die Impotenz der hegelisierenden Romankritik und frage immer, welchen Ort George Eliots *Middlemarch* in ihren Erwägungen einnimmt — nicht von ungefähr, daß ihr Name weder in Martinis noch in Lukács' Realismus-Studien erscheint; und ich staune über die Toleranz oder Ahnungslosigkeit einer Leserschaft, die sich also mit fragmentarischen Gedanken zufrieden gibt. Diese symptomatische Unkenntnis George Eliots, in der Theodor Fontane seinen Lesern nicht vorausging (man lese seine Briefe), ist ein entsetzlich blinder Fleck der deutschen Sensibilität.

Ich glaube, daß die traditionellen Kritiker auf der Rechten und der Linken (und gebärdeten sie sich noch so revolutionär) die vielsträhnige Entwicklung der modernen Epik durch ihre klassisch-romantischen Normen auf eine einzige Linie reduzieren und so unweigerlich dazu getrieben sind, George Eliot zu mißachten und Theodor Fontane als verspäteten Schriftsteller, als Außenseiter, oder gar als erlauchten Kolonisten zu betrachten, dessen französisches Blut (ein ganz besonderer Saft offenbar) zur Erklärung seiner undeutschen Neigung zur Konversationskunst herhalten muß (als ob

nicht Julian Schmidt zehn Jahre vor Fontanes ersten Gesellschafts-
romanen Karl Gutzkow vorgeworfen hätte, seine Epik biete nichts
anderes als substanzlose Konversation). Fatal, die Pluralität der
Genre-Stränge zu ignorieren, die das komplizierte Webmuster der
Weltliteratur bilden und, in einer Apperzeptionsverweigerung eigener Art, immer nur den einen Strang herauszuheben oder ihm alle
anderen blindlings unterzuordnen. Ich halte es nicht mit dem Mo-
nolithischen, sondern mit dem Glauben daran, daß sich das produktive Widerspiel des deutschen Romans im neunzehnten Jahrhundert aus der brüderlichen Feindschaft zweier Schriftstellergrup-
pen herleitet, deren Erfahrungen, Arbeiten und Neigungen deutlich divergieren. Ohne Werturteile zu implizieren, spreche ich von
der Gruppe der *Beamten* und der Gruppe der *Wilden*, die beide ihre
Ansprüche auf unserer Aufmerksamkeit erheben — gegen den ererbten professoralen Kanon der rechten oder linken Germanistik
hegelscher Herkunft, welcher die Beamten entschlossen bevorzugt.

Beamte und Wilde sind, glaub' ich, unterschieden durch ihre
soziale Mobilität, ihr divergierendes Verhältnis zur Entfaltung der
neuen Kommunikationsmittel, und durch ihre ausgeprägte Neigung
zu bestimmten exemplarischen Erzählformen, die sie bald aus der
deutschen, bald aus der englischen oder französischen Tradition
herleiten. Die Beamten unterscheiden sich von den Wilden zunächst
durch ihre geringere gesellschaftliche Mobilität und durch ihren biographischen Zug ins Ländliche, Marktfleckenhafte, Abgelegene und
Provinzielle. Der eine mag in Wien studieren und dem Hause Met-
ternich als Hauslehrer dienen, aber die Sphäre der Nationalpolitik
ist die Seine nicht: die Übersiedlung nach Linz bindet ihn bis zum
Tode an einen ruhigen Ort, ungeheizte Dorfschulzimmer, konzen-
triertes Schreiben, alte Möbel und wunderbare Kakteenblüten; der
andere studiert in Kiel, läßt sich aber bald in seinem ruhigen Ge-
burtsort Husum nieder und kehrt wieder, nachdem ihn die politischen Ereignisse ins ungastliche Berlin und andere preußische Orte
getrieben haben, glücklich ins Husumsche zurück; ein dritter flieht
aus dem lebhaften Stuttgart ins beruhigtere Braunschweig, gründet
den kleinen *Club der Kleiderseller*, und läßt die scheele Welt draußen vorüberrauschen. Die Wilden leben nach einem bestimmten
beweglicheren Prinzip: — sie fliehen die kleinen Orte, arbeiten in
den wachsenden Großstädten, haben wechselnde Jobs, nicht Beru-
fungen, und konvergieren in ihren Lebenswegen in schöner Ein-
mütigkeit nach Berlin: mag der eine (wie Gutzkow) über Stuttgart,

Frankfurt, Paris und Hamburg in seine Heimatstadt zurückkehren; ein anderer (wie Spielhagen) über Magdeburg und Hannover zureisen, oder ein dritter seinen Weg über Swinemünde, Leipzig und London nehmen. Das Urbane ist der Wilden eigentliches Element, die Gesellschaft ihr spröder Nährboden, und die Natur nicht Ozean und Hain, sondern das Meer 'in badeörtlicher Begrenzung' (wie Fontane am 6. März 1889 sagt) und der Wald ein Hintergrund für *Hankels Ablage*. Hier können Familien Kaffee kochen.

Beamte und Wilde haben andere geographische und soziale Erfahrungen; und die Beamten stehen der Entwicklung der neuen Kommunikationsmittel, vor allem nach der großen Wirtschaftskonjunktur der fünfziger Jahre, die auf die verlorene politische Revolution folgt, widerborstiger gegenüber als die Wilden, die buchstäblich auf die Fortschritte des Pressewesens angewiesen sind. Die Beamten sind oft wirklich beamtet und dürfen ihren Dienst im Staat mit dem Dienst an der Literatur verbinden; die Wilden sind zur Literatur verurteilt und müßten verhungern, schrieben sie nicht ihre tagtäglichen Rezensionen, Aufsätze, Romane. Im zweiten Drittel des Jahrhunderts begegnen die Publikationen der Beamten und der Wilden einander gelegentlich in der *Deutschen Rundschau*, aber die Wege bleiben getrennt; die Beamten schrieben noch für Almanache, die den reizenden Namen *Iris* trugen, aber der junge Wilde Gutzkow beginnt seine Arbeit mit seinem *Forum der Journal-Literatur*, und er und die Seinen sind ihr Leben lang abhängig von der Nachfrage der Verleger, den Anforderungen der Zeitschriften, der Laune der Zensoren, und von den Intrigen regierungsoffizieller Pressebüros. Die Beamten freuen sich noch eines altfränkischen Nachsommers vorindustrieller Zeitläufe, während die Wilden, als eigentliche Vorfahren des modernen Schriftstellers, zu gleicher Zeit schon in der Epoche der technologischen Reproduktion leben. Leben? Sie sind in ihr Rad geflochten.

Deutlicher noch die verschiedenen formalen Neigungen der Beamten und Wilden: — die einen bemüht, die Wucht der Erfahrungswelt in einsamen Jünglingsgestalten, humoristischen Arabesken, isolierenden Novellenstrukturen und historisch distanzierenden Perspektiven abzuwehren, die anderen eher geneigt, die Gesellschaft in ihrer unreinen Breite ins Literarische zu holen. Die Beamten suchen das Menschliche durch symbolische Repräsentation in den empfindsamen Protagonisten des Entwicklungsromans zu fassen, der eine Seele mit der Welt konfrontiert; die Wilden haben längst begonnen, den einzelnen als sozialeres Wesen zu sehen und zögern nicht, ihn in Kreisen, Gruppen und Klassen, im Zugleich seiner Existenz mit den vielen anderen, darzustellen. Das heißt, daß die Beamten ihre Vorbilder noch in der klassisch-romantischen Tradition, vom *Agathon* bis Jean Paul, suchen und finden, die Wilden aber eher dazu tendieren, sich an jene guten oder schlechten ausländischen Schriftsteller zu halten, die das Zugleich gesellschaftlicher Zustände nicht ignorieren: an Balzac oder leider Eugene Sue wie Gutzkow, oder an Catherine Gore oder Thackery wie Fontane. Gewiß: die Wilden haben ein geplagtes Gewissen, denn was sie tun, entbehrt jeder traditionellen, öffentlichen, akademischen Sanktion (Spielhagens Theorie des objektiven Erzählens ist ein einziger Versuch, den Gesellschaftsroman durch jene homerisch-statuarischen Mittel zu adeln, die Stifter zu eben gleicher Zeit in seinem *Witiko* praktisch nutzen will), aber Gutzkow und Fontane verlangen nach einer Unwilhelm-Meisterlichen Romanform, welche die Gesellschaft ganz in ihren Horizont einschließt. Ich wünschte, ich wüßte mehr über das wechselvoll skeptische Verhältnis Fontanes zu Gutzkow: dem jungen Apotheker waren die Jungdeutschen 'Haushaltsworte' ('Gutzkows selbst ganz zu schweigen', wie er später bemerkte), in seinem *Alexis*-Aufsatz beruft er sich immer wieder auf Gutzkows kritische Arbeiten, und manche Parallel-Motive in *Die Ritter vom Geiste*, dem ersten Berliner Großstadtroman, und im *Stechlin* sind zumindest Zeugnisse lebhaftester Erinnerung: die Sage vom provinziellen See Stechlin, der in seiner Tiefe mit allen Erschütterungen der großen Welt in Verbindung steht, führt zurück zu dem See am St. Gotthardt-Paß, dem Gutzkow in den *Rittern vom Geiste* die genau gleichen Eigenschaften zuschreibt, und Fontanes süßlich-dekadenter Superintendent Koseleger scheint mir undenkbar ohne Gutzkows Stromer, der mit seiner Theologie nur ästhetisch spielt. Markanter die gleichlautende Forderung Gutzkows und Fontanes nach einem Roman der Vielen, nicht des paradigmatisch einzelnen: Gutzkows Gedanken vom 'Roman des Nebeneinander', der offen gegen die elitären Implikationen des klassischen Helden polemisiert; Fontanes Glaube daran, daß es Aufgabe des Romans sei, 'ein Leben, eine Gesellschaft, einen Kreis von Menschen zu schildern'. In einem Brief an Paul Heyse trifft Fontane gar prinzipielle Unterscheidungen, die Gutzkows Gedanken Zug um Zug aufnehmen: der alte, oder 'Einheitsroman', in welchem man ein 'Menschenleben von seinem Anbeginn an betrachtet'; der neue, der 'Vielheitsroman', der (mit seinen 'Portraitmassen' und 'Episoden') statt des Individuums einen vielgestalten Zeitabschnitt unter die Lupe nimmt. Die Beamten fahren fort, den traditionellen Roman des Nacheinander oder Einheitsroman zu schreiben, aber Gutzkow und Fontane, die beiden wilden Schriftsteller Berlins, sind sich einig in ihren theoretischen Postulaten von einem demokratischen Roman der Kreise, die sich im Zugleich entfalten. Ihre Praxis ist allerdings eine ganz andere Frage.

Die Wilden unter den Schriftstellern des neunzehnten Jahrhunderts, die sich in der neuen Welt der Massenpresse umtun, blicken mit anderen Augen auf ihre potentielle Leserschaft als die Beamten: sie (die Wilden) wissen, daß man in der Zeitschrift *Daheim* (um ein Beispiel zu nennen) Patriotisch-Kornblumenblaues, und in der *Gartenlaube* eher liberale Freiligratherei erwartet. Massenauflage, Konkurrenz, Reproduktion, das besondere politische *Engagement* der einzelnen Zeitschrift — die Moderne des Publikationswesens hat begonnen, und die Frage nach der schriftstellerischen Individualität, die quer durch das neue Beziehungsgesetz schlägt, fordert schwierige Antworten. Ich frage, innerhalb der neuen Situation, nach Fontanes Individualität als einer der Wilden, und sehe mich zugleich mit der Frage nach Kitsch, Belletristik und Literatur konfrontiert: ich kann Fontane als Schriftsteller nicht gerecht werden, solange ich ihn nicht in seiner Verstrickung in die besonderen Publikationsformen seiner Epoche sehe und seinen feinen, aber oft bedrohten Triumph über sie gänzlich mißachte. Theodor Fontane hat die meisten seiner Arbeiten in Familienzeitschriften oder Zeitungen divergierender politischer Färbung publiziert(in *Nord und Süd*, *Daheim*, der *Gartenlaube*, *Universum*, *Über Land und Meer*, oder in der *Vossischen*) und hat auf seine Art Teil an einer Produktionswelt, in der Kitsch, Belletristik und literarische Qualität ineinanderfließen und ihre ungewissen Konstellationen bilden; schwierig zu wissen, wo die Grenzen verlaufen und in welcher Beziehung sie zu Publikationsort, Genre und den Erwartungen der Leserschaft stehen. Ich fürchte, daß ich keine endgültigen Definitionen bereithalte: weder für Kitsch, noch Belletristik, noch den 'dichterischen Roman', für den Friedrich Spielhagen schwärmte. Ich hege nur den vorläufigen Verdacht, daß die Elemente ineinander übergehen, und daß der Kritiker, der es mit Einzelheiten zu tun hat, besser daran tut, Einzelnes zu beschreiben, als sich sogleich auf eine Orthodoxie festzulegen.

Ich durchblättere den Jahrgang 1886 der Familienzeitschrift *Über Land und Meer* (in welcher Fontane eben *Graf Petöfy* publizierte) und lese den Fortsetzungsroman *Schwankende Herzen*, der in seinen thematischen Interessen, in entscheidenden Elementen seiner Erzähltechnik, ja selbst in manchen Lokalisierungen an viele Arbeiten Fontanes erinnert — aber ich frage mich: wo ist die Grenze, die einen Konsumroman wie *Schwankende Herzen* (der Name des Verfassers tut hier nichts zur Sache) von Fontanes *L'Adultera* und *Effi Briest* in ebensolchen Zeitschriften trennt? In der thematischen Anlage verbindet sich *Schwankende Herzen* jener Romanform, die von einem gesellschaftlichen Kreis, nicht von einem paradigmatischen Helden erzählt: Konsulstochter und Assessor, Major Degenhart und Gertrude (ein Mädchen mit *common sense*) bedürfen einiger Erfahrungen ehe sich, nach einem melodramatischen Erlebnis in den Alpen, die vorbestimmten Paare zueinanderfinden. Das erzählerische Verfahren ist nicht unbekannt: die Großstadt, Thale, Wiesbaden, ein Kurort, gerade noch als Lokale angedeutet, aber nicht in spezifischen Lokalfarben präsentiert; die Darstellung szenisch, d. h. in Gesprächen akzentuiert; die Wendepunkte der Handlung von Familieninteressen (Verlobung, Hochzeit und Erbschaft) bestimmt; und das Schluß-Tableau, mit Christbaum, Wiege und *happy end*, reines Saccharin. Entscheidend aber, daß der Erzähler unwillens ist, die Gesetze des *genres*, das Nüchternheit, Alltag und Kontinuität verlangt, folgerichtig zu akzeptieren, und die deutliche Regression zu einer romanzenhaften Melodramatik verrät, die wieder die Sehnsucht nach der Irrationalität märchenhafter Wunscherfüllung andeutet — also Selbstmordversuch und überraschende Rettung aus dem Wildbach; Schiffbruch und plötzliche Wiederkehr; Sturz in den Gletscher und die Rettungsmannschaft auf halbem Wege. In einer Erzählform also, die sonst durch bürgerliche Kontinuitäten konstituiert wird, der Drang zur Aufhebung aller Kontinuitäten: deshalb die symptomatischen Sätze, die sich mit dem Hinweis *Und in der Tat* über die Kontinuität wie spielend hinwegsetzen; rasche Erscheinungen (*er kam in die Tür geschneit*); unerwartete, aber totale Veränderungen ohne jegliche Nuance; das absolute Anders, das ein reizvolles Mädchen hastdusnichtgesehen in eine alte kranke Frau verwandelt; apodiktische Vorgänge, die jeder Zeitlichkeit ermangeln. Eine Erzählform, welche die Rationalität des *genre* nur noch als Fluch empfindet und in die Romanze flüchtet; eine fugenlose Welt, die den Leser mit flachen Versatzstücken umstellt: Regression, Kulisse, Zeit ohne Zeit, Konflikt ohne Konflikt; eine Welt, die mir nichts mehr zu wünschen, aber auch nichts mehr wiederzulesen gewährt. Dr. Pusch, im *Stechlin*, der die 'Normalnovelle' der Familienzeitschriften, von Assessor, Gouvernante, und reicher Erbin, verachtend definiert, hat durchaus recht, das 'Plötzliche' als konstitutive Kategorie des Erzählkitsches hervorzuheben.

Alte und neue Kritiker sind oft geneigt, das Bedeutende allein im Zeitgeschichtlich-Relevanten zu suchen und das Dokumentarische (das allerdings in Bebels Reichstagsreden und im Statistischen Jahrbuch des Deutschen Reiches genauer zu finden wäre als in der Fiktion) als Qualitätsnorm zu postulieren, und ich bin ebenfalls der Meinung, daß episch dargestellte Geschichtlichkeit und schriftstellerische Qualität, in unserem besonderen *genre* in fruchtbaren Relationen stehen; es ist nur die Frage, wie man sie formuliert. Im Kitsch-Roman wird das Gesellschaftliche abgewehrt, weil die Regression zur Romanze alle Kontinuität, Determination und Folge verachtet, und die allmähliche Veränderung der Charaktere und Verhältnisse, wie sie der Realismus impliziert, leichthin überspielt; nichts ist der Kitsch-Attitude des 'Und-mit-einem-Male' angemessener als die mikroskopische Transformation der Figuren und Situationen, wie sie in George Eliots *Middlemarch* alle Intentionen Dorotheas oder des jungen Arztes in den provinziellen Verstrickungen des Zeitalters der Reformgesetze betrifft. Der Kitsch optiert in jedem für den Sprung, oder für das widerstandslose Gleiten durch die Zeiten und negiert die zähe Wucht der Kontinuitäten; wenn in *Schwankende Herzen* (um noch ein letztes Mal zu unserem Beispiel zurückzukehren) der Assessor zum Richter gewählt wird, liegen die Komplikationen des Wahlganges selbst, ganz anders als in *Middlemarch*, gänzlich außerhalb des erzählerischen Interesses, und der eben Gewählte erfährt nur durch einen einzigen Satz des wohlinformierten Bankiers, fast alle Wahlmänner hätten sich mit einem Male für ihn entschieden; fragt nicht, warum und wieso.

Fontanes *L'Adultera* steht der Sphäre des Familienromanes näher als *Effi Briest*, weil der Verfasser noch allzu bereit erscheint, seine Geschichte fast hermetisch gegen die Öffentlichkeit abzuschließen und sich so der Chance zu begeben, das Problem der gestörten Ordnung zwischen den Menschen in mehr als privaten Dimensionen zu prüfen. Fontane hebt das Dreieck van der Straaten, Rubehn, Melanie entschieden aus dem Netz der Gesellschaft heraus und betreibt die Verteidigung gegen das Gesellschaftlich-Veränderliche mit einer Hartnäckigkeit, die jede Verknüpfung mit dem Zeitlichen energisch reduziert; das hat, in diesem Roman, ganz besonders problematische Folgen. Frau, Gatte und Hausfreund sind nach Religion und Herkunft Außenseiter der Berliner Elite: Van der Straaten und Rubehn sind getaufte Juden (der eine holländischer Herkunft, der andere aus dem Frankfurter Ghetto); Melanie de Caparoux Calvinistin und Genferin; und der kleine Gesellschaftskreis, der sich um ihren gastlichen Tisch schart, nicht weniger von den Elite-Zirkeln der Hauptstadt distanziert. Van der Straaten mag einer der 'vollgültigsten Finanziers der Hauptstadt' sein, aber wir wissen auch, daß er 'mehr eines geschäftlichen als eines persönlichen Ansehens' genießt; an der Börse, von der wir als Leser allerdings gar nichts hören, 'galt er bedingungslos', in der Gesellschaft 'nur bedingungsweise'. Die gesellschaftliche Isolation des Ehekonfliktes, der wie mit der Silhouettenschere aus der Berliner Gesellschaft ausgeschnitten erscheint, funktioniert auf vielfache Weise: sie gestattet es Fontane zwar, den dominierenden Charakter van der Straatens in intimen Nuancen zu zeichnen, aber die Isolierung vom Gesellschaftlichen erleichtert es ihm auch, der Regression zur Romanze hin zum Opfer zu fallen (sobald van der Straaten aus dem Gesichtskreis tritt) und raubt ihm überdies die Möglichkeit, den Verlust der Geschichtlichkeit *an sich*, sondern die Abwesenheit einer schriftstellerischen Möglichkeit, den Konflikt durch eine neue Dimension zu nuancieren, zu verästeln, zu verfeinern. Die Vorteile, die das Ungeschichtliche im Hinblick auf van der Straaten bietet, sind mit allzu vielen Verlusten für das Ganze des Romans erkauft.

Daß Fontane in *L'Adultera* der Regression ins Romanzenhafte allzu bereit zum Opfer fällt, bedarf weniger Beweise. Als Erzähler ist er vor allem an van der Straaten interessiert, und sobald Rubehn in Melanies Leben an seine Stelle tritt, d. h. in der Mitte des Romans, ändert sich Fontanes Ton, sein Erzähltempo, seine Sehnigkeit, und die zweite Hälfte des Buches sinkt rasch in die Sphäre der Familienzeitschrift zurück. Die Kritik hat Melanie oft mit Ibsens Nora verglichen, aber Fontane selbst hat Nora die 'größte Quatschliese' genannt, die je 'zum Publikum gesprochen hat'; wenn Melanie auch mehr Grazie als artikulierte Klugheit besitzt, sie bleibt ähnlich skizziert wie Rubehn, der jüdische Reserve-Leutnant des 5ten Dragoner-Regiments, der sich den konservativeren Abonnenten der Zeitschrift *Nord und Süd* durch das Eiserne Kreuz

empfiehlt, das er 'für Chartres und Poupry empfangen'. Ich fürchte
nur, Fontane läßt uns nicht lange im Zweifel über die mangelnde
Sympathie für die beiden Liebenden, denn sie sind beide Wagner-
Enthousiasten und sie finden sich in Palmengarten und des Zau-
berers sinnlich übersteigerter Musik, die sich in Fontanes kühlerer
Sensibilität seit jeher mit dem Geruch ungelüfteter Wäsche verbindet (man lese den Bericht über seine Abenteuer im Bayreuther
Festspielhaus). Ich verdächtige Fontane, daß er einen raschen Ausweg sucht und den billigsten für eben recht hält: Melanie als Mär-
chenprinzessin, die selbst als plötzlich verarmte Sprachlehrerin und
Gattin des Auslandskorrespondenten Rubehn (nach dem Bankrott
des Frankfurter Hauses) ein reizvolles Appartement mit guter Ad-
resse ihr eigen nennen darf, vom Personal ganz zu schweigen. Melanie und Rubehn (um Fontane selbst in einem anderen Kontext
zu zitieren) 'tun nach Fleisch und Blut, man könnte sogar sagen,
ganz gehörig, aber sie haben nicht Fleisch und Blut'. Wir sind, in
dieser zweiten Hälfte des Romans, mit jener Neigung konfrontiert,
die allen Widerstand umgeht oder ihn leichthin überspielt; verräterisch die 'Simplizitätssprache' (ich folge Fontanes Wort vom
24. August 1882), die in *Grete Minde* oder *Ellernklipp* zu Recht
dominierte und nun herhalten muß, um das A-Kausale, Inkonse-
quente und Melodramatische als glaubhaft zu empfehlen. Die Zeit,
die soviel zähen Widerstand birgt, wird ins widerstandslos Flie-
ßende aufgelöst: 'und so vergingen Wochen', heißt es ein um das
andere Mal in den Eingangsparagraphen des zweiten Teils, 'und
nun kam der Tag heran'; 'und so verging der Sommer'; 'und bald
sollte es sich herausstellen'; 'und nun folgten idyllische Wochen' . . .
Im Grunde hat der ernste Erzähler längst aufgegeben, und das
Schluß-Tableau sinkt ins Auswechselbare hinab: 'Und sie umarm-
ten sich und küßten sich, und eine Stunde später brannten ihnen
die Weihnachtslichter in ungetrübtem Glanz'. Wie heißt es in
Schwankende Herzen, Über Land und Meer, Jahrgang 1886:
'Wieder brannten die Weihnachtskerzen und dieselben Personen wie
vor einem Jahr waren daselbst zur Feier versammelt. [Sie] warf
sich an ihres Mannes Brust und hielt ihn für eine Weile lang um-
schlungen.'

Fontane selbst sah die Gefahr wohl sehr genau, die in der illegitimen Mischung des Realistischen, d. h. der Kunst der zähen Widerstände, und des Romanzenhaften, d. h. der Wendung ins Widerstandslose, hervortritt; leider nicht selbstkritisch in bezug auf

L'Adultera, sondern in seinen Bemerkungen zu Kellers *Romeo und Julia auf dem Dorfe*. Er bemerkt, die Wirkung der Geschichte sei beeinträchtigt, weil die 'erste Hälfte ganz im Realismus, die zweite Hälfte ganz im Romantizismus steckt'; die zweite Hälfte, eben weil alles 'Harte und Störende' wegfällt, gerät aus einer 'mit realistischem Pinsel gemalten Wirklichkeit in romantische Sentimentalität', aus der Sphäre des niederländischen Realisten Ostade in die allzu seraphische Manier der Düsseldorferei. 'Eine auf den ersten 50 Seiten realistische Geschichte darf auf den letzten fünfzig nicht romantisch sein' — das gilt für Fontanes *L'Adultera* mehr noch als für Kellers Novelle. Ich wollte aber *L'Adultera* nicht missen, gerade sie nicht, denn ich kenne keine andere Arbeit Fontanes, die uns sein schriftstellerisches Verfahren, in welchem er die Konsum-Formen der wilhelminischen Familienzeitschriften allmählich ins Literarische verwandelt, in deutlicheren und widersprüchlicheren Ergebnissen vor Augen führte. In seiner noch belletristischen L'Adultera (die mit van der Straaten ganz der Literatur, und mit Rubehn und Melanie ganz dem Konsum gehört) treffen wir, im Augenblick des Überganges, auf das bewegliche Zentrum seiner technischen Arbeitsprozesse.

Die Welt Effi Briests unterscheidet sich von der Sphäre Melanies durch das feinmaschige Element der Öffentlichkeit, das jeder sentimentalen Neigung des Erzählers (noch gelegentlich im berühmten Ausruf: *Arme Effi!* hörbar) mit Kraft entgegenarbeitet. Der Konflikt innerhalb der Ehe verbindet sich in dem amtlichen Ehrgeiz Instettens mit den unsichtbaren Spannungen des Gesellschafts- und Staatsganzen; die privaten Konflikte werden den öffentlichen Normen prüfend ausgeliefert. Effi ist nicht Gattin eines *outsiders*, der in der Gesellschaft nur bedingungsweise gilt, sondern die Frau des Landrats und späteren Ministerialdirektors, der in seinen Entscheidungen auf gesellschaftliche Erwartungen, und auf seinen Chef Bismarck, Bedacht nimmt; der preußische Staat, das 'Gesellschafts-Etwas', ist noch in Effis Schlafzimmer anwesend. Ich veranschlage den dokumentarischen Gehalt des gesellschaftlichen Elementes in *Effi Briest* sehr gering, aber seine ästhetische Funktionalität sehr hoch. Instettens Charakter hat Nuancen, die van der Straaten fehlen; und er tritt im letzten Drittel des Romans als dominierende Gestalt am Rande der Tragödie hervor; nichts wäre verfehlter (aber auch verständlicher), wollte der Leser seine Sympathie ganz Effi zuwenden und Instetten beiseite drängen. Instettens Ehrgeiz ist seiner jungen Gattin nicht immer willkommen; die kleine Episode unmittelbar nach der Ankunft des eben vermählten Paares auf dem Kessiner Bahnhof (da Instetten auf seiner Fahrt in den Ort in Golchowskis Wirtschaft anhält, um sich dem einflußreichen Wirte mit einem Blick auf die nächsten Landtagswahlen populär zu machen) sieht der Erzähler durch die Augen Effis; Instetten offenbares Bestreben, sein Spukhaus als Empfehlung nach oben (leitende Beamte haben ein Recht auf Sonderbares) und als pädagogischen 'Angstapparat' gegen Effi zu nutzen, wird von Crampas geradezu im Auftrag des Autors kritisiert; und Fontanes Erzählung von einem der langen Kessiner Winterabende und der ehelichen Intimität im Hause Instetten verrät Abgründe von Antipathie — der nervöse Instetten am Klavier, Wagner improvisierend (man weiß nicht genau, ob seine Stellung zu Wagner wie die zur Judenfrage von amtlichen Rücksichten diktiert wird) und, in einigem Kontrast zum Eros der Musik, einige 'müde Zärtlichkeiten', die Effi gerade noch über sich ergehen läßt; wir bedürfen keiner Ausführlichkeiten. Aber Fontane ist durchaus nicht gesonnen, die Ambivalenz des Charakters zu opfern und arbeitet sie durch die gesellschaftliche Episode nur noch schärfer heraus; so anläßlich der Weihnachtsfeier im Hause des Oberförsters Ring, wo man den billigsten Hurrah-Patriotismus zu den heiligsten Gütern der preußischen Nation zählt, während der weltläufigere Instetten nur kühl und spitz bemerkt, 'in anderen Ländern [hätte] man was anderes'. Den patriotischen Gästen ermangelt des Organs für Instettens nadelfeine Ironie.

In seiner berühmten Dissertation über die Beziehungen des Ästhetisch-Schönen zur Wirklichkeit, die sich nicht weniger scharf gegen den Idealismus wendet als Fontanes *Realismus-Essay* von 1853, polemisiert Nikolai Gavrilowitsch Tschernyschewski gegen die Konzeption des Tragischen, wie sie die Späteren und (wie er meint) ganz anderen von den Griechen übernommen haben, und argumentiert gegen ein Bild des Schicksals, welches das Welt-Ganze als eifersüchtige, jähe zornige Kraft impliziert. Ich muß gestehen, daß mir Tschernyschewskis Polemik gegen das eifersüchtige Ganze eben jenen Gedanken nahelegt, der mich vom Tragischen in der Erfahrung Instettens überzeugt. Tschernyschewski wendet sich gegen eine widersinnige Konzeption, in der sich der Mensch eben durch jene Mittel in Frage stellt, die ihm seine sinnvolle Existenz bewahren sollen; was ihn schützen soll, zerstört ihn — wie eine Waffe, die sich gegen ihn kehrt. Tschernyschewski illustriert seine Polemik durch den Aufriß einer Parabel von einem Reisenden, der sich gegen die Gefahren der Fremde schützen will, indem er ein ganzes Arsenal von Arzneiflaschen in die Seitentaschen seiner Kutsche versenkt — auf der Reise aber stürzt der Wagen um, die Flaschen zerbrechen, der Reisende stürzt mit der Schläfe auf die Glassplitter, verletzt eine Ader, und blutet zu Tode. Das Tragische ist nicht ohne das Widersinnige: wie der russische Reisende, der sich durch seine Medizinflaschen gefährdet, stößt sich Instetten eben an jenen bewahrenden Normen wund, die er sehend wählt, um seine geordnete Existenz zu bewahren. 'Im Zusammenleben mit den Menschen hat sich ein Etwas ausgebildet, das nun mal da ist und nach dessen Paragraphen wir uns gewöhnt haben alles zu beurteilen, die anderen und uns selbst' — so sagt Instetten, er entscheidet sich für die gesellschaftliche Norm, über deren Relativität er sich keiner Täuschung hingibt, tötet Crampas, treibt Effi in lieblose Einsamkeit, in der sie dahinsiechen muß, und erkennt endlich schaudernd, daß sich die Norm gegen ihn gekehrt und seinen Ehrgeiz im Gesellschaftsganzen jeden Sinnes entleert hat: 'Mein Leben ist verpfuscht ... nichts gefällt mir mehr; je mehr man mich auszeichnet, je mehr fühle ich, daß dies alles nichts ist.' Er, der sich für das große *Etwas* entschieden hat, um sich zu erhalten, hat kein anderes Wort als das wiederholte *Nichts Nichts*.

In meinen Bemerkungen über den Roman der Familienzeitschriften habe ich davon gesprochen, daß es die blanke Eindeutigkeit ist, die den Text zum Trivialen hindrängt: in *L'Adultera* und *Effi Briest* jedenfalls unternimmt Fontane wechselnde Versuche, der Konvention Widerstand zu leisten, der plakathaften Eindeutigkeit zu begegnen, und durch ein Element des Porösen unsere Imagination zu immer neuem Spiele zu reizen. In Melanies Geschichte manipuliert das Motiv von Tintorettos Bild *L'Adultera* noch auf naive Art und zwingt das Motiv zu einer Funktionalität, die es nicht zu erfüllen vermag. Der Roman ist zerspalten und die Wiederkehr des Motivs in Kapitel 2 und 22, am Anfang und Ende also, kann den Zwiespalt nicht lösen; problematischer noch, daß der Erzähler selbst jeder Transparenz des Motivs entgegenarbeitet und uns seine genaue, allzu genaue Deutung aufoktroyiert. Der noch unerfahrene Erzähler stößt uns mit der Nase darauf, daß Tintorettos Bild van der Straatens Fatalismus und Melanies Apologie ('... es war soviel Unschuld in ihrer Schuld') enthält; das, und durchaus nichts anderes mehr. Fontane war seinem Kritiker Joseph Viktor Widmann rechtens dankbar, im Chinesen den Drehpunkt in der Geschichte Effis erkannt zu haben, denn das Motiv trägt Entscheidendes dazu bei, jeder Tendenz zur emblematischen Eindeutigkeit entgegen zu arbeiten, das Poröse des Romans zu entfalten und den Leser zu immer neuen Dechiffrierungen des Textes zu bewegen; vielleicht ist es eben dies unbefriedigte, nach immer neuen Antworten verlangende Wiederlesen, das die Gegenwart literarischer Qualitäten anzeigt. Nicht *eine* Figur, die nicht ihre eigenen Gedanken über den jungen chinesischen Diener des Kessiner Kapitäns Thomsen hegte; nicht eine, die sich nicht fragte, warum der junge Chinese dahinkrankte und starb, nachdem die Nichte Thomsens am Vorabend ihrer Hochzeit mit einem anderen Kapitän noch einmal mit ihm getanzt und dann für immer verschwunden war; nicht eine, die nicht auf das Grab des Chinesen blickte, das dicht an der Umfriedung des christlichen Friedhofs, aber nicht innerhalb seiner Grenzen, zwischen Immortellen und Strandhafer liegt. Der Chinese konfrontiert sie alle (einschließlich Crampas, der sich zuerst an seinem Grabe duellieren will, aber dann den melodramatischen Gedanken von sich weist) mit der Realität eines Lebens und eines Todes, das sie zu entziffern suchen. Die Dienstmagd Roswitha, deren Kind verhungerte, mag der Wahrheit nahekommen, aber auch sie vermag ihre instinktive Einsicht nur in einer wiederholten Frage aussprechen: war es unerfüllte Zuneigung, die den jungen Chinesen tötete — oder die glücklichste Erfüllung, die keine Zukunft besaß? Was immer die Antwort auf diese Frage sein mag, der junge Chinese war einer, der nicht wie die anderen Kessiner in lauter Halbheiten lebte und deshalb das Halbe, Brüchige und Fragmentarische im Leben Effis und der anderen um so unabänderbarer zur Enthüllung drängt. Mit ihm, der keine Frage beantwortet, stehen sie alle in Frage.

Ich habe eingangs gegen den Gedanken der Verspätung Fontanes polemisiert — nicht um noch einmal ins historisch Vergangene abzulenken, sondern um zur Gegenwart in Fontanes Handwerk hinzuleiten. Fontane erscheint nur *dem* Beobachter in historischer Verspätung, der die gesamte Literaturgeschichte einer verspätet klassisch-romantischen Norm unterordnet, wie sie im deutschen Entwicklungsroman lange und strahlend dominiert; — erscheint aber Fontane im Kontext anderer Romanformen, wie sie in der Entwicklung außerhalb Deutschlands mit einiger Ausschließlichkeit zutage treten, fügt er sich plötzlich als legitimes Glied in eine europäische Kontinuität, die Jane Austen und Balzac, die Jungdeutschen und Spielhagen, Thackeray und George Eliot, Henry James und Doderers *Die Dämonen*, das tiefblickendste Buch unserer Epoche, in deutlichen Zügen verbindet — das Unwiederholbare zugleich mit dem Wiederholbaren, denn diese Romantradition verwirklicht sich in der Arbeit der Elite und zugleich im täglichen Konsum der Familienzeitschriften und der Fortsetzungspresse. Fontane zählt nicht zu den Beamten, sondern zu den Wilden, sagte ich: zu jenen irregulären und von der akademisch-idealistischen Wissenschaft lange ignorierten Schriftstellern, die durch ihre lebhafte soziale Mobilität, durch ihr intim-bitteres Verhältnis zur Publikumsmaschinerie, ihr Verlangen nach einem einkreisenden Gesellschaftsroman des Zugleich, der Epoche der Großstädte, der Technologie und des beginnenden Massenkonsums eher angehören als die Beamten in ihrem schon vergeblichen Arkadia. Aber weil er diesem anderen, dem Kontext des Konsums angehört, drängt sich in jeder kritischen Charakteristik Fontanes die Frage nach Kitsch, Belletristik und Qualität mit neuer Schärfe auf; er selbst hat ja immer wieder gefragt, welche seiner Arbeiten sich über die Sphäre des alltäglichen Gebrauchs erheben würden. In alten Familienzeitschriften blätternd, habe ich diesen Horizont der Alltäglichkeit zumindest von ferne zu umreißen und zu zeigen versucht, wie sich der Kitsch der wilhelminischen Familienzeitschrift dem *genre* durch eine Regression zur Romanze entzieht, und wie sich Fontane in *L'Adultera* über eine beletristische Stufe (auf der sein Roman noch auseinanderklafft) triumphierend zu *Effi Briest* erhebt, in der die Welt als Gesellschaftlichkeit jeder potentiellen Regression entgegenarbeitet, und die Ambivalenz der Charaktere, der 'chinesische' Drehpunkt zur Geschichte, und die listig arrangierten Unvereinbarkeiten des Trostgespräches dem bloßen Zeitbild der Wilhelminischen Epoche zu unverhoffter Dauer verhelfen. Der Schriftsteller Fontane mag den Gesellschaftsroman der Familienzeitschriften in Lehm und Stroh gefunden haben, aber er hat ihn, in Marmor, feinkörnig, verlassen.

Volker Klotz

DIAGNOSTISCHE BEMERKUNGEN ZUM BÜHNENSCHWANK

am Beispiel von Labiche, Feydeau, Schönthan, Arnold/Bach und anderen[1]

1. Paradesituation

Mindestens einmal spielt jeder Schwank die folgende Situation aus: Ein Mann allein — manchmal auch gemeinsam mit einem Freund — tanzt und hüpft übermütig herum. Ein wohlgepflegter Bürger im wohlgepflegten bürgerlichen Wohnzimmer. Was sich da Luft macht, ist gestaute, öffentlich verhohlene Freude auf etwas, das ihm bevorsteht oder über etwas, das er hinter sich gebracht hat. Überraschend, zunächst auch unbemerkt, kommt (s)eine Frau ins Zimmer. Der Ertappte ist zu sehr im Schwung, um innehalten zu können. Nach einer erstarrten Schreckfermate — wie beim Kippunkt der Schiffschaukel — steuert er ruckartig sein Ungestüm in die physiognomische Gegenrichtung. Statt Lust soll sie Unlust ausdrücken, statt Mutwillen Nötigung. Etwa einen Hustenanfall oder Magenkrämpfe; Abwehr eines lästigen Insekts oder Auffangen einer wertvollen Vase, die vom Schrank zu fallen droht. Der Überraschte strengt sich also an, seiner inneren Bewegung, die sich verdächtig nach außen entladen hat, rückwirkend einen unverfänglichen Beweggrund zu unterschieben. Anstelle des beglückenden einen verdrießlichen Auslöser herbeizumimen, fällt ihm deshalb nicht schwer, da er, erwischt, sich ohnehin jetzt unbehaglich fühlt. Ob ihm der Gestikulationsschwindel gelingt, ob er den weiblichen Eindringling tatsächlich täuschen kann, bleibt ihm indes ungewiß. Denn die Frau läßt sich nichts anmerken, weil sie selber eine Taktik verfolgt, die gleichfalls Tarnung nahelegt.

In dieser Paradesituation ballen sich auffällige Momente von Bühnenschwänken. Sie deuten an, was derlei Stücke allenthalben in Gang hält. Sie umreißen den Spielraum dessen, was die Hauptbeteiligten können, wollen, sollen, müssen, dürfen — und wie sie sich im Hin und Her dieser Modalschübe verklemmen.

Die Situation läßt wenigstens ahnen: Hier formieren sich widerstreitende Interessenfronten nach Geschlechtern. Austragsort ist das bürgerliche Heim, dem die umwegige Strategie entsprechen mag.

Offenbar gilt es weniger, für sich selber etwas zu erreichen, als das
Vorhaben des andern zu hintertreiben. Die männliche Partei hat
etwas zu verbergen, das die weibliche gerade herausbringen will.
Solches Verhalten hängt vermutlich mit gemeinsam anerkannten
Normen zusammen, die Lust und Ausgelassenheit allenfalls heimlich, offen hingegen nur gemessenes oder mißvergnügtes Gebaren zu-
lassen. Ebenso unfreiwillig folgt die männliche Partei der quasi physikalischen Schwungkraft ihres eigenen Trieblebens, die sie not-
dürftig umlenken, nicht aber beherrschen kann. Schließlich prägt
sich, was da geschieht, den Zuschauern schon als körperlicher Vorgang nachdrücklich ein, Sprache kommt zweitrangig hinzu.

Wie es mit diesen Momenten steht, wie sie zusammenhängen,
und was sie besagen für die Leute auf und vor der Bühne, das sollen jetzt zwei französische und zwei deutsche Beispiele verdeutlichen: Labiches *Celimare le bien-aimé* (1863), Feydeaus *Le Dindon*
(1896), Schönthans *Der Raub der Sabinerinnen* (1885), Arnolds und
Bachs *Die vertagte Nacht* (1924). Von da aus werden weitere Eigenschaften des Bühnenschwanks in den Blick kommen, die dann auch
allgemeinere Schlüsse aufs gesamte Genre, seine Hersteller und
Verbraucher erlauben.

Der vielgeliebte *Celimare*, etwas runtergelebt, heiratet eine 18jährige.
Sein Geld macht ihn den Schwiegereltern leidlich. Doch er kommt ins
Gedränge, vor ihnen seine bewegte Vergangenheit zu verbergen. Die
sucht ihn unentwegt heim in Gestalt der ahnungslos betrogenen Ehe-
gatten seiner vormaligen Geliebten, die ihm in klettenhafter Männer-
freundschaft anhängen. Celimare, der endlich ein geruhsames Ehe-
leben ersehnt, kommt stärker außer Atem als zuvor. Er durchrast die
stille Wohnung, um kompromittierende Treffen, Funde, Entdeckungen
zu unterbinden; er überhetzt seine Fantasie, um durch aberwitzige
Mystifikationen die Rolle jener bedenklichen Vorlebens-Partner zu
verunklären. Als ihn die beiden Freunde gar noch im verheimlichten
Flitterwochenasyl aufspüren, durchhaut er mit einem Schlag die be-
sitzergreifende Anhänglichkeit: Er sei bankrott und brauche Hilfe.
Damit ist er sie los. "Man kann von seinen Freunden alles verlangen und alles bekommen. (beiseite) Sogar die Ehefrau. Aber wehe,
man will ihnen an den Geldbeutel." Jetzt kann Celimare in Frieden
ruhn, bei seiner jungen Frau, flankiert von seinen garstigen Schwiegereltern.
Dindon = Geprellter, ist jeder der Beteiligten: zweimal zwei gut si-
tuierte seitensprunglustige Ehepartner samt potentiellem, aber po-
tenzbegrenztem Gefolge. Pontagnac verfolgt eine Dame in ihr
Haus, wo er merkt, daß sie die Frau seines alten Freunds Vatelin ist

— was ihn freilich nicht bremsen kann. Vatelin wird derweil von seinem liebestollen englischen Ex-Gspusi zum Stelldichein erpreßt. Sie ist justament die Gattin eines Klienten, den Vatelin als Scheidungsanwalt vertreten soll. In kunterbunten Verwirrungen und Fehldeutungen trifft jeder auf jeden im Absteigehotel. Dort entdecken Vatelins und Pontagnacs Frauen ihre Männer in verdächtigen, allerdings schuldlos unschuldigen Lagen: in falschen Zimmern bei ungewollten Partnern. Der begehrte Rache-Akt der eifersüchtigen Damen mit einem unverheirateten Verehrer geht ebenfalls ins Leere. Der nämlich, soeben der langen Nacht mit einer Kokotte entwunden, ist außerstand. Nichts bleibt ihnen übrig als die großzügige Versöhnungsgeste. Bis auf weiteres.

Der Raub der Sabinerinnen: so heißt die Römertragödie, die der kleinstädtische Gymnasialprofessor Gollwitz einst geschrieben und seitdem nur heimlich hervorgeholt hat. Theaterdirektor Striese, mit seiner Wanderbühne gastierend, verspricht sich von der Uraufführung eine Sensation. Geschmeichelt, aber auch befremdet von den rüden Praktiken der Schmiere, vor allem aber momentan waghalsig — weil seine reputationsversessene Frau gerade in Kur ist — sagt Gollwitz zu. Als sie unerwartet früh heimkehrt, müssen Strieses Person und Zweck im Haus umgefälscht werden. Die resolute Dame zieht daraus weitere, abwegige Schlüsse, die auch noch den harmlosen Schwiegersohn in grundlose Verdächte bringen. Auf dem Höhepunkt schlägt das Betrugsmanöver um in vorläufige Katastrophe, als Frau Gollwitz gleichzeitig das Falschspiel entdeckt und erfährt, daß das Stück ausgepfiffen wurden "Blamiert hast du dich — und uns vor der ganzen Stadt. — Das verzeihe ich dir nie!" Schließlich jedoch stellt sich das alte Gleichgewicht im Professorenhaushalt wieder her, wenn bekannt wird, der skandalöse Theaterabend sei doch noch zum Erfolg geworden. Strieses patente Gattin und Mitprinzipalin hat — was Frau Gollwitz vorerst nicht erfährt — einfach den Schluß der "Sabinerinnen" durch die letzten Akte eines beliebten Familienstückes ersetzt.

Die vertagte Nacht ist die Hochzeitsnacht von Emil Dobermanns — Getreidemittel en gros — weltfremdem Gelehrtenschwiegersohn. Zufall brachte ihn auf der Hochzeitsreise ins verkehrte Hotelzimmer und damit in den Ruch erotischer Nebentätigkeit. Daß er nachts darauf, wieder zuhaus und beinah rehabilitiert, erneut in die gleiche Lage gerät, verdankt er dem pfiffigeren Bräutigam von Dobermanns anderer Tochter. Der nämlich benutzt das Appartement des Gelehrten, um dort heimlich bei Sekt seine Geliebte zu verabschieden. Diese Tingeltangeldame hat es auch dem alten Dobermann angetan, der, gleichfalls zum Rendezvous ins Appartement des Schwiegersohns schlüpfend, unverhofftes Wiedersehen mit einem längst verjährten Seitensprungziel feiern kann. Lauter Männer mit echtem oder falschem

Dreck am Stecken finden sich in diesem zweckentfremdeten Lokal ein und werden prompt dabei von ihren zuständigen Frauen erwischt. Nachdem nachweislich nichts geschehen ist, zudem alles in der Familie bleibt, und nachdem Dobermann auch noch seine unerbittliche Frau ihrerseits in eine trügerisch zwielichtige Lage hineingelistet hat, ist die weibliche Partei zu Aussöhnung ebenso total bereit, wie sie eben noch totalen Bruch verlangte.

2. Geschlechterfronten im bürgerlichen Heim:

ihre dramaturgische und ideologische Faustregel haben sie im Schema der bürgerlichen Familie, das jeder Schwank als unverzichtbare und unangefochtene Spielgrundlage beansprucht. Hieraus entstehen die immer gleichen Streitigkeiten, und hierin auch finden sie ihre immer gleichen Schlichtungen. Wenn die stereotyp gestanzten Geschlechterfronten des Schwanks weithin bis heut noch vom Publikum begrüßt werden, so deshalb, weil sie trotz monströsem Schematismus nicht aus der Luft gegriffen scheinen. Als Karikatur gehen sie von Vorhandenem aus, auch wo sie sich weit davon entfernen. In mechanischer Versimplung halten sie sich an die vorherrschende Rollen- und Resortverteilung in der bürgerlichen Familie und damit an ihre ökonomischen Voraussetzungen. Solang die andauern, bei allen geschichtlichen und politischen Abwandlungen, ernten Schwänke begründetes Gelächter.[2]

Wie stehen die Geschlechterfronten in den vier skizzierten Beispielen? Grob gesagt: die Männer sind hinter den Frauen her,[3] und die Frauen sind hinter den Männern her. Ein Hinterher, kein Gegenüber. Also kein gleichartiges und gleichgewichtiges Verhältnis, sondern eins, das den beiden Parteien ungleiche Bedingungen stellt. Je weiter das Bühnengeschehen fortschreitet, desto schroffer klaffen sie auseinander — bis sie beim fälligen Versöhnungsschluß im Interesse beider Parteien zwangsvereinigt werden.

Auf dem Grundriß des Familienkreises setzt der Schwank die Männer in zentrifugale, die Frauen in zentripetale Bewegung. Hierbei kommen die gegenläufigen Ziele, Gründe, Gelegenheiten, Waffen und Machtpositionen zum Vorschein. Ziele: die Männer gehen auf fremde Frauen aus, die Frauen auf die eigenen Männer; die Männer auf kurzfristige Abenteuer, die Frauen auf dauernde Sicherheit. Gründe: die Männer lechzen nach neuer Erfolgsbestätigung, die Frauen krallen sich ans Altbewährte. Gelegenheiten: die Männer, außerhalb tätig, finden Partner, Orte, Vorwände für ihre Eskapaden; die Frauen, ans Haus gebunden, sind bei ihren Gegenmaßnahmen auf Hörensagen und Indizien angewiesen. Waffen: die Männer setzen Lügen ein, die Frauen moralische Erpressung. Machtpositionen: die Männer sind materiell, die Frauen ideologisch überlegen. Wie es kommt, daß dennoch die Männer im Schwankfinale klein beigeben, wird sich noch zeigen.

Unverkennbar jedenfalls rührt sich hier das bürgerliche Familienschema. Der Schwank macht ihm Beine. Komisch krumme, lügenhaft kurze, mit denen es über die Bühne stolpert und stürzt; doch sie sind stämmig genug, um sich unbehelligt am Ende aufzurichten und einzustehen fürs einzig Nützliche. Genau genommen ist es das Schema des Mittelstands seit 1848, der nach manchem Auf und Ab erst in der Krise von 1929 durcheinander geriet. Es regelt die zentrifugalen und zentripetalen Bewegungen des Schwanks durch seine besondere Geschlechterrollenverteilung.

Der kleinere Unternehmer, der Aktieninhaber, der Arzt, der Rechtsanwalt, jeder macht eine gute Partie, um seinen Besitzstand zu festigen und auszubauen. Immaterielle Werte der Frau, wie Anmut, Schönheit, Witz, werden gern in Kauf genommen. Denn sie fördern, zusätzlich zum persönlichen Vergnügen, das öffentliche Ansehen, was mittelbar sich wiederum auszahlt. Mit dem, was die Frau hat, geht auch das, was sie ist, an den Ehemann.

Als Ersatz für die Domestikation kommen ihr in der Familie Aufgaben zu, deren Alternativlosigkeit aufgeschönt wird durch den Glanz eines Ehrenamtes: Pflege von Nachkommen, Aufsicht über Gesinde und Hausrat, Anordnung des leiblichen Wohls und des heimischen Milieus. Und als Ersatz für wirtschaftliche, rechtliche, sexuelle Unterjochung wird ihr eine Machtstellung eingeräumt. Wie der Mann den Besitz, verwaltet sie die Moral. Daß solche Zuständigkeit keinem bloßen Überbaugespinst gilt, sondern greifbarem Nutzen, folgt aus den Verkehrsformen dieser Gesellschaftsschicht überhaupt. Die Sittsamkeit aufrecht erhalten heißt zugleich den Besitzstand aufrecht erhalten. Materielle und sexuelle Ausschweifung verstößt mindestens gegen zwei bürgerliche Kardinaltugenden: gegen Sparsamkeit und Vertrauenswürdigkeit. Vergeudet der Hausherr Geld und Potenz außer Haus, so schädigt er beides: das private Eigentum und den öffentlichen Kredit.[4] Wer Ehen bricht, wird auch andere Geschäftsverträge brechen.

Hieraus erklärt sich, warum die Männer in den Schwänken am Ende klein beigeben. Sie wissen, daß die Ehefrauen weniger ihre persönliche als die allgemeine Moral ihrer Klasse vertreten. Und daß der Mittelständler gut beraten ist, seinen unmoralischen Neigungen künftig nicht oder noch heimlicher nachzugehen. Seine Fleischeslust könnte ihm sonst ins eigene Fleisch schneiden, wos am wehsten tut: beim Kapital.

Der Schwankschluß, der die Geschlechterfronten zur einhelligen Phalanx plattquetscht, verkündet den endgültigen Wert. Beide Parteien, triumphierend die eine, zerknirscht verschmitzt die andere, preisen das sichere eheliche Eigentum. Die halsbrecherischen Seitensprunggruben sind abgedeckt. Sie liegen zurück und außerhalb des bürgerlichen Heims. Sie sollen, so bekennen die Lippen des Hausherrn, auch fortan ausgeschlossen bleiben.

Von vornherein schon tragen die erotischen Ausflugsziele der (deutschen und mancher französischen) Schwankhelden den Stempel auch von sozialem Außerhalb. Elegantere Bohème bei den Franzosen: Schauspielerinnen, Opernsängerinnen, Edelkokotten. Schmuddlige Bohème bei den Deutschen: Tingeltangeltänzerinnen, Chansonetten vom Varieté, Akrobatinnen.[5] Jedenfalls das grelle Gegenteil der mittelständischen Ehefrauen, die allen Grund haben, ihren allzeit bereiten Antimännerpakt jenen Abenteurerinnen zu verweigern. Weder seßhaft noch standhaft, bescheren die dem Mann Kosten statt Gewinn. Und mit ihrer mangelnden Moral geht vollends ein Mangel an feiner weiblicher Selbstbescheidung einher. Mag auch in manchen Schwänken ihr unbekümmertes Drauflos das steife Benehmen der Ehefrauen kurzfristig erschüttern — zur glucksenden Lust des Publikums —, sie werden schließlich desto strikter als unbekömmlich aus dem Verkehr gezogen.

3. Der Seitensprungrahmen: seine deutsch/französischen Varianten

Die Abweichungen zwischen französischen und deutschen Schwänken sind weniger grundsätzlich als gradweis. Zunächst fällt die unterschiedliche Generationsstufe der Haupthelden auf. Während sie in den französischen Stücken zwischen 20 und 40 Jahre alt sind, sind sie in den deutschen zwischen 50 und 60. Das bringt dramaturgische und ideologische Varianten mit sich, die das bisher beschriebene Schwankschema differenzieren, ohne es zu zersplittern.

Für die weiblichen Wechseljahrgänge im deutschen Schwank, die den eigenen Männern abgestanden sind, erwärmt sich auch kein Unbefugter. Dagegen bieten die jüngeren, durchweg kinderlosen Ehepaare im französischen Schwank eine doppelseitige erotische Anfechtungsfläche. Hier beschränken sich denn auch die Eskapaden nicht auf die Männer. Die Ehefrauen werden mit einbezogen. Als Jagdobjekt von vornherein und, daraufhin, auch als Rachesubjekt. Zwar verfechten sie die gleiche Moral wie die Gattinnen im deutschen Schwank. Nur, wo diese aus Mangel an Nachfrage die außerhäusige Erotik rückhaltlos verdammen und verfolgen, geben jene den eigenen Neigungen nach: unterm Vorwand, den abschweifenden Ehemann zu strafen und zur geltenden Ordnung zurückzurufen. Dabei wahren sie streng den Anschein einer nichts als reaktiven Vergeltungsexpedition. Sie brennen darauf, erst Beweise für die Untreue des Partners zu erhalten, bevor sie einen Liebhaber erhören.

Dadurch gewinnen französische Schwänke einen großzügigeren, frecheren, minder muffigen Anstrich als deutsche. Trotzdem durchbrechen sie weder die Rollenzuweisung noch das Tugendsystem der mittelständischen Familie. Einerseits nämlich landen die angestrengten Seitensprünge nur ausnahmsweise im Ziel, und zwar die der Frauen nie, die der Männer allenfalls bei Außenseiterinnen. Andrerseits bekräftigen die Begründungen und Verläufe der Abenteuer, wie auch hier der Mittelstand, um seine besonderen Lebensverhältnisse zu behaupten, den Geschlechtern entschieden ungleiches erlaubt und ermöglicht. Daß Labiche und Feydeau der bürgerlichen Ehefrau dramatisch den Weg ebnen, wenigstens versuchsweise fehlzutreten oder fehlgetreten zu werden, bezeichnet kein Mehr an Freiheit sondern deren Mangel. Statt eines Jagdscheins erhält die Frau den Ausweis, Freiwild zu sein. Wieso?

Sachverhalt und Begriff des Cocu haben keine Entsprechung beim andern Geschlecht. Männer kann man zum Hahnrei machen, Frauen nicht. Hintergangene Männer ziehen Hohn auf sich, hintergangene Frauen Gleichgültigkeit oder flaues Mitgefühl. Jemandem Hörner aufzusetzen oder sich selber wild verzweifelt dagegen zu wehren, ist ein Vorgang, den Literatur und Theater besonders in Frankreich jahrhundertelang durchgespielt haben. Nie jedoch dermaßen massiv und beharrlich wie im Bühnenschwank des 19. Jahrhunderts. Das macht: seine besitzbürgerlichen Normen rücken den Fall des betrogenen Ehemanns in eine weitere Dimension. Vor sich und der Umwelt hat er sich als zu schwach erwiesen, einen Angriff auf sein Eigentum abzuschlagen. Einer Gesellschaft, deren konkurrenzwirtschaftliche Regeln auch ins Privatleben dringen, gilt da wie dort der Gerissenere als der Bessere. Wer hingegen als Gehörnter Verluste hinnehmen muß, wo andere Gewinne erzielen, steht als Versager da, der nicht einmal fähig ist, seinen festen Besitz zusammenzuhalten. Ihm blüht das öffentliche Urteil: Impotenz auch im Geschäft.

Um so stolzer kann sich der fühlen, der ihn in diese Lage gebracht hat. Zwar darf er mit keinem öffentlichen Beifall rechnen. Doch er weiß sich im Einklang mit seinesgleichen. Mit der großen, halbgeheimen Liga bürgerlicher Lebemänner, die mit sogenannten Kavaliersdelikten wettmachen wollen, was ihnen zur legendären adeligen Ausschweifung fehlt. Tatsächlich schielen die französischen Schwankhelden, die dank ihrer üppigen Renten nichts zu tun haben, mit Vorliebe nach adeligen Lebensweisen und Beschäftigungen. Und da steht — nicht nur in Feydeaus *Monsieur Chasse* — die Jagd vorne an. Weniger auf wirkliches Wild als auf Frauen in fremden Revieren. Was den bürgerlichen Helden dabei schmeichelhaft quasifeudal anmutet, ist der gern und notwendig geübte Verzicht auf Gewinnsucht. Anders als die eigene, die er mit Haut und Mitgift verschlungen hat, will er sie keineswegs vereinnahmen. Ihm genügt der Genuß, sie erlegt zu haben. Der feine Waidmann jagt nicht aus Hunger. Jagt er diese Frauen doch nicht aus schnöder bürgerliche Nutzung.

Im deutschen Schwank, wie vermerkt, bleiben Ehefrauen vor unbefugten Zugriffen bewahrt. Und zwar in beiden Generationsstufen: sowohl die ohnehin matronisierte Helden-Gattin wie deren durchweg frisch verheiratete oder frisch zu verheiratende Tochter. Die Ältere unerbittlich monumental, die Jüngere noch ungelenk und mitleidsanfällig, besetzen sie gemeinsam die Bastion der häuslichen Moral. Von daher belauern, bedrohen, überrumpeln sie das Familienhaupt, das unentwegt auf neue Sünden sinnt und vergangene verbirgt; aber auch den jugendlichen Gatten und Schwiegersohn, der ebenso regelmäßig grundlos verdächtigt wird.[6]

Durch diese Generationsverdopplung schaffen sich die Schwankautoren mehrere dramaturgische Vorrichtungen, um die bürgerlichen Geschlechterfronten noch schärfer herauszumodellieren. 1. Der Grundvorgang vom erotischen Ausbrecher und reumütigen Heimkehrer gewinnt, auf zwei Altersstufen durchgespielt, größere komische Reibungsfläche. Denn der Alte darf nicht können, wie er will;

und der Junge darf nicht wollen, wie er könnte. Zugleich läßt sich, ebenfalls komisch, die moralische Plattform auswalzen, auf der dem überführten alten Tunichtgut der junge reingewaschene Tunichtbös als Muster vorgehalten wird. Daß sich dabei das Autoritätsgefälle der bürgerlichen Familie einebnet oder gar umkehrt, dieser Gefahr begegnet die 2. Vorrichtung: Der deutsche Schwankheld ist grundsätzlich Vater von Töchtern. Indem sie ihm Söhne vorenthalten, ersparen die Autoren ihm sowohl die unmittelbare Vorbildrolle als auch ernsthaftere psychologische, soziale, ökonomische Auseinandersetzungen. Der Töchterhaushalt hingegen bezeugt einmal mehr die mittelständische Vermarktung der Frau. Als wohlhabender Geschäftsmann hat der deutsche Schwankheld nicht zuletzt auch Töchter abzusetzen, möglichst vorteilhaft für beide Seiten.[7] Die Abnehmer, die ins Haus kommen, gewinnen mitgiftige Frauen und schicken sich, vorläufig, ins kommerzielle Regiment des Schwiegervaters und ins familiäre der Schwiegermutter. Dafür bringen sie, weil unerläßlich aus ebenso gutem Haus, ihrerseits ins eingeheiratete Geschäft einen Zuwachs an Kapital, manchmal auch an Prestige. Letzteres, wenn sie Akademiker, womöglich "reine" Wissenschaftler sind.[8] 3. ermöglicht die Generationsverdopplung, ein Loch zu stoßen ins Hier und Jetzt des abgeschirmten Familienkreises. Zeitlich öffnet es die saubere Gegenwart des Helden in die Tiefe einer weit zurückliegenden unsauberen Tat. Und räumlich öffnet es demnach zwangsläufig das bürgerliche Heim in die Tiefe des sozialen Abseits. Konkret: mancher deutsche Schwankheld ist nicht nur mit anerkannten Töchtern gesegnet, er schwitzt auch dem Augenblick entgegen, wo ihn das mögliche Ergebnis eines einstigen Fehltritts heimsuchen könnte. So stehen, vornehmlich bei Arnold und Bach, allerlei unbekannte oder fehlgedeutete junge Leute ins Haus, die den Helden ins Schlingern bringen. Die komische Panik, womit er sie vor seiner Frau versteckt, verleugnet, umtauft, hat wiederum ernste Gründe. Denn nicht bloß die Familienmoral ist bedroht, wenn ihr flagranter Bruch plötzlich als aufgeschossenes Fleisch und Blut im Salon vorspricht. Erst recht bedroht ist das Familienvermögen. Im erwachsenen Bastard ist der Fehltritt nicht verjährt, sondern volljährig geworden. Anspruchsvoller als jedes folgenlose Gegenwartsabenteuer zehrt er am Erbe. Glimpflich wie in allem biegt der Schwankschluß auch diese Gefahr ab.

Der Schluß ist nicht nur platt, er ist auch folgerichtig. Was die beiden Geschlechterfronten gegeneinander aufgebracht hat, kann, bei ihrer verschränkten Interessenlage, nur auf Waffenstillstand hinauslaufen. Die wuchtige Scheidungsdrohung der weiblichen Partei muß leer bleiben. Vollzogen erbrächte sie just das, wogegen die Ehefrau den ganzen Schwank lang angekämpft hat: den Verlust ihrer Hausmacht im öffentlichen Skandal.

4. Hintertreiber und Hintertriebene

Die Frauen wollen herauskriegen, was die Männer heimlich treiben, um zu verhindern, daß es an die Öffentlichkeit dringt. Aus dem gleichen Grund wollen die Männer verhindern, daß die Frauen es herauskriegen; denn sie setzen den Richtspruch des Ehepartners gleich mit dem der Öffentlichkeit. Indem er die Geschlechterfronten erstmals oder abermals zu Paaren treibt, gibt der Schwankschluß beiden recht. Den Frauen ganz, den Männern halb. Der befürchtete Richtspruch von Ehepartner und Öffentlichkeit ist zwar inhaltlich gleich, nicht aber in der Auswirkung. Der des Partners nämlich wird, privat, eigens zu dem Zweck gefällt, keine der ermittelten Untaten jenseits der Familienwände ruchbar werden zu lassen.

Daher passiert im Schwank alles, damit nichts passiert. Daher gibt es kein anderes Bühnengenre, ob unfein oder fein, wo die Hauptbetroffenen sich derart abrackern, um am Ende mit heraushängender Zunge eben noch den Ausgangspunkt zu erreichen. Ihre letzten Kräfte haben sie dafür eingesetzt, um sich als die gleichen in gleicher Lage wieder zu finden. Vergeblichkeit ist das Ergebnis. Und die schreckliche Komik dieser Summa, die Null beträgt, liegt in der Genugtuung, mit der die Betroffenen sie einstreichen. Es hat sich, so finden sie, gelohnt. Der halbherzig gewagte, dann aber vollkräftig bekämpfte Schaden ist abgewehrt.

Die Schwiegereltern des vielgeliebten *Celimare* dürfen nicht wissen, wie er wahrhaft zu seinen klettenhaften Freunden steht. Die vielerlei Ehepartner, die allesamt schließlich zum genasführten *Dindon* schrumpfen, dürfen voneinander nicht wissen, wer mit wem wozu da oder dort zusammentrifft. Frau Professor Gollwitz darf nicht wissen, was es mit dem *Raub der Sabinerinnen* und dem seltsamen Gast Striese auf sich hat. Die alten, neuen und vorgesehenen Gattinnen in der *Vertagten Nacht* dürfen nicht wissen, was denn

Mann für Mann so unwiderstehlich zu einem bestimmten Gelehrtenappartement lockt.

Solchen und ähnlichen Zwecken gilt zunehmend aller Aktivitätswirbel der Schwankhelden. Nicht um etwas zu vollbringen, zu verrichten, zu erringen, durchzusetzen, zappeln sie sich ab, sondern um zu verhüten, daß etwas über sie hereinbricht. Statt für ihren Vorteil kämpfen sie gegen ihren Nachteil. Was einmal positiver Auslöser des ganzen Geschehens war — die Lust auf eine verbotene Tat — verliert sich alsbald beim szenischen Hindernislauf über Hürden, die sie selber nehmen müssen, um sie dem Gegner zu stellen. Abgesehen von Celimare, der schon von Anfang an nur Abwehrakte vollführt, verfolgen sie durchaus bis kurz vor Schwankschluß das Ziel ihrer Lust. Doch verbleibt ihnen keine Kraft, es dann auch zu erreichen. Sie haben sie restlos verbraucht bei den Mühen, dies Ziel vor den andern zu verbergen, bis sie es selber nicht mehr finden. Die Untat hat sich verflüchtigt zur UnTat.

Auch der rhythmische Verlauf des gesamten Bühnengeschehens geht darauf ein. Er pointiert die Vergeblichkeit der Anstrengungen, die Rückkehr zur Ausgangslage. Schwänke ähneln der dreiteiligen Anlage französischer Ouvertüren: langsam — schnell — langsam. (Auch wenn sie ausnahmsweise mehr als drei Akte haben.) Der erste Teil, im bürgerlichen Heim spielend, bewegt sich in gemäßigtem Tempo: das Abenteuer bahnt sich an; die widerstreitenden Fronten treten hervor; die besonderen Umstände zeichnen sich ab; der Held macht sich auf. Im zweiten Teil, am Ort des Lasters,[9] jagen sich die Ereignisse, bis sie sich im Aktschluß überpurzeln: zum Eklat. Der dritte Teil, wiederum im bürgerlichen Heim, fällt auch im Tempo noch unter die Anfangsstufe zurück: die Parteien, nach dem entscheidenden Zusammenstoß, sammeln sich; die Fronten bröckeln; Übereinkunft rückt in Sicht. Insgesamt also eine dreistufige Stimmungskurve. Prickelnde Aufbruchslaune steigert sich (auf beiden Seiten) zu eifernder Siegeszuversicht, um sich aufzulösen im Tiefdruck von schaler Ernüchterung auf der einen Seite und kalter Selbstgerechtigkeit auf der andern.

Wo dramatische Handlung sich in wechselseitigem Hintertreiben erschöpft, kann es nicht verwundern, daß Unlust die Regel, Lust dagegen die Ausnahme ist. Und zwar nicht allein im blindlings umkreisten sexuellen Bezirk, sondern überhaupt. Was schon aus der anfänglichen Paradesituation sprach: Bei heimlichen Jubelsprüngen ertappt, tarnt sich der Held, indem er unwillkürlich den Bewegungsausdruck auf Mißbehagen herumreißt. Als erstbeste Schutzfarbe muß Mißbehagen herhalten, weil es dem gewohnten Alltagsgrau am nächsten kommt.

5. Weitere Realismen des Schwanks

Merkwürdiger mutet es an, daß ausgerechnet Leute, denen es gut geht, solcher Regel unterworfen sind. Daß also gerade diese Erfolgsmenschen — wackere Steuermänner ihrer Wertpapiere, kleineren Betriebe, Arzt- und Anwaltspraxen — hier stets in eine hinnehmende, verteidigende, duckmäuserische Rolle gedrängt sind, die ihnen das Gegenteil von ökonomischem Verhalten auferlegt: größtmöglicher Aufwand bei einem Geschäft, dessen tiefstmöglichen Verlust nur die schummelnde Schlußbilanz des Schwanks als befriedigendes, lediglich moralisches Soll verbuchen kann.

Doch auch darin verhält sich der Schwank wirklichkeitsnäher, als er es wahr wissen will. Denn die unternehmungslustigen Lebemänner, die schon gebremst werden, eh sie in Schwung kommen, sind im Privatleben genauso wenig freie Unternehmer wie im Geschäft. Längst hat die allgemeine wirtschaftliche Entwicklung ihr mäßiges Mittelstandskaliber überholt. Sie sind noch gefragt, aber sie werden es nicht mehr. Was auf dem Markt geschieht, geht über ihre Köpfe weg. Bei zunehmender Konzentration und Verflechtung von Industrie, Handel, Banken fallen die Entscheidungen anderswo. Noch gedeiht der Mittelstand. Jedoch nur dann, wenn er sich in den bescheidenen Kreis und in die bescheidenen Verrichtungen schickt, die ihm von außen zugemessen sind. Und nur so lang, wie keine akute Krise das wirtschaftliche Gesamtsystem befällt.

Die Schwankhelden, die sich aus ihrem engen Kreis hinausstehlen, um draußen etwas anzustellen, werden halsüberkopf zurückgescheucht. Sie erweisen sich als Stümper auf einem Freiheitsfeld, das es ohnehin so nicht gibt, wie sie es sich simpel ausmalen: als gut versichertes Tummelgelände aus gestrigem Liberalismus und vorgestriger Libertinage. Ihnen ist weder möglich noch erlaubt, sich als selbständiges Subjekt hervorzutun, das aus eigenem Antrieb etwas will und erreicht. Verdonnert zum Objekt, können sie sich nur abstrampeln in vorgeprägten, ferngesteuerten Situationen, die sie nicht beherrschen. Von daher erscheint, was der Schwank so stur und abwechslungsarm zum besten gibt, keineswegs abwegig. An der immer gleichen Verhinderungshandlung im immer gleichen mittelständischen Familienkreis, die regelmäßig aufs Umsonst hinausläuft, stößt den zeitgenössischen Zuschauern ihr eigenes Unvermögen auf. Nur dermaßen überdreht und vom Helden so gleichmütig hingenommen, daß sie lachend meinen können: gar so schlimm sei es nun auch wieder nicht.

Allerdings, diese allgemeine Übereinstimmung zwischen zeitgenössischer Erfahrung und ihrer szenischen Überzeichnung — zumal in einem geglätteten Milieu, das etwas überm sozialen Pegel des Durchschnittspublikums liegt — macht manches, aber noch lang nicht alles begreiflich. Was sie kaum erklären kann, ist die erstaunliche doppelte Haltbarkeit des Schwanks. Einmal seine innere Haltbarkeit als dramatische Konstruktion. Dann seine äußere Haltbarkeit, die den prompten Verbrauch, für den er bestimmt war, bis heute überdauert hat. Beiden, eng zusammengehörigen, Momenten ist jetzt nachzufragen. Wie es gelingen kann, eine ergebnislose Handlung aus lauter Hintertreibungen drei Akte lang fortzuführen. Und wie es dabei gelingen kann, die Hauptperson, aber auch die Zuschauer in Dauerspannung zu halten.

Mustert man, wie der Schwank die wechselseitigen Hintertreibungen vorantreibt, so stellt sich heraus: Die Maßnahmen der beiden Parteien blockieren einander nicht; sie rufen jeweils Gegenmaßnahmen hervor, die ihrerseits wieder bei der andern Seite neue Gegenmaßnahmen auslösen. Zwar fällt am Ende das Ziel noch hinter den Start zurück. Doch auf dem Weg dorthin kommt keiner zum Verschnaufen. Ständig fällt Überraschendes vor und erzwingt unverzügliches Kontern aus dem Stegreif. Die zunehmend planlose Kurzatmigkeit des Schlagabtauschs rührt daher, daß beide Parteien sich uneigentlich verhalten. Was sie sagen, tun und unterlassen, steht unterm Zeichen der Verstellung. Da auch noch ahnungslose Dritte zwischen die Fronten geraten, allenthalben mißverstehen und mißverstanden werden, häufen und steigern sich die Anstöße argwöhnischer, ängstlicher, vorschneller Fehldeutungen und entsprechend schiefer Folgehandlungen. Bis der Hauptheld, der ungewollt die ganze, inzwischen unabsehbare Turbulenz entfachte, nicht mehr aus noch ein weiß. Er kann nur mehr nach Ruhe und Ordnung hecheln, nach Gewißheit und Übersicht. Dieser Zustand — ohnehin Richtwert des Gegners — wird ihm großmütig zugestanden.

Unentwegt also gehts hoch her. Der ergebnislose Hintertreibungslauf lahmt nicht, noch lähmt er die Zuschauer. Er springt. Wie beim Salto überschlägt er sich, um dort zu landen, wo er absprang. Situationskomik hält ihn in Schwung: "Vermittels Überraschung, Verwechslung und Mißverständnis werden komische Situationen planvoll herbeigeführt. Der Schwank beruht auf der Komik des Unfreiwilligen; seine Figuren werden in Situationen versetzt, die sie nicht selber herbeiwünschen, 'sie geraten hinein'."[10]

Situationskomik wirkt kurzfristig, im Stück und aus ihm heraus. Sie befördert nicht den Gesamtverlauf als ganzen. Sie stößt ihn ruckweis, von Mal zu Mal, aus einer schiefen Situation in die nächste und so fort. Das macht den Schwank zum Perpetuum mobile. Ununterbrochene Bewegungen ziehen Gegenbewegungen nach sich, ohne zu einem Abschluß zu kommen. Denn der Endzustand gleicht nicht nur, von außen betrachtet, dem Anfangszustand. Ihm fehlt auch die Endgültigkeit. Fürs erste einigt man sich. Doch das Publikum kann nicht zweifeln an der Vorläufigkeit. Die Bewegung ist nur überdeckt. Jeden Augenblick kann sie wieder durchbrechen und alles durcheinander bringen.

Stück und Publikum trennen sich daher nach dem letzten Vorhang ebenso unfertig wie nach dem ersten. Die Pause zwischen zwei Akten ist nur kürzer als die zwischen zwei Stücken. Der Schwank von heut wird dem Schwank von neulich zur Fortsetzung auf dem Weg zum nächsten. So mag die Lust am reibungslos zuverlässigen Laufwerk des Immergleichen noch wachsen durchs insgeheime Lauern, ob denn da nicht einmal etwas ganz anderes herauskommt. Ob einer mal ausschert aus dem Zwang der Serie. Ob ein Held, weil alle Schwänke ein Schwank sind, ein für allemal sein Glück woanders sucht als im unaufhörlich durchbebten Stillstand.

Auch hieraus läßt sich die eigenartige Haltbarkeit des Schwanks noch nicht so recht erklären. Teilt er doch die glatte Wiederholung und Unaufhörlichkeit mit andern seriellen Verbrauchskunststükken: vom Kriminalroman über Comic zum Fernsehwestern. Und hält er sich doch in seinen situationskomischen Anstrengungen an althergebrachte Verfahren europäischer Lustspieltradition.

Seine ihm nur eigene Haltbarkeit bezieht er vielmehr aus einem zentralen Beweggrund, der den Zusammenhang aller bisher erfaßten Merkmale bestimmt. Es ist die Angst vor öffentlicher Bloßstellung. Sie geht weiter und reicht tiefer, als es auf den ersten Blick erscheinen mochte.

6. Bloßstellungskämpfe

Als schlimmstes Unheil, so war zu sehen, gilt der Skandal. Er trifft dem Mittelstand ins Herz. Denn mit dem moralischen Kredit steht und fällt der geschäftliche. Skandal ist also Alpha und Omega des Schwanks. Als drohende Gefahr lenkt er schon die ersten Schwerenöterschritte des Helden: verleiht ihnen zugleich mit der vollen Wucht des Wagemuts den Leisetritt der Heimlichkeit. Und als abgewendete Gefahr gibt er dem Versöhnungsschluß im nachhinein das Siegel der Notwendigkeit. Vollends auf der Zwischenstrecke hält der mögliche Skandal das Tun und Lassen aller Beteiligten in seinem Bann.

Damit ist der Beweggrund zwar benannt, aber nur ungenau gekennzeichnet. Wieso er eine solch anhaltende Macht ausübt auf die Lebensregungen des Schwankpersonals, aber auch aufs Publikum, ihnen dabei zuzuschauen, muß vorerst fraglich bleiben, wenn man folgende Umstände bedenkt. 1. Vergang: moralische = geschäftliche Vernichtung verläuft im Leben des dramatischen und des zuschauenden Mittelständlers weder als gleichzeitiger und gleichartiger Akt, noch als unmittelbar sinnfällige Konsequenz. Die uneigentlichen, trugbefangenen Verkehrsformen dieser Schicht vollziehen ihn vielmehr auf unübersichtlichen Umwegen. 2. Daher bleibt, was der moralischen Existenzbedrohung die ökonomische Schlagkraft gibt, den Schwankpersonen — und vielen Zuschauern — unbewußt und unausgesprochen. 3. Die Drohung bleibt Drohung, sie erfüllt sich nicht. Und das mindert in einem Bühnengenre, das besonders rüde auf Augenscheinlichkeit pocht, die szenische Evidenz.

Besonders der letzte Punkt macht stutzig: die Unsichtbarkeit des verheerenden Anlasses, die zeitweilig das Publikum zweifeln läßt, ob er überhaupt besteht. Gerade dies trägt zur beklemmend zwiespältigen Komik der Schwankhelden bei, daß der Skandal sie nie oder allenfalls in geringem, objektiv folgenschwachem Ausmaß ereilt. Schreckt er sie schon ab, die Ziele ihrer Lust zu erreichen, so vergönnt er ihnen nicht einmal, seine Katastrophe auch wirklich auszukosten. So trippeln sie sich wund bis zur Erschöpfung gegen einen Sparring, ohne je in den Ring zu dürfen.

Hier ist nun ein naheliegender Kurzschluß zu vermeiden: Die unerkannten, überschätzten, schließlich ausbleibenden Folgen des befürchteten Skandals drosselten seinen Einfluß auf Handlung und Handeln der Betroffenen. Und die Schwankkomik ginge darin auf, das Mißverhältnis zwischen geringfügiger Gefahr und großspuriger Abwehr einem erleichterten Gelächter auszuliefern. Wäre dem so, bliebe unerfindlich, wieso unterhaltungssüchtiges Verbrauchstheater, völlig unbesorgt, es könne damit anöden, derart hartnäckig ein und den gleichen Sachverhalt umkreist. Betrachtet man ihn aus minder engem Blickwinkel als bisher, dann zeigt sich, was weiter an ihm dran ist: Öffentliche Bloßstellung schwillt im Schwank zu einem Komplex, der sich nicht einengen läßt auf die erklärte Sorge vor geschäftlichem Ruin. Die nämlich würde einige kühle, zukunftsgerichtete Bedenklichkeit voraussetzen — im Gegensatz zum kopflosen Schockgebaren der Betroffenen. Sie zittern weniger vor den Folgen als vorm Akt des Skandals. Angesichts dieser Bedrohung, somit im Extremfall, verhalten sie sich gerade nicht als berechnende Bürger, die nach dem Ertrag fragen.

Offenbar reicht der Komplex zurück hinter die Handlungsgegenwart, hinter das Bewußtsein und hinter die derzeitige soziale Rollenlage des Schwankhelden. Und zwar nicht lediglich bis in die dramatische Vorgeschichte, etwa zu den sogenannten Jugendsünden, sondern bis in die Vorgeschichte der bürgerlichen Klasse. Dorthin, wo Normverletzung und ihre Bestrafung bei weitem nicht so mittelbar verübt wurden wie in der Gegenwart. Offener und handgreiflicher also, Aug in Aug, auch unverzüglicher als es heute geschieht über den papierenen Zwischenhandel von Gerichtsakten, Kontobüchern, Aktien, Zeitungen. Kurz, was den Schwankheld in Bann hält, ist ein atavistisches Schreckbild. Es ist der Pranger. In einer nicht nur redensartlichen, vielmehr leibhaftig durchzustehenden Buchstäblichkeit.

Der bürgerliche Strafvollzug hat dieses Werkzeug im frühen 19. Jahrhundert endgültig eingezogen. Doch die bürgerliche Lebenspraxis im Schwank läßt erkennen, wie die Situation des Prangers alptraumhaft nachwirkt in allem, was der Held verzweifelt abzuwenden sucht. Labiche, Feydeau, Schönthan, Arnold und Bach unterwerfen ihn der gleichen Demütigung, die der angeprangerte Normbrecher früherer Jahrhunderte durchzustehen hatte.

Wer am Schandpfahl steht, ist gewaltsam aus der Gesellschaft ausgeschlossen. Aber nicht eingelocht im Kerker, sondern an hervorragender Stelle den Blicken und Schmähungen der Öffentlichkeit ausgesetzt. Das Stockeisen nötigt ihn zu passiver Reglosigkeit. Anders als in üblichen Lebenslagen kann er den Angriffen weder ausweichen noch begegnen. Seine Rolle als dingfest gemachter Einzelner, der Unrecht regelrecht verkörpert, schärft ihm ein, daß er es mit keinem gleichgewichtigen Einzelgegner zu tun hat, sondern mit der Gesamtgesellschaft, die korporativ und rechtskräftig ihn verpönt. Daß er aus seinem Alltagsmilieu herausgeschält ist, aus dem Umgang mit seinesgleichen, mit nächsten Menschen und Dingen, das macht ihn wehrlos und kraftlos. Was ihn sonst zutraulich umgeben hat, steht ihm jetzt kalt gegenüber.

Solche Prangersituation wird im Schwank teils verinnerlicht, teils metaphorisch übersetzt, teils sinnfällig ausgespielt. Verinnerlicht kommt sie in der Furcht vor moralischer, letztlich geschäftlicher Isolation zum Zug. Metaphorisch kommt sie im winzigen Bewegungsspielraum des Helden zum Zug. Wie er sich abmüht, der öffentlichen Ächtung vorzubeugen, hat sie ihn schon in den Fängen: indem er stumpf ihre Regeln und Strafen hinnimmt; und indem er, um ihr zu entgehen, sich grad so verhält, als sei er schon angekettet. So steht er bereits am Pranger, noch eh der ihn hat. Seine Abwehrbewegungen sind beschränkt aufs Kopfsenken, Wegucken, Augenschließen.

Zweifellos gewinnt der Schwank seine ärgste Schlagkraft dort, wo er die Prangersituation sinnfällig ausspielt. Dort bringt er sie erst voll zur Geltung durchs gleichfalls atavistische Moment des Büßerhemds. Denn er nimmt die öffentliche Bloßstellung so scharf beim Wort, daß er den Helden auch körperlich entblößt.

Vorzugsweise geschieht das beim Eklat des zweiten Aktfinales. Nicht nur an ungehörigem Ort, in ungehöriger Gesellschaft, bei ungehörigem Treiben erwischts da den Helden, es erwischt ihn auch noch in ungehöriger Kleidung. Zwar ist er mehr oder minder unschuldig, weil er entweder noch zu nichts kam, oder weil er unabsichtlich in die zweifelhafte Lage geriet. Doch dem augenblicklichen Entsetzen, bei ihm und den andern, tut das keinen Abbruch. Dabei geht die Bloßstellung nicht so weit, daß sie ihn nackt präsentiert. Sie geht weiter. Sie präsentiert ihn in Unterhosen.

Herrn Dobermann in der *Vertagten Nacht* ertappen Frau und Tochter in fremder Umarmung und Unterkleidern, nachdem sie eben erst seinen harmlosen Schwiegersohn in gleicher Situation ertappt haben. — In *Hurra — ein Junge!* macht das ausgewachsene Corpus delicti, der verheimlichte vierzigjährige Adoptivsohn des dreißigjährigen Professors, den Skandal erst augenscheinlich, als er der ehrsamen Familie im Kinderkleidchen, kostümiert für den Babyball, gegenübertritt. — Im *Raub der Sabinerinnen* besiegelt buch-

stäbliche Enthüllung, was den Damen des Hauses jetzt erst aufgeht. Striesé, aus der durchgefallenen Premiere flüchtend, läßt ge-
dankenlos den Mantel fallen und steht da im Kostüm des Römer-
königs: "Fleischfarbene Trikots, weiße Tunika mit Gürtel, nackte
Arme, an den Füßen Straßenstiefeletten."[11] — In Labiches *Chapeau*
stolpert die halbe Hochzeitsgesellschaft, fehlgeleitet im fremden Haus,
über den alten Hahnrei, der in Unterhosen, seine Füße badet. —
Vollends Feydeau läßt in beinah jedem zweiten Stück den Helden
— halbnackt — in unpassenden Zimmern, auf dem Treppenhaus
oder gar auf der Straße böses Aufsehen erregen. Und nirgends ver-
fährt dieser geniale Situationsingenieur so spitzfindig wie gerade
hier, wenn es gilt, jemanden durch zufällige Vorfälle von seiner
reputierlichen Kleidung zu trennen, ihm alle erdenklichen Not-
ausgänge zu verstopfen und der entrüsteten Umwelt preiszugeben.

Die lächerliche Pein des fast, nicht ganz nackten bürgerlichen
Abenteurers zahlt sich doppelt aus. Erstens bescheinigt sie ihm, vor
Zeugen, sein Schicksal, halbe Sache nur zu machen oder doch auf
halbem Weg sich zu verrennen. Zweitens sind alle männlichen Des-
sous, namentlich der Gründerjahre (von Sockenhaltern über lange
Unterhosen bis zu Hosenträgern, Ärmelgummis und Chemisetten)
alles andere als präsentabel. In solchem Aufzug von Unberufenen
angetroffen, muß auch der Argloseste zusammenschrumpfen. Zu
Recht oder zu Unrecht, das Büßerhemd macht ihn zum Büßer.

Einmal mehr wie der am Schandpfahl ist er hilflos, weil gesellschaftlich gehäutet. Ohne den verbürgt verbürgenden Habit fehlt
ihm auch das habituelle Gebaren, mit seinesgleichen von gleich zu
gleich zu verkehren. Sogar sein persönliches Gepräge, das nicht davon abzuhängen schien, ist mit der verordneten Garderobe geschwunden. Der da halbnackt erstarrt unterm jappenden Hohn und
Schimpf ringsum, wird — bis er nach geziemendem Pausenintervall
sich erneut berappeln darf — zum jämmerlichen Nichts.

Daß es vorzüglich Männer trifft, versteht sich aus ihrer Vorzugs-
rolle als Held auf der Bühne und als Zielpunkt im Publikum. Freilich ist, wo ein halbnackter Mann im Schwank Entrüstung auf sich
zieht, eine halbnackte Frau in absehbarer Nähe. Nur, sie gerät nicht
in die Situation des Prangers. Ist es, bei Feydeau, eine Gattin auf
dem Rachekriegspfad, kommt sie zwar dem Publikum ins Visier,
nicht aber der Öffentlichkeit im Stück. Und ist es eine Abenteurerin,
so verliert sie keinen Ruf, sondern festigt ihn: wer von Blößen
lebt und daraus besteht, erübrigt, daß man ihn strafend bloßstellt.

Dennoch tritt, wenn der Schwank Frauen enthüllt, mehr zutag als bloßes Fleisch.

7. *Fassadenkunststücke*

Die Zubereitung von Damenfleisch im Schwank hält sich bis in die zwanziger Jahre an Rezepte des späten 19. Jahrhunderts. Mißachtet wird, daß Jugendstil, Reformkleid und Rohkost, Sport und Kneipkuren die Frauenkörper in die Länge und ins Freie gezogen haben. Allenfalls am Rand, ohne so recht bei der Sache zu sein, billigt der Schwank jüngeren Mädchen auch schwebende oder flottforsche Gestalten zu — aber die werden niemals bedenklich entblößt. Allgemein gelten indes die überkommenen Richtmaße: üppig und stattlich. Es sind die architektonischen Prachtprinzipien der Gründerjahre, die sich nicht nur in Fleisch, sondern auch in Stein und Stahl-Glas-Konstruktionen bewähren, vom Bismarckturm bis zum Kristallpalast.

Üppig ist, was die vollwertige Frau an sich hat, aber öffentlich nur ahnen läßt. Unausgesprochen soll sie dafür gehalten werden dürfen. Stattlich dagegen bringt sie sich im Salon zur Geltung. Stattlich ist das, was mit Erfolgsgespür, technischen Vorrichtungen und Selbstbeherrschung dem üppigen Fleisch abgetrotzt ist. Plastischer Umriß, Haltung, Bewegung, Gebärde, auch Duft noch und das Rascheln der streifenden Gewänder: dies und noch mehr, in selbstbewußtem, aber nicht aufdringlichem Einsatz, macht das gut gestellte Gegenstück des mittelständischen Schwankhelden zur Frau von Format. Dergestalt erweist sie sich als seine würdige, meist würdigere Partnerin.

Die bürgerlichen Regeln von Solidität, die sie Schwank um Schwank beim Gatten siegreich einklagt, bestimmen schon aus Selbstschutz die eigene Herrichtung. Wie bei dem großen Haus, das sie führt und bewohnt, ist der Schein lebenswichtig, die stattliche Fassade halte, was sie verspricht: den gediegenen Bau auf gediegenem Grund. Darum wuchert die Schwankfrau nicht mit ihrem üppigen Pfund, sie legt es sicher und gezielt an. Ist sie hingegen schwächer ausgestattet, so weiß sie es unauffällig durch geschickte Anleihen auszugleichen.

Just dieses Fassadenprinzip ziehen die Situationen öffentlicher Bloßstellung — sofern sie seriöse Damen einbeziehen — in Mitleidenschaft. Die Frau von Format in Unterkleidung und Verlegenheit: Das gibt zwar kein annähernd so jämmerliches (auch kein so zentral gebrandmarktes) Bild ab wie der feine voluntative Wolllüstling, der sich in seinen Hosenträgern verfängt. Denn weder sie noch ihr Dress müssen fürs momentane Scheitern einstehen. Trotzdem ist der Schaden groß. Unversehens fällt da ein nachträglich ernüchternder Blick in die streng geheime Werkstatt eines liebeskrämerischen Goldenen Schnitts.

Umgeben, teils noch umbaumelt von all den stützenden, hebenden, streckenden, straffenden Apparaturen, die Rumpf und Kopf nicht nur auf Vorderfrau bringen, sondern auch noch Lust wecken sollen: die Reputierliche, in solcher Verfassung von unerwartetem Licht getroffen, steht hilfloser da, als wenn sie nackt wäre. Ihr Inflagranti ist, zum höhnischen Überfluß, auch noch garniert mit Indizien, deren es gar nicht bedürfte. Mit einem Schlag kommt zum Vorschein: Der Zwang samt den Werkzeugen, ein mangelhaftes Sein zum marktgängigen Schein zurechtzubiegen. Die unzulänglichen Mittel, die der unzulänglichen Natur aufhelfen sollen, eine nachgefragte, veräußerbare Form zu gewinnen. Die heillosen Bedingungen einer besitzbürgerlichen Fassade, die ja doch gerade unbedingten Stolz ausdrücken will.

In dieser, aber nur in dieser Hinsicht ist die aufgestöberte derangierte Dame verwundbarer als das eigentliche Opfer des szenischen Prangers. Denn jede weitere Szene zeigt sie und ihre gleichgestellten Geschlechtsgefährtinnen wieder in Vollmacht der sozialen Anerkennung, während am Unterhosenhelden auch im Frack noch längerer Makel haftet. Das macht: seine ungewollte Entblößung ist Privatpech. Der Schwankschluß dämpft es zu geschäftlicher Folgenlosigkeit. Doch ihm hängt vorläufig weiter an, daß er persönlich außerstande war, die geltenden Normen wenigstens so zu brechen, daß sie unverletzt erscheinen. Anders steht es mit der Entblößung der Frau. Schleunigst muß der Schwank darüber hinwegspielen, weil sie verräterischen Einblick gab ins grundsätzliche Getriebe des gesamten Mittelstandskreises. Diese Wunde ist blitzschnell zu schließen, weil alle daraus bluten müßten.

Solche Gefahr wehrt der Schwank auch dadurch ab, daß er die Situation der entblößten Stattlichen in eine abstraktere komödiantische Dimension verlagert. Das heißt, er übersteigert die vergeblichen Anstrengungen des Liebhabers beim Angriff auf die kosmetisch befestigte Frau derart, daß hier nicht länger im weiblichen das gesamtgesellschaftliche Fassadeprinzip erschüttert wird. Dafür rückt eine nichts als juxige Situationsdialektik in den Vordergrund: wie da eine übergabereife Festung sich und dem Feind die erstrebte Eroberung durch eben die Überbewaffnung verwehrt, mit der sie ihn auf sich lenkte.

Verfinge sich auch noch der Diagnostiker des Schwanks in den Korsetthäkchen jener halbentblößten Damen, könnte er, um einen Schluß[12] verlegen, auch noch dies herausdeuteln: Der Schwank, der durchweg aus dem Mittelstand heraus den scheiternden Fehltritt szenisch breittritt, orientiert seine verwickelte Hintertreibungsdramaturgie nicht zuletzt am Widerstandsprinzip der zeitgenössischen Damengarderobe. Was er mit allen Nebenhandlungen auf die Bühne bringt, sind vielstimmige Variationen des Themas von der stolpernden Zimmerjagd aufs allzu verschnürte Fleisch.

Anmerkungen

[1] Meiner Erörterung liegen folgende Texte zugrunde: Eugène *Labiche:* Un Chaque de paille d'Italie (1851), Celimare le bin-aimé (1863), Un pied dans le crime (1866); George *Feydeau:* Tailleur pour Dames (1886), Chat en poche (1888), L'affaire Edouard (1889), Le Mariage de Barillon (1890), Champignol malgré lui (1892), Un fil à la patte (1894), L'Hotel du Libre-Echange (1894), Le Dindon (1896), La dame de chez Maxim (1899), La Main passe! (1904), La puce à l'oreille (1907), Occupe-toi d'Amélie (1908); Brandon *Thomas:* Charley's Aunt (1892); Franz und Paul von *Schönthan:* Der Raub der Sabinerinnen (1884); Carl *Lauf* und Wilhelm *Jacoby:* Pension Schöller (1890); Gustav *Kadelburg* und Oscar *Blumenthal:* Im weißen Rößl (1897); Franz *Arnold* und Ernst *Bach:* Die spanische Fliege (1913), Die schwebende Jungfrau (1915), Zwangseinquartierung (1920), Die vertagte Nacht (1924), Der wahre Jakob (1924), Hurra — ein Junge! (1926), Weekend im Paradies (1928). Hinzu kommt ein ungleich größeres Beobachtungsmaterial, bezogen aus Theater- und Fernsehaufführungen von Schwänken, die ich im einzelnen nicht mehr an Autoren und Titeln festmachen kann.

Beim Auswählen der deutschen Texte bin ich zwar ebenso gezielt vorgegangen wie bei den französischen, doch man stößt da auf technische Schwierigkeiten: nicht jeder gewünschte Schwank ist zu greifen, da die meisten nur als Bühnenmanuskripte vorliegen. Daß meine Textbasis dennoch als einigermaßen repräsentativ gelten kann, Verallgemeinerungen also aufs ganze Genre zuläßt, bestätigt die umfangreichere Auswahl, worauf sich die Arbeit von B. Wilms stützt: Der Schwank. Dramaturgische und Theatereffekte. Deutsches Trivialtheater 1880–1930, Phil. Diss. Berlin 1969. Obwohl diese gründliche und intelligente Untersuchung teils andere Aspekte des Gegenstands, teils die gleichen Aspekte anders betrachtet als dies hier geschehen wird, läßt sie doch das gleiche Grundschema des (deutschen) Bühnenschwanks erkennen. — Für französische Stücke — die zumeist unterm Etikett Comédie, Vaudeville, Farce erscheinen — verweise ich auf den anregenden Essay von E. Wendt: "Als der Wahnsinn laufen lernte. Über den Dramatiker George Feydeau" in: Programmheft der Staatlichen Schauspielbühnen Berlins, Spielzeit 1973/74, Heft 29.

Sonst ist mir keine ergiebige Literatur zum Gegenstand begegnet. Überhaupt fällt auf, daß weder Theaterwissenschaft noch allgemeine Medienwissenschaft noch Literaturwissenschaft (auch nicht die eifrige Rezeptionsästhetik) sich sonderlich ums Konfektionstheater scheren, das in seiner Boomzeit in Deutschland 1880–1930 immerhin mindestens 1250 Bühnenschwänke uraufführte. Gewiß trägt zu dieser Unterlassung das Diktat bestimmter Modefragen und Modemethoden gerade in der sogenannten Trivialliteraturforschung bei, die sich mit Vorliebe über Erzähltexte hermacht: von dicken Wälzern über Heftchen bis zu Comic strips.

Die geschichtliche Spanne, die ich untersuche, erstreckt sich von 1850 bis 1930. Dies ist die Hoch-Zeit französischer und deutscher Bühnenschwänke. Dabei setzt die französische Produktionsschwemme dreißig Jahre früher ein — entsprechend den unterschiedlichen Entwicklungsstufen des mittleren Bürgertums, dem sich dieses Genre auf und vor der Bühne widmet. Während in Frankreich das mittlere Bürgertum sich nach 1848 wirtschaftlich und politisch befestigt und seine Verkehrsformen, sein Verhaltenszeremoniell, sein Normensystem mechanisiert, geschieht das in Deutschland erst seit den Gründerjahren. Und während die (technisch ungleich schwächere) deutsche Schwankproduktion um den ersten Weltkrieg herum bei Arnold und Bach gipfelt, hat sie in Frankreich mit Feydeaus späten Stücken den Höhepunkt ihrer Möglichkeiten schon überschritten.

Einen Schlußpunkt setzte, wie Wilms Statistik zeigt, die Weltwirtschaftskrise um 1930. Sie entzog nicht nur vielen Privattheatern den wirtschaftlichen, sondern auch der schwankenden Bühnenapotheose des mittleren Bürgertums — vorübergehend — den ideologischen Boden.

Innerhalb dieser Spanne von 1850–1930 hat sich der Schwank so konstant gehalten wie die Verkehrsformen und Verhaltensmuster der Klasse, die ihn macht, bevölkert und verbraucht. Daß und warum im Fernsehen seit den späten fünfziger Jahren Schwänke der alten Machart — originale und dürftiger imitierte — sich mit gewaltigen Einschaltquoten durchsetzen, läßt sich unschwer erraten.

Nicht berücksichtigt werden Boulevardkomödien, die überwiegend in der Tradition englischer Salonkomödien und Konversationsstücke stehen. Das also, was sich an Oscar Wilde anschließt: von Noel Coward bis Neil Simon. Obwohl derlei Stücke mitunter Schwankelemente enthalten, stellen sie mondänere, minder grobschlächtige Ansprüche als der Schwank. Schielend nach Tiefgang — durch angeplänkelte ernste Problematik — und nach Literatur — durch gepflegten Bon-Mot-Stil — entwickeln sie Ehrgeize, die dem Schwank fremd sind.

Wo ich Texte zitieren werde, geschieht es nach den Ausgaben der einschlägigen deutschen Bühnenverlage.

[2] Keinesfalls heißt das, Hersteller und Verbraucher von Schwänken verstünden die bürgerliche Familie als Programm. Ihre Verkehrsformen werden nicht eigens verhandelt (wie im bürgerlichen Trauerspiel oder im Rührstück des 18. Jahrhunderts). Sie sind nicht einmal voll bewußt im Spiel. Doch man rechnet damit als einer selbstverständlichen Größe, die jeder samt allem Plus und Minus aus seinem Lebensalltag mitbringt.

[3] Gymnasialprofessor Gollwitz macht da nur scheinbar eine Ausnahme. Sein Fremdgang führt zwar zu keiner Frau, doch in ebenso abschüssiges Gelände: in die abseitige Welt des Schmierentheaters, wo der gestandene Bürger seinen guten Ruf aufs Spiel setzt. Daß beide Gelände aneinandergrenzen, dafür steht das Foto von Frau Striese als leichtgeschürzter schöner Helena ein. Arglos hat Striese es Gollwitz gegeben als Beleg für die klassischen Ambitionen seiner Truppe, doch der Professorengattin wirds zum Indiz für erotische Ausflüge ihres Mannes. Und dessen eigenes Verhalten gleicht ohne Abstrich dem Verhalten der heimlich liebeslustigen anderen Schwankhelden. In einer Mischung von Angst, Stolz und ungeschickter Lüsternheit sucht er sein verheimlichtes Stück — er bezeichnet es gar als seine "Jugendsünde" — zu fördern und vorm bösen Zugriff der ehrbarkeitsfixierten Ehefrau zu schützen.

[4] Der witzige Feydeau, seinen deutschen Schwankkollegen an bösem Blick weit überlegen, macht dem Publikum einen Spaß daraus, die Parallele von sexueller und monetärer Vergeudung ausgerechnet zwischen einer verheirateten Frau und ihrem gleichfalls verheirateten Verfolger durchsprechen zu lassen. In unverfrorener Metaphorik macht Lucienne dem kecken Pontagnac Vorhaltungen, er betrüge seine Frau um Beträge, die ihr zustehen. Darauf er: "Gnädige Frau, es ist bekannt, daß ich vermögend genug bin, um für den Unterhalt meiner Frau jederzeit aufkommen zu können." (...) Lucienne: "Und selbst wenn Sie es heute noch wären ... Läge ihr Vermögen in Werten fest, über die Sie, ohne ihre Frau, nicht mehr verfügen könnten — da Sie die Nutznießung Ihrer Frau überschrieben haben." Pontagnac: "Gnädige Frau, wofür halten Sie mich. Ich greife nie das Kapital an! Aber es wird mir doch vergönnt sein, daß ich mir gelegentlich von den Zinsen einen netten Abend mache. Außerdem habe ich dem Gesetz nach Verfügungsgewalt über mein Vermögen. So lange ich den größten Teil in Staatspapieren angelegt und gesichert habe — ist es geschäftlich durchaus vertretbar, vom verbleibenden Rest gewisse Beträge in kurzfristigen ausländischen Anleihen zu investieren." *Le Dindon*, S. 17 f.

[5] Interessanterweise kommen zünftige Strichmädchen und Bordelle, soweit ich sehe, in Schwänken nirgends vor. Sie werden wohl stillschweigend als vorhanden und frequentiert vorausgesetzt. Da sie indes keine ernsthafte Konkurrenz zum Familien- und Besitzstand bedeuten, entfallen sie als Spannungsmoment fürs Schwankgeschehen.

[6] Diese stereotype Situation bedenkend, stößt man einmal mehr auf die zynisch bejahte und ausgeschlachtete Einteilung des erotischen Spielraums in der mittelständischen Familie. Letztlich ist nicht der Verdächtigte schlecht dran, sondern die Verdächtigerin. Kompensatorisch rächt sich die Schwiegermutter am jungen Ehemann dafür, daß sie vom eigenen Gatten aufs sexuelle Altenteil abgeschoben ist. Sie bezichtigt ihn dessen, was das Familienoberhaupt ihr schuldig bleibt. Der Sündenbock ist doppelt günstig: vorderhand höchstens Juniorpartner im Geschäft, ist er wehrlos; und als entfernter Übernächster gibt er der Rachehandlung den Anstrich von interesselosem Ordnungsvollzug. Ebenso zynisch ist die Grundlosigkeit der Verdächtigung motiviert. Der Schwiegersohn hält sich *noch* an die Gattin, solang sie jung und seine ökonomische Position im Haus schwach ist. Die vielseitig sekreten Dienste jedoch, die er dem Alten folgsam leistet, deuten seine Begabung als ebenso vielseitiger Nachfolger an.

[7] Nachdem die Tochter dem Vater Geld für einen teuren Hut abgeschmeichelt hat, um damit munter gleichsam zum Heiratsmarkt zu schlendern, meint der alte Freund des Hauses: "Die wirst du nicht lang auf Lager behalten, da wird sich bald ein Abnehmer finden." Arnold und Bach, *Zwangseinquartierung*, S. 7.

[8] In *Hurra — ein Junge!* ist es ein Universitätsdozent, in *Die vertagte Nacht* ein Privatgelehrter, in *Die spanische Fliege* gar ein Doktor der Assyrologie. Die klischeehafte Legierung von Brotlos und Weltfremd ist zweifach ergiebig. Einerseits gereicht sie dem Schwiegervater zum Statusschmuck: sein Geschäft geht so gut, daß er sich einen reinen Kulturspinner halten kann, der nichts abwirft — grad so wie einen Pfau, dessen Fleisch und Eier ungenießbar sind. Andrerseits befördert ein solcher Typ, der das Mißverhältnis zwischen tumbem Bücherwurm und (vermeintlich) durchtriebenem Wollüstling ausschreitet, noch den linkischsten Buchhalter im Publikum zum dankbar brüllenden Roué. Solchen Luxuseidam leistet sich selbstverständlich nur der Schwankheld, der auf mindestens einen weiteren, geschäftstüchtigen Normalschwiegersohn zurückgreifen kann.

[9] Bei Feydeau sind es zumeist Absteige-Hotels (*L'Hotel, Dindon, Puce*) oder privat eingerichtete Liebesnester: ausgediente Schneiderwerkstatt (*Tailleur*), geheime Zweitwohnung (*Edouard, Main*); bei Arnold und Bach ebenfalls zweideutig Hotels (*Weekend, Jungfrau*: zwischen den Akten) und abseitige Appartements (*Nacht*); bei Labiche (*Chapeau*) eine ganze Kette bedenklicher, weil von den harmlosen Passeuren mißver-

standener Lokalitäten. Auch wo der Mittelteil der Schwänke an keinem anrüchigen Ort spielt — oft aus Gründen der Dekorationsersparnis — spielt diese Antiwelt zum sicheren bürgerlichen Wohnzimmer in der verdeckten, nachträglich reportierten Handlung eine Rolle. Es gibt also kaum einen Schwankhelden, der sie nicht so oder so zu passieren hätte. So auch Gollwitz und seine Komplizen die Marterstätte, wo Strieses Schmierenensemble die "Sabinerinnen" zum Skandal führt. In *Pension Schöller* ist es das Titelinstitut, das dem naiven Provinzhelden, der auf Sensationen aus ist, als Irrenhaus vorgespiegelt wird. Im *Weißen Rössl* werden die Hauptpersonen das ganze Stück über den — harmlosen — Abenteuern eines alltagsfernen Urlauberhotels ausgesetzt.

[10] Wilms, S. 18. Die Anlage komischer Einzelsituationen sowie die Regeln ihrer Verknüpfung zum Verbund mehrerer Situationen — additiv und multiplikativ — einläßlicher zu untersuchen, wäre interessant. Wilms macht dazu, am relativ groben deutschen Schwank, gute erste Ansätze. Meine diagnostischen Erläuterungen des Schwanks und seiner fortdauernden Anziehungskraft versprechen sich jedoch mehr davon, der durchgängigen Richtung und dem allgemeinen Beweggrund der Situationskomik nachzugehen.

[11] Wie in dem zuvor genannten Stück trifft hier die handgreifliche Entblößungsaktion den bürgerlichen Haupthelden nicht unmittelbar. Und die Komik rührt zunächst einmal — wie mir Klaus Rinck zu bedenken gab — aus der Diskrepanz zwischen falscher Voraussetzung und tatsächlicher Erscheinung. In *Hurra — ein Junge!* erwartet die ehrsame Familie ein Kleinkind: und es ist ein Vierzigjähriger in Kinderkleidern. Im *Raub der Sabinerinnen* erweist sich der, den Frau Gollwitz für einen angesehenen Konsitorialrat hielt, als halbnackter Römerkönig-Mime im schäbigen Trikot. Doch mit dieser düpierten Erwartung hat die Komik ihr Bewenden nicht. Auch hier geraten die bürgerlichen Helden in die Prangersituation. Nur eben nicht leibhaftig, sondern in einem unbürgerlichen Sündenbock, der just das verkörpert, was die Umwelt ihnen verargt. Wenn der Held diesmal nur mittelbar herhalten muß, so deshalb, weil er hier ausnahmsweise nicht einmal der Absicht nach auf sexuelle Fremdschweiferei ausgeht. Sie besteht lediglich als böser Verdacht.

[12] Der Aufsatz, dessen Umfang ohnehin über die von den Herausgebern gesetzten Grenzen hinausgeht, muß hier abbrechen. Ich bin dabei, noch weiteren Gesichtspunkten nachzugehen und in die fragmentarische Diagnose einzubeziehen: Mechanisierung von Mensch und Ding; ins Bild gesetzte bürgerliche Redensarten; Raumsymbolik; zeitgenössische Parallelerscheinungen in anspruchsvoller (Ibsen) und konfektioneller Literatur (Dumas, May); ideologische Positionszuweisung des Publikums damals und des Publikums heute. Die hier vorgebrachten diagnostischen Bemerkungen zum Bühnenschwank sind also nur eine halbe Sache. Die andere Hälfte wird alsbald anderswo nachzuliefern sein.

Michael Kienzle

BIOGRAPHIE ALS RITUAL

Am Fall Emil Ludwig

Der historischen Belletristik, insbesondere der Gattung historischer Biographien, kommt offensichtlich ein hoher Grad an Lehrhaftigkeit zu. Sie scheint sich anzubieten als unterhaltsame, nützliche und erschütternde, auf das Exemplum hervorragender Individuen reduzierte Schwundstufe systematischer Geschichtsschreibung. Neben der sozialisationsbedingten Beschränkung der Lernvorbilder auf einzelne Personen, neben dem gattungsspezifischen Sehzwang ist es vor allem die didaktische Absicht, die mehr oder weniger bewußt historische Entwicklungen und Widersprüche verkürzt. Sie fixiert das Verhältnis zu historischen Traditionen auf das Verhältnis zu überlebensgroßen Figuren auf dem Wege der Einfühlung. Als Stammvater und Berufungsinstanz einer ganzen Reihe populär gewordener Biographien kann Plutarch gelten, der die Didaktik der Biographie formulierte:

> "Nutzlos ist es, Dinge zu betrachten, die in der Seele nicht den Eifer, sie nachzuahmen, nicht den feurigen Trieb, nicht das unverdrossene Streben, dem Vorbild ähnlich zu werden, wecken. Das Heldentum allein fordert uns durch die Taten unmittelbar auf, sie nicht nur zu bewundern, sondern es ihren Helden gleichzutun." [1]

Besonders dann, wenn in sozialen Auseinandersetzungen die Ablösung etablierter Helden ansteht, scheinen sich Plutarche und Carlyles zu finden, die nicht nur sie, sondern das Heldentum überhaupt feiern. Nur so läßt sich die Hausse in Biographien während der Weimarer Republik erklären. Gundolf beschrieb Goethe, Cäsar und Shakespeare, Bertram Nietzsche, Kommerell Goethe und Herder, Kantorowicz Friedrich II. Eckart Kehr beklagte 1930 eine "Plutarch-Renaissance"[2]. Allem Anschein nach — der Werbeaufwand der Verlage bestätigt das — stößt die historische Biographik in unseren Tagen erneut auf ein gesteigertes Leserinteresse.[3] Die Frage nach Technik und Funktion dieser Gattung, die Frage nach den Kriterien zu ihrer Kritik liegt nahe. Sie sollen hier am Beispiel eines Großmeisters der populären Biographie, an Emil Ludwig (1881—1948) diskutiert werden.

1. E. Ludwig war einer der bekanntesten und meistübersetzten Autoren während der Weimarer Republik. Eine Bibliographie von 1947[4] führt 116 Titel, 459 Ausgaben und Übersetzungen in 27 Sprachen auf. 1930 betrug die Gesamtauflage seiner deutschsprachigen Bücher 1 300 000 Exemplare. Ludwig war zusammen mit Thomas Mann, Karl May, Rudolf Herzog und Edgar Wallace der gelesenste Schriftsteller in Deutschland und übertraf diese noch durch seine Auslandsauflagen (1 210 000 Exemplare).[5] Kaum ein Werk Ludwigs unterließ es, die errungenen Auflagenerfolge sorgfältig im Anhang zu protokollieren.

Ludwigs populärste Werke behandeln Goethe (1920), Rembrandt (1923), Bismarck (1924 und 1926), Napoleon (1925), Wilhelm II. (1926), Jesus (1928), den "Juli 14" (1929), Lincoln und Michelangelo (1930), sein eigenes Leben (1931), Mussolini (1932), Hindenburg (1934), Beethoven (1943) und S. Freud (1946). Daneben werden zahllose weitere Politiker (z. B. Stalin, Lenin, Rathenau) und Künstler (Shakespeare, Dehmel, Schiller) in biographischen Essays geschildert, die unter Sammeltiteln wie "Genie und Charakter" (1924), "Kunst und Schicksal" (1927) oder "Führer Europas" (1934) veröffentlicht wurden.

Ludwigs Wirkung läßt sich nicht *nur* in buchhändlerischen Kategorien fassen. Sein Briefwechsel, zum Teil im marbacher Deutschen Literaturarchiv zusammengefaßt, weist ihn als geachteten Korrespondenten einer Vielzahl internationaler Politiker und Künstler aus. Darunter waren G. Hauptmann, Heinrich und Thomas Mann, S. Zweig, E. Toller, W. Rathenau usw.[6] Im Ausland wurde er geradezu als kultureller Repräsentant der neuen Republik betrachtet. An diesem Ruf wob er geschickt mit durch eine ausgedehnte Reise- und Interviewtätigkeit.

Parallel zum Markterfolg entzündeten seine Arbeiten im Inland Diskussionen, Fehden und Kritiken, deren unterschiedliche und gegensätzliche Positionen noch darzustellen sein werden. Während vor allem Historiker, provoziert durch die Resonanz des Dilettanten, eine Debatte um die Legitimität historischer Belletristik vom Zaune brachen, wurde Ludwig von literaturwissenschaftlicher Seite eigentlich überhaupt nicht zur Kenntnis genommen, genausowenig registrierte sie den Aufstieg der "Biographie als neubürgerlicher Kunstform"[7] in den 20er Jahren. Auf die sich häufen-

den Angriffe der Fachhistoriker, die ihm Ungenauigkeiten, Kritik-
losigkeit den Quellen gegenüber, seine auf blendende Einzelszenen
bedachte kinoartige Technik vorwarfen, sah sich Ludwig zur Dar-
legung und Rechtfertigung seiner Prinzipien gezwungen.[8] Was ihn
seinem Selbstverständnis nach von der akademischen Geschichtsschreibung trennt und legitimiert ist die Grundannahme.

> "daß das Ewig-Menschliche fesselnder und zugleich belehrender ist als
> das Zeitlich-Gewandelte, daß die Geschichte eines großen Herzens be-
> deutungsvoller ist als die Veränderung einer Spezialkarte zwischen
> 1790 und 1810."[9]

Der Biograph solcher "innerlicher" Lebensläufe bewegt sich — nach
Ludwig — in einer Gattung, die als dritte zwischen Historie und
Dichtung angesiedelt ist. Der Dichtung ist er verbunden durch das
Interesse an der "Grundvision seiner Gestalt, die aller Lektüre vor-
rangig"[10], die sich bei der Betrachtung der Physiognomie des Por-
traitierten herausgebildet hat. Und diese Grundvision verlangt bei
Ludwig allemale eine *dramatische* Verarbeitung des historischen
Stoffs. Die Grundvision bringt es mit sich, daß alle seine Arbeiten
in klassizistischer Akkuratesse in drei oder fünf Akte, Kapitel, Abschnitte oder Bücher unterteilt sind, welche wiederum gleichge-
wichtig sein müssen. So wird der Stoff in "psychologische Kapitel"
unterteilt, die er nachher wieder unsichtbar macht. Was den Biographen trotz dichterischer Gestaltung über den historischen Romancier hinaushebt, ihn unterscheidet, ist die selbstauferlegte Pflicht zur
Wahrheitstreue. Keine verbürgte Anekdote, kein wesentliches Dokument darf verschwiegen oder frei ergänzt werden bei Strafe des
Entzugs der venia scribendi. "Der Forscher findet, der Romancier
erfindet, der Biograph empfindet".[11] Diese Faustregel bringt das zugrundeliegende Geschichtsverständnis und die ihm entsprechende
Literaturform bei der Rekonstruktion des psychologisch Wahrschein-
lichen auf einen Nenner. Während "der Professor als Staatsanwalt"[12]
die Umstände der historischen Situation untersucht, die Glaubwür-
digkeit der Zeugen überprüft um dann sein Urteil zu finden, versetzen sich die Biographen in der Nachfolge Burckhardts, Macaulays
und Carlyles im Geiste an den Ort, in die Seele der Personen und
lassen Gefühl, Phantasie und die Kenntnis der Seele entscheiden.
Auf diese Weise können die disparaten Fakten gleichnishaft gelesen und zusammengefaßt werden, sie versetzen den Autor "in Ehrfurcht vor der Gewalt des Schicksals, das sich in jedem Lebenslauf

offenbart"[13]. So wird aus dem dargestellten Einzelfall ein Typus, in dem sich tausend ähnliche Naturen wiedererkennen, und das Sich-Wiedererkennen in der geschilderten Person ist zentral für Autor und Leser beim Erfassen der Figur und dem Lernen von ihr.

"Aus dieser *Identifikation* des Lesers mit dem Dargestellten entsteht Mitleid und Furcht, entsteht jeder innere Anteil des Zuschauers oder Lesers; sie kann aber nur eintreten, wenn sich zuvor der Dichter mit seinen Gestalten identisch gefühlt hat. Er gleicht einem Mittler, der die Rechte der Gestalt mit seiner Rechten, mit der Linken aber den Leser anfaßt und durch seinen Körper die elektrischen Ströme hinüber leitet, die von jenem ausgehen." [14]

Carlyle noch wollte die allein Geschichte machenden großen Männer herausfinden, sie vom Schmutz befreien und sie "auf das ihnen gebührende Piedestal heben"[15]. Ludwig dagegen plädiert gegen solche Distanzierung und für die Entgötterung der Helden, für das intime Verhältnis zwischen Held-Autor und Leser. Damit die letzteren sich im ersteren besser spiegeln können, wird das private Leben der Helden gleichermaßen wie ihr öffentliches geschildert, auch Beobachtungen aus der Kammerdiener-Perspektive werden nicht verschmäht. Ihre politischen Entscheidungen können dadurch mit den "psychologischen" Begriffen aus dem Alltagsleben erklärt werden. Ludwig denkt an den Streit zwischen Gärtner und Köchin, wenn er Staatsaktionen der Protagonisten verstehen will:

"Gelingt es mir, Streben und Ehrgeiz Bismarcks in menschliche Elemente so aufzulösen, daß alle starren Formeln der Geschichtsschreibung in diesem Golfstrom schmelzen, so fühlt sich der Lehrer, der Schankwirt, die Näherin getroffen." [16]

Die "Auflösung in menschliche Elemente" bedeutet, daß die Großen der Geschichte weniger ihrer — für den Leser kaum zu wiederholenden — historischen *Leistung* halber verehrt werden. Verehrt werden sie ihrer inneren Kämpfe wegen und weil sie sich zu historischer Größe durchgekämpft haben, obwohl auch sie nur Menschen mit Schwächen waren. Die Verehrung soll erfolgen nach Maßstäben, die den Lesern aus ihrem eigenen Alltagsleben, aus ihren *privaten* Wünschen und Hoffnungen vertraut sind und kaum politisch-historischer Kenntnisse oder Interessen bedürfen. Die zur Psychographie verengte, subjektiv nachfühlende Geschichtsschreibung feit sich selbst gegen Zweifel am Glauben "an den entscheidenden Einfluß des einzelnen genialen Menschen auf das Weltgeschehen"[17], an dem Ludwig in bewußtem Gegensatz zum historischen Materialismus und wohl auch zur neueren bürgerlichen Historiographie festhielt. Ludwig garantiert den Lesern, daß sie sich auf Gefühlsbasis mit den Großen der Welt werden vergleichen können und er kann dies nur garantieren, indem er unterschiedliche Voraussetzungen von Held und Leser, indem er soziale Gegensätze und Kämpfe nicht mit ins Bild der Heroen bringt. Die Bereitschaft zu einer dermaßen unhistorischen Identifizierung hat ihre publikumssoziologischen Voraussetzungen. So schätzte Ludwig vor allem das amerikanische Publikum, das sich aus jedem Buche eine praktische Lebensweisheit, ein Vorbild heraussuche. Für Deutschland stellte er fest, daß nur "junge, gutwillige, neugierige, herzliche Charaktere sein ideales Publikum"[18] bildeten, und daß die Flut von Leserbriefen "meist aus der Provinz, selten aus Weltstädten und nie aus Berlin"[19] käme.

2. Die teils heftig geführten Debatten um Ludwigs Biographien und Portraits gegen Ende der 20er Jahre gewinnen eine über Ludwig hinausgehende Bedeutung wenn man zugesteht, daß die Kategorie "Geschichte" ein wichtiges "Indiz der realen Klassenkämpfe um die Herrschaft über die ganze Geschichte"[20] ist, zumal dann, wenn die Aneignung der Geschichte über Biographien massenhaft zu wirken beginnt.

Ludwigs politische Position nach der Revolution war die eines internationalistischen, pazifistischen Liberalen, die eines jüdischen, freien Schriftstellers. Vor allem mit seinen Büchern über Wilhelm II., über den Juli 14 und über Bismarck griff er in die politische Diskussion um die Kriegsschuld ein. In "Wilhelm II." macht er den aufklärerisch gemeinten Versuch, "aus den Charakterzügen eines Monarchen unmittelbar die weltpolitischen Folgen, aus seinem Wesen das Schicksal seines Volkes zu entwickeln."[21] Die aufklärerische Intention und Wirkung wird ihm von Tucholsky bestätigt. Er bezeichnet das Buch als "die schwerste Niederlage, die der Kaiser jemals erlitten hat"[22]. Er lobt die durch den glatten, unterhaltsamen und "wie Öl" eingängigen Stil ermöglichte Einbeziehung neuer Leserschichten. Auch wenn sich Ludwig die Analyse nicht allzu schwer gemacht habe, habe doch die deutsche Demokratie "viel zu wenig für die Aufklärung breiter Massen getan, als daß sie heute das Recht hätte, mit Besserwisserei und ästhetisch-psychologischer Splitterrichterei"[23] an dieser Leistung herumzunörgeln. Auch den

"Juli 14" meint Tucholsky seiner kritischen Breitenwirkung halber gegen dessen Analyseschwächen in Schutz nehmen zu müssen.

Zum "Fall" wurde Ludwig erst durch die national oder konservativ eingestellten Kritiker. Die fachwissenschaftlichen Spezialisten Ley, Sbrik, Mommsen, Westphal, Delbrück, Kindermann, Brinkmann, Wickershausen und auch Kuczynski wiesen auf sachliche Fehler und Ungenauigkeiten hin. Hinter der fachlichen Kritik stand jedoch in den meisten Fällen die politische Aversion gegen die bei Ludwig vermutete demokratische Haltung und Wirkung. So wurde argumentiert, daß seine Tendenz zur Ästhetisierung das wissenschaftliche Gewissen zersetze und dadurch ein "Primat des Lebens über das Wissen"[24] errichte. Sein Psychologismus trage Züge der Staatsfeindschaft, weil er vom Unglauben an die Möglichkeit freien, streng objektiven Handelns lebe.[25] Es fehle das Bekenntnis zur Nation, zur deutschen insbesondere, das Gottesgnadentum und die Fürsten würden pauschal verdammt, Ludwig singe das Hohe-Lied der Demokratie und verkörpere die "Ideen von 1919". Die Universitätsgelehrten — mit diskriminierten Ausnahmen die erbittertsten Vertreter des Chauvinismus, der Dolchstoßlegende und des Antisemitismus[26] — griffen weniger das personalistische Prinzip seiner Geschichtsschreibung an. Vielmehr verteidigten sie die dargestellten Figuren als Repräsentanten der alten Ordnungsmacht gegen "illegitime" Angriffe. Die Heftigkeit der Angriffe läßt vermuten, daß Ludwigs politische Überzeugungen nicht nur von Tucholsky, sondern auch vom rechten Flügel der Ludwig-Gegner verkannt und überschätzt wurden. Darauf wies H. Holborn seine Zunft hin:

"Ein Blick in das ... Revolutionstagebuch E. Ludwigs genügt, um die Geschichtsfremdheit überhaupt und insbesondere die Verständnislosigkeit dieses Schriftstellers gegenüber den 'Ideen von 1918/19' verräterisch bloßgestellt zu sehen. Ich vermag in Emil Ludwig nur einen Vertreter wilhelminischer Zeit zu erkennen, mag er es sich auch heute angelegen sein lassen, der deutschen Republik in seinen Biographien eine Art von literarischer Siegesallee zu errichten." [27]

Kernpunkt der Ludwig-Kritik von rechts war der offensichtlich allzu erfolgreiche Versuch des "Vernunftrepublikaners"[28], die Tradition der großen, dominierenden Männer mit der neuen Staatsform der parlamentarischen Demokratie zu versöhnen, sie hinüberzuretten. Auf diesen Gedanken war auch die Werbung zu den Volksausgaben, beispielsweise zum Bismarck-Buch abgestimmt: "Deutsch-

land lebt: das Volk hat ausgehalten und Bismarcks Werk gerettet."
Die "demokratische" Vereinnahmung der nationalen Größen, das
oft willkürliche Herausarbeiten ihrer demokratischen Züge oder
"proletarischen" Herkunft, ihre Indienstnahme als Zeugen gegen
den Feudalismus war das Ärgernis. Denn grollend mußte sie kon-
zedieren, "daß auch diejenigen, die Ludwigs innenpolitische An-
schauungen nicht teilen, seine Bücher trotzdem begeistert lesen"[29],
daß mancher altpreußische General, mancher Rechtsstehende Lud-
wig-Leser sei. Diese Fähigkeit, durch die Form der Biographie Leser
unterschiedlichster sozialer Herkunft und Überzeugung ansprechen
zu können, im Nachvollzug großer Lebensläufe eine gewisse Neu-
tralisierung realer Interessengegensätze zu erzielen, machten sich
tatsächlich republikanische Kräfte zunutze. AEG-Direktor und
Außenminister Rathenau versuchte Ludwig für seine Pläne zu gewinnen, den Staat dem radikalisierten deutschen Proletariat nahe-
zubringen, die Sozialdemokratie in einen Volksstaat zu integrieren,
ehe sie wieder revolutionär würde. Ludwig sollte in diesem Sinne
ein Manifest an die Intellektuellen Deutschlands verfassen.[30]

Was die öffentliche Diskussion um Ludwig bestimmte, war das
geradezu hymnische Lob, die Kritik unter nationalen Gesichtspunkten und, zunehmend gegen 1933, die antisemitische Dema-
gogie ("Ludwig alias Cohn"). Sie kulminierte in der öffentlichen
Verbrennung seiner Schriften in Berlin durch Studenten Alfred
Bäumlers und der Emigration Ludwigs über die Schweiz nach Amerika.

Sie traf Ludwig zu einem Zeitpunkt, zu dem er — sei es unter
dem Einfluß seines eigenen individualistischen Weltbildes, sei es
unter dem Eindruck der nationalsozialistischen Wahlerfolge in den
September-Wahlen 1930 — seine Haltung der Demokratie gegenüber zu revidieren begonnen hatte. Noch 1934 schrieb er im Vorwort zur Portraitsammlung "Führer Europas":

"Wem sich die Weltgeschichte so entschieden aus Persönlichkeiten
aufbaut, dem muß eine Regierung von vierhundert Mittelmäßigkeiten
fremder sein als die Regierung eines bedeutenden Diktators. Der Hel-
denverehrung, die heute wieder die Jugend Europas ergreift, würde ich
folgen, wenn ich mehr Helden sähe. Von Massaryk wünschte ich mich
längst lieber diktatorisch regieren zu lassen als demokratisch vom
Palais Bourbon."[31]

Quasi als politischer Konsument beklagt er den Mangel von
Identifizierungsmöglichkeiten durch das Fehlen bedeutender Män-

ner, vom *sozialen Inhalt* politischer Herrschafts*formen* völlig absehend. Die Abwesenheit großer Männer in Demokratien habe ihn auf die "konstruktiven Seiten dieser beiden Diktaturen"[32] in Rom und Moskau hingewiesen. Seine ausführlichen Interviews mit Mussolini zur Rekonstruktion dessen Lebenslaufes gab er 1932 mit Erinnerungsbild und handschriftlicher Widmung unter dem Titel heraus: "Mussolinis Gespräche mit Emil Ludwig". Nach der Emigration warb er für dasselbe Werk mit dem Titel: "Emil Ludwig: Gespräche mit Mussolini". Der Vergleich zweier Textvarianten könnte exemplarisch die doppelte Hilflosigkeit eines idealistischen Intellektuellen zeigen, zuerst den Lockungen, dann den Bedrohungen des Faschismus gegenüber. Er könnte weiter die Fiktion politischer Neutralität einer psychologischen Geschichtsschreibung verdeutlichen.

1932: "Als französischer Autor unter Napoleon hätter ich wahrscheinlich auf Seite Chateaubriands *abseits gestanden*, während ich ihn als Deutscher auf der Seite Goethes bewundert hätte. So zieht mich auch die Gestalt Mussolinis unabhängig von den Parteien und von den beiden Fakten an, daß er den Vertrag von Versailles bekämpft, aber Südtirol italianisiert. An die Stelle des Dilemmas, in das diese Umstände die Herzen der deutschen Faschisten versetzen, tritt bei mir die künstlerische Betrachtung einer außerordentlichen Persönlichkeit."[33]
1934: "Die Aufgabe eines platonischen Fremden, besonders wenn er die Geschichte kennt, kann nur sein, das gegenwärtig Geschehene schon wie ein vergangenes zu betrachten und über den Klagen des Einzelnen das Allgemeine, über dem persönlich Negativen das staatlich Positive zu erkennen. Als Franzose unter Napoleon geboren, *hätte ich den Kaiser gehaßt* und mindestens Frankreich geflohen; hundert Jahre später kann ich ihn als Phänomen bewundern. Wenn italienische Freunde mir über den Zwang des Faschismus klagen, bringe ich ihnen mein Mitgefühl und bin froh, für meinen Teil noch schreiben zu dürfen, was ich mag."[34]

Ludwig genoß den Ruf eines kritischen Referenten der jüngsten Vergangenheit. Seine Popularität läßt sich mit dem verbreiteten Bedürfnis erklärbar machen, eben diese Vergangenheit zu verstehen. Wie sehr aber der Popularhistiograph selbst dieser Vergangenheit verpflichtet war, wie sehr es ihm an Kriterien mangelte und wie sehr seine Gefechte gegen die akademische Historiographie ästhetische Scheingefechte waren: dies wurde von der, auf die Leserschaft und auf die liberale Intelligenz relativ einflußlos gebliebenen, radikaleren linken Kritik angedeutet. So wies Marcuse auf den ge-

meinsamen Nenner Ludwigs und der "Ludwig-Front" hin: der indi-
vidualistische Humanismus, der hier mehr demokratisch-paneuro-
päisch, dort mehr nationalistisch gefärbt sei sowie ihr gemeinsames
Prinzip der Geschichtsschreibung: "der Glaube an die Individualität
als letztes historisches Element"[35]. Das Dogma des irreduziblen Individuums brächte Ludwig dazu, nur Vordergründe zu schildern, weil
sich die gesellschaftlichen Hintergründe seiner biographisch-anekdo-
tischen Darstellung entzögen. "Er erzählt lediglich Tatsachen — aber
er gibt nur jenes Tatsächliche, das sich auch erzählen läßt."[36] Zwar
hätten seine Darstellungen verglichen mit den Biographien der
George-Schule oder Simmels noch das stärkste Zeitkolorit. "Aber
auch bei ihm ist doch die Zeit so hinter der Person wie beim Photo-
graphen das Brandenburger Tor hinter dem photographierten
Schupo. Sie ist Dekoration, sie ist nicht viel mehr als Portraitzube-
hör."[37]

Schärfer noch verspottete Gabor in der "Linkskurve" Ludwigs
historisches Unverständnis, das auch die Anforderungen bürgerlicher Leser an irgendwelche historischen Zusammenhänge unbe-
friedigt lassen müsse. Den Kriegsausbruch auf 15 Druckbogen erklären zu wollen, ohne das Wort "Kapitalismus" zu benutzen, ihn
nur aus den Gehirnerweichungen der Diplomaten und Generale
abzuleiten hieße, sehr, sehr tief zu steigen, um die oberflächlichste
Oberfläche zu erreichen.

"Nichts ist bezeichnender für die Bourgeoisie, die ein neues Welt-
gemetzel vorbereitet, als dieses Buch, das, mit den pazifistischsten Absichten der Welt fabriziert, nur der Hirnverkleisterung dient, folglich
eine bessere Kriegsvorbereitung ist, als das hugenbergsche Waffenge-
klirr."[38]

Ludwigs politischer Opportunismus machte ihn vom privilegierten Kriegsberichterstatter zum Vernunftrepublikaner, zum Musso-
linibewunderer, zum Sonderbeauftragten Roosevelts. Als Verfechter
der Kollektivschuldthese sprach er den Deutschen von Amerika aus
jede freiheitliche Tradition ab und schlug vor, sie hart zu bestrafen und umzuerziehen.[39] Die Nachwirkung des in der ganzen
Welt gefeierten Historikers der Weimarer Republik, der, nach
Brechts Aphorismus, "völlig gesinnungslos, unoriginell, aber dem
originellen ausgeliefert, töricht, aber die weisheit schätzend"[40] war,
ist sehr gering. Lediglich seinen "Bismarck" kann man heutzutage

im Buchhandel noch erhalten; seine übrigen Werke verstopfen als Ladenhüter die Buchantiquariate.

3. Die biographischen Schablonen, denen Ludwig die unterschiedlichsten Lebensläufe unterwirft, zeigen sich besonders deutlich an den 20 "Männlichen Bildnissen" unter dem Titel "Genie und Charakter".[41] Gegliedert in zwei Teile zu je drei Gruppen mit je drei Männern finden sich Portraits von Friedrich II., Stein, Bismarck — Stanley, Peters, Rhodes — Lenin, Wilson, Rathenau und im zweiten Teil Lionardo, Shakespeare, Rembrandt — Doppelbiographien von Byron-Lassalle, Goethe-Schiller — Dehmel, Bang und "Bildnis eines Offiziers". Die Auswahl der Männer repräsentierte — mit Ausnahmen — den Autoren- bzw. Titelbestand des bürgerlichen Bücherschranks. Die Auswahl der auf ihrem Gebiet einst epochemachenden, meist schon verstorbenen Künstler und Politiker erfolgte — das wird im Vorwort erläutert — nach der gegenseitigen starken Verbundenheit ihrer Seelenzustände. Die Gegensätzlichkeit und Unvergleichbarkeit der *Tätigkeiten* der Figuren wird kompensiert durch eine Technik der radikalen Reduktion möglicher Motivationen auf einige "zeitlose" Grundmuster menschlichen *Fühlens*: Pathos-Kritik, Pflichtgefühl-Machtgefühl, Weltflucht-Aktivität, Treue-Rache sind die wichtigsten Pole, zwischen denen das Heldenleben verläuft. Die eingeborenen Tugenden der Helden überwinden jeweils die schlechten Ausgangsbedingungen (Abstammung, Weichlichkeit). Oft gegen den Willen der Umgebung, unter Anfeindung und Spott macht das große Individuum als Autodidakt seinen Weg. Trotz triumphaler Bestätigung bleibt es *tragisch einsam*, seine wahre Bedeutung wird oft erst postmortal gewürdigt. Alle Lebensdaten, Zeitpunkt und Ort der Geburt, des Todes, der Grabstätte, von Begegnungen sind so notwendig, sind bedeutungsschwanger und werden symbolisch gedeutet.

"Genau ein Jahr, nachdem die Kanonen von Missolunghi über der Leiche Lord Byrons ... siebenunddreißig Schüsse gelöst hatten, öffnete Ferdinand Lassalle im Bette einer deutschen Jüdin zum ersten Male die Augen."[42]

Nicht rationale Überlegungen oder der Zwang der Verhältnisse bestimmen die curricula. Die genialen Visionen setzen eine Lebenslauf-Mechanik in Gang, die sich gegen die Gesellschaft und zur Not auch gegen den Helden selbst durchsetzt und so seine historische Bedeutung begründet.

"Aus dem strömenden Gefühle, das unter allen Kalkulationen des Politikers rauschte, ihm selbst nicht stets bewußt, aus einer Vision, einer Art von Traum, formte er sein Werk und konnte es nur mit feuerflüssiger Seele tun; schnell, in kaum acht Jahren, hat Bismarck ... Deutschland gemacht." [43]

Da die äußeren Kämpfe der Helden nur als Hintergrund ihrer inneren mit ins Bild genommen werden, werden die politischen Ziele, die gesellschaftlichen Auswirkungen des Handelns sekundär und austauschbar. So werden der Imperialist Rhodes, der Großindustrielle Rathenau und der Kommunist Lenin vergleichbar und sich ähnlich. Die Gegensatzpaare "revolutionär"-"konservativ" werden ausschließlich im Sinne psychologischer Attribute verwendet. "Denn nicht Ideen machen den Revolutionär, sondern Gefühle." [44] Da diese "eingeborene" sind, macht der Held keine Entwicklung durch, lediglich seine Anlagen reifen. Idealistische Spekulationen beispielsweise über Bismarck, "der, wäre er unten geboren, die rote Fahne voran-trug" [45], trugen sicher bei zur Verbreiterung der Identifizierungsmöglichkeiten für die Leser, zur Vereinnahmung preußischer Symbolfiguren vom republikanisch-sozialdemokratischen Standpunkt aus. Von daher nur ist erklärbar, daß noch die — durchaus wohlwollende — Darstellung des Lebens Lenins als Bestätigung idealistischer Geschichtsauffassung Verwendung findet.

"Mut und Klarheit, Glaube und Integrität haben einen Menschen von ungeheurer Lebenskraft auf einem Wege geleitet und erhalten, der zu dieser Zeit an diesem Ort wahrscheinlich ein Irrweg war. Aber aufs neue ist der strebenden Jugend Europas ein Vorbild erschienen, mit Augen kann sie sehen, daß heute wie einst und immer ein Wille, von einem Gedanken geführt, Millionen umzuschichten vermag. In diesem Sinne eines praktischen Idealisten hat Lenin ein neues Muster aufgestellt für eine kühne, einsame, selbstlose Bahn." [46]

Die symbolistische Überhöhung von historischen Zufällen, die suggestive Komposition disparater Geschichtsdaten, vorgetragen in Seherpose decken die Widersprüchlichkeit der willkürlichen Traditionsaneignung zu. Sie wird überlagert durch die pathetische Anteilnahme am naturgeschichtlich, nicht gesellschaftsgeschichtlich interpretierten Schicksal des Genies, überlagert durch die Einbeziehung der Leser in die "*Anbetung* vor der Notwendigkeit aller Lebensdaten des Menschen" [47].

4. Wie sich der Biograph Ludwig gegen seine politische Überzeugung von großen Männern wie Mussolini oder Stalin überwältigen ließ, scheinen seine Biographien ihre Leser überwältigt zu haben. Die Rezensionen zu "Genie und Charakter" legen dies nahe, auch wenn sie in keiner Weise repräsentativ sind. Die häufigsten Reaktionen sind hilflose Formeln des Überwältigtseins. So ist die Rede von der "fast bezwingenden Gestaltungskraft"[48], dem "saugenden Inbeziehungsetzen"[49] das für den Leser entsteht, indem der Erzähler in das Innere eines als *lebendig* Dargestellten hineinsteigt, vom "Bestechenden"[50] seiner Portraitkunst, davon, daß man ergriffen würde, "von den Worten des Verfassers dauernd gefesselt wird"[51]. Kurz, es seien "Schriftdenkmäler, in deren künstlerische Geistestiefe man sich mit Freude und Hingabe versenkt"[52]. Auch die "im Hintergrund gehaltene erzieherische Absicht"[53] scheint aufgegangen zu sein:

> „Wir legen es nicht aus der Hand, ohne — wenn auch nur für einen Augenblick — den Drang in uns zu fühlen, uns eines Platzes in der Reihe der Beschriebenen würdig zu machen."[54]

Die auf Identifizierung angelegte, nicht räsonierende, nicht kritische Schilderung wird als Vorzug empfunden, da sie die Illusion der Ganzheit, Lebendigkeit und Unvermitteltheit ermögliche. Das Schicksal selbst, so mögen es viele Leser aufgefaßt haben, scheint die Biographien diktiert zu haben. Und Objektivität und Wahrheitstreue seien gewährleistet dadurch, daß der Autor "sich selbst gänzlich auslöscht"[55].

Ludwigs Leser, die rezensierenden zumindest, artikulierten ihre Kapitulation vor dem Autor, den Helden, der Vergangenheit und lassen sich intellektuell entwaffnen. Ludwigs Biographien lassen es sich angelegen sein, die Haltung der Auflehnung zu akzentuieren, sie aber den führenden Helden zu überlassen, auf das Genie zu beschränken, in die Vergangenheit zu verweisen. Die Haltung ist dieselbe wie die, die Kracauer anhand des Remarqueschen Erfolgs feststellte: "Es ist der Ausdruck eines mittleren Zustandes zwischen Hinnahme und Auflehnung, der einer mittelständischen Haltung adäquat ist."[56]

Die Bereitschaft, sich in der Identifizierung mit kollektiven Vaterfiguren in nationalem Narzismus zu versenken, kann als dominierendes Strukturmerkmal der "Massenpsychologie des Kleinbürgertums"[57] bezeichnet werden. Die Verherrlichung von Führerprinzip und Gefolgschaftstreue, der Haß gegen "Kollektivismus" und Internationalismus sind wichtige Versatzstücke aus der Werkstatt rigider kleinbürgerlicher Sozialisation. An der Disposition zur Identitätssuche über die ausschließlich emotionale Identifizierung mit übermächtigen Gestalten konnte der deutsche Faschismus als *Massenbewegung* gegen Ende der Weimarer Republik politisch anknüpfen. Die allen Identifizierungsvorgängen eigene Ambivalenz, die immer gleichzeitig die "Haltung der Auflehnung" miteinschließt, wurde durch die Konstruktion meist *kollektiver* Aggressionsobjekte (Kommunisten, Juden, Slaven) im Sinne der autoritären Herrschaftsform neutralisiert .

Auf diese Weise gelang es weitgehend, das durch den Krieg, die Wirtschaftskrisen und Arbeitslosigkeit erzeugte Mißtrauen gegen die herrschenden großen Persönlichkeiten aufzufangen und ihm paradoxerweise die Forderung nach stärkeren, uneingeschränkteren Einzelpersönlichkeiten entgegenzustellen.

Die Naivität E. Ludwigs gelegentlich aufklärerischer Absichten — Tucholsky war nicht der einzige linke Intellektuelle, der diese Naivität mit ihm teilte — bestand darin, diesen Mechanismus nicht durchschaut zu haben und deshalb von ihm vereinnahmt worden zu sein. Weder politisch noch literarisch konnte es sich lediglich um die *Kritik* oder nur um das *Auswechseln* des Heldenbestandes handeln. Sondern nur darum, dem Führer- und Heroenmythos die *Abschaffung* der Notwendigkeit des Heldentums entgegenzusetzen, die biographische Technik der Heldenbetrachtung überhaupt in Frage zu stellen. Durch eine solche Konsequenz hätten Unterhaltungsliteraten wie Remarque, S. Zweig oder Ludwig möglicherweise gerade *die* Schichten ihrer Leserschaft eingebüßt, deren Bereitschaft zur Einfühlung, zum "saugenden Inbeziehungsetzen", zur Identifizierung einerseits, zur aggressiven Projektion andererseits Grundlage ihrer Existenz als Erfolgsschriftsteller war.

5. Anders als der historische Roman, die historische Novelle beansprucht die belletristische Biographie qua Gattung — Ludwig hob dies immer wieder hervor — ein Zweig der Geschichtsschreibung zu sein. Was sie von akademisch-historischen Traktaten trennt, ist für sie nicht die *Aufgabe* des Realitätsbezugs, sondern die künstlerisch ansprechende, schöne Form der Realitätsaneignung. Den Lesern wird gleichzeitig das nützliche Erlernen *verbürgter* Fakten als auch der angenehme ästhetische Genuß zugesagt.

Die bürgerliche Geschichtswissenschaft nach dem Zusammenbruch des Kaiserreichs befand sich zusammen mit dem Historismus in der Krise. Die selbstanklägerischen, ob ihrer Resonanzlosigkeit resignierten Reaktionen der Historiker auf das Phänomen Ludwig belegten das. Ein Anknüpfen oder gar eine Aktualisierung der romantischen idealistischen Kategorie der auszudeutenden historischen Subjekte — Ranke definierte sogar Staaten als historische Individualitäten — schien ausgeschlossen:

> "Allzu nachhaltig hat in der jüngsten Vergangenheit jeder Mensch seine Nichtigkeit und die der anderen erfahren müssen, um noch an die Vollzugsgewalt des beliebigen Einzelnen zu glauben." [58]

In dieser Situation beginnt die Konjunktur der historischen Belletristik. Im "Chaos der gegenwärtigen Kunstübungen", welche sich eher mit *absteigenden* Lebensläufen (Buddenbrooks, Mann ohne Eigenschaften, Radetzky-Marsch), *demontierten* Lebensläufen (Ulysses, Manhattan Transfer, Berlin Alexanderplatz) oder *parodierten* Lebensläufen (Untertan, Aus dem Bürgerlichen Heldenleben) befaßten, stellte sich die Biographie als kleinbürgerliche Kunstform, als "einzige scheinbar notwendige Prosaform"[59] dar. Den experimentierenden, kritischen Versuchen setzt die Trivialbiographie übersichtliche, gleichnishafte, zu den tragikumwitterten Gipfeln individuellen Erfolgs *aufsteigende* curricula vitae entgegen.

Die Wiederbelebung des Ideologems des geschichtsmächtigen Genies verdankt ihre Trivialität der Fluchthaltung den sozialen und ökonomischen Entwicklungen gegenüber, durch welche der Handlungsspielraum der Einzelnen ganz offenkundig zunehmend beschränkt wurde. Als frühbürgerliches Ideal der *Erziehung* zur gebildeten und insofern autonomen Persönlichkeit trug das Postulat des Triumphs des Individuums über die Verhältnisse durchaus noch revolutionäre, kritische und humanistische Züge.[60] Die affirmativen Komponenten der Verwendung des Motivs des heroischen Individuums aktualisierten sich in Krisenzeiten des bürgerlichen Selbstverständnisses: spätestens nach der abgebrochenen Revolution von 1848/49, den Erfolgen der Reichsgründung von oben und der selbstauferlegten Rücknahme der "Ideen von 1919". Des Helden "Größe, sein Heroismus werden jetzt als Herrschaftszeichen der siegreichen Klasse gebraucht"[61], gerade dann, wenn der "Sieg" die *politische* Unterwerfung mit sich brachte. Bürgerliche literarische Stile vor diesem Hintergrund verglich Brecht mit den alljährlich abgehaltenen Sedansfeiern.

> "Sie sind Wiederholungen von Siegesfesten, die einst über die Materie gefeiert wurden (das heißt, nicht mehr die einstigen Siege, sondern die einstigen Feste werden jetzt gefeiert). Die 'Feiernden' haben gerne vergessen, daß die überwundene Materie sich inzwischen von ihrer 'Niederlage' erholt hat."[62]

Das Kriterium der Trivialität der absolut gesetzten Individualitätsvorstellung ist das der Ungleichzeitigkeit zwischen Vorstellung und Wirklichkeit. Denn der in freier Konkurrenz sich befindliche Wirtschaftsbürger, der freie Warentausch *aller* Subjekte zu *gleichen* Bedingungen, das materielle Substrat bürgerlicher Individualitätsvorstellungen also, war schon längst durch Lohnabhängigkeit und Kapitalkonzentration ersetzt.

Die Konturierung überlebensgroßer Gestalten aller Klassen bedeutet so nicht nur einen erkenntnistheoretischen Rückfall zu den liberalen Idealen Mills und Smith's, sondern auch einen Rückzug hinter die Kritik der "Persönlichkeit" durch die Marxschen Frühschriften. In der 6. These über Feuerbach setzt Marx der vom geschichtlichen Verlauf abstrahierenden Wesensbestimmung des anschauenden Materialismus entgegen:

> "Aber das menschliche Wesen ist kein dem einzelnen Individuum innewohnendes Abstraktum. In seiner Wirklichkeit ist es das ensemble der gesellschaftlichen Verhältnisse."[63]

Die Konstruktion des Idealtyps "des" Menschen wird als unzulässige Abstraktion kritisiert, solange sich die Menschen von den gesellschaftlichen Verhältnissen wie Arbeitsteilung, Warenproduktion, Klassenspaltung beherrschen lassen. Solange die fetischisierten eigenen Vorstellungen (z. B. die fetischisierte Warenproduktion) nicht als solche erkannt, durch gesellschaftliche Planung die Anarchie der privaten Interessen nicht aufgehoben werden, wird kein Individuum die Gattung Mensch schlechthin verkörpern können. Die Individuen können höchstens Klassen und Schichten repräsentieren, sind deren Interessen in irgendeiner Form subsumiert und durch die spezifische Stellung im Arbeitsprozeß an der Entwicklung aller ihrer produktiven Fähigkeiten behindert. Diese Subsumtion unter sachliche Mächte kann nicht philosophisch, nur durch Abschaffung ihrer gesellschaftlichen Grundlagen aufgehoben werden. Die Existenz eines allseitig gebildeten, sein Schicksal *bewußt* mitgestaltenden, nur persönlichen, nicht sachlichen Verhältnissen unterworfenen Individuums bleibt daher in Klassengesellschaften Fiktion.

Diese Fiktion des genialen Vereinzelten, der als Repräsentant der ganzen Gattung, als "Selbsthelfer" im Namen aller die unbegriffenen Verhältnisse bezwingt, kann als Modell praktische Bedeutung gewinnen. Dann nämlich, wenn "große Individuen" im Namen der Gattung oder zumindest im Namen des Volkes zu handeln versprechen, um die Sache Weniger besser betreiben zu können. Dann, wenn sie nicht als austauschbare Charaktermasken bekannter Interessen auftreten können, sondern ihre Herrschaft als interessen- und klassen-neutral ausgeben müssen.

Die personalistische Trivialisierung sachlicher Verhältnisse durch den Biographen, das Ritual ihrer "Bezwingung" durch den jeweiligen Helden sind dazu angetan, das ganz spezifische Interesse an der Aufrechterhaltung bestehender sachlicher Verhältnisse vergessen zu machen.

Anmerkungen

[1] Plutarch: Griechische Heldenleben, Perikles, zit. in: Ax, W. (Hrsg.): Plutarch, Römische Heldenleben, Stuttgart 1953, IX.

[2] Vgl. dazu Gay, P.: Die Republik der Außenseiter. Geist und Kultur in der Weimarer Zeit 1918–1933, Frankfurt/Main 1970, 74/75.

[3] Im folgenden eine — unvollständige — Aufzählung von Titeln, darunter mehrere Bestseller (Bestseller-Liste des SPIEGEL), für die 1975 geworben wurde:
Die Autoren: G. Beer (Hannibal), V. Cronin (Napoleon), A. Chouraqui (Hebräer), W. Blunt (Ludwig II.), A. Fraser (Maria v. Schottland), G. Herm (Kelten), E. Horst (Friedrich der Staufer), J. Lehmann (Hethiter), H. zu Löwenstein (Seneca), M. Maser (Hitler), Z. Oldenburg (Katharina die Große), K. Pahlen (J. Strauss), R. Pörtner (alte Kulturen), F. Raddatz (K. Marx), F. Sieburg (Robespierre), H. Stützer (Etrusker), P. Vandenberg (Nofretete). Auffällig auch die Zusammenfassung zu Reihen, z. B. "Heyne-Biographien" mit weiteren populär geschriebenen Biographien oder die Reihe "Große Gestalten — packende Schicksale" bei Herder. Der Branchendienst "Buchreport" erklärte 1976 zum "Jahr der Biographie". Vgl. auch den Artikel "Unersättliche Neugier" in: SPIEGEL 18/1976.

[4] Books by Emil Ludwig, Moscia 1947.

[5] Angaben nach Hansen, N.: Der Fall Emil Ludwig. Oldenburg 1930,

9 sowie nach Ludwig, E.: Geschenke des Lebens. Ein Rückblick, Berlin 1931 (Anhang).

[6] Vgl. dazu auch Kreuzer, H.: "Europas Prominenz und ein Schriftsteller" in: Süddeutsche Zeitung Nr. 276 vom 17./18. November 1962.

[7] Vgl. Kracauer, S.: "Die Biographie als neubürgerliche Kunstform" in: Kracauer, S.: Das Ornament der Masse, Essays, Frankfurt/Main 1963, 75–80.

[8] Zuerst in: Ludwig, E.: Historie und Dichtung, Berlin 1929, dann vor allem, in stark erweiterter Form, in: Ludwig, E.: Die Kunst der Biographie, Paris 1936.

[9] Ludwig, E.: Die Kunst der Biographie, 20.

[10] Ebd. 10. Hervorhebung M. K.

[11] Ebd. 24.

[12] Ebd. 21.

[13] Ebd. 25.

[14] Ebd. 54.

[15] Vgl. dazu Nicholson, H.: "Die Kunst der Biographie" in: Nicholson, H.: Die Kunst der Biographie und andere Essays, Frankfurt 1958, 16.

[16] Ludwig, E.: Die Kunst der Biographie, 70.

[17] Ebd. 42.

[18] Ludwig, E.: Geschenke des Lebens, vgl. 776.

[19] Ebd. 777.

[20] Sandkühler, H. J.: "Zur Spezifik des Geschichtsbewußtseins" in: Geschichte-Ereignis-Erzählung, hrsg. v. Koselleck, R. und Stempel, W.-D., München 1973, 501.

[21] Ludwig, E.: Wilhelm II., Vorwort.

[22] Tucholsky, K.: "Das Buch vom Kaiser" in: Tucholsky, K.: Gesammelte Werke, hrsg. v. Gerold-Tucholsky, M. und Raddatz, F. J., Reinbek 1975, Bd. 4, 296–299, 296.

[23] Ebd. 298.

[24] Westphal, O.: Feinde Bismarcks. Geistige Grundlagen der Opposition von 1848–1918, München und Berlin 1930, 3.

[25] Ebd. vgl. 7.

[26] Vgl. dazu Gay, P.: Die Republik der Außenseiter, 118 ff.

[27] Holborn, H.: "Protestantismus und politische Ideengeschichte. Kritische Bemerkungen aus Anlaß des Buches von Otto Westphal: 'Feinde Bismarcks' " in: HZ 144 (1931) 15–30, 19.

[28] Diesen Begriff verwendet Gay, P.: Die Republik der Außenseiter, 50.

[29] Mommsen, W.: "Bismarck. Geschichte eines Kämpfers. Von Emil Ludwig" in: HZ 138 (1928) 614–621, 620; vgl. auch: Mommsen, W.: "Legitime" und "illegitime" Geschichtsschreibung. Eine Auseinandersetzung mit Emil Ludwig, München und Berlin 1930.

[30] Vgl. den Brief Rathenaus an Ludwig vom 31. 7. 1926 (Deutsches Literaturarchiv).

[31] Ludwig, E.: Führer Europas. Nach der Natur gezeichnet. Amsterdam 1934, 10.

[32] Mussolinis Gespräche mit Emil Ludwig, Berlin-Wien-Leipzig 1932, 14.

[33] Ebd. 16, Hervorhebung M. K.

[34] Ludwig, E.: Führer Europas (Mussolini), 286, Hervorhebung M. K.

[35] Marcuse, L.: "Die Emil-Ludwig-Front" in: Das Tagebuch 12 (1931) Heft 4, 141–143, 143.

[36] Ebd.

[37] Ebd.

[38] Gabor, A.: "Emil Ludwig: Juli 1914" in: Linkskurve 1929/30, Heft 1, 1. 8. 1929, 33–34, 34.

[39] Ludwig, E.: How to treat the Germans, New York 1943.

[40] Brecht, B.: Arbeitsjournal, Frankfurt 1973, Eintragung v. 24. 1. 42, Bd. 1, 366.

[41] Ludwig, E.: Genie und Charakter. Zwanzig Männliche Bildnisse. Berlin 1926.

[42] Ebd. 42.

[43] Ebd. 50.

[44] Ebd. 52.

[45] Ebd. (sic!).

[46] Ebd. 110.

[47] Ebd. 13.

[48] Lic. Pastor Pommerien, Hannoversche Landeszeitung, in: E. Ludwig im Urteil der deutschen Presse, Berlin 1928, 27.

[49] L'observateur Europeén, in: E. Ludwig im Urteil der Weltpresse, Berlin 1928, 49.

[50] Sydvenska Dagbladet, Malmö, in: Ebd. 79.

[51] Deutsche Hochschulwarte, Prag, in: Ebd. 90.

[52] Ebd.

[53] Flake, O.: "Die neue Rundschau", in: E. Ludwig im Urteil der deutschen Presse, 26.

[54] Boek en Kunst, Amsterdam, in: E. Ludwig im Urteil der Weltpresse, 57.

[55] Gothenburger Handelszeitung, Schweden, in: Ebd. 79.

[56] Kracauer, S.: "Über Erfolgsbücher und ihr Publikum" in: Kracauer, S.: Das Ornament der Masse, 72.

[57] Zur weiterführenden Analyse des Problems vgl.: Reich, W.: Massenpsychologie des Faschismus, o. O. 1933.

[58] Kracauer, S.: "Die Biographie als neubürgerliche Kunstform" in: Kracauer, S.: Das Ornament der Masse, 76.

[59] Ebd. 77.

[60] Vgl. dazu Schlaffer, H.: Der Bürger als Held. Sozialgeschichtliche Auflösungen literarischer Widersprüche; Frankfurt/Main 1973, insbesondere Abschnitt IV, hier 146.

[61] Ebd.

[62] Brecht, B.: "Materie und Stil" in: Brecht, B.: Gesammelte Werke, hrsg. v. Suhrkamp Verlag in Zusammenarbeit mit Elisabeth Hauptmann, Frankfurt 1967, Bd. 18, 83.

[63] Marx, K.: "Thesen über Feuerbach" in: Marx, K./Engels, F.: Werke, Berlin 1956 ff., Bd. 3, 6.

Georg Hensel

FLUCHTVERSUCHE AUS DER TRIVIALLITERATUR

Am Anfang war der Mord. Es war ein Doppelmord: man hatte der Mutter mit Hilfe eines Rasiermessers den Kopf abgetrennt, die Tochter erwürgt und mit dem Kopf nach unten in den Kamin ge-stopft; die Fenster des Mordzimmers waren verschlossen, die Tür mußte aufgesprengt werden, der Schlüssel steckte von innen — wie, konnte man sich fragen, entkam der Mörder durchs Schlüsselloch? Zum Mord kam das scheinbar unlösbare Rätsel, und dies sofort in einer seiner klassischen Formen: der Mord im geschlossenen Raum. Unlösbar für den gemeinen Verstand, doch nicht für einen genialen Kopf, der mit Hilfe seiner analytischen Denkmethode den Fall im Handumdrehen aufklärt: Auguste Dupin, der erste Amateurdetektiv der Welt.

Am Anfang war "Der Doppelmord in der Rue Morgue" (The Murders in the Rue Morgue), die erste Detektivgeschichte, ge-schrieben und veröffentlicht von dem amerikanischen Dichter Edgar Allan Poe (1809—1849) im April 1841 in "Graham's Magazine" in Philadelphia. Dupin braucht, um einen Fall zu lösen, seine Woh-nung im Faubourg St. Germain kaum zu verlassen. Er raucht eine Meerschaumpfeife, liest die Zeitungen, versetzt sich in die Situa-tion der Journalisten, der Zeugen und des Mörders, und schon zwingen ihm seine Schlußfolgerungen die Lösung auf: er weiß, wie die Greuel in der Rue Morgue nur vor sich gegangen sein können, wie Marie Roget ermordet und wo der korrupte Minister den Brief verborgen haben muß. Dupin schließt am hellen Tag die Gardinen und ergötzt sich beim Duft der Räucherstäbchen an seinen logischen Fähigkeiten. Er ist in erster Linie weder am Honorar noch an der Moral und der gesellschaftlichen Ordnung interessiert. Was ihn fasziniert, ist das Funktionieren seiner Denkmethode: die drei Kri-minalfälle Auguste Dupins sind nur Beispiele in drei Essays, in denen Edgar Allan Poe sein analytisches Verfahren entwickelt. Der erste Detektiv ist ein Artist und ein Intellektueller.

Zum Mord und zum scheinbar unlösbaren Rätsel kam der spe-zialisierte Rätsellöser, der mit einer besonderen Methode arbei-tende Detektiv. Schon bei Poe ist er ein Genie, das vom Erzähler bewundert wird, und ist der Erzähler ein Vermittler zwischen der Unwissenheit des Lesers und der Allwissenheit des Detektivs. Schon bei Poe ist der Detektiv ein Amateur, der die Polizei beschämt und blamiert. Schon bei Poe deutet sich der Serienheld an; Dupin tritt in immerhin drei Geschichten auf: The Murders in the Rue Morgue, 1841; The Mystery of Marie Rogêt, 1842; The Purloined Letter, 1844. Wie es zahllose Varianten des Verbrechens gibt, so könnte der Detektiv in zahllosen Varianten dieser Geschichten tätig werden.

Mord und Mathematik; Blut und Logik; der Triumph des Amateurs über den Profi; eine besondere Methode und einprägsame Marotten; die Möglichkeit der Serie: damit diese bei Poe literarische Mischung populär und gewinnträchtig werden kann, muß sie nur noch trivialisiert werden. Mit größtem Erfolg hat dies der englische Erzähler Conan Doyle ab 1887 ("A Study in Scarlet") besorgt: sein Detektiv Sherlock Holmes ist die Pop-Ausgabe des Auguste Dupin. Der Detektiv ist aus der Literatur umgestiegen in die Trivialerzählungen, und nur dort wird er fast ein Jahrhundert lang heimisch. Einige Versuche, mit dem Detektiv aus der Trivialerzählung umzusteigen in die Literatur, sollen uns hier beschäftigen.

Britisches: G. K. Chesterton und Dorothy Sayers

Pater Brown, der kleine Priester aus Essex, erfunden von Gilbert Keith Chesterton (1874–1936), ist als Serienheld ohne Entwicklung und schon in Chestertons erster Erzählung "Das blaue Kreuz" (1909; aus dem Band "The Innocence of Father Brown") mit all seinen Vorzügen und Schwächen ganz da. Sein erster Auftritt: "Sein Gesicht war rund und öde wie ein Norfolk-Knödel und seine Augen so wasserfarben wie die Nordsee. Er hatte mehrere braune Papierpakete im Arm, deren er nur mühsam Herr werden konnte. Er trug einen großen schäbigen Regenschirm, der ihm immer wieder zu Boden fiel. Er schien nicht zu wissen, welches der gültige Abschnitt seiner Rückfahrkarte war. Mit der Einfalt eines Mondkalbes erzählte er jedem im Abteil, er müsse sehr vorsichtig sein, denn in einem seiner braunen Pakete sei etwas aus echtem Silber 'mit blauen Steinen' ". Es ist der Auftritt eines Slapstick-Helden; man wird über seine Unbeholfenheit lachen und sich am Ende darüber freuen, daß diese Unbeholfenheit über die gerissensten Verbrecher und über die

Polizei triumphiert: auch er verschafft das Vergnügen des siegenden Amateurs.

Seine Abenteuer sind ursprünglich in Zeitschriften und zwischen 1911 und 1935 in fünf Bänden erschienen. So viele Eigenschaften Pater Brown mit den Trivialhelden seiner Zeitgenossen gemeinsam haben mag, er überragt sie nicht nur durch das Selbstbewußtsein seines Autors, der sich durch die Bocksprünge seiner Phantasie, durch groteske Vergleiche, verblüffende Paradoxe, durch eine weltstädtische Poesie auszeichnet und der im übrigen nie daran gezweifelt hat, daß die Detektivgeschichte eine legitime Kunstform ist. Pater Brown hat am Ende seiner ersten Geschichte mehrere braune Papierpakete und seinen Regenschirm verloren, das richtige braune Paket aber mit dem kostbaren blauen Kreuz, das ihm gestohlen werden sollte, das hat er gerettet. Dieses kostbare Kreuz wird er sich auch in den Geschichten nicht nehmen lassen, in denen es gar nicht vorkommt: es ist die christliche Konterbande, die er zwischen Strolchen, Dieben, Einbrechern, Erpressern und manchmal, wenn auch selten, unter Mördern versteckt.

Schon in seiner ersten Geschichte gibt er das Geheimnis seiner Erfolge als Amateurdetektiv preis. Den Meisterdieb Flambeau, der sich zu seinem Freund entwickeln wird, verblüfft er durch seine umfassende Kenntnis des Trickbetrugs: er ist darüber aufs beste informiert durch seine kriminellen Beichtkinder. Der Beichtstuhl als Schule des Detektivs, und dies nicht nur im platten Sinn der Belehrung über Tricks: "Haben Sie nie daran gedacht, daß ein Mann, der sich immer wieder von Berufs wegen anderer Leute Sünden anhört, das Böse im Menschen wahrscheinlich einigermaßen kennt?" Pater Brown hat eine moralische bis religiöse Witterung für das Böse, er ahnt die Täter schon, bevor er noch Spuren und Beweise gesucht hat.

Mit dieser Eigenschaft tritt Pater Brown immer wieder gegen die Skepsis an. Schon in seiner ersten Geschichte besiegt er sie, die in der souveränen Gestalt Valentins auftritt, des Chefs der Pariser Polizei. Valentin ist ein, wie Chesterton grimmig vermerkt, "Skeptiker im radikalsten französischen Sinne". Am Ende der Geschichte verneigen sich dieser Meisterdetektiv und der Meisterdieb Flambeau vor dem kleinen Priester, der sie besiegt hat und nun nichts mehr suchen muß, außer — dies versteht sich — seinen Regenschirm, denn auch die Marotten sind ein unersetzlicher Bestandteil der Serienhelden.

In seinem Essay "A Defence of Detective Stories" (im Essay-Band "A Defence of Nonsense...", 1911) preist Chesterton den Detektiv als einen "Agenten sozialer Gerechtigkeit" und behauptet, "daß wir in einem Militärlager leben, im Kriegszustand mit einer chaotischen Welt, und daß die Verbrecher, Kinder des Chaos, nichts anderes sind als Verräter in unseren eigenen Mauern". In der Romantik der Polizei sieht er die Romantik des Menschen überhaupt: "Sie beruht auf der Tatsache, daß Moral die dunkelste und gewagteste aller Verschwörungen ist". Wenn sich Poes Detektiv Dupin in die Situation der vom Verbrechen betroffenen Menschen versetzt, so versetzt sich Chestertons Pater Brown in die Seele des Betroffenen: in seine psychologische, moralische und religiöse Situation.

Chesterton wurde erst 1922 katholisch, nachdem Pater Brown schon viele Kriminalfälle gelöst hatte. Möglicherweise ist er der einzige Schriftsteller, der von seiner eigenen Romanfigur bekehrt wurde. Die Paradoxie, daß ein Geschöpf die Seele seines Schöpfers rettet, sähe Chesterton, diesem Meister der Paradoxe, jedenfalls ähnlich.

So unbestreitbar er mit seinem Pater Brown gegen historische und erfundene Rationalisten wie Darwin, Dupin, Sherlock Holmes, H. G. Wells, Sergeant Cuff, Bernard Shaw angetreten ist, so unbestreitbar hat er die Ratio — als Hilfsmittel — doch nie verachtet. Schon in seiner ersten Geschichte läßt er Pater Brown einen als Priester verkleideten Dieb mit dem Satz durchschauen: "Sie haben die Vernunft angegriffen, das tut kein echter Theologe". Daß der Katholizismus Chestertons von dieser Art ist, macht ihn tauglich zum Lösen kriminalistischer Rätsel.

Auch die englische Erzählerin Dorothy Sayers (1893—1957) hat mit ihrem Detektiv Lord Peter Wimsey Formen und Figuren des Trivialromans als Transportmittel für ernsthafte Themen benutzt. Angefangen hat sie 1923 mit "Ein Toter zu wenig" ("Whose Body?"), einem ziemlich konventionellen Detektivroman, bemerkenswert allein durch seinen Anfang: In einer Badewanne eine männliche Leiche, mit nichts anderem bekleidet als mit einem goldenen Zwicker — dies war das erste Rätsel, das Lord Peter Wimsey, benannt nach einem Flüßchen in Dorothy Sayers Heimat, zu lösen hatte. Drei Jahre davor hatte Agatha Christie in "Das fehlende Glied in der Kette" ("The Mysterious Affair at Styles", 1920) ihren belgischen Privatdetektiv Hercule Poirot erfunden, und auf dieser Spur, auf den verschlungenen Pfaden des Rätselromans, bewegte sich neben Autoren wie F. W. Crofts, Austin Freeman, Margery Allingham auch Dorothy Sayers. Ihre besondere Note ist ein ausgeprägter Snobismus: die Lösung eines Mordfalls als angemessene Freizeitbeschäftigung eines Lords, als aristokratisches Hobby. Lord Peter ist hochgebildet und scharfsinnig wie Poes Detektiv Dupin, doch ein Praktiker dazu, der die körperliche Anstrengung nicht scheut, wenn er dabei auch freilich noch nie sein Monokel verloren hat. Mit seinem liebenswürdigen Snobismus bezaubert er einen Einbrecher so gut wie den Papst. Der Detektiv als Sportler und als Gentleman: Lord Peter löst die Mordfälle etwas von oben herab wie Kreuzworträtsel in der "Times": ohne eine gute Erziehung ist da nichts zu machen.

Dorothy Sayers war eine der ersten Frauen, die in Oxford einen akademischen Grad erworben haben, den Magister am Somerville College. Das war 1915. Sie war damals 22 Jahre alt, schon fast kahl, trug eine unglückliche Perücke, rauchte Zigarren und fuhr Motorrad. Zwanzig Jahre danach leitete sie in Oxford in ihrem Vortrag "Aristotle on Detective Fiction" ihre Theorie der Detektivliteratur von der "Poetik" des Aristoteles ab. Sie kam zu dem Schluß: "Jeder Schriftsteller, der eine Detektivgeschichte zu einem Kunstwerk machen will, sollte sie so schreiben, daß Aristoteles sie mit Vergnügen lesen könnte". Sie selbst hat sich an ihre Theorie nicht gehalten: nicht zur Tragödie hat es sie und hat sie den Detektivroman gezogen, sondern zurück ins 19. Jahrhundert zu den Romanen der Wilkie Collins (1824—1889) und Sheridan le Fanu (1814—1873).

Mit "Aufruhr in Oxford" (Gaudy Night, 1935) machte sie Lord Peters Verlobte, die Schriftstellerin Harriet Vane, zur Hauptperson und ließ sie beim Schreiben eines Detektivromans ihre eigenen Schwierigkeiten erleben: die vom Trivialroman übernommene Rätselkonstruktion kracht in allen Fugen, sobald ein gewisses Maß an Lebensechtheit in die Figuren eindringt — das Trivialschema verträgt sich nicht mit einer verfeinerten Psychologie. Lord Peter riet Harriet Vane: "Du mußt dann eben die Methode der Kreuzworträtsel aufgeben und zur Abwechslung einen Roman über wirkliche Menschen schreiben". Harriet Vane und Dorothy Sayers sind diesem Rat gefolgt: mit "Aufruhr in Oxford" holte Dorothy Sayers den Detektivroman zurück in den Gesellschaftsroman, dem er entlaufen war, und zurück nach Oxford, dem Dorothy Sayers nie ganz entlaufen ist. In "Aufruhr in Oxford" wird an einem Ort des wissenschaftlichen Denkens das Aufspüren und Veröffentlichen der Wahrheit, was daraus auch Unangenehmes folge, zu einer religiös fundierten moralischen Kategorie.

Sie wird von Dorothy Sayers bestätigt in ihrem letzten Detektivroman, in "Lord Peters abenteuerliche Hochzeitsfahrt" (Busman's Honeymoon, 1937), Lord Peter trägt schwer an der Verantwortung, die ihm die Ermittlung des Täters auferlegt: die Hinrichtung des Mörders macht ihm zu schaffen. "Falls es einen Gott gibt oder ein Jüngstes Gericht", so wendet er sich an Harriet, und es besteht kein Zweifel, daß die beiden an Gott glauben, "– was dann? Was haben wir getan?" Auch der Täter ist kein bloßer Rätselspielantrieb mehr, der so wenig Menschliches hat, daß man ihn ungerührt hängen sieht. Wer um das Seelenheil eines Mörders ernsthaft besorgt ist, der ist schlecht geeignet, ihn zu überführen: Lord Peter, dem als Serienheld Entwicklungen versagt sind und der deshalb länger als alle anderen Romanfiguren der Dorothy Sayers jeglicher Veränderung widerstanden hat, ist aus der Trivialschablone ausgebrochen und hat sich damit als Detektiv unbrauchbar gemacht.

Dorothy Sayers konnte die Probleme, die sie nun vorwiegend interessierten, mit dem Instrumentarium des Detektivromans gerade noch darstellen, doch nicht mehr lösen: Probleme der Psychologie, der Moral, der Theologie. Es war nur logisch, daß sie anfing, Dante zu übersetzen, religiöse Streitschriften, Traktate, Schauspiele und Hörspiele zu schreiben. Schon "Lord Peters abenteuerliche Hochzeitsfahrt" war ursprünglich ein (mehrere Monate lang gespieltes) Bühnenstück. Für Dorothy Sayers war es auch eine Art Heimkehr in das Haus ihres Vaters: eines Landpfarrers in Huntingdonshire.

Französisches: Georges Simenon

Am Anfang war zwar der Mord, über den Ermordeten aber und über die Verdächtigen berichten die Trivialschriftsteller nie zu viele Einzelheiten. Sie gleichen den Menschen ungefähr so wie die Menschen auf den Bildern der Kubisten: sie sind artistische Abstraktionen, Formen und Farben, die einem in sich geschlossenen Reich angehören, in dem kein Blut fließt, wenn die Herzgegend getroffen wird. Sie müssen offen bleiben, sonst werden sie untauglich für die Verblüffungstricks.

Der Mord im Trivialroman ist nicht mehr als ein Lufthauch, der ein Figurenspiel zu neuen Gruppierungen bewegt. Sobald das theologische oder psychologische Interesse am Ermordeten und am Täter beginnt, hört die Trivialliteratur mit ihrem Spaß an Mordgeschichten auf. Diesen Grenzübertritt hat — nach beiden Richtungen — Georges Simenon immer wieder vollzogen: im Wechsel zwischen seinen Detektivromanen und seinen psychologischen Romanen und manchmal auch innerhalb eines Detektivromans.

Der Belgier Georges Simenon wurde 1903 in Lüttich geboren, in einem kleinbürgerlichen Milieu, das er so meisterhaft schildert wie kein anderer Schriftsteller unseres Jahrhunderts. Mit achtzehn Jahren fing er an, ganze Serien von Trivialromanen zu schreiben und unter mehr als einem Dutzend Pseudonymen zu veröffentlichen. Auf seinem Motorboot "Ostrogoth" im holländische Hafen Delfzijl erfand er 1929 den Kommissar Maigret, der im Roman "Pietr le Letton" 1930 in der Librairie Arthème Fayard die Spur des Verbrechens aufnahm. Maigret war der Zopf, an dem sich Simenon aus dem Morast der Trivialliteratur zog. Indem er Maigret erfand, erfand er einen neuen Autor, der ihm so gut gefiel, daß er ihm seinen Geburtsnamen gab: Georges Simenon. Maigret-Romane schrieb er — mit einer Pause von 1934 bis 1942 — 42 Jahre lang: mit "Maigret und Monsieur Charles (Maigret et M. Charles, 1972)" gab er diese Serie auf, nicht aber das Schreiben.

In seinen Memoiren, die 1950 unter dem Titel "Les mémoires de Maigret" erschienen sind, erinnert sich der fiktive Maigret, wie es mit dem realen Simenon angefangen hat, wie ihm 1927 oder 1928 Xavier Guichard, der Chef der Pariser Kriminalpolizei, einen jungen Mann, "etwa 24 Jahre alt", vorstellte: "Monsieur Georges Sim, Journalist", und wie der junge Mann, der eine besonders dicke Pfeife rauchte, sofort protestierte: "Nicht Journalist, Romanschriftsteller". Dieser Sim, der morgens zwischen vier und acht Uhr für seinen Lebensunterhalt Trivialromane schrieb, hatte dem Chef der Kriminalpolizei versprochen, in einer Reihe von Romanen die Polizei so zu schildern, wie sie wirklich ist, und erhielt deshalb die Erlaubnis, die Methoden Maigrets zu studieren. Vorschläge Maigrets, die anthropometrische Abteilung oder Akten zu studieren, lehnte Sim ab; er interessierte sich stattdessen für das Wartezimmer der Klienten, für das Lazarett des Untersuchungsgefängnisses, für Maigrets Büro mit seinen Tabakpfeifen, Aschenbechern, der schwarzen Marmoruhr auf dem Kamin, dem Emaillewaschbecken im Schrank und dem Handtuch, das "immer nach nassem Hund riecht". Berufsverbrecher langweilten ihn, denn "ihre Psychologie wirft keine Probleme auf". Unverblümt sagte Sim zu Maigret, ihn interessierten jene Verbrecher, "die Menschen sind wie Sie und ich und die eines schönen Tages jemanden ermorden, ohne sich darauf vorbereitet zu haben".

Georges Sim interessierte sich für die Polizei nur insofern, als sie professionell auf Menschen stößt, die extreme, gemeinhin als Verbrechen bezeichnete Handlungen begangen haben. Von Anfang an war der Weg vorgezeichnet, der Sim zu Simenon und Simenon vom Polizei-Roman, dem "Maigret", zum psychologischen Roman, dem "Psycho", führen wird. Wenn wir "Maigrets Memoiren" glauben dürfen, so hat sich Simenon seinem Kommissar Maigret angeglichen. Doch hat sich umgekehrt auch der Kommissar Maigret dem Psychologen Simenon genähert: Aus dem Menschenjäger ist ein Menschenversteher geworden, ja ein Helfer, ein "raccomodeur", ein "Einrenker" von Schicksalen. Es gibt Maigret-Romane, in denen sich der Kommissar damit begnügt, eine Tat zu begreifen — den Täter läßt er, seine Beamtenpflicht gröblich verletzend, einfach laufen. Maigret handelt in solchen Fällen wie Simenon in seinen psychologischen Romanen: Was er versteht, das kann er nicht verurteilen. In den "Psychos" kommt Maigret nicht vor, weil Simenon Maigrets Rolle des sich einfühlenden Milieu- und Seelendetektivs übernommen hat. So liegt es nahe, daß Simenon seine psychologischen Romane zunächst die "non-Maigret" nennt, erst später spricht er von seinen "wahren", seinen "harten" Romanen.

Auf dem Weg vom "Maigret" zum "non-Maigret" werden die letzten Reste von angelsächsischer Faszination durch logische Schlußfolgerungen, von "ratiocination", abgelegt, und an die Stelle der kriminalistischen Überführung tritt die Psychologie der Lebensbeichte. Simenon führt seine Leser zu dem Geständnis, daß es keine kriminellen Menschen gibt — nur kriminelle Handlungen, sie werden von ganz normalen Menschen begangen, die, wie es der 24 Jahre alte Sim schon dem Kommissar Maigret erklärt hat, "eines schönen Tages jemanden ermorden, ohne sich darauf vorbereitet zu haben".

Aus dem Trivialautor Sim ist der große Schriftsteller Georges Simenon geworden. Schon André Gide hielt ihn für den Balzac unseres Jahrhunderts. Von Balzac jedoch distanzierte sich Simenon: bei Balzac ist das Geld die Ursache der meisten Konflikte, Simenon zieht die Seele vor: Sigmund Freud war ihm wichtiger als Balzac. Und über Gide, der seine Bücher unermüdlich gelesen, mit Randbemerkungen vollgeschrieben und gerühmt hat, gesteht Simenon in seinem Tagebuch "Quand j'étais vieux" (aus den Jahren 1960 bis 1962; veröffentlicht 1970): "Versucht, Gide zu lesen, dessen Freund ich geworden bin. Habe es nicht gekonnt. Und ich habe es ihm nie gesagt." Simenons Prosa ist von klassischer Klarheit: einfache Sätze; jeder Satz stellt etwas Neues fest und bringt die Geschichte weiter. Es ist eine Einfachheit, die durch alle stilistischen Errungenschaften des 20. Jahrhunderts, vom inneren Monolog über die Expressivität Louis-Ferdinand Célines bis zur Beschreibungstechnik des "nouveau roman", hindurchgegangen ist und sie hinter sich gelassen hat.

Wer im 21. Jahrhundert erfahren will, wie im 20. Jahrhundert tatsächlich gelebt und gefühlt worden ist, der muß Simenon lesen. Andere Autoren mögen mehr wissen über die Gesellschaft. Über den einzelnen Menschen weiß keiner so viel wie er. Wichtig ist nicht sein Verständnis für Probleme, sondern für Menschen, die unfähig sind, ihre Probleme zu lösen. Simenon ist das Genie des Ungenialen. Er ist der illusionslose Verkünder der unfrohen Botschaft, daß der Mensch meist unglücklich und oft untröstlich ist: Das Glück des Simenon-Lesers ist die Kommunikation mit dem allgemeinen Unglück. Simenon, dieser kleinbürgerliche Sophokles des 20. Jahrhunderts, folgt seiner Überzeugung, "daß die Tragödie unserer Zeit der Roman ist": Er hat den König Oedipus im Gemüsehändler entdeckt. Simenon ist der letzte Tragiker in einer Welt, die sich die Tragödie verboten hat, weil sie sich davor fürchtet, ihre Illusion zu verlieren. Er ist das präzise Gegenteil des Trivialautors, der davon lebt, Illusionen und Glücksgefühle zu verbreiten und Scheintragödien zu einem genußreichen Ende zu führen.

Schweizerisches: Friedrich Glauser

Kein anderer ist den Methoden, der moralischen Urbanität und der Leiderfahrung des Kommissars Maigret so nahe und dabei doch so eigenwüchsig wie der fast ländliche, von seinen Freunden "Köbu" genannte Jakob Studer, Fahnderwachtmeister bei der Berner Kantonspolizei. Polyglott wie viele Schweizer, liest er Englisch, spricht er Französisch, Italienisch und Schriftdeutsch. Längst müßte er Leutnant sein, wenn er nach einer Bankaffäre, über die er sich ungern äußert, nicht in Ungnade gefallen wäre. Der Fahnder, den sogar die Sträflinge mit einem familiären "Eh, der Studer!" begrüßen, ist ein massiger Mann, "schwer und hart wie einer jener Felsblöcke, die man auf Alpwiesen sieht". Sein Lieblingsgetränk ist "Kaffee Kirsch", unter seinem Schnauzer ragt eine Brissago hervor, und wenn er seine langen Verhöre beginnt, dann zieht er ein Ringbuch aus der Tasche und fordert den Verdächtigen auf: "Hocked ab." Das ist ein Ritus wie das Bier und die belegten Brote, die sein Pariser Kollege Maigret aus der Brasserie Dauphine holen läßt. Weit entfernt sind die rapiden Denkprozesse eines Sherlock Holmes; dafür hat Friedrich Glauser nur einen Seufzer: "Nun, Herr Conan Doyle besaß Phantasie, aber Studer hatte keine Brissagos mehr."

Die Romane um Wachtmeister Studer sind in den dreißiger Jahren erschienen. Ihr Autor Friedrich Glauser, 1896 in Wien geboren und 1938 bei Genua einem Gehirnschlag erlegen, war Schweizer, ein Freund der Zürcher Dadaisten, ein Fremdenlegionär, ein von den Behörden gejagter Morphinist. "Zufrieden war ich eigentlich erst", so bekannte er, "wenn ich im Gefängnis oder im Irrenhaus saß". Er hat die Schweiz geschildert wie sonst keiner: Pfründisberg, beispielsweise, ohne jeden Fremdenverkehr, ein Weiler, bestehend aus einer Armenanstalt, einer Gartenbauschule, zwei Bauernhöfen, der Schnapsbeize "Zur Sonne", wo die Armenhäusler am Wochenende ihr "Bätziwasser" trinken, und aus dem Friedhof, wo man auf einem Grab die Leiche des "Chinesen" findet, eines in seine Heimat zurückgekehrten Auslandsschweizers. Er ist erschossen, und seine Ermordung hat der "Chinese" schon vor drei Monaten dem Wachtmeister Studer vorausgesagt. Die "drei Atmosphären", von denen Studer spricht, "Dorfwirtshaus, Armenanstalt, Gartenbauschule", sind im Grund nur die eine Atmosphäre der Armut. Friedrich Glauser hat sie kennengelernt in Erziehungsanstalten, Gefängnissen und Irrenhäusern. Sie ist ihm vertraut wie die Dorfhonoratioren, der Zichorienkaffee, die Gewächshäuser und ihre Arsenpräparate, diese Mordwaffe der Armen.

Was Studer antwortet, wenn er nach seinen Ansichten über einen Fall befragt wird, das könnte wörtlich von Maigret stammen: "Ansichten habe er nie. Er warte, bis er sich eingelebt habe. Dann ergebe sich die Lösung des Falls von selbst." Wie Maigret muß er eine Zeitlang im Milieu der Verdächtigen untertauchen, muß er ein Teil des Milieus werden, dann kann er mühelos so viele Verdächtige ausscheiden, bis der Schuldige zwangsläufig übrigbleibt. Studer freilich tut dies auf eine zurückhaltende und bedächtige Berner Art; er weiß: "Es war nie gut, sich auf einen Fall zu stürzen wie eine hungrige Sau aufs Fressen".

Wie Maigret ist Studer ein Kleinbürger. Der Berner Fahnder wird sogar noch enger ins Familienleben verstrickt: im Roman "Wachtmeister Studer" spielt seine Frau, "das" Hedy, noch keine Rolle; im folgenden Roman "Krock & Co." heiratet jedoch schon seine Tochter einen Korporal von der Thurgauer Kantonspolizei, und im folgenden Roman "Die Fieberkurve" ist Studer noch immer Wachtmeister, doch bereits Großvater. Und wie Maigret hat Studer ein moralfreies und grenzenloses Verständnis für menschliche Gebrechen und oft auch Verbrechen. Mag es Studer — im Roman "Wachtmeister Studer" — noch so viel Arbeit gemacht haben, hinter dem vorgetäuschten Mord einen Selbstmord mit dem Motiv des Versicherungsbetrugs zu entdecken, und mag es noch mehr Mühe bereitet haben, diesen Selbstmord dann doch noch als einen Mord zu erkennen — dieser Mord, dessen Entdeckung niemand etwas nützt, wird von Studer einfach verschwiegen. Aus humanen Gründen derart gegen ein Berufsprinzip zu verstoßen, das hat vor Studer wiederum nur Maigret fertiggebracht.

Studer erinnert sich gern eines französischen Kollegen, des Divisionskommissärs Madelin, dem er die Weisheit verdankt: "Studer (er sagte 'Stüdère') glaub mir: Lieber zehn Mordfälle in der Stadt als einer auf dem Land. Auf dem Land, in einem Dorf, da hängen die Leute wie Kletten aneinander, jeder hat etwas zu verbergen ... Du erfährst nichts, gar nichts." Das Land ist Studers bevorzugtes Jagdgebiet: in "Wachtmeister Studer" die Gemeinde Gerzenstein, wo man einen Mord einen "traurigen Hinschied" nennt; in "Krock & Co." ist es Schwarzenstein im Appenzeller Land, und die Mordwaffe ist eine gefeilte Velospeiche. Studers Fälle sehen oft so aus, als seien sie nichts Besonderes, "nüt Apartigs", Alltägliches, das man als Spezialität allenfalls der Schweiz nachsagen möchte: Mit einem zu hohen Zinsfuß, mit Aktienfehlspekulationen und der verpfändeten Lebensversicherung fängt da die Kriminalität schon an. Nur in "Die Fieberkurve" wuchert die Geschichte zu einem marokkanischen Abenteuer aus: Friedrich Glauser, der in der Fremdenlegion gewesen ist, wollte offenbar exotische Erlebnisse unterbringen und dem Berner Fahnder wenigstens einmal die resedagrüne Capotte anziehen mit dem Abzeichen der Legion, der roten Granate, aus der Flammen schlagen.

Gegen den Trivialroman, zu dem auch er beigetragen hat — so den Roman "Der Tee der drei alten Damen" —, führt Friedrich Glauser literarische Waffen: die Genauigkeit der Beobachtung; die exakte Schilderung der landschaftlichen, gesellschaftlichen, sprachlichen Milieus und die souveräne Moral, die deckungsgleich ist mit einem menschenfreundlichen Humor. Glausers Romane sind mehr als Rätselspiele für den Fahnder Studer. Simenon hat die soziale und psychische Atmosphäre nicht besser geschildert: Armut und Angst. Bei Glauser ist der Mord das Brot der Armen. Im "Chinesen" steckt das "missing link" zu Simenon: auf zwei Bücheretageren stehen Kriminalromane, "Agatha Christie, Berkeley, Simenon . . ." — und dies bereits 1931, ein Jahr nachdem der erste "Maigret"-Roman erschienen ist.

Amerikanisches: Hammett, Chandler, Highsmith

Der literarische Aufschwung des amerikanischen Detektivromans begann im 20. Jahrhundert dort, wo die Trivialerzählungen zu Hause sind, in den "Pulp Magazines", den Groschenillustrierten. Neben Autoren wie Paul Gallico, Ray Bradbury, Thomas Lanier "Tennessee" Williams haben dort die Kriminalschriftsteller Dashiell Hammett (1894—1961) und Raymond Chandler (1888—1959) ihre schriftstellerische Karriere angefangen.

Auf einem australischen Schiff wurden zwischen Sidney und San Franzisko zweitausend Golddollar gestohlen. In San Franzisko fand Dashiell Hammett, ein Detektiv der Agentur Pinkerton, das Gold in einem Schornstein des Schiffs. Da er gern einmal nach Sidney gefahren wäre, ärgerte er sich, daß er die Entdeckung des Goldes nicht auf den Rückweg des Schiffs verschoben hatte, und gab seinen Beruf als Privatdetektiv unverzüglich auf. Er hatte aus dem Ersten Weltkrieg eine Tuberkulose mitgebracht, und als die Blutstürze wieder anfingen, dachte er, mit seinem Leben gehe es zu Ende; er zog fort von Frau und Kindern und schrieb in San Franzisko Detektivgeschichten für Schundmagazine wie "Black Mask"; das war Anfang der zwanziger Jahre. So erzählt es die amerikanische Dramatikerin Lillian Hellman in ihrem Buch "Eine unfertige Frau" (An Unfinished Woman. A Memoir. 1969); sie hat drei Jahrzehnte lang mit Hammett zusammengelebt.

Dashiell Hammett beutete die Erfahrungen aus, die er als Privatdetektiv gemacht hatte: schon in seinen Magazingeschichten reden die Detektive so, wie ihre realen Kollegen bei Pinkerton gern geredet hätten: sarkastisch, schlagfertig, zynisch. Mit seinen Romanen "Bluternte" (Red Harvest, 1929), "Der Malteser Falke" (The Maltese Falcon, 1930) und "Der gläserne Schlüssel" (The Glass Key, 1931) begründete Hammett die neue Schule des amerikanischen Kriminalromans. Ihr stilistisch glanzvollster Vertreter und ihr Theoretiker war der in England erzogene Amerikaner Raymond Chandler, der zehn Jahre danach einen ähnlichen Weg wie Hammett gegangen ist: Kurzgeschichten für Groschenmagazine, vor allem für "Black Mask" zwischen 1933 und 1937, er hat sie später für seine Romane ausgeschlachtet; erster Roman "Der tiefe Schlaf" (The Big Sleep, 1939); ab 1943 Drehbuchautor in Hollywood; letzter Roman von Bedeutung "Der lange Abschied" (The Long Good-Bye, 1954). In seinem Essay "Mord ist keine Kunst" (The Simple Art of Murder, 1944) konstatierte Chandler: "Hammett gab den Mord den Leuten zurück, die Grund haben zum Mord und die nicht nur da sind, um eine Leiche zu beschaffen; diese Leute sind an Mordwaffen gewöhnt und töten nicht mit handgeschmiedeten Duellpistolen, Curare oder tropischen Fischen. Er brachte diese Leute so zu Papier, wie sie sind, und ließ sie in einer Sprache reden und denken, die ihnen geläufig ist."

War der Ermordete im überlieferten Detektivroman nur ein Vorwand für ein Rätselspiel, so wird er nun ernst genommen: er ist ein realer Toter, und der Detektiv, der den hartgesottenen Slang der Großstädte spricht, ist kein außergewöhnliches Gehirn, kein Analysen-Genie, sondern ein realer Mensch. War das Motiv früher von äußerster Kompliziertheit, so ist es nun: Wahlschiebung, Erpressung, Geld- und Machtgier, die Gebrechen einer wölfischen Gesellschaft: der Marxist Dashiell Hammett schildert sie emotionslos mit dem steinernen Gesicht eines Gerichtsreporters.

Samuel Spade, der Detektiv Dashiell Hammetts in seinem Roman "Der Malteserfalke" und in drei Kurzgeschichten, ist immer auf der Straße, dem gesuchten Objekt dicht auf den Fersen. Wenn ihm der Fall zu kompliziert wird, tut er etwas, was ihm die tiefste Verachtung intellektueller Detektive eintrüge. "Meine Methode, sowas rauszukriegen", sagt er, "besteht darin, daß ich einen wilden und unberechenbaren Schraubenschlüssel in die Maschinerie schmeiße". Spade flucht, blufft, besticht und erpreßt. Bevor er sich an die Arbeit macht, wird die Honorarfrage geregelt, Spesen nicht zu knapp, und die Ermordung des Partners zählt er zu den Unkosten. Spade ist der Detektiv als gerissener Geschäftsmann und Abenteurer; seine Methode hat er bei seinen Gegnern gelernt.

In seinem Roman "Der gläserne Schlüssel" gibt es keinen Detektiv mehr: korrupt sind ausnahmslos alle Menschen, und wenn es doch einen sittlichen Restbestand gibt, so ist es das private Ethos der Freundschaft. Im übrigen ist die Suche nach der Wahrheit bei Hammett kein intellektuelles Spiel mehr, sondern Handlung: der mit Leichen gepflasterte Weg zum Mörder oder zu den Auftraggebern der Mörder. Die Ermittlung ist "action", das schreit nach Film, und so hat denn auch Dashiell Hammett in Hollywood bei der Entwicklung des Action-Kriminalfilms stilprägend mitgewirkt.

So gewiß diese explosive Erneuerung des Detektivromans seiner Entromantisierung und einer kräftigenden Injektion Realismus zu danken ist, so gewiß haben Hammett und Chandler keine realistischen Romane geschrieben: der Detektivroman, der nach wie vor zum Kleingeld der Romantik gehört, hat durch sie eine neue, eine realistische Prägung erhalten. Ellery Queen (so nennen sich die Autoren Frederic Dannay und Manfred B. Lee) schreibt 1945 im Vorwort zum Band "The Adventures of Sam Spade" über Dashiell Hammett: "Seine Geschichten bestehen aus dem Stoff der Träume; seine Personen aus Fleisch und Blut der Wirklichkeit ... Er erfand keine neue Art Detektivgeschichten — er erfand eine neue Art, sie zu erzählen".

Über diese neue Art des Erzählens hat Raymond Chandler in vielen Briefen philosophiert, nachzulesen in "Chandler über Chandler" (Raymond Chandler Speaking, 1962). So schreibt er 1949 an Bernice Baumgarten: "Dorothy Sayers versuchte, den Sprung vom Kriminalroman zum Gesellschaftsroman zu schaffen und die Detektivgeschichte beizubehalten. Sie versuchte, mit ihrem gesamten Gepäck von Leuten, die eine Handlung bauen, aber nicht schreiben können, überzusiedeln zu den Leuten, die schreiben, aber nur zu oft keine Handlung bauen können. Es war nur der Austausch einer Art beliebter Trivialliteratur gegen eine andere." Chandler gehörte zu den Autoren, die "schreiben, aber nur zu oft keine Handlung bauen können": nur zu oft ist die Handlung seiner Romane so schwer durchschaubar, daß sie dem Leser einigermaßen gleichgültig wird. Man liest den Roman nicht zu Ende, um zu erfahren, wer die Mörder waren, sondern um den burlesken Stil Chandlers, die realistische Atmosphäre seiner Schauplätze, die Extravaganzen seiner Personen und die Präsenz seines Privatdetektivs Philip Marlowe zu genießen. Fritz Wölcken schrieb 1953 in seinem Buch "Der literarische Mord", der ersten gründlichen deutschen Untersuchung der englischen und amerikanischen Detektivliteratur: "Den ersten starken Eindruck empfängt der Leser von Chandlers ungemein farbiger, übertreibender, aber zugleich knapper und prägnanter Ausdrucksweise, deren Kraft und Reichtum an die englische Renaissance, an Shakespeare, erinnert". Dies mag übertrieben klingen und im Vergleich mit Shakespeare auch übertrieben sein, doch Wölcken und Chandler bleiben die Belege für die ungewöhnliche Sprachkraft Chandlers nicht schuldig.

Chandlers Detektiv Philip Marlowe ist eine exemplarisch moralische Figur: der absolut einsame Wahrheitssucher, oft genug verzweifelt, doch unbeirrbar. Er wäre imstande, sich wie Ödipus selbst zu entlarven, nur würde er vorher die Spesen verlangen. Marlowe ist der Detektiv als Moralist, als Sozialkritiker auf fast verlorenem Posten. Er ist der ins 20. Jahrhundert verschlagene Westernheld, der den Auftrag hat, eine korrupte Stadt zu säubern: im alten Westen konnte dies eine einzelne Colthand noch schaffen, in der Großstadt der Gegenwart gelingt nur die Reinigung eines begrenzten Reviers für kurze Zeit. Marlowe weiß, daß er dazu verurteilt ist, ein Don Quichote der Gerechtigkeit zu bleiben.

Hammett und Chandler haben die Trivialschablonen durch eine neue Erzählweise, durch eine vom Jargon angeregte Kunstsprache, aufgesprengt. Eine Unzahl von Epigonen haben ihre Formen übernommen, sie zur Formel "rough, tough and sexy" vergröbert und industrialisiert: je schwächer ihre Sprache, desto rascher sind sie auf dem Weg über Carter Brown und Mickey Spillane ins Trivialgenre heruntergekommen.

Neben der amoralischen Welt Dashiell Hammetts erscheint der moralische Rigorismus Raymond Chandlers geradezu rührend altmodisch: ein Rückstand aus dem englischen Detektivroman, den Chandler hinter sich gelassen zu haben meinte. So steht die 1921 geborene Texanerin Patricia Highsmith näher bei Hammett als bei Chandler, der aus ihrem ersten Roman "Strangers on a Train" ein Drehbuch für Alfred Hitchcock machte, ohne die Qualitäten der Highsmith zu begreifen, ja auch nur zu erkennen. Chandler wurde bei der Arbeit, wie er notierte, "beinahe verrückt", beispielsweise bei der Aufgabe, etwas glaubwürdig zu machen, das ihm völlig unglaubwürdig erschien: "Ein anständiger junger Mann erklärt sich bereit, jemand zu ermorden, den er nicht kennt, den er nie gesehen hat ..." Bei Patricia Highsmith gibt es immer wieder anständige junge Männer, die einen Mord begehen, und man glaubt es ihr sofort. Man glaubte es übrigens auch Chandlers Drehbuch und Hitchcocks Film.

In Chandlers "Gelegentlichen Notizen über den Kriminalroman" aus dem Jahr 1949 steht: "Der vollkommene Kriminalroman kann nicht geschrieben werden. Etwas muß immer geopfert werden." In einem Brief schreibt er 1940: "Um die Komplikationen zu erhalten, fälscht man die Spuren, den Zeitablauf, greift zum Spiel des Zufalls ... Um den überraschenden Mörder zu bekommen, verfälscht man den Charakter, was mich am härtesten von allem trifft, denn ich habe ein Gefühl für Charakter". Trotz solcher Einsichten kam Chandler vom unerreichbaren Ideal des vollkommenen Detektivromans, von Komplikationen und dem überraschenden Mörder nicht los: er war theoretisch weiter als seine Romane. Er hatte nicht die Unbefangenheit der Patricia Highsmith, die alle Traditionen des Detektivromans über Bord warf.

Patricia Highsmith benutzte 1950 bei ihrem ersten Roman "Strangers in the Train" (deutsch unter den Titeln "Alibis für zwei" und "Zwei Fremde im Zug") noch eine raffinierte Konstruktion, der sie die Wahrheit der Charaktere unterordnete. Zwei Fremde, die der Zufall in einem Zug zusammengebracht hat, verabreden, den Menschen zu töten, der den andern am meisten stört: Jeder begeht den Mord, den der andere begehen möchte, und da auf diese Weise zwischen Täter und Opfer keine Beziehung besteht, ist es — so hoffen sie — der Polizei unmöglich, den Mörder zu entdecken. Der eine der beiden Fremden ist der harmlose junge Mann, dem niemand einen Mord zutraut. Zum Mord, den er in Gedanken schon oft begangen hat, entschließt er sich erst im Zug, als ihm die Tat gefahrlos erscheint.

Von Roman zu Roman sind die Konstruktionen der Patricia Highsmith einfacher und ihre Charaktere komplizierter geworden. Sie hat die Schwindeleien des Detektivromans zugunsten der Wahrheit ihrer Menschen aufgegeben. Herkömmliche Detektivgeschichten, "Mystery"-Romane, kann sie nicht einmal lesen. Wenn ihre Bücher überhaupt noch zur Gattung der Kriminalromane gehören, so zur Abteilung "Suspense"-Fiction. In seinem Vorwort zu ihren "Gesammelten Geschichten" schreibt Graham Greene: "Patricia

Highsmith ist eher eine Dichterin der unbestimmbaren Beklemmung als der nackten Angst". Die Atmosphäre der "Beklemmung" kommt aus den Beziehungen der Charaktere, verstrickt in Umstände und Zufälle, vor denen sie sich so wenig scheut wie die Realität.

Ihre Hauptpersonen sind die Täter; ihre Detektive sind Nebenpersonen, meist Beamte, die oft versagen. Ihre Morde, geschildert aus der Perspektive des Täters, sind das logische Ende einer Expedition ins Unbewußte: Der Täter sucht keine Spuren, er verwischt sie; er sammelt keine Indizien, er häuft Motive.

Frühe Romane wie "Der Stümper" (The Blunderer, 1956) — ein sonst geduldiger Rechtsberater erwägt, seine unausstehliche Frau umzubringen nach dem Muster eines Mordes, den er in der Zeitung gelesen hat — oder "Stille Wasser sind tief" (Deep Water, 1958) — ein friedlicher Bücherliebhaber, der die Liebhaber seiner Frau jahrelang geduldet hat, erwürgt sie schließlich, und auf seinem Gesicht erscheint dabei ein Lächeln, das lange bleibt — solche Romane sind psychische Horrortrips. Ein später Roman wie "Das Zittern des Fälschers" (The Tremor of Forgery, 1969) lebt kaum mehr von äußeren, nur noch von inneren Vorgängen. Der Weg der Patricia Highsmith führt vom Psycho-Triller zum psychologischen Roman und zur Mordkomödie.

Schon in ihrem zweiten Roman "The Talented Mr. Ripley" (deutsch unter den Titeln "Nur die Sonne war Zeuge" und "Der talentierte Mr. Ripley") verstößt sie 1955 gegen einen Grundsatz, den Raymond Chandler für unverzichtbar hielt. In seinen "Gelegentlichen Notizen über den Kriminalroman" forderte er: "Auf die eine oder andere Weise muß im Kriminalroman der Verbrecher bestraft werden, wenn auch nicht notwendigerweise durch ein Kriminalgericht. Im Gegensatz zu einer weitverbreiteten Ansicht hat das nichts mit Moral zu tun. Es ist ein Teil, der zur Logik der Form gehört. Ohne das ist die Geschichte wie ein unaufgelöster Akkord in der Musik; sie hinterläßt ein Gefühl des Gereiztseins".

Das Gefühl des Gereiztseins hinterläßt die Geschichte eines unbestraften Mordes selbstverständlich doch aus moralischen Gründen, aber es entsteht nicht in jedem Fall: nicht bei Patricia Highsmith. Um sich ein Vermögen zu verschaffen, hat ihr Mr. Ripley einen Freund und einen Bekannten dieses Freundes ermordet und erfreut sich danach eines angenehmen Lebens. Dieses Leben wird im Roman "Ripley Underground" (1970; deutsch unter demselben

Titel) bedroht, und Mr. Ripley mordet abermals; er wird dann zwar
verfolgt, doch nicht gefangen, nicht bestraft. Ripley tötet nicht gern,
es ist ihm unangenehm, manchmal sogar ausgesprochen lästig, doch
nimmt er zur Erhaltung seiner Bequemlichkeit schon mal die Un-
bequemlichkeit auf sich, den einen oder anderen Menschen umzubringen. Wenn er dies tut, erscheint "ermorden" als ein allzu pathe-
tisches Wort: er räumt sie emotionslos beiseite wie einen Schirm-
ständer, der ihm im Wege ist. Der Gipfel seiner haarsträubenden
Existenz: er hat Charme, und der Leser wünscht ihm, daß er unbe-
straft davonkomme. Wer Einblick in das Wesen des reizenden, an-
ziehenden Mörders Mr. Ripley nimmt, der muß in sich selbst eine
höchst anstößige Verführbarkeit entdecken.

Patricia Highsmith treibt ein ruchloses Spiel mit den amoralischen Möglichkeiten, die in jedem Menschen stecken, schlimmer
noch: Wenn sie einmal einen Menschen schildert, der seine moralischen Möglichkeiten nutzt und entfaltet, so wird er gerade dadurch zum Mörder. In ihrem Roman "Lösegeld für einen Hund"
(A Dog's Ransom, 1972) wird ein New Yorker Streifenpolizist mit
der Unausweichlichkeit einer antiken Tragödie dahin geführt, daß
er einen Erpresser erschießt und von einem Kollegen erschossen
wird, gerade weil er — anders als seine Kollegen — unbestechlich
ist, arbeitseifrig und idealistisch. Der Weg der amerikanischen Kriminalerzählung führt von dem zum Rätselraten konstruierten
Doppelmord im geschlossenen Raum bei Edgar Allan Poe zu Patricia Highsmiths realistischen Leichen in den Häuserschluchten
Manhattans: es ist der Weg vom luxuriösen Scheinproblem in die
Alltagsprobleme einer moralisch verkommenen Welt.

Auguste Dupin enträtselt den Täter. Pater Brown und Lord Peter
Wimsey verurteilen ihn; manchmal verstehen sie ihn. Sam Spade
und Philip Marlowe jagen ihn; mnchmal töten sie ihn. Kommissar
Maigret und Fahnderwachtmeister Studer verstehen ihn; manchmal verzeihen sie ihm. Patricia Highsmith konstatiert ihn; manchmal macht sie den Leser zu seinem Komplicen. Ihre Romane bieten
eine erschreckend unterrichtende Lektüre für die "permissive society", die so ziemlich alles toleriert und für das wenige, das sie
nicht toleriert, nur ein Gebot kennt: Laß dich nicht erwischen!

Knut Hickethier/Wolf Dieter Lützen

DER KRIMINALROMAN
ENTSTEHUNG UND ENTWICKLUNG EINES GENRES IN DEN
LITERARISCHEN MEDIEN

1. Zugang zur Genrebestimmung

Bei der Beschreibung der Kriminalliteratur und ihrer Entwicklung
gelangt der binnenliterarische Fragen- und Untersuchungshorizont
immer wieder zu einer begrenzten Anzahl von Dreh- und Angel-
punkten.[1] Der Dreitakt Poe-Doyle-Cristie oder Dupin-Holmes-Poirot
ist eine immer wiederkehrende Reihe, die für viele Literaturwissenschaftler stellvertretend für die Entwicklung der Kriminalgeschichte
steht. Die Geschichte des Genres wird zu einer Kette weniger Na-
den und Figuren, die durch nicht unbeträchtliche Zeiträume voneinander entfernt sind. Zu den unausgesprochenen Übereinkünften
literaturwissenschaftlicher Auseinandersetzung mit den Produkten
der Kriminalliteratur gehört die Unterstellung, die Kriminalgeschichte sei das Produkt der freien Entscheidung eines Autors. Die
Suche der Literaturwissenschaft gilt fast ausschließlich dem Origi-
nal. Der "Erfinder" und sein Rezept, das literarische Muster, werden gesucht. Kriminalliteratur wird als Ergebnis einer individuellen Schreib- und Inventionsanstrengung behandelt, als weitgehend
autonome Produktion ohne Außenbezüge.

Der fast ausschließlichen Reflexion isolierter Muster-Stoff-Autor-
Beziehungen, die dann allerdings bis in die feinsten Verästelungen
verfolgt werden, muß eine Einbeziehung weiterer Faktoren des
Produktions- und Vermittlungszusammenhanges, in die der Autor
mit seinem Werk eingespannt ist, erfolgen. Erst die Untersuchung
der Produktionsbedingungen und medialen Kontexte kann für die
Entwicklung literarischer Muster und Figuren mögliche Erklärungen
liefern und damit die Konstitution eines Genres erhellen. Diese
Rahmenbedingungen für die unterhaltungsliterarische Produktion
sollen an einigen Beispielen untersucht werden. Erst nach deren
Einschätzung ist die spezifische Leistung der Autoren angemessen zu
bewerten.

2. Der Dreischritt Poe-Gaboriau-Doyle

Edgar Allan Poe gilt gemeinhin als literarischer Erfinder der Detektivfigur und ihrer spezifischen Ausformung als Kriminalerzählung. Die Umstände, unter denen Poe seinen Dupin als literarischen Prototyp entwarf, ermöglichen eine differenziertere Erklärung vom Zustandekommen des folgenreichen Musters. Poe gehörte zu jenen Autoren, die das Risiko eingingen, ihren Lebensunterhalt mit ihrer schriftstellerischen Arbeit zu verdienen, und die ihr Schicksal zwangsläufig mit den aufstrebenden Magazinen verbanden. Er schrieb Beiträge für dreißig Zeitschriften und war zeitweilig Mitherausgeber bei fünfen. Neben seiner lyrischen und Prosa-Produktion redigierte, besprach und kritisierte er die Literatur seiner Zeit. In dieser Gründerzeit der Magazine ermöglichten der drucktechnische Fortschritt und das wachsende Interesse des Publikums beträchtliche Auflagensteigerungen. Der Bedarf der Zeitschriften an Kurzgeschichten und "serial fiction", zumeist Erzählungen mit drei Folgen, wuchs sprunghaft. Im Zeitschriften-Boom der 30er und 40er Jahre konnten die Autoren den Bedarf der Magazine kaum decken.[2] Zwar wurde in dieser Phase der Raubdrucke viel englische Literatur importiert, wobei der Kampf um die Manuskripte seltsame Höhepunkte erreichte, aber auch viele amerikanische Autoren griffen bei dieser Nachfrage zur Feder.[3] Jeder, der eine Feder anspitzen konnte, schrieb, bemerkte spöttisch ein Zeitgenosse. Periodika druckten komplette Novellen als Extraausgaben, die bereits 24 Stunden nach Eintreffen des Manuskripts mit dem Schiff noch druckfeucht angeboten wurden. Die "Mammut"-Wochenzeitschriften, die ihren Lesestoff in Quadratfuß annoncierten, setzten mit ihrem Preis und ihrem Unterhaltungsangebot die Monatszeitschriften unter Druck.[4] Auf diesem expandierenden Markt wurden Zeitschriften rasch und zahlreich gegründet, stellten aber auch häufig schnell wieder ihr Erscheinen ein. Von knapp einhundert erscheinenden Zeitschriften im Jahre 1825 stieg die Zahl der Zeitschriften auf ungefähr sechshundert im Jahre 1850.[5]

Die Kurzgeschichte war als eine vom Medium Zeitschrift vorgegebene Form für einen Autor wie Poe, der nur phasenweise als Herausgeber tätig war, die bestimmende Form für seine literarische Produktion. Im Kurzgeschichten-Boom, der Resultat des rasch gewachsenen Zeitschriftenmarktes war, gelangten nicht nur traditionelle Themen, sondern auch neuere Varianten in Druck. Neben Poes dreifacher Tätigkeit als Autor, Kritiker und Mitherausgeber, die ihn mit vielen Aspekten der Literarisierung von Themen und ihrer Publizierung im Kontext von Zeitschriften beschäftigte, hatten in dieser Phase das Wachstum der Zeitschriften und die verlegerische Strategie in der Konkurrenz um die Marktanteile Auswirkungen auf die Konzeption von Literatur überhaupt. Die genannten Faktoren bilden die phasen- und medienspezifischen Bedingungen für einen der ersten Auftritte des neuen Genres.

Wie abhängig die Ausformung des Krimigenres von den Bedingungen des Mediums war, zeigt sich an der Publikationspraxis von Poes Erzählungen. Seine Geschichten hatten häufig den Widerstand von Herausgebern zu überwinden. So wurde "Bérénice — A Tale" mit der einschränkenden Kritik angekündigt, der Autor habe "too much German horror in his subject".[6] Mit dem Herausgeber Burton, in dessen Zeitschrift Poe als Mitherausgeber kurze Zeit nach dem Erscheinen einer Artikelserie über den Sûreté-Chef Vidocq eintrat, geriet er in eine Auseinandersetzung über das Unterhaltungskonzept. Burton wandte sich gegen Poes Vorstellungen, die er unter dem Begriff "havoc" (Zerstörung, Verwüstung) faßte, und stellte "justice" (Gerechtigkeit) als seine Zielvorstellung für das Angebot der Zeitschrift dagegen.[7] Als Mitherausgeber bei "Graham's Magazine" kann Poe "The Murders in the Rue Morgue" veröffentlichen.[8]

Poe hat keineswegs voraussetzungslos geschrieben. Einmal konnte er aufgrund seiner publizistischen Tätigkeit auf das literarische Substrat von Vidocqs Berufserfahrungen zurückgreifen.[9] Zum anderen hatte er sich kritisch mit einer damals erfolgreichen melodramatischen Mordgeschichte beschäftigt.[10] Er knüpfte an Vermittlungsformen an, die den Lesern geläufig waren. So formte Poe die Erzählung "The Mystery of Marie Rogêt" als Folge von Zeitungsberichten, "welche denen der New Yorker Presse fast bis aufs Haar" glichen.[11] Die Folgerungen Dupins, der den Fall aus dem Lehnstuhl löst, bilden Einschübe in die montierten Zeitungsberichte. Dem Poe-Biographen Vincent Buranelli ist zuzustimmen, wenn er feststellt: "Poe hat nicht das Grausige und Schreckliche popularisiert; er spezialisierte sich in Grauen und Greueln, weil er sah, daß sie populär waren."[12]

Poes Geschichten entsprachen aber im Laufe der 40er Jahre weniger der Entwicklung von "Graham's Magazine", das sich am

Marktführer "Godey's Lady's Book" orientierte und sich gegen Ende der 40er Jahre dem Konzept einer Frauenzeitschrift annäherte.[13] Poe verhielt sich mit seinem Angebot an Kriminalgeschichten asynchron zu den Konzepten der Verleger der großen Zeitschriften. Der Trend zur Frauenzeitschrift stoppte die Weiterentwicklung des Genres. Das schnelle Ende vieler Zeitschriften hatte auch eine mögliche Anschlußproduktion Poes verhindert. Auf diese Weise lasen wechselnde Lesergruppen Poes Geschichten jeweils einmal, wodurch eine längerfristige Nachfrage nicht geweckt werden konnte.

Ein weiteres Beispiel für die Einflußnahme der Mediensituation auf die Genreentwicklung und damit für eine mediumspezifische Unterhaltung stellen die Romane von Emile Gaboriau dar. Gaboriau war in einer Feuilleton-Schreibfabrik und als Journalist tätig gewesen, als er 1863 im "Pays" den Zeitungsroman "L'affaire Lerouge" veröffentlichte.[14] Erfolg hatte dieser Kriminalroman erst beim zweiten Abdruck 1866 und als Buch. Mit Lecoq entwickelte er eine Detektivfigur, die in fünf Romanen auftrat. Mit seinen Kriminalromanen knüpfte Gaboriau an die Geheimnis-Thematik des französischen Feuilletonromans, insbesondere bei Sue an. Weitere Bezugspunkte waren für ihn die Memoiren Vidocqs und die Schriften von J. F. Cooper.[15] Die Struktur und die Vermittlungsformen seines Zeitungsromans wurden von den Aufgaben und Funktionen dieser Publikationsform geprägt: es gibt bei ihm keine Figur ohne Konflikte und keinen Satz ohne Emphase, durfte doch in keiner Folge die Zuwendungsintensität der Leser nachlassen.[16] Gaboriau kam den Lesern und ihren Erwartungen viel weiter entgegen als etwa Sue oder Poe, wenn er in den Einführungen mit Lecoq einen "gewöhnlichen" Mann zur Identifikation anbot.[17] Die Figur des Detektivs erweist sich hier bereits als funktional eingesetztes Bindemittel zwischen dem Publikationsorgan und den Lesern.

Einer der ersten literarischen Superstars war dann jedoch Sherlok Holmes. Die im Vergleich zu den weniger ausgeprägten Vorläufern ungleich spezifischere Ausprägung des Krimigenres und des Helden durch A. C. Doyle lag in der Serienproduktion und einer entsprechenden Konstruktion begründet. Nach seinem ersten Versuch, "A Study in Scarlet", der an Gaboriau anknüpfte, wandte er sich dem bei Poe entwickelten Muster der Short Story zu. In der Folge konzentrierte er die Detektivgeschichte auf die Detektion des

Falles und reduzierte andere inhaltliche Momente zugunsten der Darstellung des Helden durch dessen Begleiter Watson.

Doyles erster Roman wurde nur in einem Weihnachtsband des Jahres 1887 abgedruckt, machte jedoch eine amerikanische Zeitschrift, "The Lippincott's Magazine", auf den neuen Autor aufmerksam.[18] Die Zeitschrift kaufte die Geschichte "The Sign of Four" und druckte sie 1890. Von April 1891 publizierte die im Januar des Jahres neu erschienene Zeitschrift "The Strand Magazine" Kurzgeschichten mit Sherlock Holmes, die auch als Bücher erschienen.[19]

Doyle wollte sich einige Jahre später seines Helden entledigen, der war jedoch beim Publikum inzwischen derart eingeführt, daß seine literarische Beseitigung mißlang und Doyle nach einiger Zeit den "Unsterblichen" wieder aufleben lassen mußte. Ähnlich ist auch später anderen Autoren, wie beispielsweise Agatha Chirstie mit ihrem Hercule Poirot, ergangen. Mit der Verbindung von Analyse und "Action"-Elementen etablierte Doyle eine mediengerechte Ausformung spannender Unterhaltungsliteratur.[20]

Der überwältigende Erfolg Conan Doyles wird allgemein auf seinen Helden und auf das verwendete Erzählmuster zurückgeführt. "Die Schöpfer der Detektivgeschichte als Gattung sind dennoch Conan Doyle und seine Zeit, die seinem Schema Welterfolg beschied ...", heißt es z. B. bei Zdenko Škreb.[21] Bleibt der Blick auf die Person des Autors und das von ihm "erfundene" Muster begrenzt, erscheinen der Erfolg und die Durchsetzung gerade dieses Unterhaltungsangebotes rätselhaft und wunderbar. Betrachtet man den Bezugsrahmen für den unzweifelhaften Erfolg Doyles, die Situation der Zeitschriften, die ihn für sich entdeckten und nutzbar machten, wird deutlich, welche Umstände für Doyles Erfolg bestimmend waren. Sein Konzept hatte deshalb so einen "umwerfenden" Erfolg, weil es in einem Zeitraum entstand, in dem Zeitschriften- und Buchpresse aus Gründen der technischen und wirtschaftlichen Entwicklung und in der Folge der Verstädterung enorme Zuwachsraten erzielten. Georges Newnes konzipierte und produzierte seit 1880 eine populäre Wochenzeitschrift für einen Penny. Im Jahre 1891 brachte er mit einer Startauflage von 300 000 Exemplaren "The Strand Magazine" heraus und begann bereits ein Vierteljahr später mit dem Abdruck einer Sherlock Holmes-Serie.[22]

Ab 1893 sanken in den Vereinigten Staaten die Herstellungskosten für Zeitschriften rapide. Mit der Hereinnahme von Werbung konnten die Verleger anders kalkulieren. Das Anzeigenwesen entfaltete sich enorm und die Preise fielen. Binnen kurzem dominierten die 10 Cent-Magazine im Zeitschriftengeschäft, und die Verleger konkurrierten hart um Marktanteile in dieser Wachstumsbranche mit riesigen Zuwachsraten. Ein Mittel der Konkurrenz war die unterhaltende Fiktion.[23] Die Herausgeber und Verleger orientierten die neuen billigen Magazine an der Sensationspresse. Drucktechnisch hergestellte Periodika zeichneten sich durch eine schnelle Entwicklung von neuen Attraktionen und Mischungen aus. Die große Variabilität von Zeitungen und Zeitschriften ermöglichte schnelle Konzeptwechsel und die Übernahme bzw. die Imitation von Attraktionen. Für die neuen billigen Magazine waren große Namen Legitimierungshilfen für die Selbstdarstellung gegenüber den teuren Magazinen. Die Popularität der Bestseller und der "big names" wurde als Werbefaktor ausgenutzt. Die "großen" Autoren waren Nebenprodukte der Eigenwerbung der großen Magazine. Der Autor war der Zwerg auf der Schulter der Riesen-Magazine, für alle sichtbar, aber austauschbar. Der Held des "viktorianischen Philisters"[24] Doyle wurde groß mit der Popularitäts- und Attraktionskonkurrenz der Zeitschriften und mit ihrem Wachstum. Es war kein Zufall, sondern symptomatisch, daß die Talent- und Attraktionssucher von "Lippincott's" Doyle ausfindig machten. Der Konkurrenzdruck der Medienentwicklung in den USA der 90er Jahre trieb die Publikationsorgane weltweit auf die Suche nach geeignetem Unterhaltungsnachschub. "Lippincott's" druckte außer Doyle weitere Krimiautoren, so A. K. Greens "A Mysterious Case" 1891, später auch eine Geschichte von M. R. Rinehart. Der Herausgeber J. Berg Esenwein forderte 1905 Carolyn Wells auf, Detektivgeschichten zu schreiben.[25]

Die Konstitution des Genres muß im Kontext der spezifischen Situation von Autor und Medium gesehen werden. Gerade auf dem Sektor der literarischen Produktion der Unterhaltung ist die Medienentwicklung ein bestimmender Faktor und der Bedingungsrahmen literarischer Produktion. Der Medienverbund ist für die unterhaltungsliterarische Produktion von entscheidender Bedeutung. Im Medienverbund werden die Wechselbeziehungen deutlich, die sich ergeben, wenn verschiedene Massenmedien mit unterschiedlichen Vermittlungsformen und spezifischen Strategien gemeinsame oder vergleichbare Inhalte darstellen und thematisieren. Das muß berücksichtigt werden, damit literarische Formen und Muster nicht ohne Reflexion ihres Entstehungszusammenhanges miteinander in Beziehung gesetzt werden. Erst in diesem Beobachtungsausschnitt werden die spezifischen Leistungen der Massenmedien und der in ihr gebräuchlichen Formen bei der Vermittlung zwischen Autoren und Publikum erkennbar.

3. Der Detektiv als Serienheld

Der literaturwissenschaftlichen Beschäftigung mit dem Krimi kommt die Heftchenliteratur vielfach ungelegen, liegt ihr doch daran, den Kriminalroman vom Ruch der Trivialität zu befreien und ihn als legitime Literaturform zu rehabilitieren.[26] Sorgsam wird deshalb innerhalb des Genres getrennt: der Kriminalroman ist ein Untersuchungsgegenstand, die Groschenkrimis, meist sowieso nur am Beispiel der Jerry-Cotton-Serie diskutiert, sind ein anderer. Dabei gehören auch die periodisch erscheinenden Heftchen-Krimis zur Entwicklung und Entfaltung dieses Genres und haben es entscheidend mitgeprägt.

Die Romanserien der Groschenhefte entwickelten sich aus der Kolportageliteratur. Der Wechsel von der Kolportage zum Serienroman hatte seinen Grund in der Ökonomie der massenhaft verbreiteten Literatur und in der Veränderung der Nutzung dieser Literatur durch den Leser. Die Einführung der Romanserie schuf auch günstigere Voraussetzungen zur Weiterverwertung dieser Literatur — auch und gerade in den anderen Medien wie z. B. im Film.

Das Kolportageprinzip, einen umfangreichen Roman (z. B. Karl Mays "Der verlorene Sohn oder der Fürst des Elends") in einzelnen Lieferungen mit relativ wenigen Seiten den Lesern wöchentlich von Kolporteuren ins Haus bringen zu lassen, erwies sich mit der Zeit als nachteilig. Viele Leser brachen die Lektüre ab oder verpaßten den Anschluß, wenn sie mehrere Folgen ausgelassen hatten. Außerdem ließen sich Restauflagen alter Lieferungen nicht mehr absetzen, da sie durch den Fortgang der Geschichte überholt waren.

Demgegenüber erwies sich das 1860 in den USA entwickelte Prinzip der Romanheftserie mit Einzelheften, die jeweils abgeschlossene Handlungen enthielten, als günstiger für die Distribution dieser Literatur ("Dime novels" — 10-cent-Hefte). Die Hefte wurden nicht mehr ins Haus geliefert, sondern konnten bei Straßenhändlern, Tabakgeschäften etc. gekauft werden. Gegenüber der Kolpartage mit ihrem Fortsetzungszwang durch das permanent offene Ende

ihrer Lieferungen setzte das Serienprinzip ein entwickeltes konti-
nuierliches Lesebedürfnis voraus.

Der Motivationsdruck zur ständigen Serienlektüre ist bei den abgeschlossenen Folgen zunächst geringer. Abhilfe schuf die Einführung des über die einzelnen Hefte hinaus gleichbleibenden Helden,
der eine Verbindung zwischen den einzelnen Folgen herstellt. Als
sympathisch und letztlich immer erfolgreich präsentiert, ist es dem
Leser in seinen Eigenschaften und Handlungen sowie in seiner Art
der Problembewältigung bald vertraut; der Leser weiß, was er von
ihm erwarten konnte. Zum permanenten Konsum der Serie reizt,
den Helden nach bekanntem Schema und mit vertrauten Spielregeln ständig neuen Abenteuern ausgesetzt zu sehen.

Mit der Einführung des Serienprinzips war auch eine stärkere
Spezialisierung in der massenhaft verbreiteten Literatur möglich.
Enthielt der Kolportageroman verschiedenste Handlungsmuster und
Genreelemente — schon um die Leser lange bei der Lektüre der
meist 2000—3000 Seiten starken Romane zu halten — läßt sich mit
dem Entstehen der Groschenhefte auch die stärkere Abgrenzung der
einzelnen Genres voneinander beobachten. Ihre deutliche Signali-
sierung im Titel der Hefte diente der leichteren Orientierung der
Leser auf diesem literarischen Teilmarkt. Der Leser konnte ein
spezielles Leseinteresse für ein bestimmtes Genre, z. B. für die Detektivgeschichte, entwickeln.

Aus den USA wurde das Serienprinzip um 1900 in Europa übernommen und in Deutschland mit Detektivroman-Serien eingeführt.
Die bereits in den USA erfolgreiche Serie "Adventures of Nick
Carter" wurde übersetzt und ab 1907 vom Dresdener Verlag Eich-
ler unter dem Titel "Nick Carter, Amerikas größter Detektiv" herausgebracht. Die Nick-Carter-Romane stellten für Europa zugleich
eine neue Form des sich gerade erst deutlicher herausbildenden
Kriminalromans dar, die — wie Boileau/Narcejac schreiben — in
ihrem Genre keinem Vorgänger verpflichtet war:

"Nick Carter tritt das Erbe von Kit Carson und Buffalo Bill an, transportiert jedoch die Abenteuer der Prärie in die Welt der Großstadt.
Indem er es tut, schafft er unbewußt eine neue, bunte, kühne Bilder-
welt, die einer neuen Art des Empfindens entspricht. Die wuchernde
Stadt mit ihren Baustellen, ihren Bauzäunen, ihren freien Geländen,
diese disparate Stadt ... wird leicht zu einem furchtbaren Dschungel,
in dem alles möglich ist — zumal das Außergewöhnliche. Für die
Spiele der Intelligenz bleibt hier wenig Platz. Die Unterwelt kann nur

von einem erobert und erforscht werden, den niemand kennt und der entschlossen ist, als erster zu schießen. Nick Carter ist bereits das Heldenlied des einsamen Mannes in der Metropole aus Brettern und Beton."[27]

1908 wurden von den Nick-Carter-Heften bereits wöchentlich 45 000 Stück hergestellt. 1911 waren 250 Folgen dieser Serie erschienen.[28] Der Erfolg der Serie auch in Deutschland lag nicht allein an der neuen Produktions- und Vertriebsform der Groschenhefte. Die spezifische Ausformung des Genres bei Nick Carter traf auf veränderte Erfahrungen, Wunschvorstellungen und Bedürfnisse des Lesers in dieser Phase der fortgeschrittenen Industrialisierung Deutschlands. Waren dem Leser die gesellschaftlichen Zusammenhänge seiner Zeit widersprüchlich, undurchsichtig und verwirrend, so bot die Lektüre dieser Hefte das Bild eines Helden, der im Dschungel der Großstadt—Synonym für die Undurchschaubarkeit— ständig den Überblick behielt und erfolgreich und aktionsbetont handelte — wenn auch oft unter Zuhilfenahme phantastischer Techniken, Verkleidungstricks und Gerätschaften. Der Detektivfigur Nick Carter folgten bald weitere: "Wanda von Brandenburg, Deutschlands Meisterdetectivin", "Jack Franklin, der Weltdetektiv", "Nat Pinkerton, der König der Detectivs", "Sherlock Holmes, Aus den Geheimakten des Weltdetektivs", "Ethel King, ein weiblicher Sherlock Holmes" usf.

Vor allem das Krimigenre bestimmte neben dem Western und dem Abenteuer die Romanserien. Der Beruf des Detektivs schien der Konstruktion des Serienhelden besonders adäquat: ständig neue und jeweils verschiedene Fälle zu lösen, Verbrecher zu jagen und geheimnisvolle Geschehen aufzuklären, hatte eine fraglose Legitimation. Die Lebensaufgabe des Detektivs galt dem immerwährenden Kampf gegen das vielköpfige Verbrechen. Mit der erfolgreichen Lösung eines Falls war dieser endgültig abgeschlossen, der Held konnte, ohne sich weiter mit Folgen und Konsequenzen zu beschäftigen, den nächsten Fall aufrollen. Die ökonomische Unabhängigkeit und fachliche Kompetenz des Privatdetektivs ermöglichten ihm Zutritt zu den verschiedensten Lebensbereichen. Dadurch konnten immer neue und andere Realitätsbereiche in das Genre einbezogen werden.

Hielt der Held die Serie zusammen, so bezogen die Folgen den Reiz aus dem jeweils neuen Fall. Von der Darstellungsweise des Krimigenres her auf Gegenwartsnähe und Authentizitätsschein angelegt, konnte im Gegensatz dazu die Ausschmückung des Verbrechens nicht phantastisch genug sein. Die Konkurrenz der Serien untereinander führte zu einer Konkurrenz der in den Serien angebotenen Sensationen. Kämpfte Nick Carter mit "Carruther, dem Verbrecherkönig", "Inez Navarro, dem weiblichen Dämon", mit Giftmischern, Doppelgängern mit Porzellanmasken etc., so zog Nat Pinkerton mit "Hudsonpiraten", "Revolte im Zuchthaus Sing-Sing" und einem "Erpresserklub" gleich. Sherlock Holmes (der in seiner von deutschen Autoren geschriebenen Serienfassung nur noch den Namen mit der von Conan Doyle geschaffenen Figur gemeinsam hat) bot "Blutige Juwelen", den "Schatz des Sklavenhändlers", den "Mädchenmörder von Boston", den "Vampir von London" oder gar den "Mädchenhändler von Konstantinopel".

Die Kulmination von Sensationen in den Krimi-Groschenheften kurz vor Beginn des Ersten Weltkriegs hatte ihre Entsprechung in anderen Medienbereichen. Neben dem zeitlich parallelen Entstehen der Sensationspresse setzte sich auch das Kino durch. Im Medienverbund in dem ein Medium Anleihen bei den anderen machte, sah auch die Phalanx der "Schund"-Gegner, die sich besonders gegen die Verbrechensdarstellung wendeten, die Gefahr. Gegen diesen medienübergreifenden Genrezusammenhang polemisiert z. B. ein Autor, wenn er in der Broschüre "Schundfilms" schreibt:

"Ist doch der Reiz des Kriminellen in allen seinen Variationen, von der Glorifizierung lebender Verbrecher an bis zur Lektüre von Sherlock Holmes- und Nick-Carter-Geschichten, sowie zur Bevorzugung des Kriminellen im Theaterstück und im Kino geradezu die Signatur unserer Zeit! Diese kriminelle Geschmacksverirrung des Publikums wird aber andererseits — wenn sie auch nicht dadurch hervorgerufen ist — durch alles, was der Befriedigung dieser Geschmacksrichtung dient, also nicht zum wenigsten auch durch die kriminellen Schundfilme, bestärkt, ja sogar zu immer neuen, immer stärkeren Sensationshaschereien angetrieben." [29]

Gegen die wachsende Beliebtheit des Krimis richtete der "Schundkampf" jedoch wenig aus. Viele der Serien erschienen als Nachdruck in den 20er Jahren und erst unter dem Faschismus wurde — wie während einer kurzen Phase während des Ersten Weltkriegs — die Produktion der Krimi-Groschenhefte unterbunden.

Sieht man sich das heute angebotene Spektrum an Groschenheften im Krimigenre an, fällt die Diskrepanz zu den Anfängen besonders bei den Serienhelden auf. Dominierten anfangs die unabhängigen Privatdetektive wie Nick Carter oder Hobbydetektive wie Sherlock Holmes, so wird heute das Feld von angestellten FBI-Agenten und Polizisten beherrscht. Privatdetektive treten heute in der Regel in enger Verbindung mit dem allmächtigen Polizeiapparat auf, oder dienen gar nur als Tarnbezeichnung der G-men. Privatdetektive wie Nick Carter sind seit langem im Rückzug begriffen. Ihr ständiger Erfolg gegen das organisierte Verbrechen ist angesichts der realen hochtechnologisierten Polizeiapparate besonders unglaubwürdig geworden. So wie Nick Carter bedienen sich heute nur noch wenige phantastischer Spezialausrüstungen. Eine solche Ausnahme im derzeitigen Serienangebot ist der Privatdetektiv Anthony Quinn, der als die "Schwarze Fledermaus" in der gleichnamigen Reihe des Pabelverlags auftritt. Er entstammt mit seinem schwarzen Umhang, der Maske und einer bei geheimen Operationen entstandenen Nachtsichtigkeit eher der Comic-Familie der Superman und Batman. Die FBI-Adenten Jerry Cotton/Bastei, Kommissar X (Jo Walker)/Pabel und FBI-Inspektor Rex McCormick vom Marken-Verlag führen das Feld an. Jeder Verlag komplettiert sein Repertoire an Krimiserien mit ihren Helden aus den verschiedensten Kombinationen von freiem Detektiv und Polizeiapparat: Cliff Corner, Glenn Collins, Larry Kent, Mr. Chicago (Eliot Ness), John Cameron, John Cain, Allan Walton, Inspektor Kennedy, John Drake und viele mehr.

Chicago und New York sind die bevorzugten Hintergründe für die Heftchenserien. Chicago ist in der Serie gleichbedeutend für organisiertes Verbrechen, für Al Capone, Syndikate und Massenschießereien. Ohne diese Häufung an Reizmomenten kommen die wenigsten Serien aus. Für den amerikanischen Serienkrimi scheint Chicago eine ähnliche Bedeutung zu haben wie der amerikanische Westen für den Western. Auch wenn nur eine Serie, "Mr. Chicago" des Kelter-Verlags, dezidiert im "Al Capone-Zeitraum" der 20er und 30er Jahre spielt, bauen auch die anderen Serien an diesem Mythos mit. Der Trend, den Handlungsort des Serienkrimis generell in die USA zu verlegen, folgt dabei offensichtlich weniger Entwicklungen in anderen Bereichen des Krimigenres, sondern wird z. B. vom Cheflektor des Bastei-Verlags anders begründet:

"In den USA glaubt man uns noch den tödlichen Kugelhagel aus den Maschinenpistolen von Gangstern und Polizei, dort glaubt man uns noch organisierte Verbrecherbanden ebenso wie todesmutige Polizi-

sten ... Kriminalromane aus Deutschland sind meistens langweilig,
und wo nicht, dann unglaubwürdig. Die unmittelbaren Nachbarlän-
der sind durch den überströmenden Touristenverkehr als höchst bie-
der entlarvt worden. Auch England, das klassische Land des Kriminalromans, kommt heute nicht mehr als Schauplatz in Frage ... Uns
bleibt nur noch Amerika übrig, dessen realen Verhältnisse von den
meisten Lesern noch nicht persönlich überprüft werden können. Amerikanische Verbrechen sind noch glaubhaft."[30]

Dabei wird die amerikanische Szenerie in den Serienkrimis nur
als Requisit abgesteckt, wird mit amerikanischen Städtenamen und
anderen amerikanischen Details der Handlungsraum eher signalisiert als beschrieben. Kein Gegenstand oder Detail lokalisiert das
Geschehen genauer oder fixiert es zeitlich. Wenn sich der Detektiv
in sein Auto schwingt, dann ist es ein Chevrolet, Chrysler oder
Buick, nähere Typenbezeichnungen, die historisch datierbar wären,
entfallen. Dem Leser erscheint so das Geschehen gegenwartsnah
und zugleich überzeitlich.

Vergleicht man Darstellung und Präsentation der Helden der
ersten Groschenheftserien mit den heutigen, ist die Reduktion der
Heldenbeschreibung offenkundig: wird Nick Carter noch ausführlich und in vielen Details beschrieben, so finden sich bei Cotton,
McCormick, bei John Cain oder Kommissar X nur noch Beschrei-
bungsrudimente. Stellt der Held nicht selbst das Geschehen aus der
Ich-Perspektive dar, in der für die eigene Beschreibung wenig Raum
bleibt, reduzieren sich die Helden auf die Vornamen Jo und Jerry,
John oder Cliff. Der Held wird nicht mehr beschrieben, sondern in
Handlungen vorgeführt. Er geht in der Aktion auf. Zur Reduktion
des Helden gehört auch, daß die Hefte fast durchgängig mit der
Darstellung des Verbrechens oder Verbrecher beginnen und der Serienheld erst später, auf der dritten oder vierten Seite, meist beiläu-
fig eingeführt wird.

Die Funktion des Serienhelden als Klammer für die Folgen zei-
tigt beim Helden Verschleißerscheinungen. Erreichen Serien wie
Jerry Cotton oder Kommissar X in ihrer Folgenzahl die Tausender-
grenze (aber auch schon bei niedrigerer Folgenzahl), sind die Ab-
nutzungsfolgen in der Reduktion ihrer Beschreibung erkennbar.
Einerseits können Beschreibungsdetails nicht jedesmal wiederholt
werden, andererseits kennt der regelmäßige Serienleser seinen Helden, der Held bedarf keiner besonderen Einführung.

Dementsprechend bleibt der Held weitgehend anonym.[31] Die Hinführung des Lesers zur Serie geschieht bereits durch den Namen des Serienhelden im Titel. Trotz dieser Anonymität des Helden funktioniert die Sympathieverteilung beim Leser, weil der Verbrecher weiterhin ausführlich negativ charakterisiert wird: "Ein Gangster, wie er Buche stand: knochig, finster, abgrundtief häßlich, skrupellos und kalt." (Fledermaus-Kriminalroman Nr. 635) Der Serienzusammenhalt besteht anscheinend viel eher in der Kontinuität der Verbrechensdarstellung, im jeweils neu angebotenen Reiz des Verbrechens. Der aktionsbetonte, Spannung versprechende Einstieg in die Handlung jeweils zu Beginn der Hefte, ähnlich der spannenden Einstiegsszene vor dem Vorspann eines Fernsehkrimis, soll sofort das Leserinterese wecken und zum Weiterlesen animieren. Hier, in der Stimulation des Kaufs entscheidet sich auch der Fortbestand der Serie. Im fettgedruckten Vorspann wird deshalb auch nicht mit Reizen gegeizt, werden dem Leser Sensationen versprochen:

"Sie planten ihr Verbrechen mit der Präzision von Computern. Was sie vorhatten, war neu und teuflisch raffiniert. Jedes Opfer tappte wie blind in die Falle. Alle wurden auf Eis gelegt. Man brauchte sie für den Tag X, an dem der Massenmord stattfinden sollte ..." (John-Cain-Krimi Nr. 996).

Der Einfluß einer am Film orientierten Schreibweise läßt sich auch insgesamt bei den heutigen Groschenheftkrimis feststellen. Wenn auch sonst die Bezüge zu anderen Teilen des Genres eher minimal sind, die Übernahme analog-filmischer Mittel der Spannungstechnik und der Temposteigerung lassen sich deutlich erkennen. Gegenüber Nick Carter oder Nat Pinkerton setzt sich im heutigen Heftchenkrimi die Handlung aus kurzen Handlungsteilen mit rasch wechselnden Schauplätzen zusammen, jeder Handlungsabschnitt dient der Aktions- und Spannungssteigerung. Aktion wird an Aktion gereiht, in der Grobstruktur einem US-Fernsehkrimi mit seiner schnellen Schnittfolge vergleichbar.

Die Anleihen aus den anderen Medien, speziell Film und Fernsehen, ermöglichen auch eine besondere Form der Kompensation der Verschleißerscheinungen des Serienhelden. So wie die Titelbilder der Heftchen Bilder aus Kriminalfilmen als Attraktionsmomente dem Käufer gegenüber benutzen, so versuchen einige Serien die Anonymität ihrer Helden durch optische Präsentationen dieser Helden auszugleichen. Hollywoodstar Georg Nader als Jerry Cotton oder Patrick McGoohan als John Drake veranschaulichen den Serienhelden. Ganz offenkundig auf die Kenntnis von Krimis in anderen Medien zielen auch die bereits als Taschenbuch herausgegebenen Krimis der Heftchenverlage, die als Roman zur Fernsehserie mit dem TV-Helden operieren: Bastei-"Fernseh-Krimi Columbo" und "Fernseh-Krimi Kojak". Der Heyne-Verlag hatte 1967 bereits mit "Solo für O.N.C.E.L." ebenfalls an Fernsehserien angeknüpft. Dem Serienhelden der Groschenhefte erwachsen daraus jedoch keine strukturellen Erneuerungen.

4. Von der fiktiven Heldenfigur zum recherchierten Gangster

Die mit der Medienentfaltung eng verzahnte Geschichte der Krimiunterhaltung in ihren verschiedenen Ausprägungen kann hier nicht detailliert verfolgt werden. Vielmehr sollen die Auswirkungen des Nebeneinanders und Nacheinanders der Krimifiktion in den verschiedenen Medien am Beispiel von Helden und Serienhelden und den Veränderungen ihrer Ausstattung und "Installation" ansatzweise aufgezeigt werden. Doyle hatte einen Serienhelden etabliert, der jedoch nicht lange allein blieb. Bald schon gab es viele seinesgleichen, deren Merkmale, Fähigkeiten und Dimensionen das Schnittmuster Doyles verrieten. Auch Gegenbilder blieben letztlich auf Sherlock Holmes bezogen. Als Kontrastfiguren zu Holmes fungierten der große Dieb "Raffles" (1899) von E. W. Hornung und "Arsène Lupin" (1907) von Maurice Leblanc. Lupin ist ein Gentleman-Verbrecher, dessen Name deutlich auf Poes Helden zurückverweist.

Daneben brachte das junge Medium Film weitere Varianten ein. Marcel Allain und Pierre Souvestre lieferten mit "Fantômas" einen Helden auf Bestellung für eine Filmfortsetzungsserie. Die Entstehung dieser Heldenfigur zeigt deutlich die Synthese neuer und überraschender Momente. Sie war entwickelt worden, um einer ähnlich konzipierten amerikanischen Heldenkonstruktion zuvorzukommen. In der Phase größter Konkurrenz unter den amerikanischen Zeitungen, zu Zeiten der Zeitungskriege, wurden die Romanserien durch 14tägige Kinofolgen gleichen Inhalts ergänzt. Später gewann das Filmserial seine Autonomie und wurde zur ökonomisch erfolgreichsten Form der Kinoproduktion vor dem ersten Weltkrieg. Diese Serien wurden durch inhaltliche Momente des Krimigenres angereichert, zeichneten sich aber überwiegend durch turbulente Aktionen aus, wie sie in Groschenheften auch vorhanden waren.

Nahezu alle Helden dieser Vorkriegsära zeichneten sich durch einen beträchtlichen Abstand von den Lebens- und Erfahrungsbereichen der Leser von Kriminalromanen aus. Helden wie auch Schurken waren überdimensional und propagierten kraftmeierisch und lauthals ihre großbürgerlichen Ideologeme. Die Darstellung und Ausstattung der Gestalten stand dabei in der Tradition stereotyper Kennzeichnung; beispielsweise trugen Schurken damals häufig schwarze Umhänge. Den Helden- bzw. Antihelden-Entwürfen dieser Phase haftete viel Unwirkliches und Exotisches an, und oft blieben sie auf das Figurenrepertoire des Zeitungsromans bezogen.

Der anschließende Blick auf die Zeitungsentwicklung vor dem 1. Weltkrieg erfolgt im Zusammenhang der historischen Entwicklung der Krimiunterhaltung aus mehreren Gründen: die Boulevardzeitung wurde wegen ihrer Reichweite und Nutzungsfrequenz zum wichtigsten Massenmedium dieser Phase und war Grundlage der Medienerfahrungen der städtischen Leser. Andere Medien wurden nach Bedarf zusätzlich benutzt. Die damals erreichte Zuwendung der Leser macht es erforderlich, die Thematisierungs- und Vermittlungsformen der Krimiunterhaltung auf die des dominierenden Massenmediums zu beziehen und miteinander zu vergleichen. In dieser Gegenüberstellung werden die spezifischen Zielgruppen sichtbar, wird das Ausmaß von Übereinstimmung oder Abweichung erkennbar. Von den Lesererfahrungen der Boulevardblätter kann von diesem Zeitpunkt an nicht mehr abgesehen werden. Sie gehören, auch wenn sie aus Nachrichten gewonnen werden, zu den Voraussetzungen für die Rezeption literarischer Unterhaltung und dienen in unserem Zusammenhang als Bezugspunkt.

In erster Linie waren es die billigen Boulevard-Zeitungen, die sich mit dem Rezept "sex and crime" der publizistischen Ausschlachtung gewalttätiger Sachverhalte und Ereignisse widmeten. Ihre kontinuierliche Sensationsberichterstattung hatte zur Folge, daß die Leser die Darstellung von Verbrechen als regelmäßigen Bestandteil ihrer Zeitungslektüre aufnahmen. Neben dieser "Tagesberichterstattung" wurde insbesondere von den Sonntagszeitungen wegen des Konkurrenzdrucks der Magazine die Wochenendbeilage ausgebaut und attraktiver gemacht. Zu den Attraktionen der Wochenendbeilagen gehörten Darstellungen von Verbrechen in der Form von Fortsetzungsserien. In dieser journalistischen Darstellung von Verbrechen, die weitaus detaillierter und umfangreicher war als die der Tageszeitungen, kam es zu einer Mischung von Darstellungsmitteln. Einerseits griffen die Journalisten zum Mittel der Stilisierung der Verbrecher, die an die Muster der literarischen Darstellung anschloß, andererseits förderte die journalistische Recherche die Erschließung ihrer Lebensbedingungen. Die biographische Darstellung der Verbrecher und die Rekonstruktion der Verbrechen stützte sich auf die Kompilation von Polizeiakten, Protokollen, Aussagen und nahm Bezug auf tatsächliche Ereignisse. Auch wenn hier gegenläufige Darstellungstendenzen am Werk waren, so kamen doch in die journalistische Aufbereitung Realitätsbezüge hinein, die in der literarischen Thematisierung von Verbrechen nicht vorhanden waren.

Im Laufe der 20er Jahre erfolgte eine deutliche Hinwendung des englischen und amerikanischen Kriminalromans zu komplexeren Stoffen und Handlungen. Das Muster wurde nach allen Seiten vervollständigt und vervollkommnet. Die Schreiberfahrungen der Autoren fanden einen Niederschlag in der Diskussion der Kriminalliteratur und beim Aufstellen von Regeln. Dietrich Naumann geht jedoch fehl in seiner Annahme, daß "die in sich reflektierte Gattung ... sich Regeln [gibt] und ... sich dadurch auf eine neue Ebene" hebt.[32] Die Entwicklung des "crossword puzzle type" oder des "locked room puzzle" zeigt deutlich, wie das Aufstellen von Regeln und eine damit verbundene Abschirmung von der realen Welt das Muster über kurz oder lang in die Isolation treibt und den Leser langweilt.[33] Die hier auftauchenden Nachfolger der "großen" Detektive ermüden. Das Augenmerk der Leser wird — auf dem Höhepunkt dieser Entwicklung — auf die ausgetüftelten Konstruktionen mit unwahrscheinlichen und künstlich isolierten Szenerien und exotischen Mordwerkzeugen gelenkt.

Nicht zuletzt dadurch, daß in diesen Stories die Künstlichkeit der immer feiner gesponnenen Mordgeschichten eine wachsende Distanz zur Alltagswelt der Leser entstehen ließ, scheiterte dieses Konzept der Krimiunterhaltung. Die alltagsfernen Themen, die den Krimi als aufwendiges Rätsel anboten, waren gegenüber der Erlebniswelt der Leser abgedichtet. Mit der Hervorhebung handwerklicher Aspekte und der Solidität von Absichten und Durchführung unternahmen die Autoren große Anstrengungen zur Legitimation ihrer literarischen Produktion. Auch bei der Verwendung von pseudorealistischen Versatzstücken wie z. B. Fahrplänen und Skizzen blieben sie ohne Anschluß an die Medienerfahrungen der Leser und verringerten damit die möglichen Beziehungen zwischen Lesern und Krimiunterhaltung. Nicht die Regeln bzw. die Reflexion der Produktion von seiten der Autoren konstituiert das Genre, sondern die Beziehungen, die dem Leser zur Story vermittelt werden. Die Regelentwürfe zielten zwar auf die Absicherung und Konsolidierung des Genres, schränkten jedoch seine Vermittlungspotenz willkürlich ein und bewirkten den Verschleiß dieser Angebote.

Weitaus attraktiver war die "Pulp-Konzeption" des Black-Mask-Magazine, insbesondere unter seinem Herausgeber Joseph T. Shaw von 1926 bis 1936.[34] Gemeinsam mit den Autoren entwickelte Shaw einen aktionsbetonten und an die Umgangssprache angelehnten Typ der Kriminalgeschichte, deren Helden sich in der Stadt und im Gangstermilieu auskannten.[35] Neben der engen Zusammenarbeit zwischen Herausgeber und Autoren war es bedeutsam für die Entwicklung dieser Form der Krimiunterhaltung, daß Dashiell Hammett als Autor seine Berufserfahrungen einbringen konnte, die er in der Pinkerton-Agentur erworben hatte. Nicht zuletzt dadurch gelang ihm die glaubwürdige Darstellung eines mit professionellen Kompetenzen ausgestatteten Helden.

Hammett bot in seinen Kurzgeschichten keinen esoterischen Spezialisten an, wie es z. B. S. S. van Dine mit Philo Vance tat, sondern vermittelte in kurzen, prägnanten Sätzen oder in knappen Dialogen mit pointierter Diktion eine berufsbezogene Perspektive mit zahlreichen und vielschichtigen Realitätsbezügen. In "Red Harvest" (1929), einer Reihe von Erzählungen, die zu einem Roman zusammengefaßt wurden, entwickelte Hammett einen "historischen" Bezugsrahmen für seine Geschichten wie er in der Krimiunterhaltung selten zu finden ist. Dem Leser eröffnete Hammett zu seinen Geschichten Einstiege über Primärerfahrungen, wie etwa denen aus Konfrontationen von einfachen mit arrivierten Leuten und Dialogen zwischen ihnen. Daneben bot die Krimiunterhaltung Zutritt zu jenen Bereichen an, die von Zeitungen und Zeitschriften in anderen Darstellungsformen präsentiert wurden. In die Lektüre konnten die Leser ihre Medienerfahrungen und ihre Kenntnisse über die Prohibition einbringen. Erstmals war es möglich, in der Beschreibung etwas von der realen Welt mit ihren Herrschaftsstrukturen, Abhängigkeiten und den Lebensbedingungen Unterprivilegierter im Rahmen von Unterhaltung wiederzufinden. Die literarischen Figuren entstammten nicht mehr dem Umkreis von Salons oder Landhäusern, sondern waren kleine und große Gangster, die nach eigenen Regeln lebten, handelten und töteten. Gewalt ist bei Hammett keine Freizeitbeschäftigung von Intellektuellen, sondern alternativlose Lebenspraxis und Mittel der sozialen Konkurrenz nicht nur von sozialen Außenseitern.

Ähnlich in der Vorgehensweise wie Hammett, der direkt Bezug nahm auf die damalige Hochkonjunktur von Verbrechen und Korruption, reklamierte die Filmindustrie das Recht auf die Darstellung von Verbrechen mit dem Anspruch, Sozialkritik zu üben.[36] Der frühere Reporter Ben Hecht, dessen Darstellungsmittel denen von Hammett vergleichbar waren, hatte einschlägige Berufserfahrungen und schrieb realistische Dialoge für Drehbücher. Seine Intention war es, das Publikum mit bewußter Sozialkritik zu konfrontieren. Die Drehbücher von "Underworld" (1927, Regie: J. von Sternberg) und "Scarface" (1932, Regie: Howard Hawks) waren sein Beitrag zum Gangsterfilm.

Der gesellschaftskritische Gangsterfilm und die Geschichten von Hammett haben nicht nur Parallelen im Themenkreis und dem Personal, überdies benutzen beide verwandte Darstellungsmittel, wie z. B. Action-Momente und den Dialog als Kampf zwischen den Angehörigen verschiedener Gesellschaftsschichten. Nicht nur weil bei der Produktion von Filmen wegen ihrer Struktur und wegen der Vermittlungsformen Romanvorlagen gekürzt und Teile des Personals entlassen werden, bestehen zwischen dem Hammett-Shaw-Konzept der Pulp-Stories und den filmspezifischen Vermittlungsformen Übereinstimmungen, sondern Absichten und Mittel beider Vermittlungskonzepte laufen parallel zueinander. So brauchte beispielsweise an Hammetts literarischen Vorlagen nur wenig verändert zu werden, um sie zu Drehbüchern zu verarbeiten. Sein Roman "Der dünne Mann" wurde 1934 von William S. van Dyke verfilmt und zu einer Filmserie ausgebaut. "Der Malteserfalke" und "Der Glasschlüssel" wurden mehrfach verfilmt und zu Rouben Mamoulians Film "City Streets" (1931) verfaßte Hammett das Script.[37]

Ein Blick auf die Comics und das Radio gegen Ende der 20er Jahr vervollständigt die Übersicht über den Stand der Genreentwicklung. Nach R. W. Stedman kündigten die Comics, die ab 1929 die zukünftige Wendung der Medien vorwegnahmen, eine bis dahin unbekannte "Explosion von Schauer und Schauder" an[38]. Im Radio wuchs in den Jahren 1929 und 1930 der Anteil der "Detective Dramas" beträchtlich und die National Surety Company kreierte einen Detektiv als Serienheld und Werbeträger. Eine ganze Reihe von Radio-Serials lief gleichzeitig: "Gang Busters", "The FBI in war and peace" und "Sherlock Holmes". Pulp-Magazine kooperierten mit Radiostationen.[39]

Der Überblick über die unterschiedlichen Thematisierungsformen von Verbrechen und ihrer Aufklärung in den verschiedenen Massenmedien läßt die Wechselwirkungen zwischen den Vermittlungskonzepten erkennbar werden. In diesem Zusammenhang kann jedoch nur ein Teil der Entwicklungen dieser Phase erläutert werden.

Blickt man in die Filmgeschichte, so überrascht die plötzliche Blüte des amerikanischen Gangsterfilms in den Jahren 1927 bis 1932. Aus der alleinigen Betrachtung der Geschichte des Hollywood-Films wird diese Entwicklung nicht verständlich. Anders sieht es jedoch aus, wenn man die Thematisierung von Verbrechen und die ihrer Aufklärung medienübergreifend vergleicht. In diesem Zusammenhang wird deutlich, daß die arbeitsteilige journalistische Recherche und Aufbereitung in den Wochenendbeilagen die Autoren für die Aufbereitung des Themas als Film kompetent machte.

Neben der Verarbeitung von Kenntnissen in der journalistischen Darstellung fand in den Pulps die Verarbeitung von beruflichen Erfahrungen durch Hammett statt. Beide Verarbeitungsprozesse haben einen gemeinsamen Bezugsrahmen, der in zahlreichen Realitätsbezügen und in der Perspektive der Darstellung sichtbar wird. Sie beziehen sich wie der Gangsterfilm auf die historische Situation der durch die Prohibition und die Korruption charakterisierten 20er Jahre in den Vereinigten Staaten. Während die Pulp-Geschichten und der Film tendenziell auf die Realität, auf Erfahrungen und Erlebnisse bezogen bleiben und sich in die gleiche Richtung bewegen, entfernt sich das Konzept des Rätselromans eines S. S. van Dine oder von Ellery Queen deutlich von diesem Bezugsrahmen.

5. Neue deutsche Kriminalliteratur

Das Krimigenre gilt als ein vor allem durch englische und amerikanische, allenfalls noch durch französische Produkte bestimmtes Genre. Eine deutsche Tradition des Kriminalromans ist nicht bekannt — oder besser, nicht aufgearbeitet. Dabei wurden bereits die ersten Krimi-Heftchen in Deutschland teilweise von deutschen

Autoren geschrieben. Auch später gab es immer wieder deutsche Krimi-Autoren, selbst wenn viele ihre Romane unter einem englisch oder amerikanisch klingenden Pseudonym veröffentlicht haben. Wesentliche Neuerungen oder Erweiterungen des Genres scheinen von ihnen jedoch nicht ausgegangen zu sein, kaum einer ist heute noch bekannt.[40] Allein die Romane Frank Arnaus bilden eine Ausnahme, sie werden auch heute wieder aufgelegt. Seit Mitte der 60er Jahre gibt es nun eine Reihe jüngerer deutscher Autoren, die relativ kontinuierlich Kriminalromane schreiben. Auf ihre Romane soll abschließend eingegangen werden, weil sich in ihnen interessante neue Aspekte für die hier erörterte Genreproblematik abzeichnen.

Zunächst weist das Entstehen dieser neuen deutschen Kriminalliteratur Analogien auf zu anderen Phasen der Genreentwicklung. Ihre Entstehung beruht in erster Linie nicht auf den Absichten und Wünschen einzelner Autoren, sondern ist Resultat verschiedener Faktoren dieses literarischen Teilmarktes. Die neuen deutschen Krimis wären, zumindest in dieser Weise, nicht möglich gewesen, wenn nicht einzelne Verlage gezielt neue deutsche Autoren gefördert hätten. Der Goldmann-Verlag mit seinem 1963 erstmals verliehenen Edgar-Wallace-Preis und der Rowohlt-Verlag mit seiner vom Verlagsleiter Richard K. Flesch herausgegebenen Thriller-Reihe bemühten sich um deutsche Autoren. Ein Grund dieses Interesses lag neben anderen darin, daß die Krimi-Verlage das Reservoir englischer und amerikanischer Kriminalromane aufgebraucht hatten, das infolge des Lizenzverbots während des Zweiten Weltkriegs entstanden war. Das Experiment, neue Autoren auf dem hart umkämpften Markt der Taschenbuchkrimis zu lancieren, wagten jedoch nur zwei der vier Marktführer (Ullstein, Goldmann, Rowohlt, Heyne).[41]

Vom Kriminalroman als Taschenbuch allein könnten sich seine Autoren kaum ernähren. Entscheidend ist — und das gilt besonders für die neuen deutschen Autoren — seine Einbettung in ein sich gegenseitig beeinflussendes Medienverbundsystem, das die Weiterverwertung der Romane in anderen Medien (Illustriertenabdrucke, Verfilmungen, Fernsehfassungen, Hörspiele) ermöglicht. An diesen Zweit- und Drittfassungen vor allem verdient der Autor. Durch die damit erlangte Reichweite steigern sie zugleich die Bekanntheit der Autoren und das Publikumsinteresse an der Taschenbuchausgabe, die den Zugang zu diesem Verwertungssystem eröffnete.

Es sind vor allem die Autoren Hansjörg Martin, Thomas Andresen, Friedhelm Werremeier, Richard Hey, Irene Rodrian und -ky, die relativ kontinuierlich Romane geschrieben haben. Ihre Motivation, Krimis zu schreiben, ist dabei völlig unterschiedlich, wie den Statements einiger dieser Autoren aus einer Befragung zu entnehmen ist.[42] Dennoch ist auffällig, daß bei Martin, Werremeier und -ky vor allem ein starkes Interesse an der Darstellung gesellschaftlicher Verhältnisse ihr Schreiben bestimmt, wobei zugleich erkannt wird, daß dies nicht auf Kosten der Spannung und der Genrespezifik geschehen darf. -ky:

> "Der Leser ist dann verprellt, wenn die in ihm erzeugte Spannung und die krimispezifische Konstruktion des Romans nicht mehr ausreichen, ihn die kritisch-emanzipatorischen Elemente eines Kriminalromans 'schlucken' zu lassen, das heißt, diese Elemente müssen auf der Ebene des Unterbewußten verbleiben oder aber, was wichtiger und fairer ist, als funktional notwendig erklärt werden." [43]

Für unsere auf die Konstruktion und Funktion des Helden zugespitzte Genre-Erörterung ist vor allem wichtig, wie sich der neue deutsche Kriminalroman zur Tradition des Krimis verhält. Angeknüpft wird offensichtlich an zwei Entwicklungslinien innerhalb der Kriminalunterhaltung: einmal dort, wo es um die psychologisch genaue und differenzierte Beschreibung von Personen und ihre Verstrickung als Schuldige und als Opfer geht; Patricia Highsmith und Boileau/Narcejac wären hier als Bezugspunkte zu nennen. Zum anderen geht es um die gesellschaftliche Eingebundenheit der Personen, um die Darstellung von Gesellschaft im Krimi. Als Bezugspunkte können hier im weitesten die Tradition nach Chandler, aber auch Autoren wie Chester Himes oder Sjöwall/Wahlöö gelten. Für diese Hauptintentionen scheint einigen der deutschen Autoren die Einführung und Beibehaltung eines durchgängigen Helden ungeeignet zu sein, jedenfalls läßt sich deutlich ein Zurücktreten von Heldenkonstruktionen feststellen, wie sie das Krimigenre weitgehend beherrschen.

Allein Friedhelm Werremeier benutzt einen konstant auftretenden Helden, den Hamburger Polizeikommissar Trimmel. Das liegt sicher nicht zuletzt daran, daß Werremeiers Romane dem Norddeutschen Rundfunk als Vorlagen für seine Tatortkrimis dienen und für diesen Zweck eben einen Helden benötigen (der NDR ist sogar an der Planung der Romane mitbeteiligt[44]). Trimmel ist als Serienheld jedoch kein Supermann, sondern eine stark vom

bundesdeutschen Alltag geprägte Figur. Die Aufklärung seiner Fälle
führt in jeweils neue Bereiche, konfrontiert ihn mit Verbrechen,
die durch ihren Bezug zur bundesdeutschen Wirklichkeit für die
Leser bereits auf einem aktuellen Bezugshorizont aufbauen. In "Ein
EKG für Trimmel" geht es um einen Mord im Zusammenhang
einer computergesteuerten Datenbank für Nierentransplantationen,
in "Trimmel macht ein Faß auf" um Umweltverschmutzung, in
"Platzverweis für Trimmel" um einen Bestechungsskandal eines
Fußballvereins, in "Trimmel und der Tulpendieb" dreht sich die
Handlung um einen verlassenen Piratensender vor der holländi-
schen Küste usf. Trimmel ist kein isolierter Einzelkämpfer, Werremeier geht es immer auch um eine Darstellung des Polizeibetriebs.
Trimmel selbst ist ein vom Polizeidienst leicht verbitterter Mann,
der manchmal etwas sarkastisch mit Untergebenen und Kontrahenten umgeht. Daraus, daß er selbst hin und wieder nicht weiter
weiß, macht er keinen Hehl, nötiges Detailwissen für die Verfolgung dieser neuartigen Verbrechen eignet er sich oft auf grobe
Weise an.

Interessanter sind in unserem Zusammenhang die anderen Autoren, die das traditionelle Heldenschema aufgegeben haben. Hans-
jörg Martin beispielsweise hat in seinen Romanen eine aufschluß-
reiche Entwicklung durchgemacht. In den ersten Romanen "Gefähr-
liche Neugier", "Kein Schnaps für Tamara", "Einer fehlt beim Kur-
konzert", "Bilanz mit Blutflecken" wird noch eine Aufklärung eingangs verübter Verbrechen betrieben. Nicht die Polizei stellt die
Nachforschungen an, sondern Personen, in deren Umgebung die
Tat geschehen ist oder die auf zufällige Weise in Kontakt mit dem
Verbrechen geraten sind. Ein Bühnendekorateur eines kleinstädti-
schen Theaters, ein reisender Werbekaufmann, ein Angestellter
einer Auskunftei, ein Mallorca-Reiseleiterin eines Touristikunter-
nehmens. Selbst der Polizeikommissar und Lehrer an einer Polizei-
schule Leo Klipp, der in mehreren Romanen auftaucht, kommt
eher zufällig mit dem Verbrechen in Berührung. Auch er wird nicht
zu einer ständigen Figur ausgebaut. In diesen Romanen ist der
Held bereits umfunktioniert: nicht der Berufsdetektiv ist die tragende Figur, sondern eine Privatperson.

In seinen neueren Romanen hat Martin das Konzept verändert.
Statt Detektion werden jetzt Personen in Handlungszwängen, in
Verstrickungen gezeigt. Durch Verkettungen von Zufällen, lang
zurückliegenden Beziehungen und besonderen Umständen entste-

hen bedrohliche und unausweichbare Situationen, in denen Menschen zu einem Verbrechen getrieben werden können. Die Schilderung der einzelnen Linien, die in diese Situation münden, ist gleichzeitig ihre Aufklärung. Eine besondere Figur, die diese Aufklärung vorantreibt, existiert nicht mehr. In "Schwarzlay und die Folgen" wird gezeigt, wie bei einem Klassentreffen nach zwanzig Jahren das Geheimnis eines Lehrers mit einer ehemaligen Schülerin (eine gemeinsame Tochter) zusammentrifft mit einem beabsichtigten Mord an einer über die Dörfer tingelnden Stripteasetänzerin. Durch eine aus der Situation entstandenen Verwechslung wird nun an ihrer Stelle diese Tochter getötet. Eine ähnlich unglücklich-zufällige Verkettung zeigt der Roman "Geiselspiel", in dem es um ein selbstinszeniertes Kidnapping eines Illustriertenreporters geht.

Im Vordergrund steht bei Martin die Darstellung sozialer Beziehungen. Kleinstadtverhältnisse aber auch innerbetriebliche Beziehungen werden ausführlich beschrieben. Aus den Verhaltensweisen der Figuren, ihrer Einbettung in soziale Verhältnisse, aber auch aus ihrer Vergangenheit, ihrem Werdegang vor dem Hintergrund bundesdeutscher Entwicklung werden Aufschlüsse über Täter und Opfer gewonnen.

Am deutlichsten gelingt die Darstellung sozialer Verhältnisse bei -ky. Hinter diesem Pseudonym soll sich ein Berliner Soziologe verbergen. Milieudarstellung und Schreibweise, aber auch eine Vielzahl von Anspielungen unterstützen diese Vermutung. Die Kontinuität der Romane wird auch bei ihm nicht durch einen Helden gewährleistet, sondern durch den Ort, in dem das Verbrechen stattfindet. Neben Berlin ist es ein kleiner norddeutscher Ort Bramme ("Bramme ist überall"), in dem seine Romane spielen.

Das Geflecht sozialer Beziehungen ist auch hier die Basis, auf der die Verbrechen entstehen: Ein Soziologie-Ordinarius wird erpreßt, weil er ein wissenschaftliches Plagiat begangen hat ("Einer von uns beiden"). In "Ein Toter führt Regie" löst der Selbstmord eines Projektmitarbeiters eines Konzerns eine Reihe von Todesfällen aus. In einigen Briefen kündigte der Selbstmörder an, er werde nach seinem Tod die restlichen Projektmitarbeiter umbringen, was unter diesen zu Panik, Verdächtigungen und Hysterie führt. Dabei werden die bis dahin verdeckten sozialen Beziehungen offenkundig, der alltägliche Terror gegenseitiger kleinlicher Schikanen schlägt um in offenen Haß. Die psychischen Beschädigungen und Defekte, die innerhalb eines Arbeitsbereichs durch die Be-

triebsstruktur entstehen, sind der Hintergrund, lassen Zwänge entstehen, aus denen heraus Verbrechen begangen werden.

Die Beschreibung der Sozialbeziehungen erfolgt so konkret wie
möglich. Anders als sonst in der Kriminalliteratur werden auch
politische Zugehörigkeiten genannt, sind Bezeichnungen, Anspielungen und Namen für den Leser mit seiner politischen Alltags-
wahrnehmung in Übereinstimmung zu bringen. Die Lösung der
Fälle hat hier immer auch politische Folgen, wie es in "Es reicht
doch, wenn nur einer stirbt" gezeigt wird:

> "Lankenau parierte den Schlag. 'Mit Ihren Spezis würde die bestimmt
> fertig werden, wenn sich Ihre liebe CSU bei uns hier in Norddeutsch-
> land etabliert.' Tatsache war, daß Hackbarths Vater seit Jahren CDU-
> Mitglied und Jentschurek mit Sicherheit für den Ortsvorsitz vorge-
> sehen war.
> Buth und Lankenau sahen sich einige Sekunden lang an wie zwei
> Boxer vor einem Kampf, aber sie beherrschten sich. Und Kämena
> wußte auch warum. Zwar hätte Lankenau unter Garantie die nächste
> Wahl verloren, wenn es hier zu der befürchteten Katastrophe kam,
> und er war deswegen sicher nahe daran, Buth und seine Mafia, wie
> man hier sagte, hätten die freiwerdenden Machtpositionen auch nicht
> ausfüllen können, denn jeder wußte, daß Carpano, der das ganze zu-
> mindest mit heraufbeschworen hatte, Buths Freund und Günstling
> war. Lachender Dritter wäre als der Kandidat der F.D.P. und der ver-
> schiedenen 'Rathausparteien' gewesen, wahrscheinlich Oberstudiendi-
> rektor Dr. Blumenröder, dessen Tochter Dörte zu allem Überfluß auch
> noch in der 13a saß und ihrem Vater im Falle eines Falles Sympathie
> und Stimme aller aufrechten Brammer Bürger gesichert hätte." Buth
> und Lankenau hatten also allen Grund gemeinsam vorzugehen." [45]

Der Vorteil, den bundesdeutsche Autoren gegenüber anderen haben, wird hier konsequent ausgenutzt: durch konkrete Situations-
beschreibungen, Orts- und Gegenstandsbezeichnungen werden dem
bundesdeutschen Leser eine Vielzahl von Anknüpfungspunkten geboten, an denen dieser sich selbst in seiner Gegenwart und All-
tagswirklichkeit im Roman wiedererkennt. Der Realismus steht
dabei jedoch nicht quer zur Spezifik der Krimiunterhaltung, sondern unterstützt sie. Der Krimi ist nicht nur Vehikel zur Gesell-
schaftsdarstellung, sondern hier wird vorgeführt, daß das Genre
mit kritischen Darstellungsweisen verbindbar ist. Gezeigt wird damit auch, daß das Genre noch lange nicht am Ende seiner Entwicklung oder in einer "Spätphase" ist, wie viele meinen, sondern daß
durchaus noch neue Ausformungen des Genres möglich sind.

Bei -ky wird nicht nur auf einen durchgängigen Helden verzichtet, auch die Form des Berichtens und der Wiedergabe selbst wird an einigen Stellen ironisiert und in Frage gestellt. Der Autor bringt sich in einigen Romanen selbst als Erzähler ein (der ein Journalist namens -ky ist) oder läßt eine Figur sagen, daß sei doch wie in einem Roman von -ky. In "Von Beileidsbesuchen bitten wir abzusehen" wird der Handlungszusammenhang durch Aneinanderreihung verschiedener Schriftstücke, Tonbandaufzeichnungen etc. hergestellt, die der Journalist -ky sortiert, um daraus eine Illustriertenstory herzustellen. In "Einer von uns beiden" wird die Handlung abwechselnd aus der Perspektive der beiden Kontrahenten erzählt, zum einen anhand von Tagebuchaufzeichnungen, zum anderen anhand von Tonbandprotokollen. Die Detektion als die Handlung vorantreibender Prozeß spielt hier so gut wie überhaupt keine Rolle mehr, der dem Geschehen übergeordnete Erzähler sortiert nur die Reihenfolge der unterschiedlichen Erzählteile, die Brüche zwischen den einzelnen Perspektiven bleiben erhalten. Auch wenn so der Illusionscharakter ständig gestört wird, Spannung entsteht trotzdem.

Der Akzent liegt auf der Sicht der Beteiligten, die auch die Darstellung deren Wünsche, Träume, Intentionen etc. glaubhaft werden läßt. Eine ähnliche Erzählweise benutzt auch Irene Rodrian in "Ein bißchen Föhn, und du bist tot". Der Leser wird durch diese Erzählweise in den Konflikt einbezogen, er steht zwischen den Kontrahenten. Indem die zentralen Ereignisse aus wechselnder Perspektive erzählt werden, wird die Eindeutigkeit ihrer Bewertung in Frage gestellt, der Leser zum Abwägen verschiedener Wertungen aktiviert und damit zu einem bewußteren Lesen angeregt. Gerade das bewußte Unterbrechen der Illusion, die vielfältigen Anspielungen und Bezüge zur Wirklichkeit des bundesdeutschen Lesers, Ironie und Witz mit der bis zuletzt anhaltenden Spannung machen diese neuere deutsche Kriminalliteratur zu einer Besonderheit des Krimigenres, deren Entwicklung weiter zu beobachten sein wird.

6. Zusammenfassung

Versucht werden sollte, den Krimi als eines der zentralen Genres massenhaft verbreiteter Unterhaltung zu bestimmen. Die Unter-

suchung seines Entstehungszusammenhangs in der Unterhaltungsproduktion des 19. Jahrhunderts zeigt, daß die binnenliterarische
Analyse weniger Kriminalerzählungen und -romane einzelner her-
ausragender Autoren nicht ausreicht. Notwendig ist die Bestimmung der konkreten Produktionsbedingungen, unter denen die
Autoren zu arbeiten hatten. Der jeweilige mediale Rahmen deter-
miniert dabei wesentlich die Entfaltung des Genres: die Zeitschrif-
tengeschichte bei Poe, der Zeitungsfortsetzungsroman bei Gaboriau,
die Magazingeschichte bei Doyle.

Mit dem Entstehen neuer Massenmedien werden die bestehenden Genres in die neuen Medien transportiert. Das Genre erweist
sich dabei als ein die Medien und die jeweiligen medialen Formen
und Gattungen durchdringender Zusammenhang. Die weitere
Genre-Entfaltung wird nun nicht mehr allein durch den Kriminalroman bzw. die Kriminalgeschichte vorangetrieben. Die Ausformungen des Genres in den verschiedenen Medien beeinflussen sich mit
ihrer Themen- und Stoffwahl, ihren Erzählstrategien und drama-
turgischen Mustern, mit Konfliktaufbau, Spannungstechnik und
Konfliktlösung wechselseitig. Die Entwicklung des Kriminalromans
ist deshalb vor dem Gesamthintergrund der Genre-Entwicklung zu
beurteilen.

Genrebestimmung kann nicht bedeuten, ein abstraktes Destillat
aus den verschiedenen konkreten Erscheinungsformen herzustellen,
das als formales Schema *des* Krimi-Genres allzuleicht normativen
Anspruch erhält. Das Genre als eine Produktionsform massenhaft
verbreiteter Unterhaltung verändert sich im historischen Entwick-
lungsprozeß. Die Untersuchung der konkreten historischen Erschei-
nungsweisen des Genres ist dabei nicht als Variation eines letztlich immergleichen Grundmusters aufzufassen. In den unterschiedlichen Phasen prägen sich die Produkte entsprechend den jeweiligen aktuellen Erfordernissen unterschiedlich aus und erfüllen unterschiedliche Funktionen. An einem zentralen Bestandteil des Genres, seinem Helden, können die historischen Veränderungen abge-
lesen werden: welche Funktion er als besonders begabtes Individuum, welche er als Serienheld ausübt und wie er im Verlauf der
Genregeschichte an einigen Punkten durch andere Konstruktionen
verdrängt wird. Die Ablösung des Detektivs als Träger der Handlung und der Aufklärung des Falles macht die Veränderung des
Genres deutlich. Dieses löst sich dabei nicht auf, im Wechsel seiner

Bestandteile zeigt sich seine Fähigkeit, auch heute noch außerliterarische Impulse aufzunehmen und zu integrieren.

Anmerkungen

[1] So z. B. Smuda, M.: "Variation und Innovation" in: Vogt, J. (Hrsg.): Der Kriminalroman I, München 1971, 33–62.
Vgl. auch Bien, G.: "Abenteuer und verborgene Wahrheit" in: Vogt, a. a. O., 457–472;
Vgl. auch: Heißenbüttel, H.: "Spielregeln des Kriminalromans" in: Vogt, a. a. O., 356–371.

[2] Mott, F. L.: A History of American Magazines Vol. I, Cambridge 1957, 498 f.

[3] Ebd. 361 ff.

[4] Ebd. 360 ff.

[5] Ebd. 341 f.

[6] Ebd. 633.

[7] Ebd. 675.

[8] Ebd. 549 f.

[9] Ebd. 675.

[10] Ebd. 635.

[11] Symons, J.: Am Anfang war der Mord, München 1972, 37.

[12] Vgl. Buranelli, V.: E. A. Koe, New Haven 1961, zit. nach: Škreb, Z.: "Die neue Gattung" in: Žmegač, V. (Hrsg.): Der wohltemperierte Mord, Frankfurt/Main 1971, 45.

[13] Mott, a. a. O. 524 f.

[14] Škreb, a. a. O. 65.

[15] Schulz-Buschhaus, U.: Formen und Ideologien des Kriminalromans, Frankfurt/Main 1975, 31.

[16] Ebd. 31 ff.

[17] Ebd. 36 ff. und 38.

[18] Škreb, a. a. O. 39.

[19] Ebd.

[20] Schulz-Buschhaus, a. a. O. 56 f.

[21] Škreb, a. a. O. 69 f.

[22] Symons, a. a. O. 67.

[23] Mott: Vol. IV, 6 ff., 8, 11.

[24] Symons, a. a. O. 70.

[25] Mott, a. a. O., Vol. III, 400 f.

[26] Vgl. dazu stellvertretend für viele: Buchloh, P. G./Becker, J. P.: Der Detektivroman. Darmstadt 1973, 3.

[27] Boileau, N./Narcejac, Th.: Der Detektivroman. Neuwied o. J. (1967), 92 f.

[28] Vgl. dazu die Einleitung zum Nachdruck von 25 Nick-Carter-Heften: Nick Carter, hrsg. von H.-F. Foltin, Hildesheim/New York 1972, VI, sowie die Nachdrucke der Serien "Nat Pinkerton" ebd. 1974, "Sherlock Holmes", ebd. 1973 sowie im weiteren Kontext auch den Nachdruck der Serie "Percy Stuart", ebd. 1972 mit den jeweiligen den historischen Kontext beleuchtenden Vorworten von H.-F. Foltin.

[29] Hellwig, A.: Die Schundfilms. Halle a. d. S. 1911, 38.

[30] Zit. nach Kunkel, K.: "Ein artiger James Bond. Jerry Cotton und der Bastei Verlag" in: Vogt, a. a. O. 564.

[31] Diese Anonymität des Helden wird in der Sekundärliteratur in der Regel als vergrößerte Projektions- und Identifikationsmöglichkeit erklärt, durch die verschiedensten Lesergruppen die identifizierende Teilhabe per Lektüre ermöglicht werden soll. Dieses Erklärungsmodell erscheint uns fragwürdig, weil insgesamt der Identifikationsmechanismus als zu linear konstruiert erscheint und voraussetzt, daß der Leser den Fiktionscharakter der Romane nicht erkennt. Vgl. dazu ausführlicher unsere Überlegungen in: Hickethier, K./Lützen, W. D.: "Krimiunterhaltung. Überlegungen zum Genre am Beispiel von Kriminalfilmen und -Serien" in: Sehen Lernen, hrsg. v. H. Hartwig, Köln 1976.

[32] Naumann, D.: "Kriminalroman und Dichtung" in: Vogt, a. a. O. 474 f.

[33] Vgl. Becker, J. P.: "The Golden Age of the Detective Novel" in: Buchloh/Becker a. a. O. 70 ff.

[34] Pulp-Magazine waren billige Unterhaltungsschriften, die seit den 90er Jahren auf schlechtem Papier gedruckt wurden.

[35] Vgl. Becker, J. P.: "Die amerikanische 'Hard-Boiled-School'" in: Buchloh/Becker, a. a. O. 97 ff.

[36] Dies gilt nahezu für alle Gangsterfilme der Jahre 1931/32.

[37] Seeßlen, G./Kling, B.: Romantik u. Gewalt, München 1973, 287.

[38] Stedman, W.: The Serials. Suspense and Drama by Installment, Norman/Oklahoma 1971, 143.

[39] Edb. 145 und 153.

[40] Z. B. zitiert E. Thier eine Reihe deutscher Autoren, die während des Dritten Reiches deutsche Kriminalromane geschrieben haben. Von den dort genannten ist höchstens noch Weinert-Wilton einem heutigen Lesepublikum bekannt. Thier, E.: "Über den Detektivroman" in: Vogt, a. a. O., 497 f.

[41] Vgl. Zaunitzer-Haase, I.: "Blut und Leichen zu kleinen Preisen. Das harte Geschäft mit dem Kriminalroman" in: Die Zeit, Nr. 42 vom 15. 10. 1971. Auch wenn sicher einige Zahlen überholt sind, gibt die Autorin einen anschaulichen Überblick über die Marktsituation der Taschenbuchkrimis.

[42] Roth, W.: "Der Bürger als Verbrecher. Materialien zum deutschen Kriminalroman" in: Frankfurter Rundschau vom 1. 3. 1975, II.

[43] Ebd.

[44] Ebd.

[45] -ky: Es reicht doch, wenn nur einer stirbt. Reinbek 1975, 48 f. (= rororo thriller 2344).

Ludwig Fischer

DIE WIEDERHOLTE VERWANDLUNG DES BÜRGERS IN DEN NATÜRLICHEN MENSCHEN UND UMGEKEHRT

Thesen zur ideologischen Funktion des Western-Romans

1. Töten dürfen und sterben müssen — Eingang zwischen Ungereimtheiten

> *Das Recht wohnet beim Überwältiger...*
> *Friedrich Schiller, Die Räuber*

Wer am Ende erschossen wird, der stirbt zu Recht. Das Genre Western selbst, ob Buch ob Film, verbürgt es dem Leser[1]. Aber auch wenn im Verlauf der Handlung, wie meistens, auf beiden Seiten der sich bekämpfenden Männer einige getötet werden, so bleibt man nie im Zweifel darüber, wer gerechtfertigt ist bei seiner blutigen Kunst und wer nicht. Zu häufig jedoch sind die Vollstrecker sonder Furcht und Tadel gar nicht durch ein Amt befugt, die Gegner durch ihre Schüsse tödlich zu besiegen. Die Erklärung verfängt nicht, daß da eben einer als Gesetzesvertreter ermächtigt sei, Rechtsbrecher zu verfolgen und, in den Kämpfen bis hin zum letzten besiegelnden 'showdown', zur Strecke zu bringen, gar in Notwehr stets der schneller Feuernde zu sein.[2]

Selbst wenn ein Sheriff, ein US-Marshal, ein Ranger literarisch gegen den Tod gefeit wird als der Held, der schließlich den Schurken den Garaus macht, so treibt und legitimiert sie in Wahrheit doch nicht der Auftrag durch das und für das Gesetz. Offenkundig wird dies für die Gruppe der gesetzlich bevollmächtigten "Gangster-Killer"[3] freilich nur gelegentlich in den Texten, etwa wo die Handlungskonstruktion den, der von Amts wegen den Colt zieht, auch durch ganz persönliche, zum Beispiel freundschaftliche oder familiäre Bindungen in den Konflikt verstrickt.

Lincoln Donovan, ein ehemaliger US-Marshal, hat sich zur Ruhe gesetzt. Aber noch einmal wird er von seinem früheren Colonel gebeten, sich die Revolver umzuschnallen: um die Mörder seines Freundes, des Marshals Jim Ward, zu suchen und strafen. Widerstrebend erklärt sich Donovan bereit.

"Lincoln Donovan denkt auch an das ungeschriebene Gesetz aller

US-Marshals. Es ist ein Gesetz, auf das sie nicht vereidigt wurden —
aber das dennoch besteht.
Noch niemals blieb der Mord an einem US-Marshal ungesühnt!" [4]

Dieses 'ungeschriebene Gesetz' zwingt ihn nicht nur, aufzubre-
chen und den Mord zu sühnen, es rechtfertigt den verfolgenden
Helden auch, wenn er töten muß — und das muß er, nach der Norm
des Konstrukts Western. Hier scheint das Gesetz jenseits des staatlich fixierten nur die Gruppe der Marshals zu verpflichten und zu
legitimieren. Aber im gleichen Heftroman wird die Differenz zwischen kodifiziertem Gesetz und Rechtsgrundlage des Handelns noch
tiefer getrieben:

> Donovan findet die Mörder seines Freundes, in der gleichen Stadt er-
> fährt er aber auch, daß seine totgeglaubte Tochter, inzwischen ein
> Kind von fünf Jahren, ganz in der Nähe lebt. Er muß befürchten, daß
> die Gegner das Mädchen entführen und ihn dadurch erpressen wollen.
> " 'Diese Bande wird es nicht wagen', sagte er hart. 'Denn sie wissen
> ganz genau, daß ich dann meinen Stern ablege und auf sie losgehe —
> ohne mich an die Gesetze zu halten, die auch Schurken wie diesen
> eine Chance geben.' " [5]

Nach den Regeln der Western-Welt kann keinen Augenblick be-
zweifelt werden, daß der zur Vergeltung aufgebrochene Held auch
dann von aller Schuld und Verfehlung frei ist, wenn er wie hier
das Gesetzeszeichen von sich tut und nicht mehr kraft seines Amtes
schießt.[6] Wobei nach dem Romanstandard ebenso unverbrüchlich
feststeht, daß der todbringende Held sich an ganz bestimmte Normen hält, selbst wo er so ausdrücklich wie hier ankündigt, sich von
Bindung und Legitimation durch das Gesetz loszusagen.

Bis ins entblößende Paradox steigert sich die Trennung von geschriebenem Gesetz und fundierendem Rechtsprinzip des Handelns
und Tötens, wo ein Autor der Kraft des Genremusters nicht mehr
so ganz traut und die Rechtsgrundlage, die sogar jenseits des Gesetzes gilt, dann doch wieder juridisch absichern will:

> Ranger Conny Cöll, bis dahin in der Stadt nur als 'Mister Cooper'
> auftretend und in seiner Funktion lediglich einigen wenigen bekannt
> als 'Mann des Oberst Sinclar', ordnet Maßnahmen an, die eigentlich
> nur einem Sheriff zustehen.
> "Jetzt erst schien es Fulton aufzugehen, wer dieser Cooper in Wirk-
> lichkeit war. Natürlich! Ein Sinclar-Mann hatte besondere Vollmach-
> ten. Der konnte das, ohne einem Menschen Rechenschaft geben zu
> müssen. Der war nur seinem Gewissen und eigenem Rechtsempfinden
> verantwortlich." [7]

Daß derart 'Gewissen und Rechtsempfinden' eines Mannes der Exekutive, der für seine Aktionen sich auf den Buchstaben des Gesetzes nicht mehr berufen kann, denn doch wieder durch eine legislatorische Ermächtigung a priori in die staatliche Rechtsetzung eingebunden sind, widerspricht dem tragenden ideologischen Gerüst des 'klassischen' Western und zeigt eine entstellende Mutation aus Unwissenheit des Autors an.[8] Die genreprägende Differenz von geltendem Gesetz und legitimierendem Recht scheint zu riskant und soll höheren Ortes aufgehoben sein — "Die Vollmacht des Gouverneurs liegt drüben im Office."[9]

Auch diejenigen Western-Helden, die als Angehörige der Exekutive von Berufs wegen auf die Verbrecherjagd geschickt sind und unter bestimmten Bedingungen zum Niederstrecken der Verfolgten ermächtigt wären, treibt und rechtfertigt eigentlich — das war an den Exempeln zu verdeutlichen — die Verpflichtung auf ein anderes Recht als das, was eine Legislative in Gesetzbüchern für geltend proklamiert. Sonst wäre auch gar nicht verständlich, weshalb ein bloß qualitativ vor anderen ausgezeichneter, im übrigen aber durch niemand berufener Privatmann in der Mehrzahl der Romane zum Helden gekürt und zum Töten ausgesandt werden kann, daß er dennoch nie zum Mörder wird und er am Ende, wenn ihn der letzte, gefährlichste seiner Gegner durchs Sterben als den besseren Schützen anerkannt hat, geradezu als Bewahrer des Rechts seinen Lohn in der Genugtuung der Leser empfängt.

Manche Interpreten haben die Differenz zwischen fixiertem Gesetz und tragendem Rechtsprinzip, in der sich das ideologische Fundament des Western unter allen standardisierten Versatzstücken der Erscheinungsform abzeichnet, entweder gar nicht wahrgenommen[10] oder durch einen raschen Verweis auf die Gewaltverhältnisse in der historischen Phase der Pionierzeit, die das Genre zur Folie hat, erledigen wollen.[11] Erstaunlich ist aber, daß Jens-Ulrich Davids in seiner peniblen, fündigen Untersuchung einer enormen Masse von 'Wildwest-Romanheften' diese Trennung von Rechtsnormen zwar wahrnimmt, aber nicht identifizieren und also nicht deuten kann. Einerseits stellt er — denkt man gewisse Begriffspräzisionen hinzu — richtig fest:

Es "ist der heutige Western späte Reproduktion des 'true myth of America'; die Handlungsschemata transportieren immer noch, wenn auch teilweise zu Rudimenten verkürzt, den Aufbruchstraum des jungfräulichen Amerika und den Mythos vom Naturkind, das dank ihm von Natur eignender Autonomie mit eigenen Gesetzen der Zivilisation gegenübertritt".[12]

Aber Davids geht den Proklamationen des 'Mythos Amerika'[13] über deren literarische Aufbereitung hinaus nicht nach. Daher entgleitet ihm der Gehalt jener Ideologeme vom 'Naturkind' und vom 'jungfräulichen Land', und er kann auch nicht nach ihrem Verhältnis zur Realgeschichte fragen. Die Art der gegen 'Zivilisation' wendbaren 'Gesetze' des 'amerikanischen Menschen' bleibt verhüllt, ihre Tendenz ungehoben. Daher erklärt sich, daß Davids auf der anderen Seite bei der Definition des 'ungeschriebenen Gesetzes' im Western sich vom Schein der genretypischen Oberflächenschemata blenden läßt und postuliert:

"Neben der staatlich legalisierten Rechtsgrundlage existiert ein zweites System von Gesetzen, das weder schriftlich fixiert noch staatlich sanktioniert ist: die Spielregeln, nach denen das Kampfspiel abrollt. Sie stehen dem geschriebenen Gesetz an Wirksamkeit nicht nach. Sie sind festgelegt im Sinne der Ingroup, wie auch das Gesetz, wer sich nicht an sie hält, gerät in die Outgroup und – die Gattung will diese Koinzidenz – stellt sich auch außerhalb der staatlichen Gesetzmäßigkeit: seine Bestrafung wird dann von der Fiktion doppelt gerechtfertigt." [14]

Der Täuschung, als seien Gerechtfertigte und Schuldige durch die Norm der 'Spielregeln des Kampfes' voneinander geschieden, kann man verfallen, weil fast stets das auslösende Verbrechen in einem Verstoß auch gegen das fixierte Gesetz besteht und daher das 'Kampfspiel' gewissermaßen von Anfang an abläuft. Gelegentlich liegt der Initialzünder aber auch in einem Konflikt, der weder auf staatlich sanktioniertes Recht noch auf 'Spielregeln des Kampfes' bezogen ist, etwa in manchen der schockweise vorhandenen Verwertungen des historischen 'Pleasant Valley'-Krieges bei dem Streit um Weide- und Wasserrechte.[15] Vor allem jedoch kann Davids mit seiner Deutung nicht plausibel machen, weshalb die bloße Einhaltung der 'Spielregeln' rechtfertigen soll, daß der Held seine Gegner tötet und dennoch auch vor dem geschriebenen Gesetz schuldlos ist. Der Verweis auf die historisch bezeugte Selbstjustiz der Pioniere noch zur Zeit des 'Rinderbooms' verschlägt für das Normensystem des literarischen Konstrukts nicht, gerade die absolute Rechtlichkeit der Taten des Helden will aufgeklärt sein. Davids muß sich ein Hilfsgerüst zimmern; er begnügt sich mit einer schnell zusammengefügten Plattform für den Helden: dessen 'moralischer

Autonomie', die ihn über das Gesetz stelle.[16] Woher sie stammen
soll, wird nicht erörtert. Entsprechend resümiert Davids, "die An-
fechtbarkeit des Tötens nach Regeln" werde im Western nur ver-
deckt, die Texte redeten ein, "Töten sei nichts Verwerfliches . . .,
wenn es formal unanstößig geschieht."[17]

Gegen diese These liefern aber die Schreiber der Heftroman-Ware
das widerlegende, von Davids beiseitegeschobene Beispiel.

> Gordon Blaine, von Beginn an als einer der 'Bösen' mit allen Stan-
> dards der Charakterisierung gekennzeichnet, ist einer der Revolver-
> männer, die sich der eigentliche Verbrecher zu einer fürchterlichen
> Bande zusammengekauft hat. Aber er erweist sich als 'Gentleman'
> nicht nur Frauen gegenüber, für deren Ehrenrettung er sogar einen
> schamlosen Burschen der eigenen Partei erschießt, sondern er verzich-
> tet auch mehrfach darauf, den ihm wehrlos ausgelieferten Helden zu
> töten, ja zu dessen Schutz ermordet er sogar einen weiteren Kom-
> pagnon. Dem Mädchen des Helden erklärt er:
> " 'Sagen Sie ihm, daß ich ihm diese Chance nur gab, weil ich mir auf
> eine faire Art die Abschußprämie verdienen will.' "
> Und beim 'showdown' ruft er dem Helden zu:
> " 'Dan, ich achte dich sehr. — Und ich will dir jetzt beweisen, daß ich
> ebenbürtige Männer stets fair bekämpft habe. — Nur nach einem
> harten und fairen Kampf kann man stolz sein. — Sonst aber bleibt
> immer ein bitteres Gefühl zurück, das höllisch frißt. — Ich habe dir
> genug Chancen gegeben, Dan, damit wir es jetzt fair auskämpfen.
> Los, ich ziehe!' "[18]

Die geradezu gewaltsam durchgehaltene 'fairness' des 'edlen Bösen' ändert nichts daran, daß er auf der Seite des Unrechts ist und
deshalb in dem Revolverduell sterben muß. Der Fall ist in solch
extremer Deutlichkeit selten für die Western-Konvention.[19] Dennoch muß eine Erklärung für die Differenz zwischen kodifiziertem
und legitimierendem Recht auch für ihn hinreichen. Davids müßte
hier mit seiner Kategorie der 'moralischen Autonomie' scheitern;
er hat den ahnenden Blick auf den 'Mythos Amerika' vergessen und
verstellt sich außerdem mit seinem sozialpsychologischen Schema
von 'Ingroup und Outgroup'[20] die Aussicht auf die Fundierung der
Rechtsnormen im Western. So gelangt er dann bis zu der These:

> "Ein Konsens der Ingroup wird postuliert und vorausgesetzt, ohne
> daß seine Grundlagen — etwa ein ethisches System oder gesellschaft-
> liche Notwendigkeiten — je reflektiert würden."[21]

Die moralische und rechtliche Grundlage für das Denken und
Handeln der 'Gerechten' wird gewiß in den Heftromanen — und

allen Anzeichen nach auch von den Verfertigern — nicht 'reflektiert'. Aber sie ist als Ideologie, das heißt: gerage als 'gesellschaftliche Notwendigkeit' — sehr wohl vorhanden. Davids vermag nur eine herbeizitierte, billig-transzendente 'höhere Gerechtigkeit' zu erkennen,[22] die 'moralische Integrität' belohne, und als Fazit für die Funktion der Rechtsschematik im Western zieht er, Macht und damit Recht habe immer die 'Ingroup', wodurch die Herrschaft der Mächtigen in der kapitalistischen Gesellschaft legitimiert und jeder Ausbruchsversuch als sinnlos dargestellt werden solle.[23]

Nachdem einmal die legitimierende Rechtsgrundlage für den Helden und seine Helfer verkannt ist, bleibt für die Funktionsbestimmung nur noch ein Analogieverfahren mit abstrakten Größen. Ganz ähnlich geht Davids noch in seinem Nachwort zur zweiten Auflage vor, wo er die 'Regeln des Kampfspiels', über die angeblich historische Vermittlung durch einen 'Cowboy-Kodex', als Ausdruck der Ideologie vom gleichen Tausch im liberalen Kapitalismus verstanden wissen will.[24] Wo solchermaßen Gleichungen über alle geschichtliche Einbettung der Phänomene hinweg hergestellt werden, ließe sich schließlich auch noch die Regel des griechischen Faustkampfes auf das Tauschprinzip beziehen. Erklärungsbedürftig ist doch gerade, weshalb die Gegner im Western ihrer Legitimation nach eben nicht gleichberechtigt sind, so daß im Kampf zwar formal 'gleiche Chancen' zu herrschen scheinen, aber durch die fiktionale Determination als Umsetzung des Rechtsprinzips allemal schon das Schicksal des 'Ungerechten' entschieden ist. Das Rechtsprinzip in den 'ungeschriebenen Gesetzen' ist wie gesagt keineswegs mit den 'Spielregeln des Kampfes' identisch, diese sind ein Epiphänomen und dienen — das wird zu zeigen sein — als Beweismittel.

2. Naturzustand, Landnahme, Gesetz — ungleichzeitiges Panoptikum

> *So war anfangs, und zwar weitaus mehr als es heute der Fall ist, die ganze Welt ein A m e r i k a ...*
> *John Locke, Zwei Abhandlungen über die Regierung*

Auch in dem Westen, der angeblich so wild war, kamen die Weißen von Osten her, und den Siedlern war allemal schon vorausgedacht worden: zurückzublättern heißt es also, den umgekehrten Weg. Davids hatte, unterm Schleier literarischen Gewebes, die Kontur der Rechtsnorm für den Western bereits wahrgenommen, in jenen 'Gesetzen', die dem 'Naturkind im jungfräulichen Amerika' zu eigen sein sollen. Er hätte sie genauer ins Auge fassen und ihre Einkleidung abheben müssen, dann wäre er in der Ideologiegeschichte Amerikas selbst auf die Proklamation dieser Gesetze gestoßen: nämlich auf die naturrechtliche Fundierung der Demokratie in den Vereinigten Staaten und damit auf das Postulat von der wahren Einlösung der Naturgesetzlichkeit von bürgerlicher Gesellschaft und liberalem Kapitalismus. Diese proklamierte Einlösung wurde — und wird! — als die endgültige welthistorische Erfüllung der Bestimmung des Menschengeschlechtes, als Realisierung des uralten Traums vom Paradies auf Erden ausgegeben[25]; hierin liegt, das sei vorweggenommen, der eigentliche Grund für die Verallgemeinerungsfähigkeit des Western-Konstrukts über den Rezeptionsraum USA hinaus.

Jürgen Habermas hat aufgezeigt, daß die 'Bill of Rights' und die Verfassung der Vereinigten Staaten ideologisch auf der Naturrechtskonzeption John Lockes basieren.[26] Sie gehen aus von der 'logisch wie historisch gemeinten Hypothese' Lockes vom Urzustand des Menschen[27]; in diesem Naturzustand sind alle Menschen gleich, und allen kommen die unverbrüchlichen Grundrechte auf Leben, Freiheit und Eigentum gleichermaßen zu.[28] Das ursprüngliche Recht auf Eigentum leitet Locke aus der biblisch verbürgten Notwendigkeit ab, daß der Mensch sein Leben durch die Bearbeitung der Erde erhalte; was er — zunächst an Boden, Pflanzen, Tieren — bearbeitet und verwandelt, um seinen unmittelbaren Lebensunterhalt zu sichern, das ist sein Eigentum.[29] Beinahe direkt ließen sich auf dieses Konzept die Rechtspraxis an der amerikanischen 'frontier' und die Gesetzgebung bis hin zum 'Homestead-Act' beziehen. Bei der Erörterung des Problems, wie sich im Zusammenleben der Menschen das Grundrecht auf Eigentum begrenzen lasse, damit nicht einer des anderen Recht kränke, kommt Locke denn auch auf Amerika zu sprechen: In der Weite des kaum besiedelten Landes sei ein Modell für den Urzustand gegeben, wo körperliche Arbeit noch uneingeschränkt Land als Eigentum dem einzelnen anverwandeln könne, ohne daß die Gleichheit in diesem Grundrecht aller gefährdet sei.[30] Das Paradoxe ist nun, daß diese Hypothese von der 'unbegrenzten Möglichkeit' des einzelnen in der amerikanischen Ideologie — beispielhaft für die bürgerliche überhaupt — bestehen bleibt, gleichzeitig aber ihre Aufhebung die Begründung für die Notwendigkeit des bürgerlichen Staates bildet. Denn das Erfordernis eines durch Gesetze geregelten Gesellschaftszustandes ergibt sich für Locke daraus, daß der einzelne durch seine Arbeit mehr produzieren kann, als er selbst für sich braucht und verbraucht; auch dies ist aber der Definition nach sein Eigentum. Die Erfindung des Geldes macht es möglich, das über das Lebensnotwendige hinaus Produzierte zu veräußern — das Prinzip des Warentausches ist entworfen und darüber hinaus das der 'uneingeschränkten Akkumulation'.[31] So kann Locke das Grundrecht der Gleichheit, ausgefüllt als das Eigentum schaffende Recht aller auf Selbsterhaltung durch Arbeit, zur Begründung der gesellschaftlichen Ungleichheit durch Besitz und zur Legitimierung von Klassenunterschieden durch fortschreitende Akkumulation verwenden. Der ökonomische Grundwiderspruch der bürgerlichen Gesellschaft reflektiert sich bereits in den noch revolutionären Programmschriften des Bürgertums.[32] Eben die gesellschaftliche Entfaltung des natürlichen Rechts aller Menschen zwingt, nach Locke, eine 'Regierung' einzurichten: Da die Ausübung des Grundrechts selbst, mit der Bildung von Besitz und aufgrund der unterschiedlichen Fähigkeiten der Menschen, dieses Grundrecht auf Selbsterhaltung außer Kraft zu setzen droht, müssen die Menschen sich eine regulierende Instanz geben. Sie delegieren einen Teil ihrer Grundrechte, vor allem dasjenige, gegen die Rechtsverletzung eigenmächtig Gewalt anzuwenden, an 'die Gesellschaft', das heißt: an deren staatliche Verfassung.[33] Aus Einsicht geben sich die Menschen eine Norm positiven Rechts und setzen eine Exekutive ein, um die Wahrung der Grundrechte gegen die aus der Wahrnehmung solcher Rechte selbst resultierende Gefährdung eben dieser Grundrechte zu garantieren. Der Widerspruch in der Legitimation der bürgerlichen Gesellschaft geht folgerichtig auch in die Begründung des Staates ein.[34] Für die Übernahme des Naturrechts von Locke in die Konstitutionsideologeme der Vereinigten Staaten ist nun entscheidend einmal, daß die Delegation natürlicher Rechte an eine Regierung widerruflich geschehen soll, nicht nur weil eine Regierung gegen ihr zur Wahrung übertragene Rechte ihrerseits verstoßen könnte, sondern weil die Gesellschaft den wirklichen Naturzustand zu erreichen bestrebt sein muß, in dem die vernünftige Anlage der Menschen das Zusammenleben von selbst regelt und so tendenziell eine Regierung überflüssig macht.[35] Dies läßt sich aber erst dann unterstellen, wenn auch die wirtschaftliche Basis der Gesellschaft als natürlich, als auf einem den Grundrechten analogen Naturprinzip beruhend gedacht wird. Thomas Paine vollzieht diese Adaptation von Naturrecht und bürgerlicher Ökonomie für Amerika:

> Das Naturrecht "gelangt nicht subjektiv durch das Bewußtsein politisch handelnder Bürger, sondern objektiv durch eine ungehemmte Wirksamkeit der immanenten Naturgesetze der Gesellschaft selber zur Geltung. Paine identifiziert nämlich die natürlichen Rechte des Menschen mit den natürlichen Gesetzen des Warenverkehrs und der gesellschaftlichen Arbeit. Er spricht den spezifischen Zusammenhang zwischen Locke und Adam Smith aus; er sieht, daß die klassische Ökonomie des 18. Jahrhunderts dieselben Naturgesetze, die im 17. noch als Normen des formalen Rechts begriffen wurden, in die Naturbasis der Gesellschaft hineinverlegt ..." [36]

Amerika erscheint nun, in der erneuten Berufung auf die alten politisch-religiösen Mythologeme[37], als das Land, in dem durch die Begegnung mit der paradiesisch-jungfräulichen Natur die Menschen wieder ihrem Naturzustand nahegebracht werden und so die Grundlage für eine Gesellschaftsverfassung vorhanden ist, die mit der Durchsetzung der wahren, der natürlichen Bestimmung und der Wesensmerkmale des Menschen die eigentlich 'revolutionäre Demokratie' ist.[38] Emphatisch verkündet Thomas Paine:

> "So wie Amerika der einzige Ort in der politischen Welt war, wo die Grundsätze allgemeiner Reformation anfangen konnten, war es auch der beste in der natürlichen Welt. Ein Zusammenfluß von Umständen wirkte vereint, seinen Grundsätzen nicht nur Entstehen zu geben, sondern mit Riesenschritten ihre Reife zu befördern.
> Der Anblick, welchen dieses Land dem Auge des Zuschauers darbietet, erzeugt und nährt große Ideen. Die Natur erscheint ihm in ihrer Größe. Die erhabenen Gegenstände um ihn her erweitern seine Seele, und ein Teil der Größe, die er ansieht, geht in ihn selbst über. Die ersten Ansiedler waren Ausgewanderte aus verschiedenen europäischen Nationen und Bekenner verschiedener Religionen, die sich von den Regierungsverfolgungen der Alten Welt zurückzogen, und in der Neuen nicht als Feinde, sondern als Brüder zusammenkamen. Der Mangel, welcher notwendig den Anbau einer Wildnis begleitet, brachte eine Vergesellschaftung unter ihnen hervor, welche in Ländern, die seit langer Zeit durch die Streitigkeiten und Intrigen der Regierung zerrüttet wurden, nicht gedeihen konnte. In solcher Lage wird der Mensch, was er soll. Er sieht seine Gattung nicht mit der unmenschlichen Idee eines natürlichen Feindes, sondern als Ver-

wandte an; und dieses Beispiel zeigt der künstlichen Welt, daß der Mensch zur Natur zurückkehren muß, um Unterricht zu suchen."[39]

Paine denkt wie Locke den natürlichen Menschen als vernünftig und gut; das Gesetz der Natur ist identisch mit oder zumindest wirksam als Vernunft. Damit treten Locke und Paine gegen Hobbes' und Rousseaus Hypothese vom Naturzustand an.[40] Für Paine aber kennzeichnet, anders als bei der widersprüchlichen Ableitung des Zwangs zur Gesellschaftsverfassung bei Locke, die Herrschaft der Vernunft nicht nur den zu denkenden Naturzustand, sondern Vernunft ist als Naturqualität der Menschen und der Gesellschaft selbst in der sozialen Organisation wirksam, sofern die Menschen ihrer natürlichen Bestimmung folgen; sie können dies, wo sie die umgebende erhabene Natur 'um Rat fragen'.[41] Weil durch die Begegnung mit der 'Größe' einer ursprünglichen Natur in Amerika der Mensch zu sich selbst, das heißt: seinem Naturzustand wieder nahe komme, werden für Paine und die 'Väter der Verfassung' wie für Generationen nach ihnen die Vereinigten Staaten zur Ermöglichung des 'Reiches der Vernunft'[42], in dem die Gesellschaftsmitglieder nur widerruflich und vorläufig einen Teil der 'angeborenen Rechte' an eine Regierung delegieren. Deise Rechte werden dadurch zu 'bürgerlichen', das ist: zu geschriebenem Gesetz.[43] Es ist lediglich ein nicht genauer erwogener Mangel an Durchsetzungsvermögen des einzelnen bei der Wahrnehmung seiner natürlichen Rechte, was die Delegation einiger Rechte an einen 'Arm der Gesellschaft' veranlaßt. Paine stellt daher fest, daß die Staatsgewalt "aus der Summe derjenigen natürlichen Rechte des Menschen besteht, zu deren vollen Benutzung es dem Einzelnen an Vermögen gebricht, und die nur dadurch für jeden brauchbar werden, wenn man sie in einen Mittelpunkt versammelt."[44] Die staatliche Macht darf niemals in die dem einzelnen verbliebenen natürlichen Rechte eingreifen, und erstrebenswert ist ein Gesellschaftszustand, in dem die Naturgesetzlichkeit unmittelbar wirksam wird und sich die Rechte jedes einzelnen gewissermaßen von selbst durchsetzen, so daß die 'förmliche Regierung' überflüssig wird.[45] Erneut spiegelt das unausgeglichene Verhältnis zwischen deklariertem Idealzustand und zugestandener Begründung realer Gesellschaftsverfassung den fundamentalen ökonomischen Widerspruch, auf dem das Bürgertum seine Herrschaft errichtet.

Die Diskussion über den Zusammenhang des umrissenen gesellschaftspolitischen Postulats, das mit der Konstitution der Vereinigten Staaten in die Verfassung umgesetzt wird und das die 'amerikanischen Ideale' bis heute dominiert, mit den sozio-ökonomischen Verhältnissen der Phase des Unabhängigkeitskrieges ist hier nicht aufzunehmen.[46] Nicht ohne Anlauf jedoch kann der Sprung aufs ideologische Syndrom gewagt werden, das die Western-Romane — wie auch die Filme — markieren. Zwischen der Verfassungsproklamation und der definitiven Ausprägung des Genres liegen über hundert Jahre. Die These aber lautet, daß das Normenkonstrukt des Western entscheidende Gehalte aus jener naturrechtlichen Fundierung der amerikanischen Demokratie bezieht. Die Ableitung der Gesellschaftsverfassung aus Naturrecht und bürgerlicher Ökonomie konnte widerspruchsfrei nicht sein, denn sie formulierte im allgemein gedachten utopischen Entwurf dann doch die Herrschaftsinteressen des Bürgertums aus. Doppelt widersprüchlich und ambivalent muß sich aber das Ideologieprodukt ausnehmen, das die anfängliche Deklaration aufbereitet, nachdem in den USA die kapitalistische Produktionsweise mit unerhörter Kraft und Geschwindigkeit — wenn auch sektoral noch in ungleichem Grade — die ökonomische Entwicklung angefacht hat und nachdem die letzten unbesetzten Zonen des Landes in die Verwertungsstrategie einbezogen sind. Um die Konstituierung des bleibenden Westernmodells um die Jahrhundertwende begreiflich zu machen, will wenigstens an folgendes erinnert sein: Die Berufung auf die gesellschaftsbildende Kraft der 'erhabenen und unverfälschten Natur' war, ebenso wie das Versprechen vom 'neuen Anfang' fern der Verderbnis der Alten Welt, immer an das Vordringen in 'jungfräuliches Land' gebunden — die Blutspuren der Vertreibung der Indianer galten bekanntlich für solche Unberührtheit nichts. Das Pathos eines Paine und seiner Nachredner, die eine Restitution des natürlichen Menschen im amerikanischen Gefilde beschworen, konnte so lange als einfache Wahrheit tönen, wie es immer noch weiter nach Westen ging, wie die konkrete, bürgerliche Widerlegung des 'Reichs der Vernunft' noch hinter einer 'frontier' aufhebbar schien. Danach mußte die naturrechtliche Legitimation der Gesellschaftsform umgedeutet werden; die Umdeutung war im Osten der Staaten lange vorbereitet worden, unter anderem auch durch die Mythisierung mit Hilfe von Literatur.[47] Kurz vor dem Ende des 19. Jahrhunderts findet die Siedelungsbewegung ihr Ende; künftig verdichtet sich die Bevölkerung nur noch in dem riesigen Land. Diesen wesentlichen Charakter einer historischen Zäsur, das Verschwinden der 'frontier' in den

USA, hat Frederick Jackson Turner in seinem berühmten Vortrag von 1893, 'The Significance of the Frontier in American History', richtig benannt, so ideologisch getönt mit ihrer Wiederholung der 'amerikanischen Ideale' die Deutung auch ist.[48] Die Genesis des Western gehört in diesen Zusammenhang: Sie ergreift das Faktum, daß die "cattlemen's frontier"[49] den letzten großen Zug ins 'freie Land' markiert, wenn auch geographisch nicht im äußersten Westen und genau genommen nicht in einem gänzlich unerschlossenen Gebiet.[50] Als unwiderruflich letzte Phase einer Konfrontation der Siedelnden mit — ihrem Verstande nach — 'jungfräulichem Land' erhält die Zeitspanne zwischen 1867 und 1887, sofern mans über-genau fixieren will, exemplarische Geltung[51]; wo die reale geschicht-liche Bewegung des 'westward' erstarrt, dort bindet die ideologische Transformation sich an den vorgeblich verbürgenden Relikten des heroischen Zeitalters an. Es muß seinen gehörigen historischen Grund haben, daß der Western sofort nach der Ausarbeitung des Modells die gesamte umfängliche, traditionsreiche Kunst- und Tri-vialliteratur über die anderen Abschnitte der amerikanischen Pio-niergeschichte verdrängt oder sich amalgamiert[52], so daß dieses Genre die literarische Mythisierung der "first period of American history"[53] fast allein trägt. Das Postulat von der Fundierung der amerikanischen Demokratie in Naturrecht und von der Entfaltung der Wirtschaftsordnung aus ebenso natürlichen Gesetzen muß zu dem Zeitpunkt auf andere Weise auf Realität bezogen werden, wo die Erneuerung des Menschen zu seinem vernünftigen Naturzustand nicht mehr aus der Erfahrung unverfälschter, unverstellter Natur in Amerika abgeleitet werden kann. Der Western — gewiß nicht er allein — bezeichnet diese ideologische Verschiebung, die endgültig vom Abschluß des amerikanischen Pionierzeitalters, von der Ver-flüchtigung einer geographisch faßbaren 'frontier' erzwungen wird. Endgültig: denn schon vorher, ja von Beginn der Besiedelung an gab es die Tendenz, den 'Neuen Anfang' und den 'Naturzustand' in-nerhalb der entstehenden Gesellschaft sozusagen permanent ma-chen zu wollen, und es gab die Gegentendenz, aus der Denaturie-rung solcher Fixierungen die Notwendigkeit einer periodischen 'Revolution' abzuleiten, wie Jefferson es tat.[54] Paine hatte, exem-plarisch formulierend, die "Grundsätze allgemeiner Reformation" in Amerika, stellvertretend und vorbildhaft für die ganze "natür-liche Welt", aus der Begegnung des Menschen mit unbearbeiteter, 'erhabener' Natur wirksam werden sehen.[55] Gegen Ende des Jahrhunderts ist solche Natur, für das Bewußtsein der Amerikaner, auf einige Reservate geschrumpft, die verräterisch dann zu 'National-parks' erklärt werden. Die Garantie aber für die stete Wiedergeburt des natürlichen Menschen, für die Wiederholung des 'Neuen An-fangs' muß nun definitiv in die Gesellschaftsform selbst hinein-verlegt werden — in den Antrittsreden der Präsidenten zum Bei-spiel bezeugt dies die geradezu stereotype Beschwörung des 'wah-ren Amerika', zu dessen Realisierung ein neuer Anlauf genommen werden müsse.[56] Daß die Legitimation derart gesellschaftimmanent werden kann, als die unverfälschte Natur sich nicht mehr zitieren läßt, gründet letztlich in der Kontinuität der sozio-ökonomischen Formation: Die bürgerliche Gesellschaft, in Amerika ohne Wider-stand feudaler Strukturen auf der Basis kapitalistischer Produktions-weise entfaltet, ist sozusagen der Treibsatz auch schon während der großen Pionierepoche im 19. Jahrhundert — gerade indem die wirklichen Pioniere ihr immer wieder zu entkommen suchen. Paine hatte die Naturgesetzlichkeit dieser Gesellschaftsordnung noch aus der Wirksamkeit von 'großer Natur' selbst bewiesen gesehen. Nach der Unterwerfung dieser Natur kehrt sich die Legitimierung ge-wissermaßen um: Die Macht und Größe der Nation bezeugt die Naturgesetzlichkeit der Gesellschaftsordnung. Damit aber wird eben diese Gesellschaft vom ursprünglichen, naturrechtlichen Ansatz aus kritisierbar. Der Verlust ihrer angeblichen Fundierung in realer Natur, historisch erfahren mit dem Ende der Pionierzeit, wird ihren 'Fehlentwicklungen' immer wieder vorgehalten. Folgerichtig wer-den — vom gleichen ideologischen Ansatz aus — die Apologien er-richtet, an denen die Proklamation geschichtlicher Garantien für die Naturgesetzlichkeit des gesellschaftlichen Zustandes angeschla-gen ist.[57] So verschiebt sich die Ableitung des naturrechtlichen Fun-daments von der idealisierten Natur in die idealisierte Geschichte, die notwendig solche Natur wieder enthalten muß. Damit aber ent-hält auf extrem widersprüchliche Weise das ideologische Geschichts-konstrukt, das der Legitimierung der herrschenden Gesellschafts-ordnung als einer naturgesetzlichen dienen soll, mit der Verkün-digung eines gewesenen virtuellen Naturzustandes ein Moment der Kritik. Die Möglichkeit ist geschwunden, auf eine gegenwärtig reale Erfahrung der ursprünglich machenden Natur zu verweisen; daß es diese Erfahrung — dem Postulat nach — gegeben hat, stellt als Verlust die eigentliche Legitimierung aus Naturrecht für die Gegen-wart in Frage, ist zugleich als historischer Beweis der einzige Weg, die Legitimierung weiterhin glaubhaft zu machen. Genau diese ideologische Konstellation, mit Widersprüchen aufs Höchste geladen, ist das Spannungsfeld, in dem das Muster des Western sich bildet. In seinen Linien zeichnet sich Ideologie dem exakten Sinne nach ab: gesellschaftlich notwendiges, aber falsches Bewußtsein, das seinen Grund nicht zu erkennen vermag und als unabdingbar apologetisches auf das Ungenügen des gesellschaftlichen Zustandes verweist. Das zuinnerst ambivalente Verhältnis, das dem Western zum geschriebenen Gesetz wie zur bürgerlichen Ordnung und den ökonomischen Prinzipien im Mark der literarischen Erscheinung sitzt — davon gleich —, erfährt durch den grob entworfenen historischen Zusammenhang seine Diagnose. Unmittelbar nach Edwin S. Porters Film 'The Great Train Robbery' von 1903 und Owen Wisters Roman 'The Virginian' von 1902 ist in Serienfilm und Massenliteratur das prägende Muster ausgeformt, vorbereitet durch Elemente von Buffalo Bill's 'Wild West Show' bis hin zu Standards der 'Dime Novel'[58], und in der Folgezeit wird es dann auch Episoden aus anderen Phasen der Pioniergeschichte als nur der 'Cowboy-Ära' aufgeprägt. Aber konstitutiv bleibt die idealisierende Projektion der naturrechtlichen Fundierung amerikanischer Zustände auf die Zeit der letzten, der "cattlemen's frontier", bleiben die daran entwickelten Standards des Genres. Um es schon gleich angestrengt auf eine geglättete, nur zu handliche Formel zu bringen: Der genuine Western ist die rückwärts gewandte Utopie von der Durchsetzungskraft des natürlichen Menschen inmitten der sich schon formenden bürgerlichen Gesellschaft, eine Naturrecht berufende resignative Utopie, projiziert auf das Ende der amerikanischen Pioniergeschichte als der letzten realen Möglichkeit zur vorgeblichen Erneuerung des Menschen zu seinem Naturzustand. Das Paradox will aufgelöst sein: Utopisches nimmt der Western insofern auf, als er die Proklamation von Naturrecht, wie sie die amerikanische Verfassung exemplarisch zu bestätigen sucht, auf einen Zustand hin ausformuliert, in dem der einzelne die natürlichen Rechte selbst durchzusetzen vermag. Er gibt vor, den Paineschen Idealzustand der ganz ihren natürlichen Gesetzen folgenden Sozietät verwirklicht zu wissen, in der eine 'förmliche Regierung' überflüssig ist — und widerspricht sich, indem diese Realität sich tendenziell nur in einem einzelnen manifestiert, dem Helden. Rückwärts gewandt ist die Verheißung, weil das Genre die sich eigentlich schon selbst widerlegende Fiktion von der Wirkungsmächtigkeit des Naturrechts als gewesene der vergangenen Epoche nachdichtet, diese damit ihrerseits mythisierend. Nur wenn man derart aufknotet, wie sich im Western Versprechen und fingierter historischer Beweis, Affirmation und mahnender Rekurs, Legitimation der bestehenden Gesellschaft und erinnernde Sehnsucht an ein 'Darüber hinaus' vielfädig verschlingen, kann man — so scheint mir — in der Vermittlung auf die gesellschaftlichen Verhältnisse die Konstanz des Musters und seine Wirkkraft erklären.[59] Und wo plausibel wird, daß der auf Land und Zeit Amerikas bezogene Entwurf durch und durch beispielhaft für die bürgerliche Gesellschaft gedacht ist und fungiert, so wie Paine die amerikanische Demokratie als Inkarnation menschenwürdiger Verfassung für die gesamte 'natürliche Welt' sehen konnte, ist auch die Verallgemeinerungsfähigkeit des Western über die Vereinigten Staaten und über den Zeitpunkt nach dem Ende der Pioniergeschichte hinaus begreiflich. Wesentlich geht es weder um eine "Metapher nationalen Selbstbewußtseins" noch um eine allgemein verständliche, stellvertretend geschilderte "anarchische Freiheit", die auf unerklärte Weise "den Bestand der Ordnung... wiederherstellt"[60], sondern um das widerspruchsvolle ideologische Syndrom von der naturrechtlichen Legitimierung der bürgerlichen Gesellschaft und von dem notwendig mitformulierten, aber resignativen Einspruch aus Naturrecht, der den Gedanken an einen besseren Zustand für den Menschen nur als eine verschönte Scherbe amerikanischer Vergangenheit zu bewahren vermag.[61]

Aufs Begreifen der Texte will all das, so entschlossen zusammengenommen, hinaus. Gleich ist also festzumachen: Gänzlich unangemessen für die Analyse des Western bleibt die sozialpsychologische Scheidung des Personenbestandes in eine 'Ingroup', die Macht und damit Recht auf ihrer Seite habe und deren normensetzendes Zentrum der Held sei, und andererseits eine 'Outgroup', die zu Rechtlosen und damit zu Verbrechern gemacht werde.[62] Vielmehr deklariert das ideologische Programm, daß virtuell die gesamte — im Genre als räumlich-zeitlich partielle doch exemplarisch gemeinte — Sozietät aus integren Menschen besteht, die demnach ihrer natürlichen Bestimmung folgen. Der Held ist lediglich Muster für diesen aktuell wirkenden Naturzustand, ist Vorreiter und Vollstrecker, "auf dessen Taten die Gemeinschaft der guten Menschen ein Anrecht hat".[63] Derart unmißverständlich verkündet es das Personal aus der Preßform des Genres sich selbst und den Lesern: Die 'Ge-

meinschaft der guten Menschen' ist eigentlich, getreu der naturrechtlichen Hypothese, die Gesellschaft überhaupt.

Daß sie es faktisch nicht ist, beschäftigt den Helden. Selbst die
Fiktion kann den gesellschaftlichen Zustand, in dem offenkundig
gerade die 'Bösen' sehr mächtig sind, nicht wegfabulieren. So bezieht auch der Western seinen Konflikt aus der Notwendigkeit,
Vorhandensein und machtvolle Betätigung derjenigen Menschen, die
als 'schlechte' ihr wahres, ihr natürliches Wesen verleugnen, zugleich zu bestätigen wie die Überwindbarkeit solcher Gefährdung
einzureden. Die 'Gemeinschaft der guten Menschen' hat ein 'Anrecht auf die Taten' des Helden, weil auch bei der postulierten
Wirksamkeit der natürlichen Gesetze in dieser Gemeinschaft einige
Menschen ihrem Naturgesetz nicht folgen. Damit wiederholt das
Schema des Western, unterm Geschichte idealisierenden Gewande,
eine fundamentale Problematik, die schon Locke zu Unausgegli-
chenheiten seines Naturrechtskonzeptes trieb: Wie soll man die
unbestreitbare Tatsache, daß es in der Gesellschaft der von Natur
aus guten Menschen heftige Konflikte, 'Kriegszustände' gibt, von
der Grundannahme aus erklären? Locke verwirft ja gerade die Prämisse von Hobbes, daß der 'Kampf aller gegen alle' der Urzustand
sei und vermittels einer Gesellschaftsbildung erst aufgehoben werden müsse.[64] Dennoch scheint er eben das gelegentlich zu unterstellen.[65] Wichtig an dieser Stelle ist aber die Deutung Lockes, die
den Gegensatz von 'guten' und 'bösen' Menschen auf deren Verhältnis zur Natur und deren immanenten Gesetzen zurückführt:
Die Menschen müssen das Naturgesetz — und das ist: die Vernunft — "befragen", um ihm folgen zu können[66]; einige tun dies
aber nicht, sie werden von da aus potentiell zu Verbrechern. Aus
ihrer Weigerung, dem natürlichen Gesetz freiwillig und ihrer Bestimmung gemäß nachzuleben, resultiert nicht nur die Verletzung
der natürlichen Rechte anderer, sondern auch ein Angriff auf die
Grundlage menschlicher Sozietät überhaupt. Ein Mensch, der auf
die Natur nicht hört und deshalb deren Gesetz entgegen seinem
eigenen Wesen mißachtet, "entartet und erklärt, von den Prinzipien der menschlichen Natur abzuweichen und ein schädliches Geschöpf zu sein".[67] Er wird zum Un-menschen. So nun sieht der Western den 'Bösen', als einen Verbrecher aus verlorener Natur, hinter allen Ableitungen, die als Reflex der entfalteten bürgerlichen
Gesellschaft aufgestellt werden. Die Standards, die das Genre zur
unmißverständlichen Kennzeichnung des 'Bösen' ausgebildet hat,

lassen sich fast alle auf diesen Grund zurückbringen.[68] Den Menschen, die der Held niederstrecken muß, fehlen dementsprechend wesentliche Elemente des entworfenen Menschenideals: Aufrichtigkeit, Treue und Verläßlichkeit, besonders aber die Gefühlsqualitäten:

> Die Bewohner der Stadt betrachten den angekommenen 'gun-man'. "Plötzlich erinnert er sie an den Anblick eines mageren und zur Zeit trägen Wüstenwolfes. Eine kalte Welle gefährlicher Mitleidlosigkeit geht von ihm aus. Alle fühlen es nun." [69]

Im schlecht gemachten Abklatsch des Genres werden die Striche noch grobschlächtiger gezogen, die krasse Verdeutlichung muß es tun:

> "Er war ein Teufel. Ein halbwilder, unberechenbarer Bursche, der wie ein Tier lebte . . ." [70]
> "Seine Hände suchten nach einem Halt. Schwer ließ er sich in seinen Sessel fallen. Sein Gesicht war zur Fratze verzerrt. Zur Teufelsfratze, die keine menschlichen Züge mehr aufzuweisen hatte." [71]

Nicht eine Gesetzesübertretung macht, dem anthropologischen Muster zufolge, den Verbrecher zu einem solchen, sondern der Abfall von der Naturbestimmung des Menschen. Die Verletzung von Recht und Gesetz gilt nur als notwendige Auswirkung des Verlustes einer immanenten Naturbasis. Zweifellos ist damit die Erklärung des Verbrechens abgeschoben in eine Sphäre außerhalb der gesellschaftlich geformten Wirkungszusammenhänge. Daß dies legitimierende Funktion für die Gesellschaft hat, braucht hier nicht erläutert zu werden.[72] Und analog zu Locke verzichtet der Western dann auch darauf, einsichtig zu machen, weshalb denn einige Menschen sich vom Naturgesetz lossagen — es ist als ein äußerstes Faktum hinzunehmen. Auch damit zieht sich die Apologie der Gesellschaftsverfassung aufs Naturereignis zurück. Theologische Erklärungen für das 'Böse' — etwa aus puritanischem Erbe — bemüht der Western offenkundig nicht.

Beinahe erschreckend genau die Naturrechts-Doktrin umsetzend, folgert nun das Normensystem des Western: Der Verbrecher aus verlorener Natur muß bestraft werden, weil er das Prinzip des natürlichen Rechts als solches in Frage stellt. Wieder läßt sich das Postulat am besten mit Lockes Worten nachzeichnen: Der Western fingiert mit seiner Rechts- und Gewaltendarstellung eine Verfassung der Menschheit, die Locke den 'vollkommenen Naturzustand' nennt; darin gibt es noch keine von den Menschen eingesetzte, regelnde Instanz, die durch jene Delegation eines Teil der natürlichen Rechte und ihrer Ausübung konstituiert wurde.[73] Nur für diesen Zustand gilt: "Da es keinen anderen Richter gibt, ist jeder zugleich sein eigener Richter und Vollstrecker."[74] Die "Verderbtheit und Schlechtigkeit entarteter Menschen"[75] berechtigt dann jeden, gegen sie vorzugehen:

"Damit nun alle Menschen davon abgehalten werden, die Rechte anderer zu beeinträchtigen und sich einander zu benachteiligen, und damit das Gesetz der Natur, das den Frieden und die *Erhaltung der ganzen Menschheit* verlangt, beobachtet werde, so ist in jenem Zustand die *Vollstreckung* des natürlichen Gesetzes in jedermanns Hände gelegt. Somit ist ein jeder berechtigt, die Übertreter dieses Gesetzes in einem Maße zu bestrafen, wie es notwendig ist, um eine erneute Verletzung zu verhindern. Denn das *Gesetz der Natur* wäre, wie alle anderen Gesetze, die den Menschen auf dieser Welt betreffen, nichtig, wenn im Naturzustand niemand die *Macht* hätte, dieses *Gesetz zu vollstrecken*, um somit den Unschuldigen zu schützen und den Übertreter in Schranken zu halten. Wenn in diesem Naturzustand jeder einzelne den anderen für ein begangenes Unrecht bestrafen darf, so dürfen es auch alle. Denn in diesem *Zustand vollkommener Gleichheit*, wo es von Natur aus weder eine Überlegenheit noch eine Rechtsprechung des einen über den anderen gibt, müssen notwendigerweise alle dazu berechtigt sein, was irgendeinem in der Verfolgung dieses Gesetzes erlaubt ist." [76]

Das Maß für die Bestrafung und Vergeltung schreiben jedem nur seine "ruhige Überlegung und sein Gewissen" vor[77], das heißt: das in ihm wirkende Gesetz der Natur, die Vernunft. Der reale Zustand gesellschaftlicher Ungleichheit hatte nun aber Locke wie nach ihm Paine dazu veranlaßt, den geschilderten Naturzustand als historische Hypothese oder Idealvorstellung zu betrachten und die Notwendigkeit einer Gesellschaftsverfassung daraus abzuleiten, daß eben in der Wirklichkeit nicht jeder einzelne in der Lage sei, die natürlichen Rechte durchzusetzen. Deshalb übertrage er die ihm von Natur aus zustehenden 'Gewalten' an die dadurch konstituierten Organe der Gesellschaft, die aus dem Naturrecht ein geschriebenes Gesetz machen und dessen Einhaltung überwachen und bewirken.[78] Auch diese Folgerung ist im Western ja gezogen: Es gibt in ihm eine — wenn auch ferne — staatliche Macht, es gibt 'das Gesetz' und seine Überwacher. Somit bietet das Genre ein eigentümliches Paradox: Es fingiert einen 'Naturzustand', in dem grundsätzlich jeder einzelne ermächtigt und aufgefordert ist, die Verletzung der natürlichen Rechte zu vergelten, aber es verlegt diesen Zustand mitten in eine — wie schon Locke sie nannte — bürgerliche Gesellschaft hinein, die ja eben mit Rechtsinstitutionen und Gewaltabtretung die unvermeidliche Aufhebung des Naturzustandes darstellt. Der Western will also zur spezifischen Realität zusammenzwingen, was dem aufgebotenen naturrechtlichen Ideologem nach eine unwiderrufliche qualitative Differenz sozialer Systeme darstellt.

Blickt man bloß aufs verwertete historische Substrat, so nimmt sich die Erklärung simpel aus: Die belegte Ohnmacht des geschriebenen Gesetzes an der 'frontier', die Phase weitreichender Dominanz eines Faustrechts wird idealisiert zur Herrschaft von Naturrecht neben, vor, ja in Vertretung von kodifiziertem Recht. Damit ist allenfalls der Stoff der Paradoxie erklärt, nicht jedoch diese selbst. Sie resultiert aus unbegriffener geschichtlicher Erfahrung, die über die Naturrechtslehre des 17. und 18. Jahrhunderts wie über die Begründung der amerikanischen Demokratie hinausreichen muß: der Erfahrung, daß die als naturgesetzliche emphatisch verkündete 'Vernunft' der sozialen Ordnung in der bürgerlichen Gesellschaft nicht verwirklicht ist, daß die Versprechen von Grundrechten — Freiheit, Gleichheit, Eigentum — ungleich eingelöst wurden. Damit wird das positive Recht dieser Gesellschaft problematisch, immer wieder als korrumpiertes 'ausgetauschtes Naturrecht' erlebt, als unzuverlässiger Statthalter des gleichen, naturimmanenten Rechts aller. So wird ursprüngliches Naturrecht dagegen mobilisiert — von der Selbstwiderlegung solchen Rückgriffs war oben schon die Rede. Hier konkretisiert sich, was der Western an kritischem Willen enthält; in der vom Grund her ambivalenten Behandlung des 'Gesetzes' und seiner Vertreter tritt er in den Texten an die Oberfläche. Aber der Wille zur Kritik erweist sich eben zugleich als Selbsttäuschung, denn er zitiert ein Naturrecht und ein daraus hergeleitetes politisches Konzept, das just die Legitimation für die Entfaltung der kritisierten Gesellschaft liefert. Bei aller Brutalität der 'action', bei aller erbarmungslosen Aggressivität der Vergeltung und bei allem zur Schau getragenen Optimismus im 'happy end' kann daher das Genre die Resignation nicht verbergen, die keineswegs nur eine nostalgische Geste auf die zitierte Epoche hin ist, sondern ein immer mitgetragener Verzicht auf die Geltung des Proklamierten: Der historisch fingierte Naturzustand kann nicht bleiben, die Gegenwart ist zu ihm nicht zurückzubringen. Schon einer der klassischen Autoren des Western läßt es früh aussprechen, in einer Aufbereitung des 'Weidekrieges':

> "Eines Tages muß die Weidefrage zwischen Rinderzüchtern und Schäfern gesetzlich geregelt werden. Die Schäfer müssen vom Staat von den Weideplätzen der Rancher vertrieben werden." [79]

Der Western gesteht ein und nimmt seinen Ausgang davon, daß das geschriebene Gesetz nicht zuverlässig und wirksam genug ist, und insgeheim gibt er doch die Unmöglichkeit der Selbsthilfe aufgrund von Naturrecht zu.

Das hat Folgen für die Erscheinung der Texte als Literatur. Das benannte Paradox, von dem die Romane leben, zwingt dazu, den Helden zu dem bekannten Übermenschen werden zu lassen. Die Einsicht der berufenen Naturrechtslehre, der einzelne sei doch nicht im Stande, selbst seine natürlichen Rechte durchzusetzen, erfordert — weil das Genre auf der Fiktion von Naturzustand beharrt — die Ausstattung des Helden mit 'übernatürlichen Fähigkeiten': Jedes Heft der präformierten Dutzendware liefert schockweis Belege — der da stellvertretend angeblich natürliches Recht durchzusetzen vermag, ist nicht nur befähigt, einer schon auf den Weg geschickten Kugel noch auszuweichen; er hat meistens — für die Schlägerei benötigt — die größte körperliche Stärke oder wenigstens Geschicklichkeit der bemühten Personen, wodurch er Mißhandlungen und Verletzungen überlebt, deren harmlosere medizinischer Beurteilung nach zum Tode führen müßten; zudem besitzt er über eine an Hellseherei grenzende Klugheit hinaus ein nahezu unfehlbares strategisches Vermögen. Wo dies alles nicht ausreicht, stellt sich im rechten Augenblick immer der ominöse 'Zufall' ein, in Gestalt von Naturereignissen, unerwarteten Hilfspersonen, kleinen Pannen bei den Gegnern. Vor allem aber ist der Held immer ein ungeheuerlich schneller und sicherer Schütze; häufig wird ihm dafür eine fingierte historische Urkunde ausgestellt, indem man ihn mit den legendären 'Revolvermännern' der angespielten Ära gleichstellt, etwa so:

> „Ich bin Brazos Keene, der auf der Rangliste nur ein oder zwei Plätze hinter Billy the Kid steht." [80]

Der ideologisch begründete Zwang, die benötigten Qualitäten des Helden fast alle bis ins atemverschlagende Extrem zu steigern und zudem noch des Zufalls hilfreiche Hand über ihn zu halten, ist so unerbittlich, daß gelegentlich ein Autor die Daumenschrauben des Unwahrscheinlichen abzustreifen vorgibt:

Der Held ist schutzlos in der Gewalt seiner Gegner, auf dem Weg
zur 'Hinrichtung'.
"Mit gefesselten Händen und ohne Waffen konnte nur ein Schwach-
sinniger an aktiven Widerstand denken! Tenn war aber nicht schwach-
sinnig. Und er war auch kein Romanheld, der immer noch irgendwo
ein verborgenes Messerchen hat, um seine Fesseln heimlich aufzu-
schneiden." [81]

Natürlich gelingt dem Helden die Flucht, und ihre Bewerkstelli-
gung ist ein Paradebeispiel für den Einsatz des Unglaublichen. Denn
grundsätzlich ist der Held zwar verwundbar, lebensgefährlich verwundbar sogar, aber unsterblich — nicht nur als die weiter benö-
tigte Serienfigur.[82] Hier, meine ich, läßt sich womöglich exemplarisch ein literarisches Charakteristikum des 'Trivalen' fassen und erklären: die Nötigung aus der konstituierenden Ideologie, die Erscheinungsformen des Genres in bestimmter Weise stereotyp werden zu lassen. Solche 'Trivialität' kommt keineswegs bloß in dekla-
rierter 'Trivialliteratur' vor, konstituiert aber in hohem Maße ihre
Oberfläche. Nur wo es gelingt, das Immergleiche der Erscheinung an
den Texten in seiner jeweiligen, artspezifischen Form genau mit
den begründenden Ideologemen zu vermitteln, kommt man über
eine Deutung von Trivialliteratur hinaus, die sich bei der dürfti-
gen, ästhetisch 'minderwertigen' Machart aufhält oder die auf die
allgemeine gesellschaftliche Legitimationsfunktion verweist.[83]
   Die wunderbare Ausstattung des Helden mit einem Über-Soll
positiv gewerteter Fähigkeiten und Eigenschaften wird verlängert
bis zur Schilderung seiner körperlichen Erscheinung — die Formel
vom 'breitschultrigen und schmalhüftigen' Mann mit den meist
blauen Augen, die 'stahlhart blicken', aber auch 'Seelentiefe und
Empfindung erkennen lassen' können, machen das Argumentationsschema des Genres noch am Äußerlichsten dingfest.[84] Doppelt
aber muß der Western mit dem fast zum Über-Menschen literarisch
hochgestemmten Helden die ideologische Prämisse aus dem Naturrecht widerlegen: Denn im hypothetischen Naturzustand sollen
nicht nur alle ihre natürlichen Rechte durchsetzen können, sondern
jeder einzelne auch aufgrund seiner natürlichen Fähigkeiten. Der
Western muß eingestehen, daß die urzuständliche Durchsetzungskraft nur dem literarischen Retorten-Menschen mit seinen hochge-
züchteten Qualitäten zugeschrieben werden kann, wodurch die
konkrete Notwendigkeit der Gesellschaftsbildung — wie erläutert —

im Sinne der Naturrechtslehrer eigentlich bestätigt wird, obwohl der Held als Inkarnation von Widerspruch gegen die Mangelhaftigkeit und Pervertierbarkeit dieser Gesellschaftsordnung antritt. Der Western möchte gern glauben machen, daß die erfahrenen und literarisch verwerteten Übel der bürgerlichen Gesellschaft dadurch überwunden werden können, daß man die anfängliche Legitimation dieser Gesellschaft gegen sie selbst realiter aktiviert, und solche Inkonsequenz sucht er zu als überzeugende konsumierbar zu machen, indem er eine geeignete und als letzte mit hohem Rang versehene Phase der amerikanischen Pioniergeschichte zum Beinahe-Naturzustand inmitten der Epoche entfalteter bürgerlicher Verhältnisse idealisiert. So beutet diese literarische Massenware das unbegriffene Leiden am gesellschaftlichen Zustand aus, und solche Ausbeutung kann perpetuiert werden, weil die eigen-mächtige Beseitigung des Leidens in der Fiktion zugleich auf die Bestätigung seiner Ursachen hinausläuft. Derart soll sich, mit dem Rückgriff auf vorgeblich Historisches, der Einspruch gegen die Verhältnisse als Eingeständnis für ihre Rechtfertigung hervorkehren; dem unbewußten Leser läßt sich gewissermaßen die Lust an seiner Ohnmacht verkaufen.

So widerspruchsvoll die Durchsetzungskraft des einzelnen, vertreten durch den Helden im literarisch fingierten, unvollkommenen Naturzustand, sich unter dem ideologiekritischen Blick ausnehmen muß, so offenkundig soll vom überdeckten naturrechtlichen Postulat her ihre letztliche Folge gerechtfertigt sein: das Töten. Denn danach war ja vom Anfang her gefragt. Im Western sind der Held und die auf seiner Seite Kämpfenden berechtigt, ihre Gegner zu töten — wie gesagt auch wenn kein Amt sie dazu ermächtigt —, weil sie im unterstellten, historisch eingekleideten Naturzustand damit das natürliche Recht wiederherstellen. Das Niederstrecken zumindest der schlimmsten Bösewichter ist also nicht nur Strafe zur Abschreckung und Sühne, geschweige denn persönliche Rache der von den Missetaten Betroffenen, sondern Vergeltung, damit das unveräußerliche natürliche Recht wieder gelte.[85] Das Maß der Strafe zu bemessen, liegt bei den Vergeltenden — die ja ihrer Vernunft als dem Naturgesetz folgen und daher der Doktrin nach gar nicht 'ungerecht' strafen können, indem sie ihre Taten vor ihrem Gewissen abwägen. An dieser Stelle wären übrigens die 'Gewissenskonflikte' in die Deutung einzubringen, mit denen viele Romanschreiber ihre Helden sich abmühen, lassen —

"Ich werde auf Russ Rockstone, Peak Denver, Hack Stage und Flush Sands stoßen — und sicherlich auch noch auf andere Burschen, die mich genau kennen, die mich hassen, weil ich sie damals aus anderen Städten gejagt habe — und die mich töten wollen. Ich werde wieder töten müssen, um am Leben bleiben zu können. Das ist schwer. Auch mit einem Stern an der Weste ist es schwer, an die Rechtlichkeit der eigenen Taten zu glauben. Das eigene Gewissen setzt einem zu. Man fragt sich lange Nächte lang ständig, ob man richtig gehandelt hat — oder ob man nur ein blutiger Mörder ist. Man fragt sich, ob man das Recht hat, Menschen wie Raubwild zu jagen." [86]

Die Handlung macht unmißverständlich klar: Der Held hat, ebenso wie seine Mitkämpfer, das Recht zu töten, und es ist ein Recht, das ihn über das geschriebene Gesetz erhebt. Es ist letztlich das "Recht, die Menschheit zu erhalten", mit der Durchsetzung ihrer von Natur gegebenen Rechte. "Und deshalb hat im Naturzustand jeder Mensch die Macht, einen Mörder zu töten", weil dieser das Naturgesetz "verleugnet hat und damit der gesamten Menschheit den Krieg erklärte und deshalb wie ein *Löwe* oder *Tiger* vernichtet werden darf . . ."[87] Deshalb übt der Held in den meisten Western Vergeltung für Mord; oft sind allerdings die Morde Konsequenzen aus vorhergehenden Rechtsverletzungen. Und verletzt wurde stets eines der von den bürgerlichen Theoretikern zu 'natürlichen' interpretierten Rechten auf Leben, Freiheit und Selbsterhaltung durch Arbeit, will sagen: Eigentum.[88] Selbst bei Western-Fabeln, in denen das Auftauchen eines nur zu gut bekannten 'Bösen' das Randpersonal zur Äußerung bringt, man solle ihn doch 'unschädlich machen', bevor er seine zu erwartenden Verbrechen ausführen kann, muß der Held untätig bleiben, bis der 'Böse' eines der verbürgten Rechte verletzt hat:

" 'Es muß ein Grund vorhanden sein, ein greifbarer und gewichtiger Grund! Blut wird auf jeden Fall vergossen — ob wir ihn jetzt angreifen würden — oder es später tun, wenn er uns angreift. Aber ein Angegriffener hat das Recht auf Selbstverteidigung. Ich möchte mein Gewissen nur in Selbstverteidigung belasten.' " [89]

Der 'Angriff' braucht aber keineswegs immer dem Helden selbst zu gelten, da der — getreu naturrechtlicher Prämisse — als Vergelter im Namen 'der gesamten Menschheit' zu handeln hat. Er und seine Getreuen üben gerade keine "Selbstgerechtigkeit" aus[90], sondern stehen unter der Verpflichtung, die verletzten fundamentalen Rechte und mit ihnen das Naturgesetz überhaupt wieder herzustellen. Daher auch der erklärte Widerwille so manches Western-Helden, der

Notwendigkeit nachzukommen, die Gegner zu töten. Der Held handelt unter dem Zwang, der naturgegebenen Rechtsordnung durch sein exemplarisches und stellvertretendes Handeln neuerlich allgemeine Geltung zu verschaffen; bei der letzten Entscheidung, im abschließenden 'show-down', ist er dabei oft allein, vielfach allmählich vereinzelt in der Reihe voraufgehender Kämpfe.[91] Seine Isolierung ist Ergebnis des oben behandelten Zwiespalts in der ideologischen Fundierung auf Naturrecht; in dem klaffenden Widerspruch zwischen fingiertem Naturzustand und legitimierter bürgerlicher Gesellschaft vermag nur der übermenschliche Held zu bestehen.

Es bleibt noch zu fragen, wie denn in solchem Rechtsschema Mord anders definiert sei als durch das 'Rechtsempfinden' des Helden. Entsprechend dem Naturrecht Lockes stellt der Western als Mord jede Tötung eines Menschen dar, die nicht um der Vergeltung vorgängigen, schwerwiegenden Rechtsbruchs willen erfolgt. Daß dabei der Rechtskanon gegenüber den Grundrechten beträchtlich erweitert werden kann — zum Beispiel durch einen rigorosen bürgerlichen Moralkodex —, wäre ausführlich zu erörtern; deutlich ließen sich bezeichnende Brüche in der Rechtskonzeption des Western als Reflex eines Entwicklungsstadiums der bürgerlichen Gesellschaft zeigen. Hier soll lediglich vermerkt sein, daß im Western ein Modell des äußerlichen Beweises für Mord einerseits und für die Rechtlichkeit der Tötung von Seiten des Helden andererseits entwickelt ist: die von Davids so bezeichneten 'Spielregeln des Kampfspiels'. Ein Mord, dessen sich ein 'Böser' im Western schuldig macht, wird im Geschehensablauf meistens dadurch definiert, daß aus dem Hinterhalt geschossen wurde oder auf unbewaffnete, wehrlose Menschen. Für die Protagonisten scheint es tatsächlich um eine Art Sport zu gehen, denn von den Verbrechern sagen sie:

" 'Zu allen rauhen Taten sind sie also auch noch höllisch unfair!' "[92]

Der Held seinerseits hält sich peinlich genau an das 'Fairness'-Gebot und kämpft, so erklärt er, "wie es den ungeschriebenen Regeln dieser Zeit und dieses Landes entspricht"[93]. Das heißt: Bei dem Kampf auf Leben und Tod muß unbedingt 'Chancengleichheit' herrschen; dies kann so weit gehen, daß der Held das Duell verweigert mit der Bemerkung:

" 'Ich feure nicht auf einen Burschen, der so langsam ist. Das wäre ja — Mord!' "[94]

Davids behauptet: "Die Fairness des Helden ... ist im Western, wie alle Spielregeln, nicht rückführbar; ihre psychologische Motivierung ist unzureichend, soziologisch wird sie nicht begründet: die Spielregeln sind einfach 'da'."[95] Wenn man jedoch das naturrechtliche Substrat der Rechtsnormen im Genre erkennt, liegt auch die Begründung der 'ungeschriebenen Regeln des Kampfspiels' frei: Die oft geradezu masochistische 'Fairness' des Helden ist der ins äußere Geschehen verlagerte Beweis für die Rechtlichkeit seiner todbringenden Vergeltung. Der 'Böse' muß die Berechtigung der Strafe, das heißt: die Wiederherstellung des Rechts, in der Handlungsweise des Vollstreckers selbst erfahren. Es ist wohl möglich und wäre des Nachprüfens wert, daß die 'Spielregeln' im Western ihren historischen Stoff aus einem 'Ehrenkodex' der Cowboys beziehen, den diese in einer Gemeinschaft ausgeformt haben, die sich meist weit vom 'Auge des Gesetzes' entfernt befand.[96]

Der Western hält noch eine Reihe weiterer Indizien bereit, mit denen die Legitimation des Helden für das Töten der Gegner angezeigt wird. Eines besteht zum Beispiel in der Selbstlosigkeit dessen, der da stellvertretend für die Restitution der verbürgten Rechte sein Leben — vermeintlich — aufs Spiel setzt; bei der Berufsgruppe der 'ambulanten Vergelter', die von außen und scheinbar zufällig in den Konflikt hineingeraten, äußert sich dies auch in der Zurückweisung jeder Belohnung oder Bezahlung:

> " '... ich arbeite nicht für Geld. Ich bin kein Revolvermann, der für andere Aufträge erledigt!' "[97]

Der Held ist nicht in dem Sinne autonom, daß er für sich und seine Partei Recht nach eigenem Gutdünken setzt, sondern insofern er als Antrieb seines Handelns nur die subjektiv erfahrene und hingenommene Verpflichtung vor den natürlichen Grundrechten kennt und als Instanz der Verantwortung für dieses Handeln nur sein Gewissen, in dem — aufgrund des personalisierten Naturzustandes — die Vernunft als das Gesetz der Natur unmittelbar herrscht. Solche aufs Objektive pochende Autonomie verrät sich aber allein schon dadurch als parteiisch, daß der Kanon der Naturrechte durch ein ganzes Arsenal offenkundig zeitgebundener Rechtsnormen angereichert wird — vom 'ritterlichen Verhalten' gegenüber den Frauen nach Maßgabe viktorianischer Moral bis hin zur Einschätzung einer 'Beleidigung' als 'Ehrenkränkung', ganz abgesehen von Grundsätzen einer kleinbürgerlich verengten kapitalisti-

schen Wirtschaftsordnung. Die ideologische Funktion der Naturrechtslehre des revolutionären Bürgertums ließe sich wie gesagt
auch an den Verunreinigungen und Unentschiedenheiten disku-
tieren, die eine rückprojizierte Mobilisierung von Naturrecht im
Western präsentiert.[98]

Mit einem Zwillingswiderspruch ist der Western durch Naturrecht
geschwängert, so lautet der ideologiekritische Befund. Entsprechend unverkennbare Züge tragen die Ambivalenzen, die das Genre
mit seinen Aussagen über positives Recht und bürgerliche Ökonomie enthält. Ganz abgekürzt soll das hier noch erwähnt werden.
Oben war schon vermerkt, daß im klassischen Typus des Western
der beanspruchte Naturzustand nur inmitten einer strukturell bereits entfalteten bürgerlichen Gesellschaft fingiert werden kann.
Beim Zitieren der beispielhaften historischen Ära läßt sich der Charakter der realen sozio-ökonomischen Triebkraft nicht verleugnen,
die auch die amerikanische Pioniergeschichte im 19. Jahrhundert in
Bewegung hält. Daher führt der Western fast stets das 'bürgerliche
Geschäft' vor, er legitimiert es auch mit Naturrecht, aber er will
von der immanenten Dynamik solcher Ökonomie nichts wissen,
hält sie auf der Stufe des kleinen Handels fest. Ausdrücklich bestätigt er "die Rechte eines freien Kaufmanns in einem freien Land"[99].
Aber ebenso unnachgiebig und erbarmungslos, wie das von Locke
proklamierte Grundrecht auf Eigentum verteidigt und seine Verletzung vergolten wird, ebenso durchgängig ist das Recht auf 'un-
beschränkte Akkumulation', das Locke aus seiner Legitimation von
Besitz aus Selbsterhaltung durch Arbeit weiterschreitend gefolgert
hatte, im Western angezweifelt. Die nimmersatten Bankiers, Händ-
ler, Großrancher sind stets auf der Seite der 'Bösen', wenn nicht
ihre gute Seele durch einen Schurken nur verführt ist und sie sich
schließlich noch des Besseren besinnen. Wer viel Geld und Besitz
hat, ist im Western von vornherein verdächtig, selten signalisiert
die literarische Präsentation eines Großranchers oder mächtigen
Bankiers den 'guten Menschen'.[100] Entsprechend wird die Verzicht-
moral zugemutet, die schon allemal die Bescheidung beim kleinen
Glück pries und akkumulierten Besitz dadurch schützte, daß man
den Mächtigen mit Unglück und schwarzer Seele von selbst ge-
straft sein ließ — die Tochter des irregeleiteten Großranchers erklärt:

" 'Reichtum ist nicht alles. Ich kann gut von schlecht unterscheiden.' "[101]

Und die Kapitalistenmaxime "Aber Geschäft ist Geschäft"[102], die rücksichtslose und unweigerlich ins Verbrechen führende Praktiken benennt, kann im Western nur ein 'Böser' aussprechen. Das aber heißt nicht, daß die 'guten Menschen' keine Geschäfte treiben, im Gegenteil, der Held kämpft auch "im Interesse des ehrlichen Rindergeschäfts"[103]. Die Unterscheidung zwischen Geschäft und Geschäft, die in diesem Zitat so als Moral daherkommt, ist nach dem Westernschema denkbar einfach: Die von Besitzgier Verdorbenen, die von Reichtum Besessen verschaffen sich ihr ins 'Unmäßige' vermehrtes Eigentum allemal durch Verbrechen — Viehdiebstahl, Geldraub, Erpressung, Betrug und so weiter.[104] Der Western will nicht wahrhaben, daß die Prinzipien des 'Geschäfts', die er als naturrechtliche unerbittlich eingehalten wissen will, auch auf 'ehrliche Weise' zur ursprünglichen Akkumulation und weiter auf der kapitalistischen Stufenleiter führen können. Erleichtert wird solcher ökonomischer Selbstbetrug dadurch, daß im Genre fast ausschließlich agrarische Produktion und kleiner Handel vorkommen; Industrie ist allenfalls gelegentlich zu ahnen, wenn etwa die Schlachthöfe der großen Städte erwähnt werden. Und nicht Lohnarbeit — wie die der Cowboys — gilt als verwerflich, folglich auch nicht Besitz von Produktionsmitteln, sondern nur 'Unmäßigkeit', die zur verbrecherischen Bereicherung führt.[105] Wie gehabt soll derart die Charaktermaske des 'besitzgierigen' Kapitalisten die Eigengesetzlichkeit der Produktionsweise verbergen, Eigentum scheint eine Frage der Moral. Kleinbürgerlich zwiespältig bleibt so die Inkriminierung des 'Reichtums'; nicht die Wirtschaftsordnung schafft Unrecht, sondern nur die 'bösen Menschen' — es lohnte sich, der Bedeutung dieses Elements für die Rezeption der Massenliteraturware Western empirisch nachzuforschen.

Gleiche Unentschiedenheit wie gegenüber den ökonomischen Prinzipien legt das Genre vor dem positiven Recht an den Tag. Denn einerseits wird die Notwendigkeit staatlich fixierten und durchgesetzten Rechts zugestanden, noch während man den unvollständigen Naturstand ausruft und durchspielt. Von solcher resignativen Bestätigung frühbürgerlicher Gesellschaftstheorie war schon die Rede. Und ihr folgend, kann es im Western so scheinen, als fielen natürliches Recht und geschriebenes Gesetz zusammen, so daß der Held verkündet:

" 'Ich bin allein — ganz verdammt allein und einsam. Und ich soll dieser Stadt dort unten das Gesetz bringen.' "[106]

Aber das ist metonymische Redeweise — denn in der Stadt, in der es 'noch kein Gesetz gibt', ist sehr wohl ein Sheriff tätig, dessen stereotype Präsentation im Western lautet "Ich bin das Gesetz in diesem Country".[107] Und es gibt die Einrichtung des Geschworenengerichts und ein gültiges Gesetzbuch. Was der zitierte Satz in seinem Kontext mitteilt, signalisieren Fabel und Personenbestand durchweg im ganzen Genre: Nicht nur ist es an der fiktiven 'frontier' oftmals schwierig, die staatlich festgeschriebene Rechtsnorm auch durchzusetzen; sondern das Gesetz selber ist mißbräuchlich, korrumpierbar, mit seiner Hilfe lassen sich die unaufgebbaren Grundrechte nicht sicher wahrnehmen. Deshalb ja muß der Mensch im Naturzustand, der Held, tätig werden. Es enthalten die Western eine ganze Galerie von unfähigen, mit Verbrechern kollaborierenden Sheriffs, von bestochenen, erpreßten, meineidigen Geschworenen, ganze Kataloge mit unrechtlichen Urteilen, ungesetzlichen Maßnahmen der Beamten, mit Fällen der ausbleibenden oder verhinderten Wirksamkeit des positiven Rechts. Gelegentlich geht ein Autor sogar so weit, die angezweifelet wirtschaftliche Macht der 'Bösen' und das gültige Gesetz zu verkoppeln:

> " '... das ist die Art und der Stil dieser großen Weidepiraten. Erst rauben sie sich alles zusammen. Und dann, wenn sie große und einflußreiche Männer geworden sind, dann schützen sie mit Hilfe des Gesetzes ihren zusammengeraubten Besitz." [108]

Und der Rechtsbruch unterm Deckmantel der Gesetzestreue ist die äußerste Herausforderung an den Helden als den Renovator wirklichen, unverbrüchlichen Rechts:

> "Denn es war für ihn nichts schlimmer als das schleichende Verbrechen, das Unrecht in der Maske bürgerlicher Ehrenhaftigkeit." [109]

Unentschlossen zwar, aber doch wahrnehmbar scheint so das Genre Einsicht in die Geschichte des Rechts in der bürgerlichen Gesellschaft mitzuteilen, doppelte historische Erfahrung lange nach vorrevolutionärer Naturrechtsproklamation:

> "Das aufsteigende Bürgertum hatte in seinem Naturrecht oft nur sich selber idealisiert, aber dann, als arriviertes, hat es sich mit Anti-Naturrecht lediglich smart gemacht, klar zum Profit, oft zynisch." [110]

Ernst Bloch richtet seine Deutung auf den Rechtsgehalt, das aber tut der Zweifel am positiven Recht im Western nicht. Er transportiert zwar gesellschaftliche Erfahrung mit dem Mißtrauen an Wirksamkeit und Widerstandsfähigkeit gegen Mißbrauch, nicht jedoch gilt der Einspruch dem Inhalt des geltenden Gesetzes. Das kann zum unüberwindlichen Widerspruch zwischen notwendiger Vergeltung um des natürlichen Rechts willen und Gültigkeit des geschriebenen Gesetzes führen:

> Im Verlauf des Konfliktes wird der Held gezwungen, den korrupten Sheriff zu töten, der Helfer und Mitglied der Verbrecherbande ist. Ein Freund gibt dem Helden zu bedenken:
> " 'Er ist von den Bürgern dieses County zum Sheriff gewählt worden. Er ist in diesem Gebiet Beamter des Gesetzes.' "
> Für den Helden gibt es keinen Ausweg, er erschießt den Sheriff, wobei er ihn zum Duell regelrecht zwingen muß. Danach verläßt er die Stadt. Seiner Braut, die ihn in der Ferne findet, sagt er: " 'Du weißt, ich bin ein Geächteter.' "
> Seine alten Freunde aber stellen fest: " '. . . was Brazos auch getan hat, ist gerechtfertigt." [111]

Durch sein Verhalten — den Weg in die Ferne — bezeugt der Held selbst, daß das Gesetz als solches gültig bleibt, auch wenn es durch einen Verbrecher 'vertreten' wird; obwohl die Wiederherstellung fundamentalen Rechts fordert, den Sheriff als Rechtsbrecher zu töten, ist der Vollstrecker 'geächtet'. Rechtfertigung erfährt er allein in den persönlichen Beziehungen: Das 'happy end' tilgt nicht die Schuld vor dem positiven Recht, zeigt aber die Legitimation auf der Ebene von Naturrecht an. Ein solch ungewöhnlicher Fall im Western kehrt die Ambivalenz gegenüber dem 'geschriebenen Gesetz' hervor, die meistens umgangen wird: Gegen mißbrauchtes, wirkungsloses fixiertes Recht muß Naturrecht mobilisiert werden, das aber den gültigen Inhalt des Gesetzeskodex' nicht aufhebt. Wiederum resultiert aus der Widersprüchlichkeit der aufgebotenen Kritik die Affirmation des Bestehenden.

Anzumerken ist noch, daß sich im Western zwischen beanspruchtes Naturrecht und geltendes geschriebenes Gesetz ein drittes schiebt, eine Art Gewohnheitsrecht, unscharf oft und schwer zu bestimmen. Es betrifft die besondere Lebenspraxis der nachgedichteten Phase amerikanischer Pioniergeschichte, gilt also der Landnahme und Naturaneignung, besonders aber der Nutzung von Weide und Wasser.

> Ben Ide ist Wildpferdjäger und stellt seit langem einem besonders schönen wilden Rotfuchs-Mustang nach, den aber auch andere für sich einfangen möchten.
> "Aber von Rechts wegen gehörte der Hengst ihm — nach dem Recht

der Entdeckung, denn er hatte den Rotfuchs zuerst auf der Weide gesehen und durch all die Jahre des Wartens und der Sehnsucht verdient." [112]

Solches 'Recht' ist nicht einklagbar, wohl aber kann seine Verletzung den Konflikt mit auslösen. Gleichen Charakter haben die tradierten, ungeschriebenen Weide- und Wasserrechte:

" '... sicherlich kennst du das Gesetz der Wasserrechte. Danach gehört dem Besitzer des Wassers, wenn ohne sein vorheriges Wissen Rinder an sein Wasser geschickt werden, jedes zehnte Rind als Buße! ... Das ist altes Weiderecht! Altes Wasserrecht!' " [113]

Ob historisch verbürgt oder nicht, derartige durch Tradition legitimierte Regelungen ließen sich als Ableitungen aus proklamiertem bürgerlichen Naturrecht deuten, als zeit- und umweltbedingte Positivierungen vor allem des Grundrechts auf Selbsterhaltung durch Arbeit und damit auf Eigentum, wie Locke es exemplarisch lehrte. Die 'alten Rechte' markieren den halben Weg vom Naturrecht zum staatlich garantierten Gesetz — für die Pioniergeschichte wäre das am Beispiel der 'Homestead-Act' zu demonstrieren. Im Western dient die dritte, mit dem Ende beschworene Ära absterbende Klasse von Rechten vor allem der historischen Kolorierung. Sie gehört wie die Landschaftskulisse, der Kleiderfundus, der Bestand an Personentypen zu den Requisiten, mit denen im Genre für den aufbereiteten Geschichtsabschnitt die Illusion der Authentizität hergestellt wird. Indem sie zugleich auf Naturrecht als Basis zurückweisen und kodifiziertes Gesetz als Notwendigkeit ankündigen, müssen die 'alten Rechte' aber auch für jene Zwiespältigkeit einstehen, mit der die Rechtsverhältnisse wie das ganze Normensystem im Western ihren ideologischen Gehalt anzeigen.

3. Große Natur, verläßliches Innen — Rundblick und Epilog

> *Einer hat es in sich. Er meint zu spüren, was recht ist.*
> *Ernst Bloch, Naturrecht und menschliche Würde*

Naturzustand und in ihm geborenes Recht denken zurück, hin zu einer verläßlichen Meisterin Natur. Deshalb hatte Paine, als er die amerikanische Gesellschaft zur idealen erklärte, anders als Rousseau zielend dennoch fast gleichlautend mit ihm erklärt, "daß der Mensch zur Natur zurückkehren muß, um Unterricht zu suchen"[114]. Die erfahrbare Naturgegenständlichkeit in Amerika pries er als erhaben und gewiß. Um es kurz zu machen: Bereits das vorrevolutionäre bürgerliche Naturrecht setzt den Glauben "an natürliche *Unbeflecktheit* außerhalb des Menschen, an *natura immaculata*" voraus.[115] Und gleichermaßen ist die Geschichtslosigkeit des Korrelats mitgedacht, "die Vergötzung einer angeblich *unwandelbaren und normativen Gesamtnatur*"[116]. Bürgerlich meint daher Rückkehr zur Natur und Mobilisierung von Naturrecht die Besinnung aufs ewig gleiche Eigentliche und Gerechte, die kritische Emphase zielt auf Legitimation des Grundes eben bürgerlicher Gesellschaft als der angeblich übergeschichtlich-natürlichen. "Die naturrechtlichen Bestimmungen wurden am Ort, nicht aus der Geschichte entwickelt, als darin angelegte, sich entwickelnde. Sie wurden vielmehr von oben herab, von einer fetischistisch vorgeordneten Natur her, ans Bestehende herangebracht, als *Ideale*."[117] Unfehlbarkeit, Gerechtigkeit und Beständigkeit der äußeren Natur gehen in den Menschen ein, der auf sie zu hören vermag — so will es bürgerliche Gesellschaftslehre, die Naturrecht reklamiert, wie bei Paine: "Die Natur erscheint ihm in ihrer Größe. Die erhabenen Gegenstände um ihn her erweitern seine Seele, und ein Teil der Größe, die er ansieht, geht in ihn selbst über."[118]

Von diesen Prämissen aus erweisen sich ganze Ketten von literarischen Standards des Western als zwangsläufige Folge dessen, daß er einen wenn auch unvollständigen Naturzustand fingiert. Einige der Prägestücke seien hier nur rasch abgetastet. Daß der Held in Übereinstimmung mit der 'unwandelbaren und normativen Gesamtnatur' denkt und handelt, wird mit einem umfunktionierten literarischen Klischee bewiesen: der Entsprechung von Gemütsverfassung, Gedanke, Tat und Erscheinung der Natur oder Geschehen in ihr. Am schematischsten bewerkstelligt das die "meteorologische Parallele", die Koinzidenz vom 'Helden und seinem Wetter'.[119] Die Mechanik des Beweises kann so stark überstrapaziert werden, daß dem Autor offensichtliche Fehler unterlaufen.

Im Kampf muß der Held ungesehen ein Gelände überqueren. "Die Nacht war ungewöhnlich dunkel, Wolken verhüllten die Sterne. Jean konnte, wie ein Indianer, im Dunkeln ausgezeichnet sehen. Er kannte die Umgebung genau, und er wartete die Schüsse der Viehdiebe ab, ehe er weiterschlich."

Augenblicke später hat er die Deckung erreicht. Er hebt das Gewehr, um auf die Gegner zu feuern — da kommt ihm erneut zu Bewußtsein, daß er unter den Feinden womöglich den Vater des Mädchens tötet, das er liebt.

"Als er zu den schimmernden Sternen emporschaute, überfiel ihn das Bewußtsein der eigenen Winzigkeit in der Unermeßlichkeit des Alls. Was bedeutete er, und was bedeutete sein rachsüchtiger Vater? Was hatten Haß und Kampf und Leidenschaft für eine Bedeutung angesichts des unbestimmbaren, mächtigen Gefühls, das ihn in diesem Augenblick beseelte?" [120]

In Minutenschnelle muß sich die Nacht völlig verändern, um der Forderung nach Übereinstimmung des Helden mit der äußeren Natur zu genügen. Ein anderes, für den Western besonders typisches Indiz zum gleichen Sachverhalt ist das Verhältnis des Helden — und auch seiner Gegner — zu den Pferden: Der Held behandelt sein Pferd rücksichtsvoll, und es herrscht ein geradezu magisches Einverständnis zwischen dem Tier und seinem Reiter; sogar fremde Pferde spüren sofort diese 'Naturverbundenheit':

" 'Oh, es ist ein wunderbares Tier — ein Rotfuchs! Natürlich war er auch einst ein Wildpferd! Ich sehe das in seinen Augen. Aber er weiß, daß ich ihm nicht weh tun werde!' " [121]

Wo solchermaßen bewiesen ist, daß der Held bei seiner Vergeltung nach natürlichem Recht stets unmittelbar zur Natur steht, leuchtet auch ein, daß die mit ihrer Unfehlbarkeit, Gerechtigkeit, Unwandelbarkeit 'in ihn übergegangene' Natur mit ihrer Stimme in ihm spricht: So wird das Versatzstück von der 'instinktiven Sicherheit' und der 'unfehlbaren Ahnung' des Helden eingebunden in den ideologischen Rahmen. Jedes Stück der Massenware Western-Roman bietet Dutzende von Belegen für dieses Klischee, kaum variiert kommt es allenthalben vor — der 'gute Mensch' denkt, handelt richtig, auch wenn er zugeben muß:

" 'Ich kann das nicht erklären. Es ist das, was ein Cowboy eine Ahnung nennt.' " [122]

Mit dieser 'Ahnung' ist der Held den bloß auf ihren 'Verstand' Angewiesenen bereits überlegen —

"Immer, wenn er in eine Situation kam, die anderen ausweglos er-

schien, verließ er sich auf seinen Instinkt und auf seine treue Stute
Satana . . ."
"Noch bevor sein Verstand zu arbeiten begann, hatte sein Instinkt
schon entschieden." [123]

Und noch bevor er die Rechtsbrüche der Verbrecher genau kennt,
ist er ihrer schon sicher —
". . . er fühlte, daß hier etwas nicht stimmte." [124]

Daher kann sich der Held sowohl bei der Verfolgung der 'Bösen'
wie bei der Zumessung der Strafe nach dem Naturrecht auf sein
'Rechtsgefühl' verlassen, selbst die Gegner müssen ihm das zuge-
stehen:

"Bill Logan kennt aber auch das tiefeingewurzelte Gerechtigkeitsgefühl
in Lincoln Donovan." [125]

Die "antirationale Einstellung", die Davids richtig am Western
ausmacht[126], ist eine Konsequenz der Fundierung des ideologischen
Gesamtmusters in bürgerlichem Naturrecht: Wenn der Held wirklich die naturgegebenen Rechte durchsetzt, muß er mit der unver-
änderlich, normativ, gerecht und fehlerlos gedachten Gesamtnatur
korrespondieren. Sie wirkt in ihm, so daß er sich auf 'instinktive
Regung' und 'Gefühl' verlassen kann. Das gefolgerte Rechtsempfinden kennt nichts von der Zweifelhaftigkeit eines gesellschaftlich
modellierten 'Rechtsgefühls', gerade Verläßlichkeit soll suggeriert
werden, wo realiter die Deformation nicht mehr begriffen wird.[217]
Auch hier rückwärtsgewandte Utopie — das 'unfehlbare Rechtsgefühl' des Western-Helden ist dieser Sorte Literatur nur als vergangenes, unwiederbringliches beschreibbar. Daß 'Gefühl fürs Recht',
statt Wissen um die gesellschaftlichen Voraussetzungen von Gerechtigkeit anvisiert, überhaupt nur die Richtigkeit aller möglichen
Vorurteile — bis hin zu den "rohesten und schäbigsten"[128] — einzureden erlaubt, hat auf einem anderen Blatt zu stehen.
An dieser Stelle ist abzubrechen, das analytische Panorama des
Western-Romans bleibt vorerst nur stückweise ausgeführt. Nicht
nur nach den Rändern hin fehlen ihm noch die Konturen; genauer
müßte der ideologische Mittelgrund mit seinen Schattierungen gezeichnet werden. Entworfen waren fernerhin Abschnitte über Mo-
ralnormen, insbesondere über die Sexualmoral im klassischen Western und ihre entlarvende Antithetik zu natürlichem Recht; mit-
hin auch über die 'viktorianische Jungfrau' und die Frauen des

Genres überhaupt, ihre Rollen im Konflikt und ihr Verhältnis zur Natur; über Familienmodell und daran angebundene anthropologische Ideologeme; über den Personenbestand im einzelnen, zum Beispiel die uneinheitliche Darstellung der Indianer; über Rolle und Leitfunktion der Zentralgestalt Cowboy. Anzuschließen hätten sich Passagen mit Untersuchungen über das Phänomen der Gewalt im Western im Bezug auf die vorgeführte Ära und auf Zeitgeschichte, über den Freiheitsbegriff. Dies alles betrachtet nicht nur auf seinen ideologischen Gehalt hin, sondern auch und schärfstens bezogen auf die Erscheinungsform der Texte — Fabel, Komposition, Sprache, Standardelemente und so fort —, wie es gerade die letzten Seiten dieser Studie anzudeuten versuchten. Denn obwohl allen voran Jens-Ulrich Davids eine Menge der Bestandteile des Western-Musters gesehen und beschrieben, auch dem eingebetteten Gehalt nachgefragt hat, blieb bisher vieles Benannte unverbunden. Nichts weniger beanspruchen die hier vorgelegten Thesen, als das ideologische Fundament des genuinen Western-Konstrukts freigelegt zu haben, so daß nun das tragende Gerüst sichtbar wird und sich das Zusammenspiel auch der Oberflächenelemente erkennen läßt, ja deren begreifende Identifikation erst zu Gebote steht. Damit ist beileibe nicht behauptet, daß sämtliche der wesentlichen Merkmale des klassischen Western aus dem einen zentralen Ideologiekomplex einfach herauszuzentrifugieren wären. Zu offenkundig sind stereotype Gestaltungsprinzipien von außen herangeholt, will sagen: aus anderen trivialliterarischen oder kunstliterarischen Genres, aus deren Traditionen übernommen — etwa die Melodramatik der Liebesszenen, die Mittel der Naturverklärung. Zu deutlich auch sind Inhalte beigemengt, die nicht aus den Ablagerungen bürgerlicher Naturrechts- und Gesellschaftslehre stammen — zum Beispiel die häufige Thematik der Sühne für vergangene Verfehlungen, womöglich von puritanischem Sedimentgut her. Auch derlei hätte die analytische Anstrengung zu gelten, wie sehr dann erst der Vermittlung all dessen mit dem Befund an der verwerteten Pioniergeschichte und an dem gegenwärtigen Gesellschaftszustand. Im Blick auf diesen müßten nicht zuletzt die Sproßformen des neueren Western gedeutet werden, in denen Bausteine des klassischen Musters herausgelöst und zu scheinbar selbsttragendem Material gemacht werden, wie im Porno- oder im Grusel-Western. Schließlich stünde denn doch auch die unendlich heikle Frage an, wie ermittelter 'objektiver gesellschaftlicher Gehalt' und begriffene Erscheinungsform sich zu den konkreten Bedürfnissen der Konsumenten diesei Literaturware verhielten. Gewiß nicht unwichtig, so sei am Schluß zu vermuten erlaubt, ist für die Rezeption der Ausgang der Handlung im klassischen Western: Der Held bekommt sein geliebtes, jungfräuliches Mädchen und macht sie zur "Mutter seiner Kinder"[129]; auf kleinem Besitz findet er zur ersehnten Ruhe — wofern ihn nicht die Serienproduktion zum Weiterreiten und Weiterschießen zwingt. Von Gefährdung und Strapaze im zugemuteten Naturzustand fort will er allemal schon ins kleinbürgerliche Glück — so tauscht am Ende der Western seine widersprüchliche Illusion von Naturrecht inmitten bürgerlicher Gesellschaft ein gegen die bürgerliche Illusion vom rechten Leben inmitten der gesellschaftlichen Widersprüche.

Anmerkungen

[1] Ein ausführliches Einleitungskapitel, in dem das angewandte Verfahren einer 'qualitativen Inhaltsanalyse' in ideologiekritischer Absicht methodologisch erörtert und Tendenzen der literaturwissenschaftlichen Diskussion um Trivialliteratur auf das Erkenntnisziel hin gemustert wurden, mußte wegen Platzmangels fortfallen.

[2] Davids, J. U.: Das Wildwest-Romanheft in der Bundesrepublik, Tübingen ²1975 (Untersuchungen des Ludwig-Uhland-Institut der Universität Tübingen Bd. 24). — Nach einer Auszählung von Davids, 65 f., sind nur 34 % der 'Helden' der Berufsgruppe 'Polizeibeamte' zuzurechnen; in 60 % der Fälle sind es Privatleute, die auf verschiedene Weise in den Konflikt einbezogen werden, 6 % machen in dieser Typologie die 'ambulanten Helfer' aus.

[3] Hangster, P.: Du entgehst der Kugel nicht, Moewig-Western Nr. 126, 57.

[4] Unger, G. F.: Die letzte Stadt, Bastei Western-Bestseller Nr. 129, 5.

[5] Ebd., 29.

[6] Die Verallgemeinerung für das gesamte Genre, die eine solche Deutung enthält, kann in den Grenzen eines Aufsatzes nicht durch die statistische Auswertung einer großen Masse von Western-Romanen gestützt werden. Auch für eine qualitative Inhaltsanalyse wäre das bei generellen Aussagen über ein Genre nötig (vgl. dazu Ritsert, J.: Inhaltsanalyse und Ideologiekritik. Ein Versuch über kritische Sozialforschung, Frankfurt/Main 1972, 55 ff.). Im folgenden werden also jeweils Zitate angeführt, die eine aus umfangreicher Lektüre erschlossene Tendenz exemplarisch belegen sollen, ohne daß die Beispielhaftigkeit exakter nach-

gewiesen werden könnte. Der methodologische Mangel ließe sich nur durch eine umfangreiche Untersuchung beheben.

[7] Kölbl, K.: So long. Neuzeit-Wildwest Nr. 58, 41.

[8] Über die Unstimmigkeiten aufgrund fehlenden Wissens beim Autor der 'Conny-Cöll'-Serie s. Davids, Wildwest-Heftroman, 219 f.

[9] Kölbl, So long, 41.

[10] So huscht Piwitt über das zentrale Problem hinweg, wenn er die "verbürgte gute Sache, die Gewaltanwendung rechtfertigt", darin verankert sieht, "daß der Mann des Gesetzes im Grunde widerwillig, aber um des Gesetzes willen oder aus Notwehr zur Waffe greift". (Piwitt, H. P.: "Atavismus und Utopie des 'ganzen' Menschen. Zum Wildwestroman" in: Schmidt-Henkel, G. u. a. (Hrsg.): Trivialliteratur. Aufsätze. Berlin 1964, 23–30, hier 27 f.). Oft ist es eben kein 'Mann des Gesetzes', der da rechtens tötet, und es geht nicht immer um Verletzung eines fixierten Gesetzes.

[11] So Baier, L.: "Redliche Männer und die guten Dinge der Frauen. Der Western: Ein Erbe des historischen Romans — Beobachtungen an einem heroischen Genre der Trivialliteratur" in: Frankfurter Allgemeine Zeitung, 8. 6. 1971.

[12] Davids, Wildwest-Romanheft, 15.

[13] Der Begriff gibt hier die Projektion einer Reihe alter Mythologeme und religiöser bzw. geschichtsphilosophischer Postulate auf Amerika, insbesonders die Vereinigten Staaten, an; das entstehende Syndrom wird dann von den USA aus als angeblich realisierter 'Traum der Menschheit' nach Europa zurückgespiegelt und realgeschichtlich auch wirksam (vgl. die Auswandererbewegungen); in den USA lebt im Ideologem des

" . . . er fühlte, daß hier etwas nicht stimmte." [124]

'american dream' mit geradezu gespenstischer Kraft weiter. Dazu Escherig, M.: Die Aktualisierung der Mythen vom Goldenen Zeitalter, vom Gelobten Land und vom Paradies. An ausgewählten Beispielen. Teil I. (Mag. Masch.) Berlin 1975; Bach, W.-D.: "Amerca rasa. Vom Mythos des Neuen Anfangs" in: Sprache im technischen Zeitalter 54 (1975), 126–146.

[14] Davids, Wildwest-Romanheft, 135.

[15] Zu den 'Weidekriegen' vgl. etwa Monoghan, J. (ed.): The Book of the American West, New York 1963, 283 ff.; Stammel, H. J.: Das waren noch Männer. Die Cowboys und ihre Welt, Reinbek 1973, 205 ff.

[16] Davids, Wildwest-Romanheft, 136.

[17] Ebd., 137.

[18] Unger, G. F.: Die Texas-Herde. Bastei Western-Bestseller Nr. 109, 63.

[19] Genauer müßte untersucht werden, ob der deutsche Western-Roman hier unter Umständen charakteristische Differenzen zum amerikanischen aufweist. Zur Entwicklung der deutschen Spielart vgl. Davids, Wildwest-Romanheft, 47 ff.

[20] Über die Herkunft des Schemas in der Trivialliteratur-Diskussion vgl. Bürger, Ch.: Textanalyse als Ideologiekritik. Zur Rezeption zeitgenössischer Unterhaltungsliteratur, Frankfurt/Main 1973, 21; die Dichotomie ist sehr verbreitet − s. etwa Nusser, P.: Romane für die Unterschicht. Groschenhefte und ihre Leser, Stuttgart 1973, 28, 51 ff., 79 ff.

[21] Davids, Wildwest-Romanheft, 138.

[22] Ebd., 145.

[23] Ebd., 253: "So lernt der Leser, daß die Herrschenden die Richtenden und im Recht sind; Ausbruchsversuche sind nicht nur sinnlos − weil die Ingroup siegt − sondern auch moralisch nicht zulässig . . ."

[24] Ebd., 305, unter Berufung auf Stammel, Männer, 13 (vgl. auch Stammel, H. J.: Der Cowboy. Legende und Wirklichkeit von A bis Z. Ein Lexikon der amerikanischen Pioniergeschichte, Gütersloh 1972, 173 f.).

[25] Dazu Escherig: Die Aktualisierung der Mythen, passim.

[26] Habermas, J.: "Naturrecht und Revolution" in: Habermas: Theorie und Praxis, Frankfurt/Main 1971, 89−127, hier 98 ff., 110 ff.

[27] Macpherson, C. B.: Die politische Theorie des Besitzindividualismus. Von Hobbes bis Locke. Frankfurt/Main 1973, 236: ". . . daß Lockes Naturzustand eine merkwürdige Mischung von historischer Imagination und logischer Abstraktion aus der bürgerlichen Gesellschaft ist."

[28] Locke, J.: Zwei Abhandlungen über die Regierung, hrsg. v. W. Euchner, Frankfurt/Main/Wien 1967. II. Abhandlung §§ 4 ff. 25 ff. (Seite 201 ff., 217 ff.); dazu Habermas, Naturrecht, 99 ff.; Macpherson, Theorie, 224 ff.

[29] Locke, II. Abhandlg., §§ 27 f. (Seite 218 f.).

[30] Ebd., § 36 (Seite 223).

[31] Macpherson, Theorie, 229 ff., 249, 265 ff.

[32] Den Widerspruch arbeitet besonders Macpherson heraus (Theorie, 271 ff.): "Es war letzten Endes Lockes Verständnis seiner eigenen Gesellschaft, das doppeldeutig und widersprüchlich war, und es hätte kaum anders sein können. Es spiegelte sehr genau die Ambivalenz des aufsteigenden Bürgertums wider, das formale Gleichheit der Rechte forderte, aber substantielle Ungleichheit der Rechte brauchte." (277 f.). S. auch die Einleitung von Euchner, ebd., 31 ff.

[33] Locke, II. Abhandlung, vor allem §§ 119 ff. (280 ff.).

[34] Habermas, Naturrecht, 99, 109 f.; Macpherson, Theorie, 291 ff.

[35] Habermas, Naturrecht, 110, 113 f. (über die Unterschiede zwischen der französischen und der amerikanischen naturrechtlichen Begründung von Revolution und Demokratie ebd., 107 ff., 111 ff.; vgl. Paine, Th.: Die Rechte des Menschen, hrsg. v. Th. Stemmler, Frankfurt/Main 1973. Teil II, 194 ff.).

[36] Habermas, Naturrecht, 100; vgl. Paine, Rechte, 197: "Alle großen Gesetze der Gesellschaft sind Gesetze der Natur. Die des Handels und Gewerbes, sei es in Betracht des Verkehrs zwischen Einzelnen oder zwi-

schen Nationen, sind Gesetze des gegenseitigen Vorteils. Man befolgt sie und gehorcht ihnen, weil es der Vorteil der Parteien mit sich bringt, nicht aber, weil die formellen Gesetze ihrer Regierungen sie auflegen oder gebieten."

[37] Dies wird, vor allem für die Verfassungskonzeption der USA, in aller Ausführlichkeit und mit enormer ideengeschichtlicher und historiographischer Akribie, ausgeführt von Escherig, Die Aktualisierung der Mythen.

[38] Vgl. Habermas, Naturrecht, 112 ff. Über die charakteristische Abwandlung dieses Postulats nach dem Ende der Pioniergeschichte kann hier nicht gehandelt werden. Daß es aber fortwährend verkündet wird, kann man z. B. an den Reden der Präsidenten ablesen, exemplarisch bei Kennedy oder auch Johnson (s. Präsident Johnson, L. B.: Ziele für Amerika oder Der Weg der Vernunft. Reinbek 1964).

[39] Paine, Rechte, 190.

[40] Macpherson, Theorie, 268 ff.; Habermas, Naturrecht, 103.

[41] Auch Locke kennt diese 'Belehrung des Menschen durch die Natur'; er vermag ihre Wirksamkeit zur Konstitution der Gesellschaft aber nicht durchzuhalten, s. Macpherson, Theorie, 270 f.; vgl. Locke, II. Abhandlung, § 6 (202).

[42] Vgl. Paine, Rechte, 84.

[43] Ebd., 82.

[44] Ebd., 83; vgl. Habermas, Naturrecht, 99.

[45] Paine, Rechte, 195: "Sobald die förmliche Regierung abgeschafft ist, fängt die Gesellschaft an zu wirken. Es tritt eine allgemeine Verbindung ein, und gemeinschaftliches Interesse bringt gemeinschaftliche Sicherheit zuwege."

[46] Dazu vor allem Beard, Ch. E.: Eine ökonomische Interpretation der amerikanischen Verfassung, Frankfurt/Main 1974 (zuerst erschienen 1913); Gerstenberger, H.: Zur politischen Ökonomie der bürgerlichen Gesellschaft. Die historischen Bedingungen ihrer Konstitution in den USA, Frankfurt/Main 1973.

[47] Beispielhafte Darstellung bei Smith, N. H.: Virgin Land. The American West as Symbol and Myth, Cambridge/Mass. 1950.

[48] Turner, F. J.: The Frontier in American History, New York 1958 (zuerst 1920), bes. das 1. Kapitel mit dem genannten Titel, 1–38. Der Ausdruck 'amerikanische Ideale' spielt an auch auf Perry, R. B.: Amerikanische Ideale, 2. Bde., Nürnberg 1947.

[49] Branch, E. D.: Westward. The Romance of the American Frontier, New York and London 1930, 569.

[50] Vgl. ebd., 562 ff.; Monaghan, American West, 9 ff.

[51] Zur Datierung s. etwa Stammel, Cowboy, 37 ff., 76.

[52] Die Traditionen bei Smith, Virgin Land; zur Verarbeitung s. Davids, Wildwest-Romanheft, 12 ff., und die dort angegebene Literatur, bes. zum 'Dime Novel', 25 ff.

[53] Turner, Frontier, 38.

[54] Vgl. Habermas, Naturrecht, 112 f.; Gerstenberger, Ökonomie, 161 ff.

[55] S. o. Anm. 39.

[56] Beispielhaft etwa mit J. F. Kennedys 'new frontier' oder F. Roosevelts 'new deal'; Eggebrecht, H.: "Auf der Suche nach dem 'Großen, Weißen Vater'" in: Sprache im technischen Zeitalter 54 (1975) 146–170, hier 149 f. Kennedys Rede z. B. bei U. Schwarz: J. F. Kennedy 1917–1963, Luzern/Frankfurt/Main 1964, 64.

[57] So formuliert just Turner: "American democracy was born of no theorist's dream; it was not carried in the *Sarah Constant* to Virginia, nor in the *Mayflower* to Phymouth. It came out of the American forest, and it gained new strenght each time it touched a new frontier. Not the constitution, but free land and an abundance of natural resources open to a fit people, made the democratic type of society in America for three centuries while it occupied its empire." (Frontier, 293).

[58] Zu Porters Film und den Folgen s. Rieupeyrout, J.-L.: Der Western. Geschichten aus dem Wilden Westen. Die Geschichte des Wildwest-Films, Bremen 1963, 37 ff.; French, Ph.: Westerns, London 1973, 12 ff.; Tuska, J.: "The American Western Cinema: 1903 – Present" in: Nachbar, J. (ed.): Focus on the Western, Englewood Cliffs N. J. 1974, 25–43. Zur literarischen Entwicklung s. Davids, Wildwest-Romanheft, 12 ff.

[59] Nicht die empirisch feststellbare Wirkung beim einzelnen Leser ist hier angespielt, sondern die Funktion des 'objektiven gesellschaftlichen Gehalts' für die Konstituierung des allgemeinen Bewußtseins – das wissenschaftlich nur als ein reales, aber nicht mit Oberflächenphänomenen identisches zu deuten ist.

[60] Schmidt-Henkel u. a., Trivialliteratur, 31 (editorische Zwischenbemerkung); diese Momente mögen alle auch mitspielen, gehören aber nicht zentral in den ideologischen Entstehungszusammenhang.

[61] Die Trennung von Sozialutopie und Naturrecht, die Bloch in der abendländischen Tradition erkennt, scheint mir gerade für den Fall der liberalen amerikanischen Gesellschaftslehre so strikt nicht zu gelten – für Paine fallen soziale und rechtliche 'Gleichheit' bzw. Idealverhältnisse zusammen, weil er die gleiche Naturgesetzlichkeit für Ökonomie, Recht und Staatsverfassung unterstellt, gewiß unter den Prämissen bürgerlicher Ideologie (s. o. Anm. 36). Für Sozialutopie, die über den bürgerlichen Entwurf hinausgeht, mag die Differenz zur Naturrechtsutopie zutreffen (Bloch, E.: Naturrecht und menschliche Würde, Frankfurt/Main ²1975, 13 f., 233 ff.).

[62] Davids, Wildwest-Romanheft, 83, 86 f., 91 f., 135 ff.

[63] Unger, Die letzte Stadt, 56.

[64] Macpherson, Theorie, 269 ff.; Koselleck, R.: Kritik und Krise. Eine Studie zur Pathogenese der bürgerlichen Welt, Frankfurt/Main 1973, 18 ff.

[65] Macpherson, Theorie, 271 ff.

[66] Locke, II. Abhandlung, § 6 (202); s. Macpherson, Theorie, 270.

[67] Locke, II. Abhandlung, § 10 (205); s. Macpherson, Theorie 270.

[68] Die Beschreibung der Standards bei Davids, Wildwest-Romanheft, 100 ff.

[69] Unger, Texas-Herde, 6 (der 'Böse' ist der oben erwähnte 'gentleman'! – s. Anm. 18).

[70] Slade, J.: Lassiter scheucht die Bandenchefin, Bastei-Lassiter Nr. 164, S. 7.

[71] Kölbl, So long, 40.

[72] Vgl. die Analyseansätze bei Davids, Wildwest-Romanheft, 297 ff.

[73] Locke, II. Abhandlung, §§ 87 ff. (256 ff.).

[74] Ebd., § 87 (257).

[75] Ebd., § 128 (285).

[76] Ebd., § 7 (203).

[77] Ebd., § 8 (203).

[78] Ebd., §§ 124 ff. (283 ff.).

[79] Grey, Z.: Bis zum letzten Mann. Heyne Western Classics Nr. 2701, München 1968, S. 42. Ich zitiere aus einigen Romanen von Grey, weil sich die Analyse auf das Modell des 'klassischen' Western konzentriert, der nach Wisters Initialerfolg mit den Romanserien von Grey, Max Brand und ihrer unmittelbaren Nachfolger zu Anfang des Jahrhunderts ausgebildet ist und dessen 'Renaissance' in der Bundesrepublik in den sechziger Jahren auch eine Veränderung der deutschen Produktion hin zum alten amerikanischen Vorbild indiziert. Zu dieser Entwicklung s. Davids, Wildwest-Romanheft, 31 ff., 218 ff.; auch Baier, Redliche Männer.

[80] Grey, Z.: Zwillingssombreros, Heyne Western Classics Nr. 2210 München 1969, 59. Über die stereotype Anbindung an historisch verbürgte Größen Davids, Wildwestromanheft, 93 ff.; schon Piwitt, Atavismus, 29.

[81] Hangster, Kugel, 57.

[82] Über Fähigkeiten und Ausstattung des Helden Davids, Wildwest-Romanheft, 71 ff. (bes. auch die Differenzierungen auf der 'Skala der Extrem-Qualitäten').

[83] Die Dialektik von Bedürfnisbefriedigung und Bedürfnismodellierung in der kapitalistischen Gesellschaft gerät aus dem Blick, wenn man – wie etwa Ch. Bürger – die Funktion von Trivialliteratur ausschließlich in Affirmation sieht: "Die Trivialliteratur ... verschleiert nicht nur gesellschaftliche Widersprüche, sondern sie verweigert jenes Gegenbild, von dem Bloch und Marcuse sprechen, sie ebnet noch den letzten, in dem Konsumenten sich regenden Widerspruch gegen das Bestehende

ein." (Bürger, Textanalyse, 28) Soll der Konsum dieser Ware nicht stag-
nieren, müssen die 'Widersprüche' der Rezipienten — die aufgrund der
Verhältnisse gar nicht 'ganz eingeebnet' werden können — gerade am
Leben gehalten werden, aber als solchermaßen bearbeitete, daß ihre Ursachen nicht bewußt werden und ihre Umleitung auf das Konsumbe-
dürfnis zu bewerkstelligen ist.

[84] Zu den Standards s. Davids, Wildwest-Romanheft, 62 ff.

[85] Dies ist bei Locke nicht ganz eindeutig; zwar heißt es, die Vergeltung sei 'Wiedergutmachung und Abschreckung' (II. Abhandlung, § 8,
204), gleich darauf aber erklärt Locke, der Missetäter werde "eine Gefahr
für die ganze Menschheit, denn er lockert und zerreißt jenes Band, das
sie vor Unrecht und Gewalttätigkeit schützen soll. Da dies einem Ver-
gehen gegen das ganze Menschengeschlecht gleichkommt, gegen seinen
Frieden und seine Sicherheit gerichtet ist, die vom Gesetz der Natur
festgelegt wurde, darf aus diesem Grunde jeder Mensch, kraft seines
Rechtes, die Menschheit im allgemeinen zu schützen, Dinge, die ihm
schaden, abwehren oder, wenn nötig, vernichten." (ebd.) Damit geht es
stets auch um Wiederherstellung des Rechts (vgl. auch Bloch, Naturrecht, 145, für den Fall der Hegelschen Rechtsphilosophie). Die Auf-
listung der Motivationen des Helden bei Davids, Wildwest-Romanheft,
85 f., bleibt an der Oberfläche der Texte.

[86] Unger, Die letzte Stadt, 6.

[87] Locke, II. Abhandlung, § 11, 205 ff.

[88] Zu einer möglichen sozialistischen Uminterpretation der Grundrechte s. Bloch, Naturrecht, 176 ff., 231 ff.

[89] Unger, Die Texas-Herde, 14 (gerade an diesem Fall ließe sich eindringlich zeigen, daß die Verletzung entscheidend einem der 'Grundrechte' zu gelten hat — der aufrechte Sheriff stellt fest " 'Beide Seiten
haben bereits auf eine Art das Gesetz gebrochen.' "; ebd., 40.).

[90] So Davids, Wildwest-Romanheft, 91; s. auch 135 ff.

[91] W. Herrmann hat versucht, den Western-Helden als triviale Erscheinungsform des literarischen Motivs vom 'allein ausziehenden Helden' zu interpretieren und eine binnenliterarische Reihe vom mittelalterlichen Epos bis zum modernen Western-Roman herzustellen. Abgesehen davon, daß eine umfänglichere Lektüre Herrmann davon hätte
überzeugen müssen, daß der Western-Held oft gar nicht 'allein aus-
zieht', sondern im Verlauf der Kämpfe allmählich vereinzelt wird, so
erbringt eine Motivgeschichte, die alle historischen Bedingungen der
Aufnahme und Anverwandlung von Traditionen überspringt, nichts als
eine Reihe von Oberflächen-Analogien, die für eine Erklärung der Texte
nichts leisten. Daß der Held des Western letztlich zumeist allein zu
handeln hat, läßt sich angemessen deuten nur als Ausdruck des zu-
grundeliegenden naturrechtlichen Konstrukts und seiner Widersprüche.
(Hermann, W.: "Der allein ausziehende Held. Zur Problematik literari-

scher Wertung am Beispiel des Abenteuer- und Wildwestromans" in: Deutsche Vierteljahresschrift für Literaturwissenschaft und Geistesgeschichte 46 (1972) 320–358.].

[92] Berger, A.: Die Unbeugsamen. Z Top-Western Express Nr. 328, 21.

[93] Unger, Die letzte Stadt, 61.

[94] Berger, Die Unbeugsamen, 6.

[95] Davids, Wildwest-Romanheft, 137.

[96] Literatur zum 'Ehrenkodex', s. o. Anm. 24.

[97] Hangster, Kugel, 55.

[98] Zu den ideologischen Funktionen des bürgerlichen Naturrechts und ihren Weiterungen im positiven Recht s. Bloch, Naturrecht, 151 ff., 215 ff., 240 ff.

[99] Hangster, Kugel, 39.

[100] Ausführlich behandelt Davids die Darstellung der 'bösen Reichen', Weldwest-Romanheft, 107 ff.

[101] Grey, Z.: Der verlorene Fluß. Heyne Western Classics Nr. 2354, München 1973, 69.

[102] Ebd., 71.

[103] Grey, Zwillingssombreros, 34.

[104] Vgl. Davids, Wildwest-Romanheft, 106 f.

[105] Vgl. ebd., 109.

[106] Unger, Die letzte Stadt, 14.

[107] Kaum variiert an unzählbaren Stellen — z. B. Grey, Zwillingssombreros, 20: "Ich bin hier das Gesetz".

[108] Unger, Die letzte Stadt, 42.

[109] Kölbl, So long, 30.

[110] Bloch, Naturrecht, 11.

[111] Grey, Zwillingssombreros, 62, 181, 177.

[112] Grey, Der verlorene Fluß, 17.

[113] Berger, Die Unbeugsamen, 47.

[114] Paine, Rechte, 190.

[115] Bloch, Naturrecht, 71.

[116] Ebd., 219.

[117] Ebd., 223.

[118] Paine, Rechte, 190.

[119] Der Ausdruck 'meteorologische Parallele' bei Davids, Wildwest-Romanheft, 195; dort auch Belege, 195 ff. Auch hier nimmt Davids das Oberflächenphänomen als Versatzstück wahr, aber es gelingt ihm nicht, die Bedeutung im Zusammenhang des ideologischen Gehalts des Genres zu fassen — das Element erscheint verselbständigte literarische Konvention, die aus sich heraus bereits den Gehalt entwickelt. Zur Tradition und Funktion der Natur-Korrespondenz in der Literatur des 19. Jahrhunderts Delius, F. C.: Der Held und sein Wetter. Ein Kunstmittel und sein ideologischer Gebrauch im Roman des bürgerlichen Realismus,

München 1971. Hier bes. 62 ff., 80 ff. Im Western wird also eine literarische Konvention aufgegriffen, aber mit veränderter Verweisfunktion
eingesetzt.

[120] Grey, Bis zum letzten Mann, 97/98.

[121] Grey, Der verlorene Fluß, 88 (hier die Braut des Helden, die im
Schema der Frauen-Präsentation seine Qualitäten teilt).

[122] Grey, Zwillingssombreros, 50.

[123] Hangster, Kugel, 3 (Vorspann), 4.

[124] Ullman, R.: Dem Nordstern entgegen. Kelter Western Nr. 115, 39.

[125] Unger, Die letzte Stadt, 24.

[126] Davids, Wildwest-Romanheft, 150.

[127] Dazu Bloch, Naturrecht, 17 ff.

[128] Ebd., 18.

[129] Grey, Zwillingssombreros, 173.

Jörg Hienger

ABENTEUER UND GEDANKENSPIEL
GESICHTER DER SCIENCE FICTION (SF)

Als an einem Märztag 1966 amerikanische Fernsehgesellschaften
ihre Programme unterbrachen, um vom Überlebenskampf der Gemini 8-Astronauten zu berichten, soll sich, wie seinerzeit im *Spiegel*
zu lesen stand, herausgestellt haben, daß die Nation weniger an
Raum- als an Traumhelden interessiert war. Die Hälfte aller Ge-
räte wurde abgeschaltet, und viele Tausende beschwerten sich tele-
fonisch über die Absetzung der angekündigten Folgen einer Wild-
west-, einer Batman- und, nach Auffassung der *New York Herald
Tribune* ganz besonders empörend, einer SF-Serie mit dem Titel
Tod im Weltraum.[1]

Empfänger eines jeden der drei Programme weigerten sich, anstelle der erwarteten Unterhaltung die Dokumentation anzusehen.
Wenn die enttäuschten Zuschauer der Weltraum-Serie mit ihrer
Weigerung das größte Ärgernis erregten, dann vermutlich nicht
allein wegen der Ähnlichkeit zwischen dem fiktiven und dem dokumentierten Ereignis. Niemand wundert sich, wenn ein Leser von
Detektivgeschichten über Morddrätsel in der Realität nichts zu hören wünscht. Vom SF-Interessierten aber erwartet man offenbar,
daß ihn ein ungewöhnlicher Vorgang in der Geschichte der Auseinandersetzung des Menschen mit der Natur keinesfalls gleichgültig lasse. Die Erwartung hängt mit dem Sonderstatus zusammen,
den die SF, obwohl sie nur eine unter mehreren Sorten massenhaft
angefertigter literarischer Unterhaltung bildet, nach vielfach pro-
pagierter Ansicht einnimmt oder einnehmen sollte. Um die Verbreitung dieser Ansicht bemühen sich außer Autoren und Editoren des
Genres, die zugleich als dessen Theoretiker, Historiker und Propheten auftreten, mannigfache Gruppen organisierter Leser und neuerdings in wachsender Zahl auch Kritiker, die nicht aus dem Milieu
der auf SF spezialisierten Magazine, Verlagsabteilungen, Schrift-
stellerverbände und Leserklubs stammen. Bemerkenswert, weil ab-
weichend von dem in benachbarten Sektoren des trivialen Literatur-
betriebs Üblichen, ist schon die Tatsache, daß in einer seit Jahr-
zehnten andauernden, in der Subkultur der SF begonnenen, heute

aber nicht mehr darauf beschränkten Diskussion immer wieder nach
Sinn und Rang, Leistung und Funktionswandel dieser Literatur
gefragt worden ist. Noch erstaunlicher aber sind einige der Antworten, die man zu hören bekommt. Die SF sei ihrer Möglichkeit, wenn
nicht gar ihrer Wirklichkeit nach die einzig zeitgenössische Literatur
des fortgeschrittenen Industriezeitalters, auf dessen Herausforderun-
gen sie im Gegensatz zur Literatur der Literaten reagiere; sie sei
ein Experimentierfeld der Phantasie, auf dem man gefahrlos die
tödlichen Risiken und die riskanten Chancen der wissenschaftlichen Zivilisation erkunden könne; sie sei eine Schule des Möglich-
keits- und Zukunftssinns; sie sei die moderne fiktionale Form der
Sozialkritik und sozialen Antizipation.

Vor jeder Erörterung der Frage, wie solche Einschätzungen zu
beurteilen sind und was an ihnen ernstzunehmen ist, tut man gut
daran, sich die Verhältnisse klarzulegen, auf die das zitierte Verhalten des amerikanischen Fernsehpublikums verweist. Es ist nicht
verwunderlich, daß Zuschauer der verschiedenen Serien in gleicher
Weise reagieren, denn ob es nun ein Ritt über die Prärie ist oder
eines einzelnen geheimnisvollen Mannes Rachefeldzug gegen Bösewichter oder ein Raumflug, der in mannigfache Gefahren hinein-
führt und am Ende auch wieder aus ihnen heraus, stets handelt es
sich um eine Geschichte, eine erzählte oder gefilmte, die durch den
Wechsel von Erregung und Beschwichtigung der mit Gefahr und
Wagnis verbundenen Emotionen *Spannung* zu erzeugen sucht.
Spannung dieser Art verbindet als der eine unerläßliche Effekt, auf
den alle einschlägigen Genera neben ihren jeweils genrespezifisch
nötigen und möglichen Wirkungen angewiesen sind, eine Gruppe
populärer Erzählgattungen, die in der Folge, da ein geläufiger Sam-
melname fehlt, unter der nicht ganz befriedigenden Bezeichnung
Spannungsliteratur zusammengefaßt werden.

Unbefriedigend ist diese terminologische Regelung insofern, als
der Begriff der Spannung Phänomene umfaßt, die keineswegs nur
in den populären Genera auftreten, von denen hier die Rede ist.
Es gehört zu den elementaren Möglichkeiten aller erzählenden und
dramatischen Literatur, eine auf den Fortgang einer Geschehensfolge
oder den Hergang eines Ereignisses, auf die Entwirrung von Ver-
wickeltem und die Lösung von Rätseln gerichtete Erwartung des
Lesers und Zuschauers zu wecken und zu befriedigen oder auch zu
düpieren, jedenfalls zu nutzen. Für die vielen Leser aber, die nach
'spannenden' Büchern verlangen und damit nicht nur narrative

Verfahren, sondern auch durch eine bestimmte Thematik und Sche-
matik definierte Gattungen der Unterhaltungsliteratur meinen, ist
Spannung mehr als intensive Erwartung; sie ist der Nervenkitzel,
den die lesende (also ungefährliche) Teilnahme an gefährlichen
Ereignissen gewährt. Solche Ereignisse können, falls man das Wort
in weiter und loser Bedeutung verwendet, allesamt Abenteuer heißen. Trotzdem wären die Ausdrücke Abenteuerliteratur oder gar
Abenteuerroman terminologisch noch weniger befriedigend als die
Bezeichnung Spannungsliteratur, denn Abenteuerroman ist der ein-
gebürgerte Name nur einer Gattung der im populären Wortsinn
spannenden Genera. Außerdem ist es weniger der Umstand, daß
in allen diesen Genera von Abenteuern erzählt wird, der ihre Zusammenfassung zu einer einzigen Gruppe rechtfertigt, als vielmehr
die Tatsache, daß die erzählten Abenteuer, die in verschiedenen
Gattungen ihrem Inhalt wie der Struktur ihrer Darstellung nach
voneinander abweichen, in der von den meisten Lesern erwarteten
Wirkung, also im Spannungseffekt, einander ähnlich sind. Außerhalb der Literatur wird der Genuß eben dieser Wirkung durch
aktive oder passive Teilnahme an Spielen aller Art erstrebt. Zwischen Spannungsliteratur und Spiel besteht eine enge Verwandtschaft, von der noch kurz zu sprechen sein wird.[2]

Eine Skala möglicher Niveaustufen gibt es in allen Genera der
Spannungsliteratur, und wer eines von ihnen schätzt, ist noch lange
nicht in der Lage, sich auf allen Stufen gut zu unterhalten. Es wäre
jedoch verfehlt zu glauben, daß es nur deshalb zur Konkurrenz
zwischen Gemini 8 und dem *Tod im Weltraum* kommen konnte,
weil dieser aller Wahrscheinlichkeit nach nicht weit entfernt vom
untersten Absatz einzutreten drohte und folglich einem Publikum
Vergnügen machte, das die Bedeutung des realiter stattfindenden
Weltraumabenteuers nicht zu würdigen vermochte. Die *Spannungsliteratur* gleicht auf allen ihren Ebenen einem mehr oder weniger
intelligent oder einfallslos, elegant oder plump ausgeführten *Spiel*
und steht wie dieses in einem komplizierteren Verhältnis zum
Ernstfall, als demjenigen bewußt ist, der Spiele innerhalb und
außerhalb der Literatur nur als Fluchtbewegungen und Probehand-
lungen, als Desertion von der Wirklichkeit und als deren Vorschule,
nicht aber als Komplement unserer wirklichkeitsbezogenen Aktivitäten begreift. Es mag anstößig sein, auf der Fortsetzung eines
Spiels zu bestehen, wenn der Ernst des Lebens auf so dramatische
Weise wie im Fall Gemini 8 interveniert. Doch im Prinzip ist der

uns permanent fordernde Lebensernst kein Einwand gegen seine
Suspendierung im Spiel, sondern ihr Anlaß, und gefährlich ist nicht
die Koexistenz der komplementären Sphären, vielmehr deren Ver-
mischung. Dafür gibt es Beispiele in der SF-Rezeption.

Wie von den verschiedenen Gattungen der Spannungsliteratur
erwartet man Unterhaltung durch Spannung im definierten Sinn
dieses Wortes auch von den verschiedenen Spielarten des Spielens.
Doch darin erschöpft sich nicht die Analogie. Es haben auch die
Grundfiguren eines vom Bewußtsein der Irrealität oder der Distanz
zur Lebenswirklichkeit begleiteten spannenden Geschehens, auf die
Roger Caillois bei seiner Unterscheidung der Formen menschlicher
Spiele gestoßen ist[3], ihre Entsprechungen in der Spannungsliteratur.
In der Spielsphäre erscheinen sie als *Kampf- und Glücksspiel* (mit
physischem, geistigem und materiellem Einsatz in sehr verschiedenen Graden und Mischungsverhältnissen, doch nie ohne das Wagnis, das überall, wo es um Sieg oder Niederlage, Gewinn oder Verlust geht, den Spieler stimuliert) oder als *spielerische Verstellung*
und als Taumel des *Bewegungsspiels* (Vorgängen, zu deren Reiz
das weniger offensichtliche, aber darum nicht weniger erregende
Risiko der Lockerung des Realitätskontaktes beiträgt). In der Spannungsliteratur erscheinen dieselben Schemata als physische oder
geistige Herausforderung des Menschen durch seinesgleichen oder
die außermenschliche Natur, als durch überraschende Zufälle be-
wirkter Glückswechsel, als Wandel in der Rolle von Personen, Dingen und Ereignissen, von denen sich herausstellt, daß sie nicht sind,
was sie scheinen; schließlich als Fahrt, Flucht, Verfolgung oder
andere Formen erregender Bewegung.

Als Komponenten jener Art der Veränderung, die das Abenteuer
in einer Abenteuergeschichte ausmacht, taugen Vorgänge, die nach
einem der vier Schemata verlaufen, um so besser, je weiter sie dem
tatsächlichen Lebenszusammenhang des Lesers (oder Zuschauers)
und seiner Zeit fernliegen, oder aber, falls sie scheinbar in diesen
Zusammenhang hineingehören, je unwahrscheinlicher sie sind. Der
Erzähler darf freilich beteuern, daß er von tatsächlich bestandenen
Abenteuern berichte, denn damit wendet er nur das dritte der vier
Schemata des Spielens und spannenden Erzählens auf das Ganze seiner Erzählung an und überläßt es seinen Lesern, dem Widerspruch
zwischen der tatsächlichen Unwahrscheinlichkeit und der behaup-
teten Tatsächlichkeit des Geschehens einen zusätzlichen Reiz ab-
zugewinnen. Ferner darf er (und in fast allen Spezies der Span-

nungsliteratur wird es erwartet) einen Realismus eindringlich sinnlicher Konkretheit des Details als Darstellungsprinzip wählen. Doch trotz aller Realistik im einzelnen, darf sich im ganzen, falls das erzählte Abenteuer eine Form literarischen Spiels bleiben soll, das Aroma des Entlegenen oder Ausgefallenen nicht verflüchtigen. Was liegt daher näher, als Geschichten zu erzählen, die nicht nur aus der Erfahrungswelt ihrer Leser herausfallen, sondern aus der Welt der nach herrschendem Realitätsbegriff möglichen Erfahrung überhaupt? Die Verbindung von *Abenteuer* und *Phantastik* konstituiert innerhalb der Spannungsliteratur einen umfänglichen Teilbereich, dessen weitere Unterteilung aus möglichen Modi einer solchen Verbindung sich ergibt.

Als eine erste Möglichkeit bietet sich an: Kampf, Glückswechsel, Identitätswandel, Lokomotion — kurz: das abenteuerliche Geschehen — in eine Realität zu verlegen, die kategorial anders ist als unsere Erfahrungswirklichkeit. Es ist dann eine Selbstverständlichkeit, über die weder die Figuren der Erzählung noch deren Leser sich wundern, daß Nixen und Elfen in Konflikte eingreifen; daß sich das Glück eines Menschen von einer Sekunde auf die andere wendet, weil die Flasche, die er zufällig findet und öffnet, einen zaubermächtigen Geisterfürsten beherbergt; daß der Frosch sich als Königssohn entlarvt; daß der Besitzer der richtigen Stiefel mit einem Schritt sieben Meilen zurücklegt. Die Beispiele erinnern an Märchen verschiedener Art. Volksmärchen, Märchennovellen orientalischer oder okzidentaler Herkunft und Abenteuerromane aus der Prosanachkommenschaft der mittelalterlichen Artusmärchen sind historisch und strukturell heterogene Erscheinungen. Gemeinsam ist jedoch allen diesen Formen, daß sie dem abenteuerlichen Spiel eine phantastische Umgebung bereiten, in der es luxurieren kann.

Wenn dagegen das Phantastische gerade keine Eigenschaft des Spielraums der Abenteuer bildet, vielmehr durch seinen Eintritt in eine unter gewöhnlichen Bedingungen stehende Welt selber zum abenteuerlichen Ereignis wird, tritt an die Stelle des *Märchenhaften* das *Unheimliche*. Nicht die gewissermaßen normale Unheimlichkeit, die sich einstellt, wann immer man um seine Sicherheit fürchtet, ohne schon die Beschaffenheit und Größe der — womöglich nur imaginären — Gefahr zu kennen; vielmehr um das Unheimliche, das von einer Gefahr ausgeht, die nicht allein oder vielleicht überhaupt nicht Leib und Leben, sondern den gesunden Menschenverstand bedroht.

Zu solcher Bedrohung kann es nur in einer Welt kommen, die von ihren Bewohnern als ein im Prinzip rational erfaßbarer lücken-loser Gesetzeszusammenhang verstanden wird. Unheimlich wirken in ihr alle Vorgänge und Vorfälle, die an irgendeiner Stelle diesen Zusammenhang zerreißen. Auch sie folgen indes den Schemata des Spiels und des Abenteuers. Freilich, die Gegner, mit denen es jetzt zu kämpfen gilt, sind nicht handfest aus Fleisch und Blut, sondern von gespenstischer Qualität. Koinzidenzen überstürzen sich auf so grausige Weise, daß sogar aufgeklärte Köpfe wieder an Fluch und Verhängnis glauben. Es stellt sich heraus, daß scheinbar harmlose Mitmenschen in Wahrheit über okkulte Kräfte gebieten. Die für einen großen Teil der Spannungsliteratur strukturbildende Fahrt in ferne Länder und Meere führt nicht bloß aus der Zivilisation heraus, sondern in Situationen hinein, die unserer Vernunft spot-ten.

Märchen- und Schauerphantastik gehen einerseits untereinander Mischformen ein, andererseits auch mit der dritten und jüngsten Spielart literarischer Phantastik in der Spannungsliteratur, der SF, deren Grenzen nicht zuletzt deshalb weder historisch noch genre-typologisch mit der wünschenswerten Genauigkeit zu bestimmen sind. Ein wunderbares oder schauriges Abenteuer verlangt auch der SF-Leser. Freilich erwartet er das eine eher auf fernen Planeten oder in künftigen Zeiten als in der Märchenwelt und das andere nicht in der Berührung mit Übernatürlichem, sondern als Folge beispiel-loser Naturvorgänge oder technischer Intervention im Gang der Natur und der Geschichte. Indessen läßt sich ein außerirdischer Ort leicht als Fabelland benutzen und eine entsprechend fabelhafte Wissenschaft leicht als Vorwand für das Spiel mit dem Aberglauben. So hat Edgar Rice Burroughs, der nicht nur für *Tarzan* und dessen Dschungel die Verantwortung trägt, in überaus erfolgreichen Mars-romanen (elf an der Zahl, geschrieben zwischen 1911 und 1941) den roten Planeten zur vielfarbenen Kulisse für Rittermärchen voll anämischer Minne und blutiger Aventiure herausgeputzt; und in Henry Kuttners Roman *The Dark World* (1946), der als Repräsen-tant einer kaum überschaubaren Menge ähnlicher Produkte dienen kann, werden ein Vampir, eine Meduse und ein Werwolf kurzer-hand zu Mutanten auf dem Gegenstück der Erde in einem benach-barten Raum-Zeit-Kontinuum erklärt.

Solche Vokabeln machen den Gruselroman zu keiner überzeu-genden SF. Aber sie sind Ausdruck des Versuchs, einem unverzichtbaren genrespezifischen Kriterium zu genügen. Die mit dem täuschenden Anschein — oder in seltenen Fällen mit dem ernsthaften Anspruch — wissenschaftlicher Stichhaltigkeit auftretende *Erklärung,* deren Funktion es ist, Zustände und Vorgänge, die in der menschlichen Erfahrung ohne Beispiel sind, als Seinsmöglichkeiten auszuweisen, trägt wesentlich bei zu jener Verbindung des Phantastischen mit dem Rationalen, an der jeder geübte Leser, auch wenn ihm das Definitionsproblem nie bewußt geworden ist, leicht erkennt, daß er es mit SF zu tun hat und nicht mit einer der beiden benachbarten Spezies des Phantastischen, aber auch nicht mit einem der nicht-phantastischen Genera der Spannungsliteratur (wie Reiseabenteuer, Detektivroman, Agententhriller, Western, historischer Abenteuerroman), deren Motive nicht nur in Mischformen, sondern auch in der SF, die auf diesen Namen Anspruch hat, allenthalben zu finden sind.

Die wunderbaren Abenteuer brauchen und vertragen keine *Erklärung ihrer Seinsmöglichkeit;* es darf zwar mitgeteilt werden, warum der Königssohn in Froschgestalt auftritt, aber unter keinen Umständen, wie dieser Körpertausch möglich ist. Das phantastisch-unheimliche Abenteuer dagegen wirkt am nachhaltigsten, wenn sein Existenzmodus erörtert, aber nicht geklärt wird, so daß der Leser im Zweifel bleibt. Kommt es — nach dem Muster des *Explained Supernatural* im Schauerroman des 18. Jhdts. — dennoch zu einer Erklärung, so muß sie eine Reduktion auf Natürliches sein (d. h. alles war nur Trug, Wahn, Irrtum), denn die einzig mögliche Alternative wäre die ausdrückliche Anerkennung eines per definitionem unerklärbaren Übernatürlichen. Um eine Reduktion aufs Tatsächliche und Vertraute geht es auch bei der Erklärung abenteuerlicher Geheimnisse nicht-phantastischen Zuschnitts: Das Mordrätsel wird gelöst, der Spion identifiziert, das Lügengeflecht eines Intriganten entwirrt.

Anders hingegen, wie die folgenden Beispiele verdeutlichen können, in der SF. Eine schwarze Wolke von planetarischer Ausdehnung dringt aus dem Kosmos in unser Planetensystem ein und verursacht auf der Erde globale Katastrophen, weil sie das Sonnenlicht zunächst durch Reflexion verstärkt, später für längere Zeit abschirmt (Fred Hoyle, *The Black Cloud,* 1957). Ein Kybernetiker, der eine statistisch repräsentative Auswahl von Individuen mit ihrer natürlichen und institutionellen Umgebung in einem Analogon, das soziale Prozesse zu prognostizieren erlauben soll, elektronisch simuliert hat, ist während einer Abengesellschaft so spurlos verschwunden, als hätte er sich in Luft aufgelöst (Daniel F. Galouye, *Simulacron-3*, 1964). Schwarzhäutige Kreaturen mit ledrigen Schwingen, Hörnern an der Stirn und einem Teufelsschwanz sind in Raumschiffen auf die Erde gekommen und haben sich als deren segenstiftende Herrscher etabliert (A. C. Clarke, *Childhood's End*, 1953). Drei rätselhafte Ereignisse, allerdings von verschiedener Beschaffenheit und Wirkungsgröße. Das erste entspricht wohl am ehesten einer landläufigen Vorstellung von SF. Das zweite könnte als reiner Kriminalfall weitergehen. Das dritte hat den Beigeschmack des Okkulten. In zwei Fällen scheint es sich um Beispiele für Mischformen aus SF und Detektivgeschichte bzw. Schauerphantastik zu handeln. In jedem der drei Romane ist jedoch die allmähliche Aufhellung des Rätsels keine Reduktion auf einen Normalzustand, sondern entweder die Eröffnung oder die extreme Steigerung der phantastischen Perspektiven. Die schwarze Wolke entpuppt sich als intelligente anorganische Entität. Der verschwundene Kybernetiker konnte wie eine elektronische Einheit seines Simulators gelöscht werden, weil auch er nur als elektronisch simuliertes Bewußtsein in einem Simulator, der den von ihm erfundenen einschließt, existiert hat. Die satanisch aussehenden Schutzengel bewachen im Auftrag einer kosmischen Intelligenz den Durchbruch der bisher nur an schwachen Regungen erkennbaren magischen Fähigkeiten des Spezies Homo Sapiens. Ihr erstes, in die menschliche Frühgeschichte fallendes und verfrühtes Erscheinen auf der Erde liefert nebenbei die *rationale Erklärung* des um Teufelsspuk und Magie gesponnenen Aberglaubens, der als Fehldeutung einer erst noch zu nutzenden evolutionären Chance sich enthüllt.

Wer auf die Spiele der SF sich einläßt, akzeptiert für die Dauer seiner Lektüre solche Auskünfte; akzeptiert sie auch dann, wenn sie, wie es in der Mehrzahl der Fälle geschieht, nur ihrer Form, nicht ihrer Substanz nach die Seinsmöglichkeit eines phantastischen Vorgangs plausibel machen. Daß es der SF im Gegensatz zur *Fantasy* und zur *Weird Fiction* um Möglichkeiten gehe, zwar nicht in erster Linie um naheliegende, nicht einmal ausschließlich um solche, mit deren Eintritt zu irgendeiner Zeit irgendjemand ernsthaft rechnen würde, aber eben doch um Möglichkeiten und nicht um Ausgeburten einer freigesetzten kombinatorischen Phantasie, ist eine weitverbreitete, aber ungenaue Ansicht. Tatsächlich antwortet eine SF-Geschichte nicht auf die Frage, was möglich ist, sondern auf die

Frage, was möglich wäre, wenn. Daher ist die Erklärung der erzählten Ereignisfolge identisch mit der Deklaration einer vom
Autor selber gesetzten Bedingung oder Anordnung von Bedingungen, unter denen diese Folge von Ereignissen allererst eintreten und
ablaufen kann. Gesetzt, daß anorganische Intelligenzen von der
Beschaffenheit der Hoylschen Wolke interstellare Räume durchmessen, könnte es dann nicht zur katastrophalen Begegnung und aufregenden Kommunikation kommen, von denen erzählt wird? Gesetzt, daß menschliches Bewußtsein sich so simulieren läßt wie in
Galouyes Geschichte, worin liegt dann der relevante Unterschied
zwischen einer geborenen und einer simulierten Person und zwischen dem eingebildeten und dem realen Universum; und wie
reagiert das simulierte Bewußtsein, sobald es erfährt, daß es ein
elektronisch erschaffenes ist? Gesetzt, daß sich diskursives Denken
samt der auf ihm beruhenden technischen Naturbewältigung als
eine Vorstufe der fälschlich für Aberglauben gehaltenen Magie herausstellt, könnte dann die Verwandlung des Homo Sapiens in einen
Homo Superior nicht so vor sich gehen wie in Clarkes Roman?

Die *Rationalität und Plausibilität des Phantastischen*, die in der
SF dessen Würze ausmachen, sind nicht oder doch nur ausnahmsweise und in zweiter Linie Eigenschaften der gesetzten Bedingungen; sie ergeben sich, falls der Autor seine Sache versteht, aus der
Logik und Präzision, mit denen ein Geschehen, das unter diesen
und keinen anderen Bedingungen denkbar scheint, ausgedacht und
vergegenwärtigt wird. Da nach den Konventionen des Genres phantastische, also extreme Bedingungen gesetzt werden müssen, ist das,
was dabei herauskommt, stets ein Spiel voller Risiken und Gefahren, also ein Abenteuer. Zugleich aber ist es, falls es tatsächlich um
SF sich handelt und nicht um ein mit SF-Elementen angereichertes
Exemplar einer anderen Spezies der Spannungsliteratur, auch ein
Gedankenspiel.

Das Ineinander von Gedankenspiel und Spiel als Abenteuer, bei
starken quantitativen und qualitativen Schwankungen der jeweiligen Anteile, ist durchgehendes Merkmal der SF und ließe sich mühelos an den schon zitierten Romanen exemplifizieren. Am besten
eignet sich jedoch für diesen Zweck ein Schulbuchfall wie Hal Clements *Mission of Gravity* (1954). Das ist die Geschichte einer Bergungsexpedition, die auf dem erdfernen Planeten Mesklin ein einheimischer Kapitän mit seiner Mannschaft im Auftrag eines irdischen Besuchers unternimmt: Ein Reiseabenteuer, das alle vier

Grundfiguren spannenden Geschehens nutzt. Der Kapitän und seine Leute kämpfen gegen eine feindliche Natur und gegen feindliche Eingeborene; der Zufall durchkreuzt und fördert ihre Unternehmungen; sie verschmähen keine List im Umgang mit ihresgleichen und dem Mann von der Erde; die Lokomotion auf dem Wasser und im Gebirge ist hindernisreich genug, um zu einer erregenden Form der Fortbewegung zu werden. Doch jeder Vorgang steht unter phantastischen Bedingungen, und die Frage, wie er unter ihnen sich gestalten muß, treibt parallel zum Reiseabenteuer das Gedankenspiel voran. Auf dem diskusförmigen Planeten Mesklin ist die Schwerkraft an den Polen siebenhundert-, am Äquator dreimal größer als auf der Erde. Der Kapitän und seine Leute besitzen eine den Verhältnissen angepaßte Leibesbeschaffenheit. Sie messen ungefähr 15 Zoll und erinnern an irdische Tausendfüßler. Wie reagieren diese Wesen auf den irdischen Besucher und wie reagiert dieser auf sie? Wie müssen die Schiffe so beschaffener Kreaturen beschaffen sein? Wie überhaupt die Schiffahrt auf Meeren und Strömen, die nicht aus Wasser, sondern aus flüssigem Methan gebildet werden? Welche Konsequenzen hat es, daß Mesklin achtzigmal schneller um seine Achse rotiert als die Erde um die ihre, so daß ein Tag nur neun irdische Minuten dauert? Welche Reaktionen muß man von Geschöpfen erwarten, die im ungeheuren Schwerefeld ihres Planeten nicht wagen können, zu springen, zu werfen oder ein massives Dach über ihren Kopf zu bauen? Wie übersteht man eine Reise, an deren Ausgangspunkt man $2^1/_4$, an deren Endpunkt man 550 Pfund wiegt?

Es erübrigt sich, den Fragenkatalog fortzusetzen. Die fürs ganze Genre exemplarische Anwendung des Prinzips der Verschränkung von Gedankenspiel und Abenteuer ist deutlich geworden. Das Gedankenspiel selber freilich repräsentiert nur einen Typus unter mehreren. Häufiger als Naturbedingungen von der Art, wie sie in Clements Roman gesetzt werden, findet man technologische, biologische, soziologische (para)psychologische Setzungen. Darauf aufbauende Gedankenspiele können bisweilen satirische Implikationen haben oder als Parabeln, die Wirkliches durch dessen Transposition ins Phantastische neu zu sehen lehren, gelesen werden. Es scheint, als werde heute die Tradition einer von phantastischen Elementen Gebrauch machenden *Sozial-, Religions- und Philosophiesatire*, die Tradition der *Vera Historia, Gargantuas, Gullivers*, des *Micromégas* und *Candides*, im Bereich der SF von einigen Au-

toren in einigen ihrer Romane und Kurzgeschichten fortgesetzt
(Vgl. z. Bsp. Frederik Pohl *The Midas Plague* 1951, Stephen Mead
The Big Ball of Wax 1955, Kurt Vonnegut, Jr *The Sirens of Titan*
1959, Brian Aldiss *The Primal Urge* 1961, Robert Sheckley *Options*
1975); und Romane um negativ ideale Zukunftsgesellschaften wie
Ray Bradburys *Fahrenheit 451* (1954) oder Frederik Pohls und C. M.
Kornbluths *The Space Merchants* (1953) scheinen in dieselbe Kate-
gorie zu gehören wie die *Gegenutopien* und *Utopiesatiren* der
Samjatin, Huxley und Orwell. Auf *Utopisches* trifft man viel sel-
tener, aber immerhin hat Ursula K. LeGuin für einen Roman, der
eine (nicht ganz fleckenlose) anarchistische *Utopie* einer (winzige
Lichtpunkte aufweisenden) archistischen Antiutopie gegenüberstellt
(*The Dispossessed* 1974), den Jahrespreis der SF-Autoren erhalten.

Einige Theoretiker des Genres, die an dessen Aufwertung interessiert sind, lassen sich von den angedeuteten Bezügen dazu ver-
führen, außer den Antiutopikern des 20. Jhs. auch noch Plato und
Morus, Lukian und Rabelais, Swift und Voltaire als SF-Autoren
zu reklamieren. Doch wenngleich einige Erzählungen, die unter der
Bezeichnung SF auftreten, einem der didaktischen Genera nahe-
stehen oder gar zugehören mögen und wenngleich umgekehrt, wie
die Wirkungsgeschichte des Buches lehrt, eine abgründig böse Satire wie *Gullivers Reisen* wenigstens partiell als vergnügliches SF-
Spiel sich lesen läßt (was wäre, wenn einer, der Menschenmaß hat,
unter Zwerge oder Riesen geriete usw.), so gibt es doch keinen
Grund, gewisse satirische, utopische und *parabolische Formen* in
die SF einzugemeinden oder gar zur eigentlichen SF zu erklären,
hinter deren Anspruch 99 % dessen, was unter dem gleichen Namen erscheint, leider zurückbleibe.[4] Phantastisches findet sich in
beiden Bereichen und verführt zum Trugschluß, es liege eine enge
Verwandtschaft vor. Aber im einen Fall ist die Phantastik ein Mittel unter mehreren, die alle der Absicht dienen, zu warnen oder zu
mahnen, Nichtswürdiges einem verächtlichen oder empörten Gelächter preiszugeben, durch Entstellung kenntlich zu machen, Furcht
oder Hoffnung zu erregen. Im Fall der SF dagegen ist offensichtlich,
daß keiner der mit phantastischen Mitteln unterstützbaren ernsten
Zwecke, vielmehr die von der spielerischen Frage 'Was wäre, wenn'
stimulierte Phantastik selber es ist, worauf es ankommt.

Der Einwand liegt nahe, daß Menschen, die ihre Erde zu verlassen und zu zerstören gelernt haben, Fragen dieser Art aus sehr
ernsten Gründen stellen sollten. Daher nehmen es der SF einige

ihrer Autoren und Kritiker übel, daß die Gattung in der erdrückenden Mehrheit ihrer Erscheinungen _Spielform_ geblieben ist, statt zu einer _fiktionalen Prognostik_ zu werden, die nicht bloß mögliche Veränderungen der menschlichen Situation erkunden, sondern auch untersuchen sollte, ob und wie Humanität unter den veränderten Bedingungen sich bewahren lasse oder um ihrer Bewahrung willen selber revidiert werden müsse. Tatsächlich antwortet ja der seriöse Prognostiker wie ein SF-Autor und im Gegensatz zu Propheten jedes Schlages, die den Grundriß des künftigen Weltlaufs zu kennen meinen, nicht auf die Frage, was sein wird, sondern auf die Frage, was geschehen könnte, wenn diese oder jene Faktoren einträten, ausfielen, perennierten oder sich änderten. Indessen ist er verpflichtet im Umkreis relevanter Probleme sich zu halten, d. h. nur unter der Bedingung, daß der Konditionalsatz eine ernsthaft in Betracht zu ziehende Möglichkeit formuliert, der Frage, was dann wohl wäre, nachzugehen. Ähnliche Relevanz kann ausnahmsweise auch dem SF-Gedankenspiel eignen. Sie zu dessen Norm zu erheben, läuft jedoch auf die Forderung hinaus, daß die SF zu spielen aufhöre und folglich auch aufhöre, als ein Genre der _Spannungsliteratur_ zu existieren.[5]

Solange sie fortfährt, eines zu sein, hat im Spektrum der konkreten Setzungen, mit denen die Leerformel 'Angenommen, daß' ausgefüllt werden kann, das ungemütlich Wahrscheinliche wie das ausgeklügelt Spekulative, der verblüffende Einfall wie die bizarre Abwegigkeit einen Platz. Ein und dieselben Leser goutieren und ein und dieselben Autoren erzählen Geschichten von einer Katastrophe im Kernkraftwerk und von Problemen der Immortalität, von der Entmündigung des Herrn der Schöpfung durch die von ihm erschaffenen denkenden Maschinen und von Intrigen am Kaiserhof des galaktischen Imperiums; von der ersten Mondlandung und von Lebewesen aus komprimierter Materie, die im Erdinnern schwimmen wie Fische im Meer; von Amerika nach Hitlerdeutschlands Sieg im Zweiten Weltkrieg und vom Duplikat eines Menschen, dessen Entdeckung, daß er eines ist, die in ihn eingebaute Superbombe zündet.

Wie die weite Skala der Möglichkeiten zwischen den Grenzwerten der realistischen Konjektur und des wilden Hirngespinsts von Lesern und Autoren akzeptiert wird, so auch eine große Spannweite ideologischer Implikate. Aufzeigen ließe sich das am Beispiel einiger den Durchschnitt des Genres übertreffender Romane

zum wiederkehrenden SF-Thema der Begegnung zwischen Homo
Sapiens und einer nicht-menschlichen Spezies intelligenter Ge-
schöpfe. Marsmonstren, gefühllose Blutsauger, die eben deshalb
fatal an menschliche Verhaltensmöglichkeiten erinnern, kommen
als Invasionsarmee auf die Erde (H. G. Wells, *The War of the
Worlds* 1898). Menschenähnliche Marsbewohner, den Menschen
jedoch technisch und moralisch überlegen, stehen in Gefahr, ihr
Ethos zu kompromittieren, weil sie der Menschheit eine Vollkommenheit schenken wollen, die jede Spezies nur aus eigener Kraft
erreichen kann; am Ende stehen gegenseitige Achtung und Kooperation (Kurd Laßwitz, *Auf zwei Planeten* 1897). Auf dem Mars, dessen irdische Besucher umkehren müssen, weil die gefallenen Kinder
Adams von Gott unter irdische Quarantäne gestellt worden sind,
leben verschiedene Gattungen intelligenter Wesen in präadamiti-
scher Unschuld miteinander (C. S. Lewis, *Out of the Silent Planet*
1938). Die fremden Intelligenzen sind so abgrundtief anders als der
Mensch, daß alle Kommunikationsversuche entweder gänzlich
scheitern oder nur Stoff für end- und ergebnislose Deutungsanstren-
gungen liefern (Stanislaw Lem, *Der Unbesiegbare* 1964, *Eden*, *So-
laris* 1968). Der Mensch ist für eine überlegene Rasse, was für ihn
das Ungeziefer ist (Thomas M. Disch, *The Genocides* 1965).

Vieles weist darauf hin, daß ein SF-Enthusiast, falls ihn keine
ideologische Bindung daran hindert, alle diese Bücher mit dem gleichen Vergnügen liest. Wichtiger als die Mannigfaltigkeit und Widersprüchlichkeit der Inhalte ist die Faszination durch die Kunst
des Gedankenspielens selber, also die Form — ein Tatbestand, den
Brian Aldiss, ein im produktiven Umgang mit der Form erfahrener
Beobachter der Szene in seiner Geschichte der SF-Literatur mit
McLuhans Diktum ausgedrückt hat: Das Medium ist die Botschaft.[6]

Zum Massenmedium ist die SF — trotz ihrer europäischen Ur-
sprünge bei Verne, Wells und dem weit farb- und einflußloseren
Laßwitz oder (je nach gewählter Begriffsausweitung) beim einen
oder anderen aus einer Reihe älterer Autoren — erst während der
zwanziger und dreißiger Jahre in den USA geworden. Nach dem
Zweiten Weltkrieg hat sie sich in der gesamten industrialisierten
Welt, obgleich nicht überall im gleichen Tempo und Umfang (hierzulande relativ spät und hauptsächlich in Form von Übersetzungen
aus dem Angloamerikanischen), als massenmediales Phänomen etabliert.[7] Wie lautet, wenn man in McLuhans Terminologie bleiben
will, die 'Botschaft' dieses Mediums? Anders gesagt: Was lernt ein

Leser (oder Zuschauer vor der Filmleinwand und dem Fernseh-
schirm), was übt er ein im oft jahrelang geübten rezeptiven Umgang
mit der Form?

Erstens erwirbt er (mindestens im Spiel) die Gewohnheit, beschriebene imaginierte Veränderungen, die als tatsächlich bewirkte
oder erlittene jeder Beschreibung spotten müßten, unabhängig von
ihrem Inhalt als Stimulantia zu genießen. Negativ gewendet: Er
verlernt (mindestens im Spiel), nach dem Stellenwert solcher Veränderungen in einem System von optimistischen oder pessimisti-
schen Geschichterwartungen zu fragen. Die Haltung des verspiel-
ten 'Was wäre, wenn' ist mit keiner Theorie der Geschichte kom-
patibel, läuft sie doch darauf hinaus, daß im Bestreben, Abwechslung in das Spiel mit dem Wechsel zu bringen, einmal dieser, ein
andermal jener Faktor oder Faktorenzusammenhang als beseitigt,
eingeführt oder verwandelt, der Rest der Realität jedoch als unver-
ändert gedacht werden kann. So kommt es zu den oft verhöhnten
Ungereimtheiten im Gefüge der erdachten Wirklichkeit: Unsterb-
liche reagieren wie Mitglieder der amerikanischen Mittelschicht und
überlichtgeschwinder Raumflug ermöglicht die Gründung eines galaktischen Kaiserreiches. So kommt es aber auch zu sehr reizvollen
Gedankenspielen. Ein Beispiel: Was wäre, wenn in der ganz alltäglichen Welt nur eines oder vielmehr nur einer sich änderte, ein
Mann, der eine Methode, sich unsichtbar zu machen, erfunden hat
(Wells, *The Invisible Man* 1897).

Nur einer ändert sich? Gemeint ist natürlich: Nur einer erfährt
eine Veränderung von ausreichender Drastik für ein Gedankenspiel.
Damit sind wir bei der zweiten Gewohnheit, die ein habitueller
Benutzer des Mediums einübt. Er lernt, (mindestens im Spiel) nicht
nur Realitätsveränderungen zu erwarten, sondern Veränderungen,
die eine *Revision des Realitätsbegriffs* erzwingen. Geschichtlicher
Wandel, dessen Unvermeidlichkeit eine sehr alte Erfahrung ist und
dessen neuzeitliche Akzeleration die mit ihm verbundenen Hoffnungen und Ängste im gleichen Takt beschleunigt hat, ist gerade
nicht drastisch genug, als daß aus ihm in der Regel die zentrale
Setzung eines Gedankenspiels genommen werden könnte. Für diesen Zweck eignen sich in erster Linie Veränderungen in den bisher
konstant gebliebenen Bedingungen des Wandels. Es ist daher leicht
möglich, die inhaltliche Vielfalt der *Gedankenspiele* auf wenige
Grundmuster zu reduzieren:[8] 1) Der Raum der menschlichen Geschichte ist nicht mehr die Erde, sondern der Weltraum mit seinen

Umwelten, die unirdischer sind als volkstümliche Vorstellungen von Himmel und Hölle. 2) Der Mensch hat sich in seiner Geschichte nicht mehr nur mit seinesgleichen auseinanderzusetzen, sondern auch mit artfremden und von ihm selber erschaffenen Intelligenzen. 3) Seine Geschichte, die aus konvergierenden Prozessen in einem einzigen zeitlichen Kontinuum zu bestehen schien, dergestalt, daß jedes ihrer Ereignisse in Relation zu irgendeinem anderen eindeutig früher, später oder simultan war, endet oder verliert ihre Kontinuität in globalen Katastrophen oder wird zusammen mit der Zeit, in welcher sie verläuft, multipel und reversibel. 4) Die bisher geschichtlich unüberschreitbare Conditio humana — definiert durch unsere Natalität und Mortalität, unsere Angewiesenheit auf Sinneswahrnehmung, Sprache, Werkzeuge — wird weit überschritten, denn der künftige Mensch ist unsterblich, telepathisch, clairvoyant, spaltet und vervielfacht seine Individualität, löst sie in Gruppen- oder Übergeister auf oder steigert sie zu magischer Allmacht. 5) Die Veränderlichkeit der bisher unverbrüchlichen Gesetze erstreckt sich auch auf das Gesetz der Veränderung: Geschlossene Gesellschaftssysteme suspendieren den sozialen Wandel auf unabsehbare Zeit.

In den Gedankenspielen der SF ist grundsätzlich alles und jedes dazu bestimmt, anders zu werden, aber dieser Prozeß bleibt selber ohne Bestimmung. Kein Wunder, daß solche Literatur den Abscheu revolutionär und konservativ gesonnener Kommentatoren erregen kann. Wer von radikaler Veränderung die Herstellung des Glücks für alle erhofft, sieht im Vergnügen am Wandel ohne Sinn die wirksamste Gegenutopie, denn während antiutopistische Warnbilder wenigstens per negationem ans Prinzip Hoffnung erinnern, desavouiert die Lust am ziellosen Wechsel jede Hoffnung auf ein geschichtliches Ziel. Umgekehrt, wer die behutsame Verbesserung des Gewordenen vom Ruin durch die versuchte Herstellung des für alle verordneten Besten verschont sehen möchte, erblickt in demselben Vergnügen das Symptom eines entfesselten Utopismus, dessen Lust an der Beseitigung des Bestehenden sich nicht mehr zu legitimieren braucht mit einer wenigstens indirekt auch dem Prinzip Verschonung verpflichteten humanen Absicht.

Sind das nicht viel zu große Worte? Schließlich bewegen wir uns in einer Spielsphäre. Spaß am Kampf auf dem Schachbrett signalisiert keine abnorme Aggressivität, und vom Vergnügen am Veränderungsdenken im Gedankenspiel der SF ist kein genereller Schluß auf Denkweisen des Lesers außerhalb seiner Lektüre er-

laubt. Indessen: Mehr als alle anderen Genera der Spannungsliteratur, die alle unter ihrem Publikum Leser haben, denen die Unterscheidung des Spiels von der Wirklichkeit Mühe macht, scheint
die SF diesen Lesertypus anzuziehen — und obendrein einen entsprechenden Typus von Autoren und Editoren. Paradox auf den
ersten Blick, weil die Gedankenspiele ihren Abstand zu den Gegebenheiten deutlich hervorkehren. Näher besehen verständlich, denn
bei entsprechender Glaubensbereitschaft kann man eben deshalb
das Spiel als Probe künftiger Wirklichkeit nehmen, das 'Was wäre,
wenn' umdeuten in ein 'So oder ähnlich wird es sein' oder gar (man
denke an das Däniken-Syndrom) 'So oder ähnlich wird es gewesen
sein'.

Die an Fragen und Untersuchungen der _Parapsychologie_ anknüp-
fenden Übermenschenphantasien, aber auch die Phantasien über
Außerirdische, die uns besuchen, bewachen, wie Haustiere halten
oder Großes mit uns planen, werden offenbar von okkultistischen
Sekten, Gruppen und Einzelgängern als romanhaft verschlüsselte
Offenbarungen eines geheimen Wissens gelesen. Nur im "Kinder-
jäckchen" einer SF könne man heute "gewisse von der offiziellen
Philosophie nicht anerkannte Wahrheiten" verbreiten, meinen
Louis Pauwels und Jacques Bergier, deren _Le Matin des Magiciens_
(das Buch mit dem programmatischen Titel ist ein erstaunliches
Manifest einer bizarren Gnosis) keineswegs zu den SF-Romanen ge-
zählt werden will, aber jeden Kenner des Genres auf Schritt und
Tritt an solche erinnert.[9]

Extrasensorisches und Magisches, Fliegende Untertassen und Tele-
kinese, Außerirdische unter uns oder unter uns schon die über-
menschlichen Nachfolger des gegenwärtigen Menschen — das sind
die SF-Themen, für die sich die _Okkultisten_ interessieren. Anders
die _Expansionisten_, die eher an Bomben und Raketen, an eine rui-
nierte Erde und glänzenden Ersatz im Kosmos denken. Für sie ist die
SF die psychologische Vorbereitung des großen Sprungs zu den Sternen. Den immer wieder von Raumfahrtenthusiasten unter den Produzenten und Konsumenten des Genres vorkündeten Glauben, daß
die Abenteuer im Kosmos als ernstzunehmende Antizipationen zu
betrachten seien, hat jüngst noch einer der maßgebenden amerikanischen SF-Editoren wiederholt: Donald A. Wollheim, der nicht ansteht, von der Weltphilosophie der SF zu sprechen.[10] Unter der deutschen SF der Nachkriegszeit gibt es einen überaus verkaufserfolg-
reichen, längst über die Landesgrenzen hinaus wirksamen Beitrag

zu dieser *Expansionsphilosophie:* die endlose Serie von Geschichten um Perry Rhodan, den "Erben des Universums", dessen Verehrer offenbar der galaktischen Kriege und Siege nicht müde werden.

Wer in der SF Nahrung sucht für einen Wahn, verdirbt sich — vom ernsten Schaden, den er anrichten oder nehmen mag, gar nicht zu reden — ein potentiell vergnügliches Spiel. Kein Zweifel, vieles an dieser Literatur ermutigt ihren Mißbrauch.[11] Doch neben den Lesern und Autoren, die SF-Romane mit Sachbüchern verwechseln, gibt es die anderen, die sich keinen Augenblick darüber täuschen, daß sie es lesend oder schreibend mit einem Genre der *Spannungsliteratur* zu tun haben. Er hoffe, meint der Astrophysiker Fred Hoyle in einer Vorbemerkung zu seiner Geschichte von der Schwarzen Wolke, die zu den guten der Gattung gehört, daß seine Kollegen an dem übermütigen Scherz (*frolic*) ihren Spaß hätten. Im Ausdruck *frolic* steckt ein Stück britischer Untertreibung. Aber mehr als einen Spaß an einer raffiniert gespielten Partie sollte — wenn man absieht von Glücksfällen des Genres, die dessen Konventionen sprengen — auch in der gut gemachten SF kein Leser suchen.

Anmerkungen

[1] Der Spiegel, 20. Jg. 1966 Nr. 14 S. 153.
Den Hinweis verdanke ich dem unten zitierten Buch von M. Nagl.

[2] Eine ausführlichere Erörterung dieses Zusammenhangs in meinem Beitrag über Spannungsliteratur und Spiel, der im Herbst 1976 in einem von A. Anderegg, J. Hienger und K. Spinner zum Thema der populären Erzählformen herausgegebenen Band der Kleinen Vandenhoeck-Reihe erscheint.

[3] Caillois, R.: Les Jeux et les Hommes. Le masque et le vertige, Paris 1958; dt. Die Spiele und die Menschen. Maske und Rausch, Stuttgart 1960.

[4] Die These ist oft und mit viel Scharfsinn vertreten worden. Besonders hervorzuheben ist unter den jüngsten Veröffentlichungen: Ketterer, D.: New Worlds for Old: The Apocalyptic Imagination, Science Fiction, and American Literature, New York 1974. Vgl. auch Suvin, D.: "Zur Poetik des literarischen Genres Science Fiction" in: Barmeyer, E. (Hrsg.): Science Fiction, München 1972.

[5] Diese Forderung wird von einigen amerikanischen und britischen SF-Autoren und SF-Kritikern mehr oder weniger nachdrücklich erhoben; besonders leidenschaftlich aber von dem polnischen SF-Verfasser Stanislaw Lem, dessen theoretische Arbeiten leider nur zu einem geringen Teil

in Übersetzung vorliegen. Vgl. die Aufsätze von und über Lem in der von E. Barmeyer herausgegebenen Anthologie sowie in Polaris 1, Insel-Taschenbuch 30, 1973 und im Insel Almanach auf das Jahr 1972, beide herausgegeben von F. Rottensteiner.

[6] Aldiss, B. W.: Billion Year Spree: The History of Science Fiction, London 1973, 201.

[7] Massenmedium wird die SF wie jedes andere Genre der populären Literatur nicht nur durch eine auffällige Vermehrung der jährlich erscheinenden Titel, sondern auch durch Periodizität des Erscheinens in spezialisierten Magazinen und Taschenbuchreihen sowie durch die erfolgreiche Einführung der Gattungsbezeichnung als Bezeichnung für einen literarischen Massenartikel.

[8] Eine eingehende Analyse dieser Muster in: Hienger, J.: Literarische Zukunftsphantastik: Eine Studie über Science Fiction, Göttingen 1972.

[9] Dt. Aufbruch ins dritte Jahrtausend. Von der Zukunft der phantastischen Vernunft. Bern und München 1962 [5]1966, 466 Anm.

[10] Wollheim, D. A.: The Universe Makers. Science Fiction Today, London 1972.

[11] Eine Fülle von Belastungsmaterial bei Nagl, M.: Science Fiction in Deutschland, Untersuchungen des Ludwig-Uhland-Instituts der Universität Tübingen Bd. 30, Tübingen 1972.

Wolfram K. Köck

DER ENGLISCHE FRAUENROMAN

> Love makes the world go round, marriage
> makes it go flat.   George Bernard Shaw

1. "Let Women Lead the Way to a Better, Brighter Tomorrow!"

Der Appell stand am 17. September 1975 in *The Times*, London, als Balkenüberschrift des letzten Teiles einer Artikelserie zur "Lage der Nation" von Jo Grimond, Parlamentsabgeordnetem und vormaligem Führer der Liberalen Englands. Grimond zeichnet darin ein düsteres Bild der Zukunft des englischen "bureaucratic-socialist capitalism", prophezeit ein Ende in Diktatur und Barbarei, und sieht den einzigen "Hoffnungsschimmer" in den Frauen. Diese nämlich seien

> "... less destructive on the whole ... more inclined to create, to play ..., to express their own opinions and use their own eyes ... not so conscious of the pecking order, so bemused by jargon ... used to making the best of resources."

Diese weder ironisch noch nur als Kompliment zum Internationalen Jahr der Frau gemeinte 'Kapitulation des Patriarchats' erntete erstaunlicherweise weder den Beifall der 21.630.000 erwachsenen Frauen Englands, von denen immerhin 2,4 % *The Times* lesen, noch auch provozierte sie den erwarteten heftigen Protest des Häufleins der *Women's Liberation* (= *Women's Lib*) dagegen, daß Mr. Grimond wieder einmal das jahrhundertealte Stereotyp des 'Ewig-Weiblichen' bemüht habe, damit in scheinheiliger Weise aus der Not der Frauen eine Tugend gemacht, und sich so als reaktionäres "male chauvinist pig" erwiesen habe. In der Tat scheint Grimond (wie die meisten Männer) ein Erbe jenes viktorianischen Weiblichkeitswahns (der "feminine illusion") zu sein, wie er sich im aufblühenden Großbritannien des 19. Jhs. gegenüber früheren durchaus egalitären[1] Auffassungen endgültig durchsetzte. Diese im wesentlichen bürgerliche Vorstellung mystifizierter Weiblichkeit formuliert u. a. *The Ladies' Cabinet*, eines der in Mode gekommenen Frauenmagazine, im Jahre 1847 folgendermaßen:

"[Woman was] given to man as his better angel, to dissuade him from vice, to stimulate him to virtue, to make home delightful and life joyous ... in the exercise of these gentle and holy charities, she fulfils her high vocation." [2]

Heute klingt dies von 'wissenschaftlicher' Seite so:

"... if they possess the feminine quality of intuition to a great degree, they are ideal collaborators who often inspire their men, and are themselves happiest in this role. They seem to be easily influenceable and adapt themselves to their companions and understand them. They are the loveliest and most unaggressive of helpmates and they want to remain in that role; they do not insist on their own rights — quite the contrary. They are easy to handle in every way — if one only loves them. Sexually they are easily excited and rarely frigid; but precisely in that sexual field they impose narcissistic conditions which must be fulfilled absolutely. They demand love and ardent renunciation of their own active tendencies ..." [3]

Und doch hatte schon vor mehr als hundert Jahren in derselben viktorianischen Epoche John Stuart Mill — durch seine Philosophie wie durch seine Beziehung zu Harriet Taylor zu realistischer Einschätzung der Lage der Frau gebracht — in *The Subjection of Women* 1869 geschrieben:

"What is now called the nature of women is an eminently artificial thing — the result of forced repression in some directions, unnatural stimulation in others. It may be asserted without scruple, that no other class of dependents have had their character so entirely distorted from its natural proportions by their relation with their masters; for, if conquered and slave races have been, in some respects, more forcibly repressed, whatever in them has not been crushed down by an iron heel has generally been let alone, and if left with any liberty of development, it has developed itself according to its own laws; but in the case of women, a hothouse and stove cultivation has always been carried on of some of the capabilities of their nature, for the benefit and pleasure of their masters ..." [4]

Ein Beispiel für die Vergeblichkeit 'rationaler' oder 'realistischer' Einsicht, solange institutionelle und soziale 'Objektvierungen' des Weiblichkeits-Stereotyps, etwa im Erziehungswesen, in der Umweltgestaltung, der Wirtschafts- und Kulturpolitik, "female life patterns" vorprogrammieren, die nicht nur von den dadurch begünstigten Männern, sondern vor allem den betroffenen Frauen schließlich als 'natürlich', dem 'Wesen' der Frau gemäß oder gar 'ewig' internalisiert und folglich verteidigt werden. Schließlich bot ja die Königin, Viktoria, selbst das leuchtendste Beispiel der 'mütterlichen', 'weiblichen', ja 'romantischen' Frau: durch ihre Liebes-Ehe und ihre zahlreichen Kinder. Was Wunder, daß eine 'realistischere' Betrachtung der Frau als eines nicht minder vielfältig disponierten Wesens denn der Mann bis heute bei Männern wie bei Frauen äußerst selten ist, ja daß im Gegenteil geradezu mythische, wenn nicht primitiv-magische Auffassungen den Alltag beherrschen. Hierzu nur *ein* drastisches Beispiel vorweg, weitere ergeben sich zwanglos aus der Erörterung der trivialen Frauenliteratur:

"... millions are convinced that women are mad, before and during a period. When Mrs. Thatcher was elected Conservative Party leader, the media were discreet, but did you hear the uproar in pubs and clubs? Our local throbbed with dire warnings as to what she'd do if upset at 'her time of the month', the implication being she'd go out and bomb Manchester. No one could understand her supporters, but I have a lunatic conviction they expect the Devil in Mrs. Thatcher to win them the next election."[5]

Auch in England, einem Land, dem man aufgrund der hierzulande gängigen Stereotype einen gewissen Kredit an Aufgeklärtheit und Liberalität einräumen möchte, ist ebensowenig wie anderswo in das allgemeine Bewußtsein (vor allem der Betroffenen) gedrungen, was in einer unübersehbaren bio-anthropologischen Literatur immer wieder nachgewiesen worden ist: daß es eine unendliche Fülle sekundärer Differenzierungen der Geschlechter gibt, daß alle 'Bilder' der Frau kulturbedingte Konstruktionen sind, die als normative Konventionalisierungen im Systemzusammenhang der jeweiligen Gesellschaft funktional verankert sind, und daß diese Normen (wie alle) historisch überholt und durch andere ersetzt werden können.[6] Selbstverständlich soll damit in keiner Weise unterstellt sein, daß derartige Veränderungen von heute auf morgen bewirkt werden können: die Frauen machen schließlich mehr als die Hälfte der Bevölkerung aus und jede Verhaltensänderung gravierender Art wäre eine Veränderung der ganzen Gesellschaft. Das gängige 'Bild' der Frau sei nun noch am Beispiel der englischen Werbung in Frauenmagazinen konkretisiert. Trevor Millum[7] hat es in folgender Übersicht veranschaulicht:

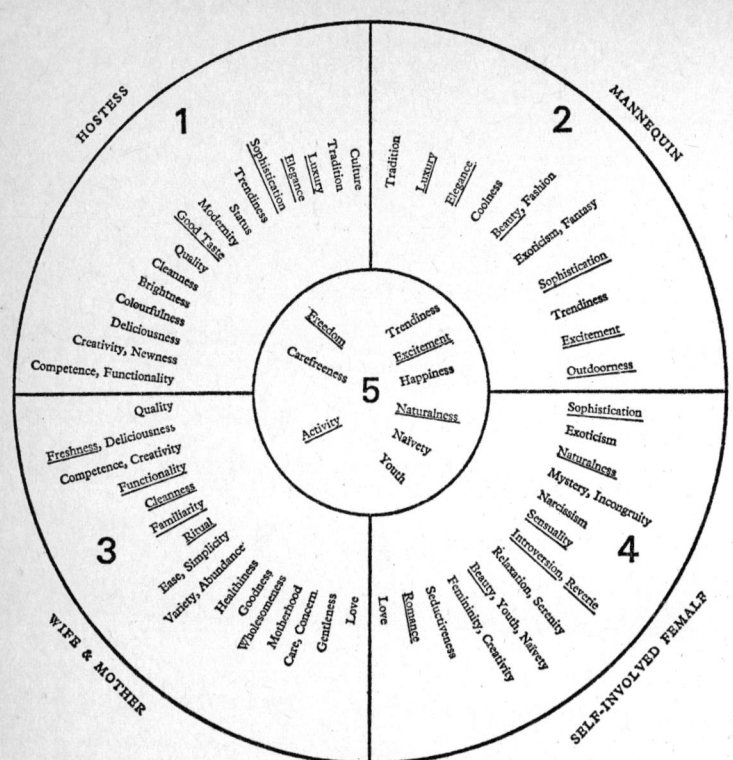

In dieser "world of meaning", in die die Frau von der Werbung gesetzt wird, gibt es nicht mehr als zwei "female life patterns":

"One path lies through sophistication, social competition and concern with fashion and style, into the home. The other moves through naturalness and femininity through to maternity and the establishment of the household. One is more assertive (competitive and public) and the other inward, 'sensitive' and private. These, one suggests, are the two paths offered to women as patterns for their lives. They move inevitably towards the same goal.
The absence of a link between sophistication and naturalness is interesting and may prove significant."[8]

Es ist zweifelhaft, ob diese Vielfalt der sprachlichen und nicht-sprachlichen Werbeappelle über das Kaufverhalten der Frauen hinaus — das ja als solches schon stark durch Angebot bzw. Nicht-Angebot und Bedürfnisse vorstrukturiert wird — von tiefgreifenderem Einfluß ist. Doch es steht außer Frage, daß die "Bedeutungswelt" der Werbung sorgfältig und geschickt jenes Frauensterotyp *artikuliert*, das der sozio-ökonomischen Funktionalisierung der Frau in der englischen Gesellschaft entspricht bzw. diese im Interesse des Absatzes und Profits der Wirtschaftsmächte verklärt, romantisiert, ideologisiert, und so zu bestätigen, ja zu legitimieren versucht. Diese Frauen-"Bedeutungswelt" ist daher — wie die Frauen-Trivialliteratur — ein Symptom. Sie für einen stärker wirkenden Sozialisationsfaktor zu halten, bedeutete eine Überschätzung der Möglichkeit medialer Interaktion. Die Kultivierung des wirtschaftlich opportunen Frauen-Stereotyps erfolgt in den Frauenmagazinen auf verschiedenen einander komplementierenden Ebenen, unter denen einzelne ("features", Sachinformation, Briefecken, "agony colums" = Lebenshilfe, u. a.) wesentlich direkter Einfluß nehmen können als Werbung und Unterhaltungsliteratur. Nimmt man alle diese Ebenen eines Magazins zusammen (und im Kontext der übrigen Medien, des Fernsehens, Kinos, der öffentlichen Plakat-, Kaufhaus-, Vertreterwerbung usw.), und bedenkt man, daß die vier größten Frauen-Wochenmagazine, *Woman's Own*, *Woman*, *Woman's Weekly* und *Woman's Realm* von mehr als der Hälfte der erwachsenen Frauen Englands meist regelmäßig 'konsumiert' werden, und bedenkt man, daß diese Magazine alle einem Unternehmen, dem größten britischen Pressekonzern IPC (= *International Publishing Corporation*) gehören, der nach eigener Aussage "the women's point of view" vertritt, dann fällt es zusehends schwerer, an Wirkungszusammenhängen zu zweifeln. In diese 'Welt' gehört die triviale Frauenliteratur, in England weniger despektierlich "popular fiction" oder "leisure reading" genannt.

2. The Romantic Englishwoman 1975

romance ist das Schlüsselwort für die auf das charakterisierte Weiblichkeitsstereotyp abgestimmte mediale Unterhaltungsproduktion 'literarischer' bzw. 'fiktionaler' Art: für den trivialen Frauenroman ("women's novel", "romantic novel") und triviale Frauenerzählungen, insgesamt "women's fiction" oder "romantic fiction".

romance ist sowohl Bestandteil der Frauen*realität* als auch fiktionale Gattungsbezeichnung. Einmal bedeutet sie das Ideal einer erfüllten Liebesbeziehung zwischen Mann und Frau, ob als Basis und Voraussetzung der Ehe, ob in profanerer Weise als Liebesaffäre unter mehr oder minder alltäglichen oder exotischen Umständen (im Büro ebenso wie im Urlaub, auf dem Land ebenso wie in der Großstadt, usw.) — also etwa im Sinne der deutschen 'Romanze' von X mit Y —, zum anderen die fiktionale Identifikationsmöglichkeit mit eben solcher *romance*. Stets aber ist *romance* gekennzeichnet durch *love* (gegenüber *sex*), *passion* (gegenüber *reason, fidelity* u. ä.), *feeling/emotion/sensitivity* u. ä. (gegenüber *intellect, calculation, technique* u. ä.), *heart* (gegenüber *brain, genitals* u. ä.), *dream* (gegenüber *realism, mind,* u. ä.), *ecstasy* (gegenüber *rationality* u. ä.) usw., kurz — *romance* ist die Erfüllung aller Liebeswünsche, die (noch) nicht erfüllt worden sind bzw. werden. Als durchaus alltagssprachliches Konzept ist *romance* in allen Bereichen der angelsächsischen Kultur gängig, ebenso wie die buchhändlerische Kategorie der *romantic fiction*. Sie hat daher ihren festen Platz in allen Buchhandlungen, Kiosken und Bibliotheken und wird entsprechend konsumiert, und zwar keineswegs nur von den Ewig-Gestrigen, die von der guten alten Zeit träumen, oder von ungebildeten Minderheiten. Wie Untersuchungen des Soziologen Peter H. Mann[9] ergeben haben, ist *romance* lebendiger denn je, wird von mehr Leuten aller Schichten und Altersstufen gelesen als je zuvor und scheint an Popularität und Ansehen immer noch zuzunehmen! Die Prophezeiung einer Veteranin der Branche, Denise Robins — übrigens Inhaberin des Literaturproduktions-Weltrekords[10] —, einer der jährlich gewählten "Queens of Romance", scheint sich wieder einmal zu bestätigen:

"The magic, the very breath of romance, is still in the air. And to my mind there is no literary revolution that can entirely disparage or annihilate romance.
It is indestructible."[11]

Die Geschichte gibt ihr recht: seit Beginn der *romance*-Tradition um die Mitte des letzten Jhs. reihten die Autorinnen (und Autoren) Erfolg an Erfolg, und Millionenauflagen an Millionenauflagen. Ein auf *romance* spezialisierter Verlag, Mills & Boon, London, der heute monatlich 14 Hardbacks und 10 Paperbacks produziert — die sich überschneiden —, verzeichnet für 1974 einen Weltumsatz von

40 Millionen Bänden gegenüber 26,8 Millionen im Jahre 1972 und mehr als 30 Millionen im Jahre 1973. (Dazu sind die Übersetzungen in zahlreiche Sprachen, auch in das Deutsche, zu rechnen.) Bedenkt man, daß von den 410 Millionen Englischsprachigen der Welt 305 Millionen Englisch als Muttersprache erlernt haben, dann kann man auch die Zahl der Englischleser als beträchtlich einschätzen.[12] (Zuschriften aus aller Welt bestätigen jedenfalls Peter H. Manns Behauptung "romance ist extremely popular the whole world over".) — Zu Mills & Boon kommen nun noch andere größere Verlage (und zahlreiche kleinere), z. B. Hodder & Stoughton, Collins/Fontana, Hutchinson, Arrow, Sphere u. a. m., — von Verlagen in Übersee ganz abgesehen. Wenn also für 1973 eine jährliche Gesamtproduktion von 25 Millionen neuer *romances* angegeben wird[13] — obwohl darunter sicherlich viele Neuauflagen und Wiederveröffentlichungen sind —, dann kann man sich ausrechnen, was auf der ganzen Welt an *romances* pro Jahr umgesetzt wird.

Die erwähnten Untersuchungen zur Leserschaft der *romances* haben enorm zur Popularität und "respectability" dieser (ja sehr 'moralischen') Gattung beigetragen, nicht minder aber ungewollte Unterstützung von ganz anderer Seite mobilisiert: die heftigen Attacken der *Women's Lib* auf die Verlogenheit und Illusionistik der *romances* bzw. auf den Mythos der 'romantic love' haben eine ganze Welle z. T. geradezu enthusiastischer Bekenntnisse zu *romance* ausgelöst und vielen Kontrahentinnen der Emanzipationsbewegung einen Anlaß geliefert, beredt für die Berechtigung und Notwendigkeit und vor allem moralische Ehrbarkeit der *romantic fiction* einzutreten — natürlich gegen 'permissiveness', Pornographie, Perversion und Gewalt. Das Abklingen der Pop-Welle um "swinging London", der Jugend- und der Sexwelle und die im Zusammenhang mit den wirtschaftlichen Schwierigkeiten erstarkende Nostalgie haben zweifellos ihrerseits nicht nur das Bedürfnis nach einer zumindest in der Imagination erfahrbaren 'heilen' Welt in der ganzen Bevölkerung verstärkt, sondern es auch — und das ist für die sündenbewußten Puritaner immer ein Kernproblem — legitimiert.

romances also überall: ob in Form von Comics, Fotoromanen, oder gleich serienweise in "picture libraries" (*Love Story Picture Library, True Life Library, Star Love Stories — all in pictures* u. a.), ob in *fiction magazines* (*Romance, True Romances, True Story, My Love, My Story, Hers, Woman's Story* u. a.), ob schließlich in

Buchform (gebunden vor allem für die Leihbibliotheken oder für
vermögende Snobs) bzw. als Fortsetzungsromane in den Magazinen,
die fast ausnahmslos auch *romance* enthalten, — jedes Mädchen
und jede Frau scheint sie — dem statistischen Durchschnitt nach
jedenfalls — zu konsumieren (sofern sie überhaupt lesen bzw. nicht
ein Anspruchsniveau erreicht haben, das solche Lektüre funktions-
los macht). Und *romance* ist auch immer *romance:* ob es sich um
die simplen Urlaubsaffären, Büroaffären, Seitensprünge, Enttäu-
schungen, Verwirrungen, Eifersuchtsdramen, Bewährungsproben
usw. mit jeweiliger glücklicher Versöhnung bzw. glücklichem Ende
handelt, die als "true" oder "real-life" in Heftchen und Magazinen
im wesentlichen auf die Alltagsrealität beziehbar bleiben — sie werden entsprechend als Lebenshilfe angeboten, die sie oft wohl auch
leisten —, oder ob es sich um die an Weltgehalt, Bildung, *glamour,
high life,* Exotik und Pathos reicheren und auch hinsichtlich des
Stils (und der Ausstattung: Kitsch statt schlechter Fotos) aufwen-
digeren *romances* großbürgerlicher oder pseudo-aristokratischer Art
handelt, — Handlungsstrukturen und -elemente, Weltanschauung
und Ton sind hier wie dort gleich: *love, heart, passion, enchant-
ment, magic, dream, ecstasy, heaven* . . .

Das also ist die Welt der *romantic Englishwoman.* So lautet der
Titel eines Films, den Joseph Losey 1975 gedreht hat. Es ist eine
Auseinandersetzung mit dem Problem des Zusammenhangs von
Literatur und Leben am Beispiel eines Schreibers solcher Literatur
("pulp" = minderwertige Literatur). Erwähnenswert ist hier auch
Gillian Freemans *The Marriage Machine,* eine bittere Abrechnung
mit *romance* als einem die englische Frauenerziehung beherrschen-
den Mythos[14].

Nehmen wir ein Durchschnittsbeispiel. In der auflagenstärksten
(1.687.268/Woche) und meistgelesenen (6.275.000) Wochen-Illu-
strierten für Frauen, *Woman's Own* (IPC) vom 19. Juli 1975 fand
sich die folgende kleine Geschichte (von Peggy Jones) mit dem Titel
I'll take romance, Untertitel *So everyone's liberated, are they?
Don't care about tenderness and love and all that sort of thing?
Well, you haven't met me!,* — ein geradezu idealtypisches Beispiel,
das wie in einer Nußschale alles enthält, was *romance* in Literatur
und Leben bedeutet. Diese paradigmatische Bedeutung des Stücks
rechtfertigt eine ausführlichere Darstellung:

Die Heroine, Elena, erzählt in der Ich-Form. Es beginnt nach dem *lunch*
am Sonntag — es gab *roast beef* und *Yorkshire pudding,* etwas sehr

Englisches —: Charles, der Bruder ("tall, slim, fair-haired"), rückt mit
seinem Problem heraus. Sein Londoner "flat-mate" namens Stuart
Pembroke geht für die Firma — darüber erfahren wir nichts — nach
Rom, er kann sich die Wohnung allein nicht leisten und ist sauer. —
Elena errötet ("I adored Stuart ...") und erinnert sich an den ersten
Besuch Stuarts ("tall, dark young man"), an den ersten "vodka and
lime" von Stuart im "local pub" — wo das ganze spielt, erfahren wir
ja nicht —, an den Heimweg mit Stuart. 17 war sie damals gewesen
(und jetzt ist sie 18, denn es ist genau ein Jahr her). Der Eindruck
aber war unauslöschlich: "Stuart symbolised for me everything that
was romantic and exciting, everything I secretly longed for and was
afraid of." (Das "afraid of" ist der Autorin wohl automatisch gekommen: es gibt in der ganzen Geschichte nichts zu fürchten.) Und daß
Stuart nach Rom geht, ist für sie "very romantic and Stuart-like".
Elena hat eine Idee: *sie* wird zu Charles nach London ziehen, Papa
wird finanziell etwas aushelfen, und Charles hat immerhin die Be-
treuung, die ein Mann braucht. — Gesagt, getan. Die Londoner Woh-
nung ist recht attraktiv: *aber* der Teppich, *aber* die Möbel ... Und
Elena gelobt "some subtle feminine touches". Dafür Herzklopfen:
Wäsche in *Stuarts* Schubladen, Kleider in *Stuarts* Schrank, Toiletten-
zeug auf *Stuarts* Platz ... Kleine Enttäuschung und erster Lernprozeß:
Pinups ganz ohne ... ("... my opinion of Stuart sank a little. I had
not thought him so ... so what? So human, I was finally forced to
admit.").

Insgesamt aber sehr *happy*: "... a wonderful, exciting life stretched
before me, full of men like Stuart and jobs where the managing
director would immediately spot my potential and all his sons would
fall hopelessly in love with me." Zunächst aber passiert gar nichts
außer Hausarbeit für den Bruder, der sich wie ein Pascha verwöhnen
läßt. Als Elena schließlich zaghaft andeutet "I haven't done anything
or seen anything yet", bietet er generös ein chinesisches Abendessen
mit "Beau" an. — Großer Jubel:
"I could hardly wait ...·I thought a lot about Beau. His name con-
jured up the Deep South to me, romantic gamblers on Mississippi
river boats, men quick to avenge a lady's honour with a swiftly-
drawn pistol."
Beau aber ist — ein Mädchen, und was für eins:
"... this gorgeous girl — a little taller than me, thick blonde hair
falling half-way down her back, fantastic bright eyes and poured into
a beautifully-cut trouser suit which I well knew cost as much as I
earned in a fortnight."
Der Abend ist hin, Elena verwirrt über Beau und ihren Bruder: "not
one loving glance ... not one loving remark ... very peculiar — not
the slightest hint of romance". Dazu noch Sandies — Beau heißt

Sandie Beaumont — Kritik an dem verwöhnten Charles und damit
Mutter und Schwester! In *ihrer* Ehe wird auch Charles die Hausarbeit
machen! Nicht so bei Elena: "Well ... it's not right for a man to do
it if there's a girl around, I said, echoing my mother and remembering
those long Sunday washings-up we had shared whilst Charles and my
father sat somnolently in the garden!" — Darauf aber eine Predigt von
Sandie: "... you are the only truly old-fashioned girl I know. You
live in an unrealistic little world of your own. You are really letting
the sides down. Nowadays women are just as good as men, if not
better ..."

Elena ist verwirrt, versteht nicht. Für Sandie ist das doch etwas ganz
anderes:

"She was very clever. She had a marvellous job; she earned as much
as Charles did; she had her own flat and a car. She was certainly
entitled to feel she was better than most men, but I felt I was very
ordinary and I had been brought up to find pleasure in looking after
a man." Und sie ist ganz der Meinung der (allerdings ironischen) progressiven Sandie:

"Next minute you'll be telling me you are expecting a knight in
shining armour to gallop up on his white charger and carry you
away to his turretted castle." Und Sandie geht. Elena sinkt deprimiert
in einen Sessel. Da klingelt es an der Tür. Elena öffnet, und da sie
den Kopf hängen läßt, nimmt sie jetzt von unten nach oben wahr:
"a pair of narrow feet in a pair of beautiful pale suede Italian shoes.
Next was a length of exquisite beige trouser-leg, an elegant cream
shirt, trendily open-necked, and topping it all the bronzed and hand-
some face of Stuart Pembroke."

Und er flüstert (auf italienisch) "Cara". Und küßt sie, die in seine
Arme gefallen ist. Und nennt sie "fantastic beauty", seine "little
Elena" ...

Und Elena: "He kissed me again and bells rang and birds sang and
my heart turned somersaults. I knew if I looked out the window I
would see a white charger pawing the ground. True, it might be
disguised as Stuart's low red Italian car, but in essence it was the
same."

Und Stuart nimmt seine Gitarre, und singt italienische Volkslieder ...
Und Elena, die Nur-Frau:

"... and I smiled all the time I was preparing a meal for Stuart and
making up a bed for him in the living-room and unpacking his bags
and moving my clothes to make room for his and sorting out suits
to go to the cleaners and shirts to have buttons sewn on."

Und bitte sehr: Stuart ist *nicht* der Meinung Sandies, Elena sei "an
old-fashioned girl":

"I am a born romantic and a man who captures a true romantic is the luckiest man alive, Stuart says."

Hier ist *keine* Ironie im Spiel! Auch der geradezu 'flotte' Alltagsstil und das allzu offenkundige Schicksal mit Traum-Ende schließen jeden Zweifel an der Seriosität der dargestellten *Realität* aus. Das in allen *romances* dieser kleinbürgerlichen Art auftretende 'romantische' und 'altmodische', 'einfache' Mädchen erinnert in seiner Selbstverständlichkeit an das erst unlängst von der konservativen Parteiführerin Margaret Thatcher herausgestellte "Recht auf Ungleichheit", das Recht, auf Änderungen seines Lebens verzichten zu dürfen, so sein zu dürfen, wie man sein will. Es muß hierzu angemerkt werden, daß ein derartig unterstelltes 'Recht' in der Geschichte sehr oft die Rationalisierung von Unterdrückung und unentrinnbarer Not gewesen ist, und daß es heute gerade in England bedenklich dem nahekommt, was Richard Hoggart eine "invitation to self-indulgence"[15] genannt hat.

I'll take romance ist ein paradigmatisches fiktionales Äquivalent des oben an der Werbung skizzierten dominanten Frauenstereotyps: die beiden Mädchenfiguren entsprechen bis ins einzelne den dort beschriebenen beiden "female life patterns", die Alternative der sich selbst in gleichberechtigter Weise voll entfaltenden Frau, die nicht auf Männer, Kleider, Küche und Kinder programmiert ist, hat in dieser Welt keinen Platz, ja sie ist das Anti-Stereotyp, eine Verirrung ("a freak"). Daß sich *Women's Lib* vehement gegen dieses Stereotyp einerseits, den Mythos der *romantic love* und dessen gleichsam missionarische Verkündung durch die Frauenpresse anderseits ausgesprochen hat, ist kein Wunder. Germaine Greer ging soweit zu sagen, "romance sanctions drudgery, physical incompetence and prostitution"[16], und die Frauen nicht nur zur Arbeitsverweigerung, sondern zur "bewußetn Promiskuität"[17] aufzurufen. Die nicht minder vehemente Reaktion gegen diese und andere ähnlich extreme Ausfälle hat den *status quo* in überwältigender Weise bekräftigt[18]. Nur ein kleines Beispiel aus Marabel Morgans *The Total Woman*, einer mit religiöser Inbrunst vorgetragenen Apotheose des Mannes:

"It is only when a woman surrenders her life to her husband, reveres and worships him, and is willing to serve him, that she becomes really beautiful to him. She becomes a priceless jewel, the glory of femininity, his queen!"[19]

Und eine englische Schriftstellerin, die 21 Jahre in Schweden, "a woman's paradise", verbracht hat, schreibt am 10. September 1975 in *The Times*, wie "depressing" sie diese Welt finde, sosehr "admirable and enviable" sie in ihren Leistungen auch sei:

> "There's no romance ...
> It is not really surprising there is no romance.
> 'We had a lesson on sex', said my daughter when she was nine. 'All about what happens when you lie with a boy and how you needn't have a baby if you don't want to.' ...
> No romance — and little chivalry. Men go through doors before women, never stand for them. But why should they be chivalrous when women, aided and abetted by men, strive to make it a woman's world, in the name of 'equality'?"

K. Little und G. Greer haben ausgeführt, wie es zu dieser Weltanschauung der *romance*, "the strange case of romantic love" bzw. "the middle class myth of love and marriage" gekommen ist.[20] Hier nur der Hinweis, daß es sich um eine in sich widersprüchliche Konstruktion des puritanischen Bürgertums handelt, die die ursprünglich aristokratische Liebesleidenschaft, die nur außerhalb der rein wirtschaftlichen Institution der Ehe möglich war, zur Basis und Voraussetzung und eigentlichen Legitimation dieser Ehe gemacht hat. Der Puritanismus hatte aber in seinem fanatischen Feldzug gegen jede Sinnlichkeit das Konzept der ritterlichen, 'romantischen' Liebesleidenschaft so entleert, so spiritualisiert, daß von *romance* nur die Phantastik, von der Ehe nur die Wirtschaftlichkeit (die ja selbst religiös motiviert war) zum Tragen kam, und vor allem die abhängigen und völlig unaufgeklärten Frauen die Opfer des Mythos wurden und bis heute geblieben sind. Wie sehr dies zutrifft, zeigen gerade die "true romances" aller Art, die sich eben mit den Frustrationen und Schuldgefühlen der enttäuschten Frauen beschäftigen — "... I realised what a stupid romantic I was ..." —, auf der anderen Seite aber gerade den Mythos durch Geschichten der demonstrierten Art weiter nähren und kultivieren. Das dieser Arbeit vorangesetzte Motto von G. B. Shaw drückt dieses Dilemma in etwas verharmloster Weise aus: Ironie aber bestätigt, was sie in Frage zu stellen scheint. — So sind gerade die *fiction magazines* voll von Geschichten leidlich realistischer Art, die diesem romantischen Mythos verpflichtet sind. 'Realistisch' heißt hier, daß die verklärte und moralisch bewältigte Welt aus Versatzstücken des Alltags (einschließ-

lich der Urlaubswelt) konstruiert wird, um dem Helden wie der
Heroine Gelegenheit zu geben, Probleme von Liebe und Ehe zu
überwinden, mit denen sich die einfache Leserin identifizieren
kann. Hier gibt es "fascinating stories of love and marriage", "exciting romantic serials", "stories of modern love", "true-life drama",
"suspense", "supernatural stories" usw. Daß Frauen bevorzugt mit
Aberglauben, Übersinnlichem, Geheimnissen usw. bedient werden,
sei nur am Rande erwähnt. Die Varianten der Horoskope oder
Glücksbringer oder magischen Instrumente für Schutz und Glück
etc. sind vielfach. Das oft recht krampfhaft wirkende Bemühen,
den Widerspruch zwischen illusionärer Fantasieliteratur und realistischer Lebenshilfe aufzuheben, wird besonders an den Namen der
Magazine deutlich, denen (wie bei Heftchen und Serienromanen)
die kitschigen, knallig aufgemachten Pärchen mit hingebungsvollem
Gesichtsausdruck, pathetischem Gestus und gewöhnlich ziemlich
verdrehter Körperhaltung völlig widersprechen — auch dort, wo es
sich um adaptierte Fotografien handelt. *True Story* (seit 1922; 9 %
der Leserschaft) bietet etwa:

> *I wanted a lover — not a husband.* Because I'd known so much misery
> in my first marriage, I was determined not to marry again — not
> even to give my son a father!
> *Had love passed me by?* After all these years, why did I have to fall
> for a man who wasn't free?
> *I couldn't bear to lose him!* Between us stood the barrier of the dif-
> ference in our ages. Yet I adored Anthony with all the passion of a
> young girl . . .

In *True Romances* (seit 1934, 9 % Leserschaft) findet sich z. B.:

> *My unseen rival.* I knew we could be happy together — if only Ken
> could forget the wife who had deserted him!
> *The threat to my happiness.* I was tortured by suspicions: was my
> mother out to steal my man?

Und gleiches findet sich in allen denkbaren Varianten in *True
Magazine* (6 %) — "real-life stories of romance" —, *Romance* (3 %)
— "stories of life and love for you to thrill to" —, *Hers* (2 %) —
"love stories so real they could happen to you" —, *My Love* (seit
Sommer 1975) — "revealing stories of human relationships", und
in all den anderen Magazinen dieser Art, die es natürlich auch
schon von klein auf zu lesen gibt — *Jinty, Judy, Twinkle, Mandy*

u. a. für kleine Mädchen, *Bunty, Tammy, Sandie, June* u. a. für größere, *Fabulous 208, mates, Diana, Star, OK, Jackie, Valentine, Petticoat* u. a. für Teenager ...[21]. Nicht unerwähnt sollen jene Magazine bleiben, die *romance* als leichte oder weniger leichte Pornographie verstehen (selbstverständlich stets legitimiert als Aufklärung und Lebenshilfe!). Sie tragen z. T. sehr irreführende Namen wie z. B. *My Romance* oder *My Love Story*, z. T. bieten sie als ("real-life", "daring", "revealing", "confidential" usw.) *Confessions* billige Sex-Unterhaltung primitiver Machart, von denen sich allerdings die Produkte der *Playgirl, Viva, Personal*, oder *Forum* (und z. T. der Männermagazine *Playboy, Penthouse, Mayfair, Men Only* usw., die stark auf Frauen eingehen und auch 1–2 % der Frauenleserschaft haben) nur dem technischen Aufwand und dem intellektualistischen Anstrich nach unterscheiden. Was sie verehren, hat Germaine Greer am besten benannt: "the ... romantic ideal of the perfect fuck"[22].

romantic novels der 'großbürgerlichen' Art gibt es seit der Mitte des letzten Jahrhunderts. Ebenso wie der Aufschwung der Frauenpresse gehört ihr Siegeszug in den Kontext der durch die ersten Bildungsgesetze (Forster Act 1870; Sandon Act 1876; Mundella Act 1880) sich rasch ausbreitenden Lesefähigkeit, der zahlreichen im Lande eingerichteten "circulating libraries" und nicht zuletzt der stürmisch sich entwickelnden Druck-, Illustrations- und Kommunikationstechnik. Trotz der starken Widerstände vor allem gegen das Lesen von Romanen durch Mädchen und Frauen gab es bald einen stets steigenden Bedarf an moralischen Romanen zu decken, um Mädchen die notwendigen Tugenden der Selbstbeherrschung und Unterordnung unter den Ehemann immer wieder vor Augen zu stellen.[23] Zahllose Romane dieser Art wurden von zahllosen redlich bemühten Autorinnen verfaßt, z. T. auch zu Zeitproblemen (Frauenfrage, politische, religiöse Probleme usw.). Überlebt haben die ersten Klassiker der *romance*, u. a. Charlotte Yonge, Rhoda Broughton, Ouida, Florence Barclay, Elinor Glyn oder Marie Corelli, in deren Werken die 'romantische Liebe' noch viel von ihrem höfischen Ursprung zeigt, denn ganz nach dem Muster von Tristan und Isolde ist "romantic love ... in its very essence a tragic, impossible love, a fatal love which must end in death". Zwischen Liebe und Tod passieren aber vielfältige gräßliche Irrungen und Wirrungen, Verbrechen und Intrigen, Unglücksfälle und Katastrophen, Duelle und Morde, — kurz: Sünden über Sünden. Und so sah sich auch Charlotte Yonge, Autorin des ersten Bestsellers dieser Art, *The Heir of Redclyffe* (1853), des Erfolges wegen von der Sünde des Stolzes belastet, die allerdings schon der nächsten prominenten Autorin, Rhoda Broughton, keine Schwierigkeiten mehr machte. Sie schreibt über Liebe, und erstmals kommt "the kiss" vor, bis heute selten überschritten und nach wie vor das Nonplusultra romantischer Liebesvereinigung. Sie kreiert den ersten 'harten' (und natürlich sehr sündhaften) Mann, sie ist spontan und sinnlich. Ouida wagt es, in ihren Romanen in männliche Bereiche zumindest beschreibend vorzudringen (den Rauchsalon, das Pferderennen...), wagt die Behandlung der Korruption in der Gesellschaft — *Moths (1880),* die "international society ladies", die alles, was gut und rein ist, zerstören —. Mary Elizabeth Braddon, "the Queen of the Circulating Libraries", mischte geschickt Mysteriöses, Gewalt und Leidenschaft, und feierte den Triumph des Guten. Gegen Ende des Jhs. erschien immer öfter Europa, darunter die Schweiz, Deutschland und Österreich als Schauplatz, später gefolgt von exotischen Schauplätzen wie Indien und insbesondere der Wüste. Mit Elinor Glyns *Three Weeks* (1907) gab es neue sinnliche Leidenschaft, mit Florence Barclays *The Rosary* (1909) tiefempfundene Religion, und bei Marie Corelli alle 'großen' Probleme zwischen Himmel und Erde, ob wissenschaftlich oder religiös, politisch oder sozial. Der Erste Weltkrieg (wie der Zweite) hinterließen kaum Spuren in den *romances*, die Autoren des 20. Jhs. blieben bei der ihnen von der Tradition vorgegebenen Formel, variierten lediglich Stoffe und Stil. Viele der bekannteren Namen finden sich in den heutigen Verlagsprogrammen und Bibliotheken: Hall Caine, Robert Hichens, E. M. Hull, Jennifer Ames, Berta Ruck, Netta Muskett, Denise Robins, Ursula Bloom, Gilbert Frankau, Ruby M. Ayres, Barbara Cartland, Lucilla Andrews, Hermina Black, Kate Norway u. v. a. m. Und sind heute viele tragische und pathetische Elemente der romantischen Tradition zwar auch durch säkularisierte und zeitgemäßere ersetzt, sofern es sich nicht um "historical romances" handelt, so ist doch der 'Geist', die Weltanschauung gleich geblieben, die nach wie vor leidenschaftlich vertreten und verteidigt wird. Ein engagierter Bewunderer hat als "accurate and honest assessment" der *romance* für die 1960 zur Verteidigung ihrer Interessen gegründete *Romantic Novelists Association* folgende Charakterisierung formuliert, die das Wesentliche prägnant zusammenfaßt:

"Romantic novels are novels which deal with love rather than sex, with courage rather than cowardice, with clean living rather than crime, with decent people rather than degenerates, with questions of right conduct rather than social problems, with the eternal verities rather than fashionable psychological theories, are written with humour that does not depend on impropriety, in traditional English rather than imitation American; and because of these disadvantages, are seldom reviewed, though read by a vast and respectable section of the community."[24]

3. Anti-Life — Opiate — Tonic?

> The trouble with fiction ... is that it makes
> too much sense. Reality never makes sense.
> Aldous Huxley

Es bleibt die Frage nach der Wirkung solcher *romances*, die für jede Beurteilung ihres 'Wertes' bzw. 'Unwertes' entscheidend (und unbeantwortet) ist. Der unbezweifelbare wirtschaftliche Erfolg der *romance*-Industrie rechtfertigt ebensowenig wie ihre Millionenleserschaft eine monokausale 'Erklärung' etwa der Art, *romances* seien harmlos bzw. gefährlich, — nach dem beliebten Argumentationsschema "millions can't be wrong". Es ist hier nicht möglich, die vorliegenden Leseranalysen im einzelnen zu besprechen, alle diese oberflächlich sehr interessant wirkenden Zahlen sagen *nichts* über das, was im Einzelindividuum passiert, wenn es solche Lektüre konsumiert, was an kurzfristigen bzw. langfristigen Einstellungen, Handlungsbereitschaften oder gar Aktionen erzeugt bzw. bewirkt wird. Wir wissen, wie eingangs gesagt, fast nichts über mediale Wirkungsmöglichkeiten. Bleiben die häufigen und spontanen Zeugnisse der Leserinnen selbst. Nur zwei Beispiele von vielen:

"These books are delightful and help to keep alive the romance in a person's life. I have over 900 in a bookcase in my bedroom. The fact that they are clean books with the feelings of normal people portrayed in the characters of these stories is what makes the books so enjoyable to read."[25]   (Hausfrau, ca. 40 J., 4 Kinder, Nebenberuf)
"... I must come to the defence of romanticism. It's all very well to accuse it — and people like me — of escapism — but that assumes that gain will come from facing up to reality. I lead a fairly hum-

drum life, like thousands of other women. I love my husband and home and children but no one could say my days are one round of glamour and excitement. At the end of a day of cooking and cleaning and washing dirty socks I like to escape with a good romance — and I admit I like to pretend that I'm the heroine. If it makes me happy, and doesn't upset the family, why not?" [26]

(ohne nähere Angaben)

Und Peter H. Mann berichtet von "touching paragraphs, particularly from widows and old people to whom the ... romances mean a great deal".[37] *romance* bietet also Orientierung (Moral, Weltanschauung, Optimismus), Ablenkung ("escape") von der bedrückenden Realität — der Vorwurf der Realitätsferne ist also insofern inadäquat, als dies genau der Grund für ihre Lektüre ist! —, dies durch persönliches Mit- und Nacherleben schönerer und besserer Welten und Existenzen. Die manchmal bekenntnishaften Äußerungen der Leser treffen sich durchaus mit jenen der Autoren: und damit ist in der Tat ein Erklärungszusammenhang getroffen, wie ihn besonders auch Richard Hoggart herausgestellt hat[28]: der Leser kann sich nur mit dem identifizieren, was er durch sein Interaktionspotential re-konstituieren und somit in seinem Bewußtsein ersatzweise, 'virtuell', konkretisieren, nachvollziehen, nach-erleben kann. Die damit gegebene Möglichkeit, alle Realitäten, insbesondere die jeweils erträumten wie gefürchteten, verabscheuten wie verehrten ersatzweise ("vicariously") mit allen Ängsten und Gefühlen und Leidenschaften durchleben zu können, ohne in der echten Handlungswelt irgendwelche Konsequenzen erleiden zu *müssen* bzw. zu *können*, ergibt die Faszination (und damit 'Entspannung') einerseits, die Frustration (und damit den permanenten Nachholbedarf an Reizen monotoner Art) anderseits. — Insofern bieten die *romances* wohl eine 'Anti-Welt' (positiver und negativer Art) und wirken als Betäubungsmittel, als "opiate", ebenso wie als Aufmunterungs- (und eventuell Aufputsch-)mittel, als "tonic", — wie dies eine *romance*-Autorin betont hat. Sie tun dies, weil sie von verwandten Persönlichkeiten produziert bzw. konsumiert werden.

Eindrucksvolle Überlegungen über die Wirkung der Medien auf Arbeiter hat Richard Hoggart festgehalten. Hoggart unterscheidet zwischen der realen Welt der Arbeiter, in der sie wahrnehmen, leben und auch lesen, und der künstlichen, schemenhaften Welt der Magazine, der Bücher und des Fernsehens. Seine nüchterne Einschätzung ergibt, daß Massenmedien in der Tat bestimmte negative

Einstellungen und Haltungen begünstigen mögen ("self-indulgence", "sensation without commitment"), aber nur dann, wenn diese in der Realität durchsetzbar sind, in ihr eine Stütze finden.

"People are not living lives which are imaginatively as poor as a mere reading of their literatur would suggest. ... Most contemporary popular entertainment encourages an effete attitude to life, but still much of life has little direct connection with it."

Und der stärkste Einwand muß sein:

"... not that they prevent their readers from becoming highbrow, but that they make it harder for people without an intellectual bent to become wise in their own way." [29]

Mit anderen Worten: der Konsum solcher Literatur entzieht Lernmöglichkeiten, er unterdrückt Aktivität, er trivialisiert Umwelt und Interaktionspotential der Rezipienten.

Anmerkungen

[1] Vgl. hierzu die ausgezeichnet dokumentierte Darstellung der Geschichte der englischen Frauenpresse von White, C. L.: Women's Magazines 1693–1968, London 1970, die besonders auf die Zusammenhänge zwischen Frauen-Stereotyp und Presseangebot eingeht.

[2] Zit. White, a. a. O., 42.

[3] Deutsch, H.: The Psychology of Women, London 1946/7, 151. (Zit. von Greer, G.: The Female Eunuch, London 1971, 94.)

[4] Zit. nach: The Feminist Papers. From Adams to de Beauvoir (ed. and with Introductory Essays by A. S. Rossi), New York 1973, 203.

[5] Wayne, D.: "More of a Blessing than a Curse" in: Nova (July 1975) 36. (curse bedeutet in der Frauen-Umgangssprache Menstruation.) – Der Bezug auf den Teufel kommt daher, daß in diesem Artikel berichtet wird, Frauen wären früher (?) während ihrer Periode als vom Teufel besessen betrachtet worden ...

[6] Hier nur der Hinweis auf Hutt, C.: Males and Females, Penguin 1972; und Mead M.: Male and Female. A Study of the Sexes in a Changing World, Penguin 1962. Auf die umfangreiche 'feministische' Literatur amerikanisch-englischer (und die bescheideneren deutschen Produkte) kann hier nicht eingegangen werden.

[7] Millum, T.: Images of Woman. Advertising in Women's Magazines, London 1975, 160.

[8] Ibid. 160 f.

[9] Mann, P. H.: The Romantic Novel. A Survey of Reading Habits, London 1969.

ders.: A New Survey. The Facts about Romantic Fiction, London 1974. "The facts" ist in dieser apodiktischen Form weit übertrieben. Die ca. 3000 Fragebogen, die Mann auswerten konnte, werden nach den üblichen Kategorien wie Alter, Beruf usw. und nach sehr harmlosen zusätzlichen Kategorien analysiert, etwa den globalen Vorurteilen, die gegen *romance* bestehen (Lektüre alter Jungfern und ungebildeter Fabrikarbeiterinnen etc.), und die natürlich leicht zu entkräften sind. Die durchwegs sehr positive Tendenz dieser Analysen und die kleine Stichprobe wecken Skepsis in bezug auf die Verallgemeinerbarkeit der Ergebnisse. Immerhin gibt es andere Analysen nicht.

Ausführliches und z. T. gut strukturiertes Zahlenmaterial zur englischen *Presse* insgesamt legt halbjährlich das *Joint Industry Committee for National Readership Surveys* vor. Diese *National Readership Surveys* sind natürlich für wirtschaftliche, insbesondere Werbezwecke bestimmt, bieten aber dennoch interessante Oberflächeninformation. (Sie analysieren z. B. auch nach Sozialstatus, Schulbildung, Fernsehgewohnheiten, Hobbies, Familienstand, Umwelt, und nach den Lesegewohnheiten selbst.) —

Die Zahlenangaben dieser Arbeit stammen sämtlich aus der *National Readership Survey 1974*.

Generell hierzu sehr interessant: Mann, P. H.: Books, Buyers and Borrowers, London 1971. Golding, P.: The Mass Media, London 1974. Hoggart, R.: The Uses of Literacy. Aspects of Working-Class Life with Special Reference to Publications and Entertainments, Penguin 1958 (ein klassisches Werk zur Massenkommunikationsforschung, in Deutschland oft falsch zitiert als 'The Uses of Literature' ...). Discrimination and Popular Culture (ed. D. Thompson), Penguin 1973.

Es ist im begrenzten Rahmen dieses Aufsatzes nicht möglich, auch relevante deutsche Literatur zur Problematik des Frauenromans anzugeben (von einigen Fällen abgesehen).

[10] Nach dem Guinness Buch der Rekorde, Wien 1967, hat sie seit 1924 143 Romane und zahlreiche Erzählungen und Artikel verfaßt, insgesamt 41.000.000 Wörter. Nach der gut dokumentierten und sehr unterhaltsamen Geschichte der englischen *romance* von Anderson, R.: The Purple Heart Throbs. The Sub-Literature of Love, London 1974, hat Denise Robins — der Name ist, wie oft, ein Pseudonym — 162 Bücher veröffentlicht, verkaufe 30.000 Paperbacks pro Jahr und werde in alle europäischen Sprachen übersetzt... Ursula Bloom hingegen halte den Weltrekord an Buchveröffentlichungen: 420 (von 468 geschriebenen). Und Barbara Cartland, eine weitere bekannte Autorin, steht nicht zurück: nach Cosmopolitan (July 1975), 76, hat sie 150 Bücher verfaßt, 1974 allein 16, und das im Alter von 72 Jahren. In *The Times* vom 15. 8. 1975 wird

von einer Autogrammstunde mit ihr berichtet, auf der sie äußert, sie sei eben dabei, ihr 12. Buch in diesem Jahr fertigzuschreiben, weswegen sie nicht zum Einkaufen komme ... − Das nur eine Andeutung für die 'außerordentlichen' Persönlichkeiten, die *romance* vertreten.

[11] Zit. von Anderson, a. a. O. 15.

[12] Zahlen nach Haarmann, H.: Soziologie und Politik der Sprachen Europas, München 1975, 238 und 258 f.

[13] Anderson, a. a. O. 11.

[14] Von Gillian Freeman stammt auch eine wichtige Untersuchung der Sex-Minderheiten-Literatur: The Undergrowth of Literature, Panther 1969, also des Pendants zur romantischen Verklärungsliteratur: der "sexual fantasy".

[15] a. a. O., 171.

[16] a. a. O., 188.

[17] a. a. O., 18.

[18] z. B. Stassinopoulos, A.: The Female Woman, London 1974.
Morgan, M.: The Total Woman, London 1975.
Frankl, G.: The Failure of the Sexual Revolution, London 1974.
Fascinating Womanhood von H. B. Andelin fand seinen Weg sogar in den Spiegel (35/1975).
Verteuil, A.-L./Brooks, N.: The Teenage Marketplace, London 1975.

[19] a. a. O., 80.

[20] Little, K.: "The Strange Case of Romantic Love" in: The Listener vom 7. April 1966 (auszugsweise in: The Sociology of Modern Britain ed. E. Butterworth/D. Weir, Fontana 1970, 28−30). G. Greer, a. a. O. 198−218.

[21] Gegen "the teenage marketplace" vgl. das zitierte gleichnamige Buch zweier Betroffener, de Verteuil/Brooks (Anm. 18).

[22] a. a. O., 46.

[23] Zur Geschichte des Lesens und der Lektüreproduktion vgl. die informativen Arbeiten von C. L. White, a. a. O., Altick, R. D.: The English Common Reader. A Social History of the Mass Reading Public 1800 bis 1900, London 1957, und James, L.: Fiction for the Working Man 1830−1850, Penguin 1973.

[24] Ritchie, C.: Writing the Romantic Novel. Zit. von. R. Anderson a. a. O., 273 f.

[25] Mann, a. a. O. 1974, 12.

[26] Leserbrief Nova (September 1975) 4.

[27] Mann, a. a. O. 1969, 21.

[28] a. a. O., 208.

[29] a. a. O. 324 bzw. 338.

Annamaria Rucktäschel

DIE SCHLAGER DES JAHRES
Analysen erfolgreicher Schlagertexte

Wenn man von der Hypothese ausgeht, daß sich an Schlagertexten Informationen über kollektive Bedürfnisse in einer Gesellschaft ablesen lassen,[1] dann müßte es möglich sein, aus den verbreitetsten Schlagern etwa eines Jahres Rückschlüsse auf die in dieser Zeit dominierenden Bedürfnisse der bundesrepublikanischen Gesellschaft zu ziehen.

Da Schlager in erster Linie eine Ware sind, werden sie an Bedürfnissen und dem dafür vorhandenen Markt festzumachen sein. Diese Hypothese vom dominierenden Warencharakter bestimmt unseren Untersuchungsansatz und entlarvt Techniken der vergleichenden Analyse (hier ein Goethegedicht dort ein Schlagertext mit ähnlicher Thematik), wie sie in der Phase der pauschalen Aburteilung und Verunglimpfung der gesamten Trivialliteratur in den 50er und beginnenden 60er Jahren vor allem in den Schulen praktiziert wurden, als Vergleiche von Nicht-Vergleichbarem, als Verkennung des Problems. Wer kommerziell produzierte Waren wie Schlager wertend mit Goethe-, Eichendorff- oder anderen Gedichten vergleicht und das vorhersagbare und leicht zu erreichende Ergebnis, nämlich die Beschränktheit der Schlagertexte im Vergleich zu anderen lyrischen Produkten nachgewiesen hat, redet am Problem vorbei. In der inadäquaten Vergleichsanalyse kritisiert er nämlich die Bedürfnisse und Bewußtseinsstrukturen der Schlagerkonsumenten. Denn für Schlager maßgebend ist nicht ihr Kunstcharakter, sondern ihr Verkaufswert. Nicht die Gefühle der Texter und Stars werden hier interpretiert, sondern die Gefühle und Wunschvorstellungen der Konsumenten.[2] Wie bei jedem anderen Konsumartikel bestimmt die Nachfrage der potentiellen Käufer den Markt, für den Spezialfall Schlager innerhalb der Konsumindustrie heißt das: die Bedürfnisse der vorwiegend jugendlichen[3] Käufer werden der Schallplattenindustrie als Indizien für die Produktion dienen.[4] Die Schallplattenindustrie hat insofern ein leichtes Geschäft, als Jugendliche in der Pubertät — und daraus rekrutiert sich der größte Teil der Schlagerkonsumenten — in der Regel bei der Entscheidung zwischen ihren vitalen Bedürfnissen und den Anforderungen der Gesellschaft eher Anpassung an bestehende Normen wählen werden[5] oder anders ausgedrückt: sie werden dem individuellen gesellschaftlichen Aufstieg die Lösung allgemeingesellschaftlicher Probleme opfern und daher auch für Kompensationen, wie sie sich in den Identifikationsmustern der Schlagertexte anbieten, empfänglich werden.

Der Schlagerkonsum als Kompensation für die Frustrationen des täglichen Lebens — da die Ersatzbefriedigung nur begrenzt wirken kann, für die Dauer des Konsums nämlich, wird sie die permanente Wiederholung des Konsums erfordern und so den Fortbestand dieser Industrie sichern. Denn die scheinbare Befriedigung latenter Bedürfnisse endet mit dem Ende des Anhörens der Platte, die Illusion hat nur während einiger Minuten Laufzeit Bestand, der Wunsch nach Fortsetzung aber erfordert die ständige Reproduktion, weil erst nach dem Kauf einer neuen Platte die Illusion wieder für einige Zeit wirken kann.[6] Die Illusion, die sich anstelle des wirklichen Glücks etabliert, wird nie erfüllt und muß deshalb durch immer neue Schlagerprodukte ständig erneuert werden.

Wenn man diesen Kreislauf von latenten Bedürfnissen — scheinbarer Befriedigung — neuer Bedürfnisweckung — neuerlicher begrenzter Bedürfnisbefriedigung als Grundlage annimmt, müßte es möglich sein, aus den meistkonsumierten Schlagern auch die meistverbreiteten Bedürfnisse abzulesen. Demzufolge haben wir die 20 erfolgreichsten Schlager aus der Hitparade des Bayerischen Rundfunks im Jahre 1975 untersucht.[7] Die Grundlage für die Aufnahme in diese Hitparade waren die Verkaufszahlen der Plattengeschäfte und nicht wie bei den meisten anderen Hitparaden der bundesrepublikanischen Rundfunkanstalten oder auch der ZDF-Hitparade die Zuschriften von Hörern. Denn — so der im Bayerischen Rundfunk für die Hitparade zuständige Redakteur Thomas Brennicke — wenn eine Hitparade auf der Basis von Hörerzuschriften zustandekommt, muß man mit einer Verzerrung der Perspektive rechnen, da die Fanclubs pfundweise Karten schreiben und als Absender Adressen aus dem Telefonbuch einsetzen. Stichprobenanrufe bei einigen der angegebenen Absender erwiesen die Fälschung der Zuschrift.[8]

Bedürfnis Nr. 1: emotionale Zuwendung, Akzeptiert- und Geliebtwerden

Befriedigung kollektiver Bedürfnisse der "einsamen Masse" hat Hermann Rauhe[9] in Anlehnung an David Riesmann[10] als Hauptanliegen vieler Schlager gekennzeichnet.[11] Und in der Tat scheint bei einer sehr grobkörnigen Inhaltsanalyse der untersuchten 20 Schlager das Bedürfnis nach emotionaler Geborgenheit und Liebe das weitaus dominierende zu sein.[12] Die größte Gruppe, nämlich 10, läßt sich kennzeichnen als Reflexion über die Beziehung des fiktiven Ich zu einem geliebten Partner.[13]

In keinem der Texte wird jedoch Liebe oder Glück als bleibende Realität dargestellt, sondern höchstens als einmal erlebte und schon wieder gefährdete Realität, überhaupt nur als Wunsch, als Wunsch nach Wiederholung von bereits Erlebtem, oder nur als Absicht. Man erfährt kaum etwas von dem, was ist, sondern nur etwas von dem, was sein soll. Die besungene Situation ist immer eine des Sich-Nichtsicherseins, des Sich-Wünschens oder des Nachtrauerns.[14] Wenn man daraus Rückschlüsse auf die vorausgesetzte Bedürfnis- und Bewußtseinslage der jugendlichen Konsumenten zieht, dann scheint eine sehr viel größere Anzahl von Unglücklichverliebten, ihrer Liebe Unsicheren oder Ratlosen, Trauernden vermutet zu werden als Jugendliche, die in einer glücklichen und nicht gefährdeten Beziehung leben. Offenbar rechnet man bei solchen Themen mit einer besonders großen Zahl von identifikationsstimulierenden Momenten, mit viel mehr zumindest als bei denen, die lauthals und platt das Glück der großen Liebe beschreiben.

Denn — so nimmt man wohl an — die meisten Jugendlichen werden eher an entstehenden oder wieder vergehenden Beziehungen laborieren, als eine von allen unumgänglichen negativen Einflüssen freie Liebe genießen können. Offenbar spekuliert man hier mit der sogenannten "selektiven Perzeption"[15] in der Massenkommunikation, die besagt, daß von den Inhalten, die durch Massenkommunikation vermittelt werden, der Mensch nur das aufnimmt, was seinen persönlichen Neigungen entgegenkommt. Und den Neigungen der jugendlichen Konsumenten entspricht es nach den Vermutungen der Produzenten offenbar mehr, sich mit Interpreten zu identifizieren, die dieselben Probleme wie sie selbst zu haben scheinen.

Doch schauen wir zunächst, wie diese "Ichs" sich darstellen, die sich und ihre Reflexion über eine mehr oder weniger romantische Beziehung als Identifikationsobjekte anbieten. In 9 dieser 10 Schlager spricht der Interpret/die Interpretin in der Ich-Form, nur in Michael Holms Schlager *Tränen lügen nicht* tritt der Interpret nicht in einer Personalform auf, sondern erzählt von einer Zweierbeziehung, die durch die Pronomina *du* und *sie* signalisiert wird.

Die Ichs stellen sich wie folgt dar (es wurden alle Aussagen, die wörtlich über dieses Ich in den Texten stehen, ausgewertet). In Heinos Song von der Schwarzen Barbara erfahren wir nur, daß er zur Nachtzeit in der Schenke zum Kürassier anklopft und um Mitternacht die Stiegen emporsteigt in der Hoffnung, daß die Schwarze Barbara ihn ins Kämmerlein einläßt. Der zweite erfolgreiche Heino-Titel dieses Jahres ... *und sie hieß Lulalei* spielt in einem exotischen Milieu auf Hawai. Vom Ich, dem Liebhaber der Lulalei erfahren wir nur, daß er Lulalei zum ersten Mal am blauen Meer tanzen sah, daß er ihr immer treu ist und sie wiedersehen will.

Wenn man von der Szenerie, in der dieses Ich auftritt, einmal absieht, gibt es kein einziges Element, das die beabsichtigte Identifikation des Schlagerhörers stören könnte, nirgendwo eine genauere Angabe, die auf eine konkrete Person — von der die anderen zuhörenden Personen sich dann zwangsläufig unterscheiden müßten — hinweisen würde, sondern nur praktikable Worthülsen, in die hineinzuschlüpfen jeder geeignet ist.

Ähnlich ist es auch bei den anderen Titeln. Demis Roussos' Hit *Schön wie Mona Lisa* verrät nur, daß dieses *Ich* das Bild der Bewunderten malen würde, *wenn ich ein Maler wär'*, daß er ihre Liebe ganz für sich allein will, niemals von ihr gehen möchte. In *Wart' auf mich* (Interpret Michael Holm) erleben wir das Ich in der Standardsituation sentimentaler Produkte *mein Zug rollt in den Bahnhof ein*. Auch er, der da immer bittet *wart' auf mich*, sie beschwört *Du, wenn ich Dich verlier, dann ist meine Welt kalt und leer, wart' auf mich* ist entpersönlicht, völlig konturenlos und schemenhaft, außer diesen, seinen Bitten und Wünschen wissen wir nichts von ihm. Und wer von den Zuhörern hat wohl noch nicht in einer vergleichbaren Situation Ähnliches gedacht oder gewünscht und ist nicht zu einer affektiven Identifikation fähig?

Eine Abschiedssituation, die aber im Gegensatz zum Holm-Song so aussieht, als wäre es eine endgültige Trennung, besingt Howard Carpendale in *Deine Spuren im Sand*. Außer der — offenbar leichtgläubigen — Gewißheit der Liebe der Besungenen verrät der Text nichts außer, daß er ihre *Spuren im Sand* noch gestern fand, eine Situationsbeschreibung, die kaum jemand durch spezifisch personelle Anhaltspunkte daran hindern könnte, sich mit ihr zu identifizieren.

In einem Titel, der von femininer Interpreattion aus das Thema behandelt (Vicky Leandros: *Du bist anders als die andern*) erscheint das Ich genausowenig individuell. Außer daß sie ohne die Freiheit, die ihr der Angesungene läßt, nicht leben kann, erfahren wir von ihr nur, daß sie ihn deshalb — und weil er zudem anders als alle andern ist — mehr liebt als alles andre auf der Welt.

Ebenfalls von der weiblichen Perspektive aus besingt Marianne Rosenberg einen, der zu ihr gehört (*Er gehört zu mir*). Sie verrät zwar, daß sie gleich fühlte, daß er sie mag, daß sie nie vergißt, wie man allein sein kann, daß sie es ihm nie leicht gemacht hat. Aber dann fragt sie doch immer wieder: *Ist es wahre Liebe, die nie mehr vergeht oder wird die Liebe vom Winde verweht?* Weniger individuellen Widerstand kann wohl eine solche Figur kaum der Identifikation entgegensetzen.

Auch er, der im Refrain immer wieder konstatiert *Du fängst den Wind niemals ein* (Howard Carpendale: *Du fängst den Wind niemals ein*), gibt über sich selbst keine andere Information preis, als daß er sich fragt, wie lang er sie noch halten kann. Alles in allem eine ziemlich melancholische Reflexion über die Beständigkeit einer Beziehung.

Offenbar in einer Urlaubsumgebung — er trifft Marie beim Tanz in der Taverne wieder, nachdem er sie im Abendsonnenschein schüchtern und unangesprochen hat an sich vorbeigehen lassen — erzählt Rex Gildo von seiner Begegnung mit Marie (*Marie, der letzte Tanz ist nur für dich*). Auch er bleibt konturenlos, entpersönlicht. Außer daß sein Herz anfing zu schlagen, als sie vorüberging, er nicht wagte, sie dabei anzusprechen, beim Tanz ihr aber doch nahekam, sein Herz verlor, ihr einen Ring schenkte ... Ein Verhalten, das durch keinerlei individuelle Elemente Identifikationsmöglichkeiten erschwert.

Genausowenig weisen die mitgelieferten Beschreibungen der geliebten Partnerin bzw. des geliebten Partners Elemente auf, die eine bestimmte, vorstellbare Person vermuten lassen würden. Im folgenden werden alle Aussagen katalogisiert, die in den einzelnen Schlagern über die/den Geliebten gemacht werden:

/ ist *die Schönste auf der Welt* / *hat schwarzes Haar, himmelblaue Augen und einen purpurroten Mund* / (Heino: *Die schwarze Barbara*) / *sie war so süß* / *hat eine kleine Hand* / (Heino: *... und sie hieß Lulalei*) / *sie ist so schön* / *sie ist wie ein Engel anzusehn* / (Demis Roussos: *Schön wie Mona Lisa*) / *sie weint* / *sie winkt ihm zu* / (Michael Holm: *Wart' auf mich*)

*/ ihre Spuren im Sand hat die Flut mitgenommen / ihre Liebe
schwand wie die Spuren im Sand / irgendwann fing sie an, ohne ihn
den Strand entlang zu gehn und stumm an ihm vorbeizusehn, wenn
er sie danach fragte /* (Howard Carpendale: *Deine Spuren im Sand*)
*/ er läßt ihr ihre Welt / er nimmt ihr nicht die Freiheit / er weiß,
daß in ihrer Welt nie ein andrer sein wird /* (Vicky: *Du läßt mir
meine Welt*)
/ ihr Herz ist wie ein offnes Buch / Tränen (ihre) lügen nicht / (Michael Holm: *Tränen lügen nicht*)
/ er gehört zu ihr / sie weiß, er bleibt hier / (Marianne Rosenberg:
Er gehört zu mir)
*/ wo sie herkommt, weiß er nicht / sie ist eine, die nicht viel spricht /
sie ist wie der Wind, es zieht sie immerzu weiter / sie hat einem zu
sehr vertraut, ihn viel zu spät durchschaut, und nun glaubt sie, ein
jeder ist wie er / wenn man zu ihr von Liebe spricht, spielt ein
Schatten um ihr Gesicht /* (Howard Carpendale: *Du fängst den Wind
niemals ein*)
/ sie geht an ihm vorbei / mit ihm und ihr ist ein Wunder geschehn / er hat Tränen in ihren Augen gesehn / sie hat ja gesagt /
(Rex Gildo: *Maria, der letzte Tanz ist nur für dich*)

Unnötig auch für die Partner(-innen)-beschreibung noch einmal
ausdrücklich nachzuweisen, welch totales Identifikationsangebot in
diesen Texten präsentiert wird. Außer der Erwähnung von Haar,
Augen, Mund und Hand gibt es keine Hinweise auf irgendwelche
körperlichen Eigenschaften, und die erwähnten sind von einer solchen Allgemeinheit, daß sie von jedem mit individuellen Assoziationen zum/zur eigenen Partner/in angereichert werden können.
Außerdem gehören diese Körperteile zu denen, die in solchen Kontexten am ehesten erwartet werden — daran ist man z. B. auch in
Volksliedern gewöhnt — und daher die Rezeption und mühelose
Ergänzung erleichtern.[16]
Akkumuliert sind diese klischeehaften Erwähnungen in den Eingangsversen des Heino-Hits von der Schwarzen Barbara:

*Ja, ja die Schönste auf der Welt
ist meine Barbara.
Was mir an ihr gefällt,
das ist ihr schwarzes Haar.
Sie hat so himmel-himmelblaue Augen
und einen purpurroten Mund.
Ja, ja, sie ist so wunderbar,
die schwarze Barbara.*

Die Adjektive *schwarz, himmelblau* und *purpurrot* sind ebensowenig individuelle Kennzeichnungen, sondern nur Stimuli, stereotype Signale für die Vorstellung: schön, wunderbar. Und mit dem Adjektiv *wunderbar* wird in den letzten beiden Zeilen sozusagen die Summe dieser "Beschreibung" gezogen: *sie ist so wunderbar, die schwarze Barbara.*

Die Erweckung von individuellen Vorstellungen ist durchaus nicht erwünscht, sondern diese Kumulation von Reizen kalkuliert mit der Stimulierung von ausschließlich positiven Assoziationen und Stimmungen beim Rezipienten, die dann je nach Bedarf mit Versatzstücken aus dem persönlichen Erfahrungsbereich aufgefüllt werden können.

Um die Kumulation von Reizen geht es auch bei Demis Roussos, der uns mit dem inhaltsleeren Adjektiv *schön* eine völlig entmaterialisierte Vorstellung von der Geliebten vermittelt und sie dann noch transzendiert: *Du bist so schön, die ganze Welt soll dich bewundern . . . wie ein Engel bist du anzusehn.*

Natürlich ist dieses Prinzip der Kumulation von Reizen nicht nur begrenzt anwendbar, es funktioniert auch über die Pseudo-Beschreibung der Geliebten hinaus. So z. B. bei dem, was in den Texten an Minimalinformationen über irgendwelche "Tätigkeiten" gegeben wird. Da erleben wir lediglich passivische oder trauernde Verhaltensweisen. Sie: weint, winkt oder schaut stumm vorbei, wenn sie nach Wesentlichem gefragt wird. Er: läßt ihr ihre Welt. Eine Welt der Resignation, der Kommunikationsunfähigkeit, in der es Problemlösungsmöglichkeiten ausschließlich in emotionalem Verhalten zu geben scheint. Die Realität mit all ihren handfesten und differenzierten Problemen bleibt ausgeklammert.

Genauso wirklichkeitsfremd erscheinen die lokalen Milieus, in denen sich diese Liebesgeschichten abspielen. Außer dem Bahnhof (Holm: *Mein Zug rollt in den Bahnhof ein*), einem imaginären Strand (Carpendale: *Deine Spuren im Sand*) und einer Taverne (*Marie, der letzte Tanz ist nur für dich*) gibt es Hinweise auf eine greifbare Ortsbestimmung nur bei den beiden Heino-Hits. Allerdings sind diese im Gegensatz zu den übrigen Titeln zwar relativ konkreten Ortsbeschreibungen in einem so entfernten und romantisch-exotischen Milieu angesiedelt, daß man auch das nicht als greifbare Ortsbestimmung ansehen kann, sondern ebenfalls unter Wirklichkeitsflucht einordnen muß — zumal solche Versatzstücke bei Heino zum Markenzeichen gehören.[17]

Wenn man aufgrund all dieser Beobachtungen auf die Bedürfnisse der Konsumenten, die diese Platten ja so zahlreich gekauft
haben, Rückschlüsse ziehen will, dann wird folgendes ziemlich deutlich: die Suche nach emotionaler Geborgenheit, nach Glück und
Liebe ist das dominierende Element. Hierfür halten die Schlagertexte Standardsituationen bereit, die von den Rezipienten leicht
nachvollzogen werden können, weil sie keine konkreten Angaben
enthalten, die zumindest bei einem Teil der Konsumenten eine,
wenn auch minimale Verarbeitung bzw. Auseinandersetzung mit
Neuem oder Ungewohntem erfordern würden. Ebensowenig Widerstand setzen die Beschreibungsandeutungen der handelnden Personen einer totalen Identifikation entgegen. Sie sind völlig entpersönlicht, schemenhaft — bereit für jede Art von individueller Auf-
füllung. Die Grundhaltung ist passiv und resignativ, Aktivität und
Initiative sind nicht gefragt.

Alle Details der konkreten gesellschaftlichen Wirklichkeit, die die
Rezipienten möglicherweise als konstitutive Elemente beim Scheitern einer Beziehung erlebt haben und die sie dann zur Stellung-
nahme, zu intellektueller Aktivität provozieren würden, bleiben
ausgeblendet. Alles bleibt im Emotionalen stecken, und so kann
keiner aus der affektiven Identifikation herausfallen. Auch hier wird
offenbar mit einem starken Bedürfnis nach Wirklichkeitsflucht spekuliert, das zwangsläufig in die Wunschwelten der Gefühle führt,
Gefühle, die einem geschenkt werden, die man ergeben erträgt — je
nachdem, was einem widerfahren ist — die aber nie durch Eigeninitiativen beeinflußbar erscheinen.

Was rangiert nach Liebe und Gefühl?

Die andere Hälfte, die 10 übrigen erfolgreichsten 75er Schlager
lassen sich ebenfalls im Hinblick auf die von den Produzenten offenbar vermuteten Bedürfnisse nach verschiedenen Gesichtspunkten
gruppieren:
a) *Bedürfnis, modischen Trends zu entsprechen,* hier:
   Nichtbefolgung tradierter Wert- und Normvorstellungen (Juliane
   Werding: *Wenn du denkst, du denkst dann denkst du nur, du
   denkst* / Vicky Leandros: *Rot ist die Liebe* / Vicky Leandros:
   Ja, ja, der Peter, der ist schlau)

b) *Bedürfnis nach allgemeiner Lebenshilfe* (Jürgen Marcus: *Ein Lied zieht hinaus in die Welt* / Freddy Breck: *Der große Zampano* / Katja Ebstein: *Es war einmal ein Jäger*)

c) *Bedürfnis nach Problemlösungen durch nichterwartete "Wunder"* (Gunter und Yvonne Gabriel: *Hey Yvonne, warum weint die Mammi?*)

d) *Fernweh* (Cindy & Bert: *Wenn die Rosen erblühen in Malaga*)

e) *Bedürfnis, Armut als Reichtum zu empfinden* (Mireille Matthieu: *Der Zar und das Mädchen*)

f) *Bedürfnis nach sozialer Rechtfertigung — Bestätigung durch Psuedoengagement* (Udo Jürgens: *Griechischer Wein*)

Die Pseudoemanzipation

Unter diesem Stichwort firmieren drei Titel mit scheinbar ganz verschiedener Thematik. In dem Song *Wenn du denkst, du denkst, dann denkst du nur, du denkst* erzählt Juliane Werding in der Ich-Form von einem Mädchen, das nach getaner Arbeit — weil es noch nicht schlafen kann — auf ein Bier ausgeht, ein Verhalten, das in der landläufigen Meinung noch immer ein Männerprivileg ist. Und sie gerät dann auch in eine totale Männerwelt:

> *Dorthin, wo die Männer an Theken und an Tischen*
> *sich den Schaum von den Lippen wischen.*

Als nichternstzunehmende Außenseiterin wird sie eingeschätzt: *diese Kleine werden wir uns kaufen*, aber dann spielt und trinkt sie alle unter den Tisch:

> *Mit mir können sie's machen, das hatten sie sich so gedacht, und ich*
> *spielte und trank mit ihnen um die Wette, die ganze Nacht.*
> *18, 20, 2, 0, 4, und ich passe,*
> *kontra re und dann zur Kasse,*
> *sie wurden ganz blaß, denn ich gewann das Spiel,*
> *das war zuviel.*

Und rechtfertigt so den Titel: *Wenn du denkst, du denkst, dann denkst du nur, du denkst, ein Mädchen kann das nicht.* Sie ist die absolute Siegerin. *Der eine fiel vom Stuhl, der andre schlief ein, so ging ich heim.* Eine Frau, die sich über übliche Vorschriften zum Verhalten einer Frau, die abends nur in Begleitung ausgehen kann, hinwegsetzt, sich in der Männerdomäne, in die sie eingedrungen ist, bewährt, ja sogar letzten Endes alle Männer übertrifft.

Der nächste Titel von Vicky Leandros *Rot ist die Liebe* ist im Vergleich dazu sehr viel vorsichtiger, bleibt in Andeutungen stecken. Die landläufige Vorstellung, daß ein Mann sich sehr viel mehr Freiheiten herausnehmen darf als seine Freundin wird als Großmutter-Weisheit abgetan und in Frage gestellt.

Über die symbolischen Farben für Liebe und Treue leitet der Text ein:

> *Rot ist die Liebe*
> *. . .*
> *Blau ist die Treue.*
> *Treu sein, heißt warten, doch zuviel Warten macht alt.*
> *Er geht und sagt oft nicht einmal, wann er zurückkommen wird.*
> *Denkt wohl, ich bleib schön brav zuhaus,*
> *wenn er sich da nur nicht irrt.*
> *Ja ein Mann, der ist frei,*
> *doch ein Mädchen ist treu,*
> *so hat Großmutter immer erzählt.*
> *Nun denkt er sich bestimmt,*
> *daß das heut noch so stimmt,*
> *meine Güte, das hätte mir grad noch gefehlt.*
> *Rot ist die Liebe, rot wie das Feuer,*
> *mancher schon kam darin um.*
> *Blau ist die Treue,*
> *treu sein heißt warten,*
> *doch zuviel warten macht dumm.*
> *Er ist ein bunter Schmetterling,*
> *flattert mal her und mal hin.*
> *Woher weiß er denn so genau,*
> *ob ich nicht auch einer bin.*

Was in diesen beiden Titeln an Exempeln weiblicher Emanzipation vorgeführt wird, hört sich bei unkritischer Rezeption zunächst sehr chic und zeitgemäß an. Doch es gibt sicher eine ganze Menge Fans, die diese Platten zwar ganz gern hören, aber die Quintessenz in einem lapidaren Satz formuliert, wie z. B.: "Frauen sollen in allen Bereichen dieselben Rechte wie Männer haben und nicht durch rollenbedingte Vorurteile in klischierte Verhaltensmuster eingezwängt werden" sicher mit Stirnrunzeln zur Kenntnis nehmen wür den. Wahrscheinlich liegt das daran, daß die Emanzipation hier an Beispielen vorgeführt wird, die für die meisten Konsumenten zu wenig Ernstfallcharakter haben. Ein Mädchen, das sich abends allein in eine Kneipe traut — "na ja, wenn sie Glück hat und die anwesenden Männer sie freundlich behandeln, kann das für sie vielleicht sogar ganz nett werden. Daß sie sie unter den Tisch trinkt, na ja, Ausnahmen bestätigen die Regel . . . Aber eigentlich ist das alles sowieso nur im Schlager möglich . . ." So oder ähnlich könnte man sich reale oder nur unterschwellige Gedankengänge eines männlichen Fans vorstellen. Eines männlichen Fans, der sich durch diesen Text sicher nicht in seinen Vorrechten bedroht fühlt, sondern nur schmunzelnd-gönnerhaft hier auch mal einer Dame für amüsante wenige Plattenspielminuten einen gewichtigen Platz in einer Feierabendmännergesellschaft einräumt. Und am Feierabendcharakter liegt es wahrscheinlich auch, daß dieser Titel so bereitwillig gekauft wurde. Was hier demonstriert wird, nimmt man lächelnd zur Kenntnis, es berührt einen nicht, und selbst wenn man selber mal eine vergleichbare Situation erleben würde, so hätte auch das keinerlei Auswirkungen auf die täglich wiederkehrenden Situationen, in denen es einer Frau sehr schwer gemacht wird, auf ähnlich spielerisch-leichte Weise Männerdomänen einzunehmen oder zumindest Rollenvorurteile abzubauen.

Noch um einiges vorsichtiger ist da Vicky (*Rot ist die Liebe*), hier werden nur rhetorische Fragen gestellt, die Möglichkeiten eines rollenunspezifischen Verhaltens sehr hypothetisch angedeutet (*Woher weiß er denn so genau, ob ich nicht auch einer bin*).

Im nächsten — ebenfalls dem Stichwort "Pseudoemanzipation" zugeordneten Titel — bemerkenswerterweise wird er ebenfalls von Vicky Leandros interpretiert — bescheinigt sie einer Frau Petermann, welch bewundernswerten Peter sie hat. Wahrscheinlich ist damit ihr Mann gemeint, aber eine endgültige Klärung des "Verhältnisses" läßt der Text nicht zu. Dieser Peter nämlich geht am Abend frisch rasiert und gut gekämmt, mit chicem Anzug, weißem Hemd und roter Nelke am Jackett offenbar auf Mädchenjagd. Der Refrain kommentiert das so:

Ja, ja, der Peter, der ist schlau.
schlau wie der Fuchs in seinem Bau.
Und wenn er Liebeshunger hat,
jagt er die Gänschen in der Stadt.
Und man erzählt, daß er bei Nacht

fast immer reichlich Beute macht,
wieviel weiß keiner ganz genau,
ja, ja, der Peter, der ist schlau.
Jedoch das Tollste ist daran,
daß er nicht einer treu sein kann,
und trotzdem liebt ihn jede Frau.
Ja, ja, der Peter, der ist schlau.

Und in der letzten Strophe erfahren wir, daß die Interpretin symbolisch den Hut zieht vor Frau Petermanns Peter, denn:

Uns zum Narrn zu halten, wirklich, das versteht er.
Tags spielt er den braven Mann, der kein Wasser trüben kann,
doch im Schutz der Dämmerung, wird er wieder jung.

Was hier so bewundernd erzählt wird, hat mit bürgerlich-familiärer Wohlanständigkeit nichts mehr zu tun. Und daß so viele brave Bürger — die, selbst in ähnliche Probleme verstrickt, sicher nicht bewundernd, sondern massiv sanktionierend reagieren würden — diese Platte gekauft haben, liegt auch hier daran, daß nur bestimmte Oberflächenphänomene des Problems auf amüsante Weise präsentiert werden.

Die drei Titel werden den Konsumenten das Gefühl vermitteln, zumindest kritisch gegenüber bestehenden Normen zu sein, denn das Bedürfnis, auch bei solchen Themen "in" zu sein, ist sicher groß. Doch die Art, wie diese Probleme hier verpackt sind, wird sicher niemandes Normvorstellungen auch nur im Ansatz in Frage stellen.[18]

Allgemeine Lebenshilfe — Anweisungen für ein glückliches Leben

Das Bedürfnis, sich im Schlager allgemeine Ratschläge und Lebensregeln verpassen zu lassen, ist offensichtlich ziemlich groß: drei Titel beschäftigen sich mit diesem Thema (Freddy Breck: *Der große Zampano* / Jürgen Marcus: *Ein Lied zieht hinaus in die Welt* / Katja Ebstein: *Es war einmal ein Jäger*).

Mit dem wohl schwerlich zu realisierenden Vorschlag

Lebe dein Leben, so wie's dir gefällt,
dafür bist du auf dieser Welt.
Lebe dein Leben, es zählt jeder Tag,
tu, was dein Herz immer mag.

leitet Freddy Breck sein Lied vom großen Zampano, einem offenbar allwissenden Weltenlenker ein. Ein Aufruf zur Problemverdrängung? Sicher, denn: es ist sowieso schon alles vorbestimmt; wie die Zukunft aussehen wird, steht irgendwo in einem dicken Buch:

> *Denn wohin der Wind uns weht*
> *und wohin die Reise geht,*
> *weiß allein der große Zampano,*
> *denn der bestimmt das sowieso.*
> *Und wohin der Strom uns treibt,*
> *was von unserm Leben bleibt,*
> *steht im dicken Buch schon irgendwo*
> *beim großen Zampano.*

Die Überzeugung herrscht vor, daß die Weltordnung von uneinsehbaren Mächten dirigiert wird, und so ist Resignation die allein adäquate Haltung.[19] Wenn man ohnehin nichts machen kann, alles vorherbestimmt ist, liegt es nahe, vor den Anforderungen des Alltags, den realen Problemen in die Wunschwelten der Gefühle zu entfliehen. Genau dazu fordert die letzte Strophe auf:

> *Lebe dein Leben und sorge dich nicht,*
> *nur was dich freut, das hat Gewicht.*
> *Suche die Liebe und halte sie fest,*
> *daß dich das Glück nie verläßt.*

Eine Empfehlung, sich mit den Verhältnissen abzufinden, mit einer Welt, die nun einmal ist, wie sie ist, sich zu arrangieren. Als Zufluchtsstätte aus der enttäuschenden Wirklichkeit mit ihren vielfältigen Zwängen bietet sich die Innerlichkeit als stilles Glück in der Geborgenheit gegenseitiger Liebe an.[20]

Dieser Schlager kommt sicher dem Bedürfnis vieler Rezipienten entgegen, all die unlösbaren Probleme ihres Alltags abzuwälzen — welchen Sinn kann es noch haben, sich zu engagieren, wenn ohnehin alles vorbestimmt ist — und sich in Dimensionen zu flüchten, in denen Wunscherfüllung und Glück gewiß scheint. Die Liebe als Ausweg aus den unüberschaubaren, vielfältig verzahnten Problemen der realen Welt in eine überschaubare Zweierbeziehung wird als Lösung offeriert. Überhaupt ist dieses Rezept an Plattheit kaum zu überbieten: einer weiß schon längst, wie alles kommt, du kannst daran nichts ändern, deshalb ist es am besten, wenn du dir das Angenehmste heraussuchst — und das ist immer jenseits von Arbeit, Problemen und Engagement.

Auf Liebe und zwischenmenschlicher Zuwendung basieren ebenfalls die Rezepte, die Jürgen Marcus in seinem Song *Ein Lied zieht
hinaus in die Welt* verordnet:
Niemand schaut dem Schicksal in die Karten.
Wir müssen einer dem andern viel mehr zur Seite stehn.
Keine Rede davon, was diese Zuwendung erst so dringend notwendig macht. Die Gegebenheiten werden als solche und unveränder-
bar akzeptiert.[21] Auch dieser Text ist gekennzeichnet durch die stereotype Argumentation, daß alles so sein muß, wie es ist, eigene
Initiativen daher sinnlos sind und man sich bei den gegebenen und
hinzunehmenden Umständen nur schadlos halten kann, wenn man
sich ein möglichst überschaubares "Glück im Winkel" einrichtet.

Selbst Katja Ebstein, die dieses Problem an einem quasi realen
Fall

> *Es war einmal ein Jäger*
> . . .
> *der sprach zu seiner Frau:*
> *"Ich geh jetzt in den Wald hinaus*
> *und schau nach Fuchs und Hasen aus."*

festmacht, kommt zu keinem andern als dem banalen Schluß·

> *Im Leben, im Leben geht mancher Schuß daneben!*
> *Wir denken, doch lenken die andern dein Geschick!*
> *Im Leben, im Leben, da ist nicht alles eben,*
> *und darum braucht im Leben der Mensch ein bißchen Glück!*

Offenbar beliebig wiederholbar also, die Abwälzung individueller Probleme auf nichtkalkulierbare Schicksalsmächte. Und wieder
eine indirekte Aufforderung zur Passivität. Eigeninitiativen erscheinen in solchen Kontexten kaum sinnvoll.

Auch diese Texte bieten durch ihre Vagheit den Rezipienten
einen maximalen Assoziationsspielraum. Paradoxerweise entsteht
hierdurch aber auch der Eindruck, als sprächen die Texte die verschiedensten Probleme der einzelnen Rezipienten ganz präzise und
individuell an.[22]

Beispiel für Problemlösungen

Ebenfalls in den Kontext der Realitätsnegierung einzuordnen, ist
der Song von Gunter Gabriel und seiner Tochter Yvonne *Hey
Yvonne, warum weint die Mammi?*

Ein — offenbar von seiner Frau und seiner Tochter getrennt lebender — Vater ruft an, um seine Frau zu sprechen, aber die Tochter nimmt den Hörer ab, und während des Dialogs, der sich zwischen Vater und Tochter entspinnt, faßt der Vater den Entschluß, zu seiner Frau und seiner Tochter zurückzukehren. Ein Beispiel für die Wiederbelebung einer zerrütteten Ehe. Wodurch wird das bewirkt? Allein durch die Informationen, die der Anrufer von seiner Tochter über seine Frau bekommt:

Du, Papi, die Mammi weint immer
die ganze Nacht,
stell dir das nur vor,
und das stört mich so beim Schlafen.

Als er dann nach dem Grund des Weinens fragt und erfährt:

Du, Papi, ich glaube,
das liegt an dir,
wenn du nicht da bist,
sind wir beide traurig,
denn du fehlst uns doch so sehr.

ist er sofort bereit, zu Frau und Tochter zurückzukehren. Keine Rede mehr von den Problemen, die irgendwann zur Trennung geführt haben, alles wird plötzlich wieder gut, nur weil das Mädchen von den nächtlichen Tränen der Mutter erzählt hat. Sicher kommt dieses Beispiel einer Problemlösung den Wünschen vieler Konsumenten entgegen, vergleichbare Konflikte auf ähnlich "wunderbare" Weise bereinigt zu sehen. Denn alle realen Probleme, alle Argumente werden vom Emotionalen überspült, das passiv-sentimentale Verhalten der Frau hat letztlich doch zum Erfolg geführt. Für viele Schlagerkonsumenten sicher eine Aufforderung, bei ähnlichen Problemen ebenfalls die konkrete Auseinandersetzung zu umgehen, nicht zu agieren, sondern nur zu reagieren.

Der reiche Arme

Schlagerplatten werden sicher sehr viele Leute kaufen, die nicht zu den Reichen zählen. Was liegt näher, als ihnen diesen Status schmackhaft zu machen, ihnen zu demonstrieren, wie wenig erstrebenswert das Reichsein ist. (Die in der Trivialliteratur oft bemühte Gegenüberstellung vom armen Reichen und reichen Armen spielt hier mit.) In unserem Beispiel wird gezeigt, wie ein Mädchen, das die Wahl zwischen gesellschaftlichem Aufstieg und dem Verbleib in ihrem gewohnten Milieu hat, sich entscheidet (Mireille Matthieu: *Der Zar und das Mädchen*). Die Episode spielt in einer historisch nicht lokalisierbaren "alten Zeit" offenbar in Rußland.

> *War in alter Zeit ein schönes Mädchen,*
> *und Maria, sagt man, war ihr Name.*
> *Lebte weit vor den Toren von Moskau*
> *in der Hütte aus Lehm und aus Stroh.*
> *Es war Frühlingszeit, an einem Sonntag*
> *kam der Zar im goldenen Wagen,*
> *und er sah sie, Maria, die Schöne,*
> *und da brannte sein Herz lichterloh.*
> *Komm und fahr mit mir,*
> *und ich schenke dir*
> *Gold und Edelstein,*
> *und du wirst mein.*
> *Kann nicht mit dir gehn, so sprach Maria,*
> *meine Liebe kann man nicht erzwingen.*
> *Besser frei wie ein Vogel zu leben,*
> *als im goldenen Käfig zu sein.*

So einfach wie die Dichotomie arm — reich sind auch die Vokabeln, die sie beschreiben: hier die Hütte aus Lehm und aus Stroh, in der Maria lebt, dort der goldene Wagen, mit dem der Zar an einem Sonntag ausfährt. Keine individuellen Milieubeschreibungen, sondern nur Signale für die Vorstellung sehr arm und unermeßlich reich. Ebensowenig individuell sind auch die Personen, leicht auswechselbare, schemenhafte Personifizierungen derselben Vorstellung: ein schönes, armes Mädchen, ein reicher Kaiser. Er möchte sie mitnehmen, lockt sie mit Gold und Edelsteinen, doch sie zeigt ihm, daß er trotz seines unermeßlichen Reichtums nicht alles haben kann *meine Liebe kann man nicht erzwingen*, und macht so den Reichen arm, während sie in offenbar glücklicher Armut verharrt.

Ein einfaches Denkschema — die Zustimmung der Konsumenten wird um so leichter fallen, als sie der Text völlig im Unklaren darüber läßt, in welchem gesellschaftlichen Status sich der Aufstieg Marias in den Reichtum vollziehen wird. Denn ganz fern liegt die Vermutung nicht, daß er kaum in legalisierte Bahnen einmünden wird: wenn ein Zar ein armes, schönes Mädchen nur sieht und gleich zu sich nehmen will, läßt sich das leicht annehmen.

Sicher wird Maria für viele Schlagerhörerinnen als Identifikations-
figur dienen, zumal unausgesprochen mitschwingt, daß Maria ihr
Herz schon verschenkt hat, einem andern gehört und der Zar auch
aus diesem Grund ihre Liebe nicht erzwingen kann — ein weiteres
bestätigendes Element in diesem Märchen von der glücklichen
Armut.

Fernweh

Cindy & Bert präsentieren mit ihrem Erfolgsschlager *Wenn die
Rosen erblühen in Malaga* eine plakative Urlaubswelt mit dem Vokabular der Tourismusreklame. Es könnte genausogut eine Auf-
tragsarbeit der spanischen Fremdenverkehrsindustrie sein. Zu den
klischeehaften Versatzstücken der südlichen Ferienländer: leuch-
tende Rosen, nächtliche Sterne, spanischer Wein, spanische Nacht,
fremde Freunde kommt als wesentliche Zugabe noch die Liebe. Eine
Liebe, die sich wie in den Botschaften der Tourismusplakate scheinbar automatisch mit dem Ortswechsel einstellt:

> *Wenn die Rosen erblühen in Malaga,*
> *ist für uns unser Sommer der Liebe da,*
> *denn die Rosen, sie blühen in jedem Jahr*
> *für ein glücklich sich liebendes Paar.*
>
> . . .
> *Wenn die Rosen erblühen in Malaga,*
> *sag ich dir unter nächtlichen Sternen ja.*
> *Mit den leuchtenden Rosen, da schmückt das Haar*
> *jedes glücklich sich liebende Paar.*

Ein Fernweh also, das um so stärker werden muß, als ja hier neben
der wahllosen Anhäufung von Reizen zum Stichwort Süden noch
eine zusätzliche Gratifikation versprochen wird: eine Erholung
auch im Gefühlsbereich, denn die Beziehung dieses Liebespaares
scheint in dieser Umgebung ohne jede Probleme zu sein. Ein dop-
pelter Grund also, sich durch den Kauf der Platte für ein paar Minuten die Illusion einer Flucht aus dem Alltag und den Problemen
in eigenen Beziehungen zu verschaffen.

Bedürfnis nach sozialer Rechtfertigung — Bestätigung durch Pseudo-
engagement oder: Sozialkritik à la Udo

Monatelang war er in den Hitlisten die Nummer 1, Udo Jürgens'
Dauerbrenner *Griechischer Wein*. Als Inhalt des Schlagers könnte
man angeben: die Situation griechischer Gastarbeiter in der Bundesrepublik; ein Thema, das man auf den ersten Blick eher einem
Protestsong als einem Schlager zuordnen würde. Doch Udo scheint
ein Talent dafür zu haben, scheinbare Protestinhalte so zu verpak-
ken, daß sie trotzdem noch massenhaft konsumiert werden können.
Schon einmal ist ihm diese Quadratur des Kreises gelungen, und
deshalb sei hierzu eine kleine Rückblende gestattet. 1971 wurde sein
Titel *Lieb Vaterland*, den er selbst als "aufsehenerregendes Lied"
bezeichnet hat, ein Hit. In diesem Zusammenhang fragte ihn damals die Schweizer Illustrierte "Sie und Er": "Wenn es aufsehen-
erregend sein soll, ist es sicher keine Schnulze im Sinne des Titels?" Udo antwortete: "Das Gegenteil einer Schnulze. Schon fast
eine Parodie. Der Text wird wachrütteln."[23] Tut er das wirklich?
Denn eigentlich läßt der massenhafte Konsum dieses Titels den
Schluß zu, daß er niemand ernstlich weh tun darf, denn sonst
würde er ja nicht von den vielen gekauft.

> *Lieb Vaterland, du hast nach bösen Stunden*
> *aus dunkler Tiefe einen neuen Weg gefunden,*
> *ich liebe dich — das heißt, ich hab' dich gern,*
> *wie einen würdevollen, etwas müden alten Herrn.*
> *Ich kann dich nicht aus heißem Herzen lieben,*
> *zuviel bist du noch schuldig uns geblieben,*
> *die Freiheit, die du allen gleich verhießest,*
> *die dürfen Auserwählte nur genießen.*
> *Lieb Vaterland, magst ruhig sein,*
> *die Großen zäunen Wald und Ufer ein,*
> *und Kinder spielen am Straßenrand,*
> *lieb Vaterland!*
>
> *. . .*
>
> *Lieb Vaterland, wofür soll ich dich preisen?*
> *Es kommt ein Tag, da zählt ein Mann zum alten Eisen,*
> *wenn er noch schaffen will, du stellst ihn kalt,*
> *doch für die Aufsichtsräte sind auch Greise nicht zu alt.*
> *Die alten Bärte rauschen wieder mächtig,*
> *doch junge Bärte sind dir höchst verdächtig,*

das alte Gestern wird mit Macht beschworen,
das neue Morgen, deine Jugend, geht verloren.
Lieb Vaterland, magst ruhig sein,
doch schlafe nicht auf deinen Lorbeern ein,
die Jugend wartet auf deine Hand,
lieb Vaterland!

Die erste Strophe ist ein freundlich-begütigendes Lob für das liebe
Vaterland, das *nach bösen Stunden* — gemeint ist offenbar die Nazi-
diktatur — *einen neuen Weg* gefunden hat, und was danach am
Vaterland noch auszusetzen sein mag, kann so schlimm nicht sein.
Anklagenswerte Mißstände werden genannt, aber eben nur genannt. Der Text macht nichts klar, klagt nicht an, provoziert nie-
manden.

Sein Hauptmittel ist der Kontrast (*die Großen* — *die Kinder*), freilich ein unscharfer Kontrast: *die Großen* ist ein so umfassender
Ausdruck, daß gar nicht klar wird, wer gemeint ist, wegen der Ent-
gegensetzung von *Kinder* in der 3. Strophe sind es vielleicht sogar
nur die Erwachsenen allgemein. Auf Bestätigung bedacht, ist bereits die titelgebende Zeile. Es ist ein Zitat aus Max Schnecken-
burgers *Wacht am Rhein*, einem Lied, das zur Zeit eines übersteigerten Nationalismus zwischen 1879 und 1914 beliebt war. Wer
das ironische Zitat wiedererkennt, darf sich zu den Wissenden
rechnen. Daß damit auf ein nun wirklich überwundenes Deutschland gezielt wird, stört den Texter nicht.

Auf Bestätigung angelegt, sind auch die Themen: man muß
eigentlich schon immer wissen, was gemeint ist (mit dem *einge-
zäunten Wohlstand* etwa das Bodenrecht, mit dem *jungen Bärten*
eine kritische Jugend usw.). Dann allerdings darf man sich freuen,
daß man auch so klug ist. Neue Einsichten werden nicht vermittelt,
das Lied bewirkt nichts — außer eben das gute Gewissen, das einem
der Kauf der Platte als Quasi-Protesthandlung ermöglicht. Denn nun
hat man das Gefühl, auch zu denen zu gehören, die gegen die
schlimmen Zustände sind, durch die Teilnahme am prestigefördern-
den Protest sich als kritischer Zeitgenosse auszuweisen.

Der Manager von Udo Jürgens faßte die Absicht dieses Textes,
der wachrütteln soll, in die lapidare Feststellung zusammen: "Wir
sind keine Innere Mission. Wir wollen Geld verdienen."[24]

Es ist offenbar auch in diesen Bereichen konsumfördernd: das
berühmte gute Gewissen, das schon die Waschmittelindustrie weid-

lich ausgenutzt hat. Und es durch den Kauf einer Schallplatte zu erwerben, ist sicher einer der bequemsten Wege. Jedenfalls scheint der Erfolg von *Griechischer Wein* das zu bestätigen. Doch anders als beim Song *Lieb Vaterland*, wo die Kritik eigentlich nur eine sehr dünne Oberschicht trifft, gibt es bei diesem Thema nur sehr wenige, die sich nicht angesprochen fühlen können. Denn fast jeder in diesem Land wurde schon in irgendeiner Weise mit den Problemen der Gastarbeiter konfrontiert. Und sei es auch nur, daß er mit einem von ihnen in einer Schlange vor der Supermarktkasse anstand und er mehr oder weniger bereitwillig Auskünfte gab. Wenn nun ein solches Thema, das offenbar geeignet ist, einer großen Menge von potentiellen Käufern ein schlechtes Gewissen zu bereiten, so präpariert wurde, daß es trotzdem massenhaft konsumiert werden konnte, muß es sich lohnen, den Text genauer anzusehen:

> *Es war schon dunkel, als ich durch Vorstadtstraßen heimwärts ging,*
> *da war ein Wirtshaus, aus dem das Licht noch auf den Gehsteig schien.*
> *Ich hatte Zeit,*
> *und mir war kalt,*
> *drum trat ich ein.*
> *Da saßen Männer mit braunen Augen und mit schwarzem Haar,*
> *und aus der Juke-Box erklang Musik, die fremd und südlich war.*
> *Als man mich sah,*
> *stand einer auf und lud mich ein.*
> *Griechischer Wein ist so wie das Blut der Erde,*
> *schenk nochmal ein.*
> *Und wenn ich dann traurig werde,*
> *liegt es daran, daß ich nur immer träume von daheim.*
> *Und sie erzählten mir von grünen Hügeln, Meer und Wind,*
> *von alten Häusern und jungen Frauen, die alleine sind,*
> *und von dem Kind,*
> *das seinen Vater noch nie sah.*
> *Sie sagen sich immer wieder: irgendwann geht es zurück,*
> *und das Ersparte genügt zuhause für ein kleines Glück,*
> *und bald denkt keiner mehr daran, wie es hier war.*
> *Griechischer Wein*
> *und die altvertrauten Lieder,*
> *schenk nochmal ein,*
> *und ich spür die Sehnsucht wieder.*
> *In dieser Stadt werd' ich immer nur ein Fremder sein*
> *und allein.*

Auch in diesem Text wird keinem der potentiellen Käufer etwas Unangenehmes gesagt, etwa, daß er Gastarbeitern Wuchermieten abnimmt, daß er sie zudem meistens noch herablassend behandelt, sondern es werden nur allgemein menschlich rührende Feststellungen getroffen, für die die Rezipienten nun wahrhaftig nicht verantwortlich gemacht werden können: das *Kind, das seinen Vater noch nie sah,* z. B.

Der Protest ist so angelegt, daß er zwar vielen Käufern der Schallplatte das Gefühl gibt, etwas getan zu haben für Randgruppen in unserer Gesellschaft, aber keinen anklagt, niemandem etwas sagt, was er ganz persönlich an diesen Randgruppen verschuldet hat. Und deshalb ist auch die Legitimation durch den Kauf der Platte so bequem.

In dieses total kommerzialisierte Protestverhalten paßt es auch, daß ein hoher griechischer Regierungsbeamter sich mit einem Präsent bei Udo Jürgens bedankt hat, nicht etwa, weil er Sympathien für die griechischen Gastarbeiter in der Bundesrepublik ersungen hat, sondern aus einem viel banaleren Grund: nämlich weil er soviel Reklame für griechischen Wein gemacht hat.

Schlußbemerkung

Das charakteristischste Merkmal aller untersuchten Texte war die *Realitätsferne.* Die gesellschaftliche Wirklichkeit mit all ihren konkreten Problemen wird kaum oder überhaupt nicht zur Kenntnis genommen, und wenn Rudimente auftauchen, dann macht der Kontext den Realitätsasnpruch zunichte. So ist z. B. wenn vom Schicksal gesprochen wird, nicht das gesellschaftliche Schicksal gemeint, denn das wird ja von den meisten als frustrierend erfahren, und gerade davon sucht man Erholung im Schlagerkonsum. Der Schicksalsbegriff ist eingeengt auf den individuellen Bereich von Glück und Liebe in einer Zweierbeziehung. Offenbar spekuliert man hier auf die Sehnsüchte von Menschen, die an ihrer unüberschaubaren gesellschaftlichen Situation mehr oder weniger bewußt leiden, in einen überschaubaren Bereich zu flüchten. Und dazu bietet sich eine illusionäre Welt der Liebe an. Wenn von Glück die Rede ist, dann ist damit fast ausschließlich das Glück der Zweisamkeit gemeint, Einsamkeit bedeutet Abwesenheit des geliebten Menschen. Eine fatalistische Grundstimmung lähmt Aktivität und Initiative, verweist in Traum und Illusion — ein verführerischer Ausgleich für die Ansprüche des Alltags.

Kompensationen täglich erfahrener Frustrationen — die Illusion des Glücks hält genügend Identifikationsofferten bereit. Und damit die Illusion möglichst reibungslos funktionieren kann, sind die Texte meist bar jeder differenzierenden Aussage, enthalten kaum konkrete Hinweise, die sich nicht beliebig mit individuellen Assoziationen auffüllen ließen.

Das Stichwort Realitätsferne gilt auch für solche Titel, die auf den ersten Blick gerade durch einen Realitätsbezug gekennzeichnet scheinen. Man könnte sogar sagen, daß die Wirklichkeitsflucht hier mit Hilfe von Versatzstücken aus der Wirklichkeit praktiziert wird. Nach Thema und Vokabular könnte der Eindruck entstehen, als beschäftige man sich mit realen Problemen, bei genauerem Hinsehen aber erkennt man, daß sie höchstens genannt, angesprochen, aber nicht behandelt werden. So können die Schlagerkonsumenten sich in einem vermeintlichen Problembewußtsein bestätigt sehen, obwohl gerade dadurch die wirklichen Probleme vom Tisch gewischt werden.

Damit ist das zweite Stichwort gefallen, das zur Kennzeichnung aller untersuchten Texte dienen kann: *Bestätigung.* Wer möglichst viele latent vorhandene Einstellungen, Vorurteile, Überzeugungen bestätigt, kann mit Erfolg rechnen. Und so wird auch in den untersuchten 20 Texten möglichst viel an vermutbaren Haltungen bestätigt und möglichst alles vermieden, was zu Kritik, Einstellungsänderungen oder gar Protest provozieren könnte. Und wer sich bestätigt fühlt, wird weit weniger Aktivitäten entwickeln, die Realität und die sie bedingenden Verhältnisse zu analysieren oder gar zu verändern — womit der Kreislauf geschlossen wäre.

Anmerkungen

[1] Vgl. hierzu: Peters, J.: "Wer weiß, vielleicht erklärt mir eines Tages ein Lied, woran ich litt: Hits für Millionen" in: Projekt Deutschunterricht 5, Massenmedien und Trivialliteratur, hrsg. von H. Ide in Verbindung mit dem Bremer Kollektiv, Stuttgart 1973, 76–95; außerdem: Dreimann, F.: "Der Schlager im Unterricht — Vorschlag zur Durchführung einer Unterrichtseinheit" in: Projekt Deutschunterricht 5, a. a. O., 96–113.

[2] Vgl. hierzu: Kiepe, J.: "Schlagerstrategen 'Komm auf das Schloß meiner Träume'" in: Praxis Deutsch 11 (1975) 48–50.

[3] Nach Hartwich, D.: "Jugend und Popmusik" in: Musik und Bildung, Oktober 1970, 247 f. (zitiert nach Peters, a. a. O.) hören mehr als 65 %

der zwölf- bis siebzehnjährigen Schüler bevorzugt die Musik der Hit-paraden.

[4] Die Subjekte der Schlagertexte wären demnach nur Objekte der Schlagerindustrie, die solche Bedürfnisse für die bessere Konsumierbarkeit der von ihr produzierten Waren stimuliert.

[5] Vgl. Peters, a. a. O., 79 f.

[6] Zum Problem der sich damit ergebenden Manipulations- und Unterdrückungsmechanismen vgl. Chotjewitz, P. O.: " 'Einsamer nie oder Love me do' Zum Sprachgebrauch in Beat- und Schlagertexten" in: Akzente 3 (1971) 194—207, besonders 195 f. Auch Rauhe, H.: Popularität in der Musik, Interdisziplinäre Aspekte musikalischer Kommunikation, Karlsruhe 1974, 31 hat die dadurch intendierte Ablenkung von individuellen und gesellschaftlichen Problemen konstatiert: "Dem Konsumenten, der sich mit derartigen Texten identifiziert, werden die Härten seiner individuellen und gesellschaftlichen Existenz möglicherweise temporär weniger fühlbar, ihre Vernebelung hindert ihn aber sicher an einer rationalen Einschätzung und Bewältigung konkreter Aufgaben dieser seiner Existenz."

[7] An dieser Stelle sei Herrn Thomas Brennicke vom Bayerischen Rundfunk herzlich gedankt.

Analysiert wurden folgende Erfolgsschlager aus der 75er Hitparade: Freddy Breck: Der große Zampano; Howard Carpendale: Du fängst den Wind niemals ein; Howard Carpendale: Deine Spuren im Sand; Cindy & Bert: Wenn die Rosen erblühen in Malaga; Katja Ebstein: Es war einmal ein Jäger; Gunter Gabriel: Hey Yvonne, warum weint die Mami; Rex Gildo: Marie, der letzte Tanz ist nur für dich; Heino: Die schwarze Barbara; Heino: ... und sie hieß Lulalei; Michael Holm: Wart' auf mich; Michael Holm: Tränen lügen nicht; Udo Jürgens: Griechischer Wein; Vicky Leandros: Du läßt mir meine Welt; Vicky Leandros: Rot ist die Liebe; Vicky Leandros: Ja, ja, der Peter, der ist schlau; Jürgen Marcus: Ein Lied zieht hinaus in die Welt; Mireille Matthieu: Der Zar und das Mädchen; Marianne Rosenberg: Er gehört zu mir; Demis Roussos: Schön wie Mona Lisa; Juliane Werding: Wenn du denkst, du denkst, dann denkst du nur, du denkst.

[8] Hier muß eingeräumt werden, daß die alleinige Textanalyse ohne Berücksichtigung der übrigen, für das Funktionieren eines Schlagers konstitutiven Elmente "ein äußerst unfaires Vorgehen bedeutet". (Vgl. Köck, W. K.: "Manipulation durch Trivialisierung. Elementare sprachliche Möglichkeiten der Konsumprogrammierung" in: Rucktäschel, A. (Hrsg.): Sprache und Gesellschaft, München 1972, 275—367, besonders 334.) Wie bei allen anderen multi-medialen Kunstarten, beispielsweise beim Theater und der Oper liegt der künstlerisch-ästhetische Effekt im harmonischen Zusammenwirken der einzelnen Elemente. Beim Theater wirken Visuelles, Gestisches, Sprache und eventuell Musik zusammen,

so daß in einem theatralischen Text sehr vieles nicht ausdrücklich gesagt werden muß, weil es gezeigt werden kann. Oder in der Oper kann
der Text um so banaler sein, je stärker die Musik ist. Genausowenig
benötigt ein Schlager einen besonders subtilen oder poetisch vollkommenen Text, da er ja zur entspannenden Unterhaltung primär musikalischer Natur dienen soll. Anspruchsvollere Texte machen den Schlager
zum Chanson oder zur Kabarettnummer, bei denen die Musik zurücktritt. Außerdem bezieht der Schlager noch den Personenkult, der an den
Star geknüpft ist, mit ein.

[9] Rauhe, a. a. O., 30.

[10] Riesmann, D.: Die einsame Masse, Hamburg 1958.

[11] Auf einige Feststellungen Riesmanns über den "außengeleiteten
Menschen" sei hier hingewiesen vor allem unter dem Aspekt der "Hemmungslosigkeit und Schutzlosigkeit des Menschen in seinen Freizeitbeschäftigungen" (29).

[12] Kayser, D.: Schlager – Das Lied als Ware, Untersuchungen zu einer
Kategorie der Illusionsindustrie, Stuttgart 1975, 62 erklärt die Dominanz
des Themas Liebe als Erbe der Romantik: "Tatsächlich ist in den Schlagertext die irrige Hoffnung der Romantiker eingegangen, Liebe und
Poesie als 'die Beherrscherinnen der uralten goldenen Zeit und die
Mächte, die das Reich der Ewigkeit heraufführen werden' vermöchten
Ausweg und Zuflucht in einer Gesellschaft zu gewähren, in der das Individuum vereinsamt, ohne Beziehung zur Natur und zu den Mitmenschen, machtlos und hilflos, bedeutungslos und angstvoll zugleich seine
Existenz erfährt. Die Dichtung der Romantik, unter deren aktiven Anteilnahme das bürgerliche Lied zu der sprachlichen und inhaltlichen
Gestalt findet, die dem Schlager als wichtigster Fundus geblieben ist,
erklärt Liebe zum universellen Prinzip."

[13] Es handelt sich um die Schlager: Tränen lügen nicht / Die schwarze
Barbara / Du bist anders als die andern / Er gehört zu mir / Du fängst
den Wind niemals ein / Marie, der letzte Tanz ist nur für dich / Deine
Spuren im Sand / Wart' auf mich / Schön wie Mona Lisa / . . . und
sie hieß Lulalei.

[14] Ähnliche Beobachtungen machte bereits 1971 G. Haedecke bei einer
Analyse der ZDF-Hitparade: "Hitparade" in: Akzente 3 (1971) 269 ff.
Auch Rauhe hat bei einer Schlagertextanalyse im Hinblick auf Liebesglück und Liebesleid festgestellt: "Beide sind im illusionären Bereich
jenseits der Realität angesiedelt. Liebesglück erfüllt sich 'morgen', in
der Zukunft, an einem fernen Ort, im Traum – nur nicht hier und
jetzt." (31)

[15] Klapper, T. T.: The Effects of Communication, Glencoe [3]1960, zitiert nach L. del Grosso Destreri: Europäisches Hitpanorama, Karlsruhe
1972, 3 f.

[16] Destreri, a. a. O., 4 hat im Zusammenhang mit Schlageruntersuchungen darauf hingewiesen, daß eine Information um so leichter aufgenommen wird, je mehr sie den Eindruck des schon Bekannten erweckt, je mehr sie vom Empfänger erwartet und mühelos ergänzt werden kann.

[17] Diese exotischen bzw. altdeutschen Versatzstücke werden von den Jugendlichen wahrscheinlich nur als schmückendes Beiwerk und nicht als konstitutive Elemente der beschriebenen Liebesbeziehungen rezipiert. Denn von Heino ist man eine solche Kulisse gewohnt. "Heinos Welt, das ist eine exotische Kneipe inmitten deutscher Wälder und auf einer umgedrehten Klampfe pokert Rübezahl mit einem Cowboy." (Haedecke, a. a. O. 279).

[18] Vgl. hierzu auch Chotjewitz, a. a. O.: "Das Unbekannte, Neue, den Fortschritt eigentlich Provozierende, ist in der Begriffswelt des Volkes immer so klein, daß es sich in das Bekannte konfliktlos integriert, selbst wenn dieses Verfahren den wirklichen Problemen nicht gerecht wird." (198)

[19] Vgl. auch Kayser, a. a. O., 90.

[20] Chotjewitz, a. a. O.: "Es ist sicher kein Zufall, daß im Schlager und in der gesellschaftlichen Wirklichkeit ein und derselbe Begriff im Mittelpunkt steht, wenn es darum geht, Widersprüche zu verinnerlichen, nämlich die Liebe. Wenn die Beatles sangen 'Alles was du brauchst, ist Liebe', so rieten sie nur etwas, was von den Machthabern eigentlich auch immer geraten wird, um das Volk bei guter Laune zu halten, und was den Schlagern zufolge ohnedies der psychologische Alleskleber und soziale Verinnerlicher Nummer eins ist. Der Traum der Liebe ist der zweite und wesentlichste Traum, vermittels dessen dem Gefühl der Entfremdung ausgewichen wird." (207)

[21] Vgl. auch Kaul, G. und Schütze, W.: "Laß uns zusammen träumen" in: Akzente 3 (1971) 238–251, Zitat 239: "Unlustfaktoren wie Politik und Gesellschaft sind dabei tabu. Man stellt sich taub. Wer schon mit sich selbst uneins ist, hat wenigstens am Feierabend Anspruch auf ein einiges Land. Darauf kommt es an: mit den Gedanken woanders sein, in einer anderen Sinnprovinz, wo die Widersprüche der Realität auf ein Mindestmaß reduziert sind . . . Deshalb darf die Rezeption dem Rezipienten keine Hindernisse in den Weg legen: Schlagertexte sind Projektionsflächen für die eigenen Wünsche; sie müssen die verschütteten und verdrängten Bedürfnisse aufsaugen können."

[22] Vgl. Rauhe, a. a. O., 33.

[23] Zitiert nach: Fingerhut, K.-H. und Hopster, N. (Hrsg.): Politische Lyrik. Mit einer Einführung in Verfahren zur Erarbeitung politischer Gedichte, Frankfurt/Main 1972, 55.

[24] Zitiert nach dem Artikel von M. Sack in: "Die Zeit" vom 26. 2. 1971.

Karl Riha

'EIN KUGELSCHREIBER . . . IN DER BEHANDSCHUHTEN
RECHTEN . . . SO WEISS WIE DER SCHNEE AM KILIMAND-
SCHARO'.

Zur Literatur der Nicht-Literaten

> "*Die deutschen Wörter 'Kunst' und 'Liebe'*
> *haben zu viele Bedeutungen. / Spielt ein*
> *Musiker auf einer Trompete Klarinette, so*
> *nennt man das Kunst und 10 000 kopieren*
> *dieses Verhalten. / In Deutschland ist alles*
> *Kunst, nur der Kunsthonig nicht.*"

Das Zitat, das ich in den Titel gesetzt habe — 'Ein Kugelschreiber
in der behandschuhten Rechten . . . so weiß wie der Schnee am
Kilimandscharo'[1] —, ist einer Erzählung entnommen, die ich Sommer 1965 im Feuilleton der Frankfurter Studentenzeitung *Diskus*,
dessen Redakteur ich damals war, abgedruckt habe. Weiß der Teufel, wie die leicht neurotische ältere Dame mit ihrer Kurzgeschichte
— zum Thema und unter der Überschrift *Die Schriftstellerin* — auf
das Studentenblatt aufmerksam geworden war, das sich doch recht
eigentlich der vorderen Avantgardeliteratur — und speziell Mitte der
sechziger Jahre der konkreten Poesie — hingegeben hatte. Das Manuskript wanderte denn auch zunächst als Irrläufer ab in den Sta-
pel, und sehr bald standen die ersten mahnenden Eil- und Ein-
schreibebriefe der Autorin ins Haus. Da kam mir mehr oder weniger plötzlich die Idee zu einer Parodie aufs herkömmliche Feuilleton der Tageszeitungen: — gerade dafür schien mir der Text mit
einmal äußerst brauchbar. Indem sie alle möglichen Klischeevor-
stellungen hernahm (wie etwa Hemingways Kilimandscharo-Schnee)
und — ohne viel auf stilistische Geschlossenheit, Stimmigkeit im
Inhalt und dergleichen zu achten — ins Bild setzte, gelang "Frau
Lisa Holldack" eine seltsam verkantete Trivial-Collage: die pure
Vorführung der Phrase brach sich nämlich an einer gewissen kind-
lichen Unbefangenheit oder lief gar auf eine Art "Entlarvung durch
Naivität" hinaus. Ich nahm deshalb ein paar kürzere Kinderauf-
sätze mit auf die Druckseite, die mir Helmut Hartwig aus seiner
Schulpraxis übermittelt hatte. Mit Hilfe vom Lehrer vorgegebener

Worte und Wortkombinationen wie 'würdiger älterer Herr', 'Feuer', 'taumeln' etc. waren Geschichten zu bilden; dabei kam es — durch Stimulierung unterschiedlichster Leseklischees und ihre gegenseitige Durchbrechung in naiver Kombination — zu durchaus ähnlichen Effekten. — Das Stichwort von der "Entlarvung durch Naivität" hatte gerade eben erst Peter Rühmkorf gegeben, als er 1964 den Lotto-Roman der Bengta Bischoff für den Rowohlt-Verlag entdeckte. Unter dem Aufsatz-Untertitel *Der Konsument als Lügendetektor* brachte er die von ihm selbst als Hausfrauen- und Muttchen-Literatur gekennzeichnete Prosa in die Diskussionen des Literarischen Colloquiums Berlin ein, aus denen 1965 der Sammelband *Trivialliteratur* hervorging, und sprach dort davon, daß derlei Naivität so unkompliziert gar nicht sei, wie es die Rede von der naiven Kunst gern hätte, und daß sich in aller "trostlosen Nachplapperei" doch eine "ernstzunehmende Projektion unterdrückter Bildungsbedürfnisse" dokumentiere, wie sich denn überhaupt der Fauxpas auch insofern als literarischer Ausdrucksträger zu erweisen vermöge, "als in ihm die Macht der Verbildung sich offenbart und gleichzeitig das subversive Wirken der ununterkriegbaren Natur"[2]. Man vergleiche dazu die spätere Publikation *Über das Volksvermögen*, die eben hier anknüpft, um dann allerdings in die Breite zu dokumentieren und die Argumentation leicht in Richtung einer unterströmigen, fest im Volkswitz verankerten Rebellion zu verlagern.[3]

Mit dem zweiten Zitat hingegen, das ich für das Motto hergenommen habe, verweise ich auf eine schmale Westberliner Publikation des Jahres 1974. In faksimilierter Handschrift gehört der wiedergegebene Text zu den Resultaten einer Privat-Umfrage zum Thema "Was ist Kunst?", die Wolfgang Max Faust unter dem Titel *Kunst ist, 36 anonyme Definitionen* veranstaltet hat.[4] Offensichtlich schwebten dem Herausgeber ähnliche Beispiele der jüngeren Dokumentarliteratur oder vergleichbare Aktionen am Publikum der Kasseler *Dokumenta* vor. Die Sammlung geht in die unterschiedlichen Lebensbereiche des Dokumentaristen und erfaßt somit Personen gestreuter sozialer Herkunft, gerade aber auch solche aus 'gewöhnlichen' Berufen, differierend nach Alter und Geschlecht. Eigentlich vom Kunstfach sind lediglich ein Schriftsteller, ein Künstler und eine Kunstsammlerin; der Spannbogen der Antworter reicht ansonsten vom Klempner zum Studenten, vom Stahlformenbauer und Werbefachmann zu Richterin und Arzt, vom Zeitungshändler zu Dozent, Hausfrau, Pfarrer, Rentnerin, Schaffner oder Verkäufer. Innerhalb der gebotenen Grenzen erlauben die gegebenen Antworten den In-etwa-Schluß auf einen sozial determinierten " 'allgemeinen Kunstbegriff' der Gegenwart", auf alle möglichen Ansichten, Erwartungen, Aggressionen etc. also, die sich in unserer heutigen Gesellschaft mit dem Stichwort 'Kunst' verbinden. Der von mir zitierte Text stammt von einem 61jährigen Arbeiter, nimmt jedoch gegenüber den anderen Definitionen innerhalb der gleichen sozialen Gruppe, unter den übrigen Antworten von Arbeitern und Handwerkern — wohl aufgrund seiner unfreiwillig-freiwilligen Komik, mit der er sich unserm vorherlaufenden Erzählbeispiel annähert — eine gewisse Sonderstellung ein, die er dann auch mit seinen durchaus überraschenden Wendungen und seiner offenbaren Originalität gegenüber den sicher intellektuelleren, sprachlich und gedanklich elaborierteren, aber auch sehr viel langweiligeren, gequälteren Künstler- und Fach-Urteilen behauptet. Dieser Sonderstatus nach hier wie dort wird vom Herausgeber augenfällig dadurch unterstrichen, daß er speziell dieses Text-Dokument auf die Titelseite seiner Eigenverlagsbroschüre gerückt und damit quasi als Titelillustration verwendet hat.

Die beiden vorgeführten Beispiele sind dadurch miteinander verbunden, daß sie auf Positionen aufmerksam machen, unter denen es in der jüngeren Kunst- und Literaturszene zu publizistischen Bemühungen um Texte von Nichtliteraten gekommen ist. Sie sind aber gerade auch deshalb von mir ausgewählt und hierher gestellt worden, weil sie sich in ihrer doch auszumachenden Differenz der Kritik öffnen und so eine allgemeinere Diskussion des problematischen Zusammenhangs von Literaten-Literatur und Nichtliteraten-Literatur — dann auch vor dem Hintergrund der Literaturwissenschaft — ermöglichen.

Gehen wir von der simplen Tatsache aus, daß es ohne die spezifische Initiative von Rühmkorf hier und Faust dort keinen publizierten Roman der Bengta Bischoff und keine der sechsunddreißig Kunstdefinitionen von *Kunst ist* gäbe. Die entsprechenden Agenten-, Lektoren- bzw. Verlegeraktivitäten sind also primär; unterzieht man sie ihrer Analyse, so zählt zuallererst, daß sich in ihnen der Bezugsrahmen herstellt, in dem das angeschwemmte, aufgegriffene, im wahrsten Sinne des Wortes aufgelesene literarische Produkt überhaupt publizistisches Interesse gewinnt. Die Überzeugung der engeren literarischen Öffentlichkeit, auf die es ankommt, gelingt Rühmkorf mit Hilfe der eingangs schon referierten These, wonach wir es bei Bengta Bischoff mit einem Sonderfall von naiver Kunst zu tun haben, gewissermaßen mit einem Abgrund — oder besser, einer Fallgrube — von Einfalt. Er selbst verweist als historisches Analogon auf Friederike Kempner; natürlich müsse man für derlei "reizvolle Kurzschlußphänomene" und die ständigen Disproportionen zwischen "falschem Anspruch" und "durchschlagender Unbefangenheit", denen man bei beiden Damen auf Schritt und Tritt begegne, das Ohr und den rechten Blick haben. Ausdrücklich setzt Rühmkorf solchen literarischen Versuch gegen die herkömmliche Trivialliteratur ab, die gerade auf die "Täuschbarkeit der Einfalt" spekuliert, und konstatiert nicht nur den graduellen, sondern einen konstitutiven Unterschied. Die "vermodelte Naive", die wir nach dem Willen ihres Entdeckers und literarischen Förderers in Bengta Bischoff zu sehen haben, wiederholt zwar "angelernte Sprüche", demonstriert aber "höchst unvermittelt" auch Widersprüche: "die inneren Widersprüche der mit sich selbst entzweiten Natur". Weiter heißt es etwa: "Inkongruente Reihungen und absurde Phrasenfolgen lassen sowohl die Manipulierbarkeit der Unschuld erkennen als auch die Grenzen der Vereinnahmung ... Man sieht: Es ist etwas da, was der totalen Abrichtung sich widersetzt und in aller Unmündigkeit wider die Bevormundung zeugt". Die skizzierte Auslegung erlaubt es, das "Laienromänchen" in die Nähe jener entwickelten Gegenwartsliteratur zu rücken, die kritische, aufklärerische Ansprüche vertritt, und endlich gar modernsten Schreibweisen parallel zu setzen, die hier freilich — denn doch die Kluft bestätigend — ganz unprätentiös, rein zufällig gewonnen werden. Rühmkorfs Argumentation schließt daher: "weil Unschuld eben doch nicht nur Dummheit ist, sondern weil sie kraft einer unerschütterbaren Kindlichkeit und unbeirrt von Bruch und Widerspruch aufs Ganze geht, fügt sich aus lauter Flicken ihr die Welt. Das aber hieße, daß der naive Künstler unserer Tage — der sowohl die Zerrüttung repräsentiert der aus den Fugen geratenen Natur als auch die blinde Zusammenhangsseligkeit des Kindes — ganz unvermittelt zu ähnlichen Resultaten kommen kann wie der bewußt montierende Klebebildner"[5].

Statt vom 'Klebebildner' spricht man besser vom 'Collageur'. Die gerade in den frühen sechziger Jahren vehement wiederentdeckte Montage- und Collagenkunst, wie sie sich als moderne Kunstpraxis aus den kubistischen, futuristischen und dadaistischen Anfängen zu

Beginn des Jahrhunderts ableitet, dient also als Interpolationspunkt. Rühmkorf hat, meine ich, zunächst jenes engere literarische Publikum im Auge, das gerade eben — meinetwegen an Gedichten Hans Magnus Enzensbergers — die Prinzipien der montierten Lyrik diskutierte oder eben schon auf die Collagentexte Helmut Heißenbüttels und Franz Mons und auf die Decollagen und Happenings Wolf Vostells gestoßen war, die sich ja auch auf ein über den Widerspruch konstruiertes Abbild der zeitgenössischen Wirklichkeit beriefen, wie es etwa in den Illustrierten und täglichen Zeitungen, auf Plakatwänden etc. zutage tritt; vor diesem Publikum erhielt der besondere Fall von Montage und Collage — gleichsam aus dem Nichts heraus, zumindest aus einem Milieu, "aus dem literarische Kundgebungen gemeinhin nicht zu erwarten sind"[6] — seinen besonderen Stellenwert. Der Hinweis darauf, daß sich die Kluft zwischen der modernen Poesie und dem breiten Publikum doch müsse aufheben lassen, mag dabei im Kalkül durchaus mitschwingen. Rühmkorf, der hier über Bengta Bischoff die eigene literarische Position bestimmt, deutet dabei keineswegs ausschließlich auf die schlechte Esoterik der Moderne, sondern attackiert ebenso jene falschen Alternativen, die zeitlich parallel unter den Etiketts 'naive Kunst heraus!', 'neue Trivialliteratur' etc. aufgemacht wurden und in handfesten verlegerischen Unternehmungen wie dem Erzählwettbewerb *Liebe in unserer Zeit*, aus dem dann die gleichnamige, von Rolf Hochhuth herausgegebene Prosa-Anthologie hervorgegangen ist[7], oder im Roman-Preisausschreiben der Illustrierten *Stern*, an dem als Aushängeschild und Juror ein führender Germanist wie Benno von Wiese beteiligt war[8], ihren Niederschlag gefunden haben. Françoise Sagan und der auf einen planen, platten Realismus gedrückte oder ins Lyrische verzerrte Hemingway sind leicht als die gängigsten Stilisierungsvorlagen auszumachen. Solch purem Abklatsch gegenüber tritt Rühmkorfs Argument voll in seine Funktion, bei Bengta Bischoff gehe die 'niedere' Herkunft eben nicht in der bloßen Imitation auf, der Autorin gelinge es vielmehr, die vom Trivialroman verfälschte Wahrheit dadurch wieder ans Licht zu bringen, daß sie sich in ihrem Werk als "gebrochene Existenz" spiegele, — und daß sich das Werk selbst als ein "ganz und gar Unganzes", als ein Montageprodukt darstelle, aus "einer Vielzahl disparater Versatzstücke und wenigen Unschuldsinseln" zusammengesetzt[9].

Innerhalb der literaturwissenschaftlichen Trivialliteratur-Diskussion, die mit der *Trivialliteratur*-Publikation des Literarischen Collo-

quiums Berlin erst eigentlich einsetzt, bedeutet Rühmkorfs Operation mit Bengta Bischoff insofern eine bemerkenswerte Komplika-
tion, als in ihr die allzu glatte Dichotomie von 'hoher' und 'nie-
derer' Literatur und überhaupt das Denken im Gegensatz der Fronten von vornherein gestört wurde. Die Irritation blieb aber zunächst
folgenlos; der Anstoß wurde in die Literatur zurückgeschlagen, aus
der er ja herkam, und damit aus der Literaturwissenschaft abge-
drängt. Dabei hätten sich unmittelbar aus Rühmkorfs Überlegungen oder aus ihrer distanzierteren Beobachtung, ihrer kritischen
Aufnahme und Fortführung sehr wohl Forschungsfragen mit Gewicht entwickeln lassen. So etwa die Frage nach den historisch
differierenden Affinitäten, die sich innerhalb der jeweils herrschenden oder rebellierenden Literatur in Richtung der zeitgenössischen
Nichtliteraten-Literatur feststellen lassen, — deutlich umrissene Tendenzen von hohem Symptomwert, deren Beachtung nahezu zwangsläufig zur Korrektur der gängigen Literaturgeschichtsschreibung geführt hätte. Ich denke — zum Beispiel — an die enge Verquickung
der Sturm-und-Drang-Bewegung mit dem Volkslied, die der Romantik mit der Märchenliteratur, an die Evolution neuer, aus dem Journalismus abgeleiteter Literaturformen im Jungen Deutschland, an
die immer wieder aufbrechenden Vorlieben für Kunstdilettantismus
und Kindersprachliches, an die Hinwendung zu Tagebuch, Traum-
stenogramm, das Abarbeiten an der Zeitung, Stimulierungen durch
Dialekt, Witz, Reklame etc., die ganze Moderne hindurch — in
wechselnden Begründungszusammenhängen — zu beobachten ...

Mit Fausts Dokumentation *Kunst ist*, ungefähr zehn Jahre nach
Bengta Bischoffs *6 Richtige* erschienen, haben wir es — unter den
Bedingungen des Jetzt und Heute — mit solch einem modifizierten
Begründungszusammenhang zu tun. Zwar wählt hier der Herausgeber wie dort Rühmkorf die faksimilierte Wiedergabe der Texte
zum Zweck größtmöglicher Authentizität, aber das Produkt als
solches und der Begriff einer Nichtliteraten-Literatur, der ihm inne-
wohnt, differieren erheblich. Im Gegensatz zu Rühmkorf verzichtet Faust auf jede Kommentierung; auch brieflich war nicht mehr
aus ihm herauszuquetschen, als daß es ihm wie bei den *Anonymen
Selbstdarstellungen* — unbearbeiteten Tonbandaufnahmen von Personen unterschiedlicher sozialer Position, die den "konsequenten
Versuch" repräsentieren, "eine neue, von allen machbare Literatur
zu etablieren" — auf den 'offenen' Charakter der zusammengestell-
ten Materialien ankomme; und deshalb fertige er dazu keine Deu-

tungen, Analysen usw. Wie seinerzeit dem 'konsequenten' Naturalisten Arno Holz geht es Faust darum, die Einflußnahme des Künst-
lers und dergleichen möglichst zu eliminieren, um auf diese Weise
eine möglichst ungetrübte, unverfärbte Wiedergabe der Wirklichkeit
zu erreichen. Als Wirklichkeit figurieren für Fausts Tonbänder alle
möglichen Selbstaussagen "ohne fremde Einflußnahme", "authenti-
sches Material" jedenfalls, "in dem Versprecher, Selbstkorrekturen
und Pausen ebenso wichtig ... werden wie die frei formulierten
Texte"[10]. Und zur Buchpublikation lesen wir in einem Werbeprospekt: *"Kunst ist* zeigt, was für andere Kunst ist".

Dokumentiert sind Äußerungen, wie sie jedermann zu jedem
Zeitpunkt ohne größeren Aufwand von sich geben kann: spontane
Antworten etwa wie in einem Interview. Damit fällt die aufwen-
dige literarische Anstrengung der Roman- und Novellenschreiberei
weg, die doch wohl bei Bengta Bischoff die Vorbedingung dafür war,
daß das Interesse des damaligen Rowohlt-Lektors Rühmkorf geweckt
wurde: entsprechend erweitert sich der Aufmerksamkeitshorizont
und die Artikulationschance für Nichtliteraten beträchtlich. Gerade
solche Leute, die nie in der Zeitung schreiben werden, nie ins Parlament kommen, nie ein Buch abfassen und vielleicht nie eins lesen
werden, alle die Leute, die ansonsten überhaupt nicht zu Wort
kommen, kann man mit Martin Walsers Vorwort zu Erika Runges
Bottroper Protokollen sagen[11] — der sicher am meisten diskutierten
dokumentarischen Publikation der letzten Jahre —, erhalten hier
nicht nur formal-demokratisch Rederechte, sondern wirklichen Re-
deraum, ohne daß sie sofort untergebuttert, abqualifiziert, in die
Schranken gewiesen würden. Im Gegenteil: ich hatte schon darauf hingewiesen, daß alle Aufzeichnungen, da es ja zentral auf die
sozialen Bedingungen ankommt, unter denen sie stehen, das gleiche
Interesse fordern, die gleiche Anspannung wecken — und daß in
dieser Hinsicht die 'einfacheren' Antworten den 'elaborierteren'
nicht nur in nichts nachstehen, sondern sie ebenso relativieren wie
umgekehrt. Ich gebe einige Beispiele: "Kunst ist etwas Schönes zu
schaffen — mit Leichtigkeit, weil man dazu begabt ist" (Else S., 44,
Angestellte), "Kunst ist ein durch die Brille eines Temperaments
betrachtetes Stück Schöpfung" (Willi M., 43, Klempnermeister),
"Kunst ist ein abgewirtschafteter Begriff", der Rest unleserlich (Walter H., 51, Schriftsteller), "Kunst ist gestalteter Ausdruck in Voll-
endung" (Nina K., 50, Sekretärin), "Kunst ist ein relativer Begriff"
(Detlev D., 17, Schüler), "Kunst ist z. B. auch mit wenigem Geld

auszukommen" (ohne nähere Angabe), "Kunst ist gleich bedeutend mit Ausdruck, Empfindung und Vorstellung" (Lisa O., 67, Kauffrau) oder "Kunst ist jede geistige Tätigkeit, die durch manuelle Arbeit in ein Produkt umgesetzt wird" (Horst R., 30, Stahlformenbauer) und "Kunst ist abstrakt. Definiert könnte man sagen, das Leben" (Theo K., 44, Werkzeugmacher)[12].

Es ist schon knapp angerissen, in welcher Weise sich mit Hilfe des dokumentarischen Anspruchs, den Faust vertritt, die Kritik jener Disposition betreiben läßt, wie sie in der Allianz Bischoff-Rühmkorf-Rowohlt greifbar geworden ist. Die Grenzüberschreitung hat jedoch ihrerseits eine deutliche Grenzmarkierung. So bedeutet — gar nicht zu bestreiten — das Abfragen von Kunstdefinitionen die Einschränkung der nichtliterarischen Äußerungsmöglichkeiten auf ein vorgegebenes Ziel hin, das durch den Dokumentaristen und nicht durch den Befragten gesetzt ist. Das hat unter anderem zur Folge, daß die Antworten zwar unmittelbar 'aus dem Leben gegriffen' scheinen, in Wirklichkeit aber auch wieder ganz und gar abgeschnitten sind vom Leben: Ausstellungsobjekte in der Galerie. In leicht überzogener Kritik wäre festzuhalten, daß wir nicht mehr als ein Sammelsurium möglicher Definitionen dessen erhalten, was Kunst heute sein und bedeuten kann, daß aber jede einzelne Position losgerissen ist aus einem größeren Lebens- und Bewußtseinszusammenhang, weil der Interviewte nicht danach gefragt wird und von sich aus die gesetzte Spielregel nicht stört. Solche zusätzlichen Daten wären aber zur richtigen Einschätzung der gegebenen Antworten unbedingt notwendig, wenn man tatsächlich etwas über die soziale Determination von Bewußtsein und die — trotz aller Fesselung — mögliche individuelle Performanz ausmachen will und nicht nur am kaleidoskopischen Charakter des leeren Begriffs dreht. Da steht Erika Runge mit ihren *Protokollen* sehr viel besser da, weil sie den Befragten von vornherein größere Autonomie gibt, ihnen Platz läßt für zusammenhängende Lebensberichte im Sinn der Autobiographie, für komplexe Situationsberichte, Schilderungen, Urteile etc., in denen bestimmte Definitionen — à la *Kunst ist* und was sonst — offen oder versteckt doch immer mitlaufen, ohne aus dem Zusammenhang gerissen und in die Isolation getrieben zu werden. Freilich hat die Operation mit Mikrophon und Tonbandgerät, auf der Erika Runges dokumentarische Schriftstellertätigkeit basiert, dann doch noch immer etwas arg Gestelltes. Die 'Künstlichkeit' der Situation, die bei Faust durch die dezidierte Frage nach der Kunst nur besonders herausgestrichen wird, ist auch bei ihr nicht aufgehoben. Sie ist letztlich auch gar nicht aufhebbar, solange es sich — nach Theorie und Praxis — um eine Art Bereitstellung der Mittel und Hilfestellungen der etablierten Kunst, Literatur und Publizistik im bestehenden Organisationsrahmen handelt, wobei doch wohl das Türgerüst stabiler ist als die Erscheinungen, denen für den Moment zum Durchtritt ins Licht verholfen wird.

Die Optik auf unseren Gegenstand verändert sich erst dann entscheidend, wenn wir uns generell aus dem Bannkreis der eingespielten, durch Binneninnovationen, Avantgardeexperimente und dergleichen nur in den Drehangeln bewegten Literaturdiskussion herauszuziehen versuchen und selbständige Erfahrungen dort zu sammeln beginnen, wo wir der Jedermanns-Kunst und Jedermanns-Literatur — wie wir, ins Positive gewendet, statt Kunst der Nichtkünstler und Literatur der Nicht-Literaten sagen dürfen — unmittelbar und nicht erst übers abgeleitete Interesse begegnen. Das setzt allerdings in der Literaturwissenschaft ein erheblich gewandeltes Selbst- und Sachverständnis voraus. In die neueren Überlegungen zu einem gewandelten Literaturbegriff — im Kontext einer Kommunikationstheorie, der die 'allgemeine Kommunikation' die Hauptsache, die 'literarische Kommunikation' nur das Besondere wäre[13] — münden denn auch meine hier angestellten Überlegungen ein. Die Aufarbeitung der Trivialliteraturforschung nach ca. 1965 — mit der Kritik des Terminus als solchem und dem Vorschlag seiner Umfunktionierung, wie sie etwa durch Helmut Kreuzer angeregt wurden[14] — scheint mir auf eine solche Öffnung hinauszulaufen; auch in den jüngsten Ansätzen zur Erforschung der sogenannten Gebrauchsliteratur sind zahlreiche Arbeitsmöglichkeiten auf unserem Terrain anvisiert. Vor allem käme es dabei auf Untersuchungen zu den 'reinen' Gebrauchsformen an, denn mit den 'literarisierten' bzw. 'literarischen' stehen wir mit einem Bein schon wieder in der 'Literatur' und haben damit einen zwar wichtigen Schritt über die fiktional gebundene Literatur hinaus, aber doch nur den halben Schritt ins weite Reich der Laien- und Jedermanns-Literatur gemacht.[15]

Abschließend — analog zur Einleitung des Aufsatzes — ein paar persönlich gefärbte Überlegungen zur Sache, abgestellt auf zwei Hauptbarrieren, die heute noch einer umfassenderen Rezeption von Nichtliteraten-Literatur im Wege stehen, Beispiele, zugleich Erfahrungen.

Es haftet der Beschreibung Bengta Bischoffs, die uns Rühmkorf gibt, trotz aller Ernsthaftigkeit im Kern, und auch den in *Kunst ist* publik gemachten anonymen Kunstdefinitionen — nicht zuletzt durch das Herausstellen jener einen Äußerung als Titelillustration, die ich fürs Motto hergenommen habe — eine gewisse Komik an, die nur schwer ausrottbar scheint aus der Rezeption der Materie. Hier hat Erika Runge mit ihren *Protokollen* wirklich aufgeräumt. Das schließt Humoristisches in der Sache nicht aus, gehört doch die ganze Von-Mund-zu-Mund-Literatur der Witze, Redensarten, Lebensregeln, Alltagsphilosopheme usw. entschieden mit hierher. Vielleicht wäre überhaupt damit anzufangen, das festeingesessene Vorurteil gegen die mündlichen, gelebten Kunst- und Literaturformen der Revision zu unterziehen, von der ausschließlichen Wertschätzung des Gedruckten abzurücken und zu erkennen, daß speziell das hohe Lied aufs Buch meist auch ein paar Takte aufs Möbel einschließt, das seiner Aufbewahrung dient. — Mir sind aus meiner Frankfurter Zeit, wenige Jahre nach dem Krieg, drei Straßengestalten in der Erinnerung, an denen ich einen festen Begriff und konkreten Eindruck von 'gelebter' Kunst und Literatur, vom puren "poetischen act" gewonnen habe, nach welchem "man Dichter sein kann, ohne auch irgendjemals ein Wort geschrieben oder gesprochen zu haben"[16]. Der eine, ein älterer, etwas verschlampter, aber mit seinem weißen Bart wieder recht würdiger Herr, predigte, eine selbstverfertigte Bibel in Händen, gegen die Straßenbahnen an; wo er mitten aus dem Verkehr heraus auf sie hinschritt, hatte er immer eine Horde Jünger hinter sich, die ihr Spektakel suchten. Den andern, etwas jünger und leicht versoffen, sah man manchmal mit einer langen weißen Lilie, die er wie eine Kerze vor sich hertrug, durchs Gewimmel laufen, sehr geradeaus vor sich hin, und dann wieder, endlos Kriegslieder absingend und ein leeres Salutierritual abspulend, an Straßenbahnhaltestellen herumlungern. Auch der Dritte, wohl hirngeschädigt, war auf Straßenbahnen und Haltestellen fixiert. Wenn er da in der Wartereihe stand, fiel er unter den anderen Leuten zunächst gar nicht auf, bis er anfing zu fliegen: die Fingerspitzen begannen zu zucken, die Ellbogen auswärts und einwärts zu klappen, Hals und Kopf sich zu strecken, die Füße sich zu heben; schließlich — für wenige Minuten, nach denen alles in sich zusammenfiel — ein leichtes, müheloses Schweben und Dahingleiten.

Zugegeben, das sind reichlich exzeptionelle Beispiele, — so exzep-

tionell wie vielleicht in der Martini-Literaturgeschichte der Dada-
ismus.[17] Auf wirkliche Jedermanns-Kunst und Jedermanns-Literatur
stoßen wir im Regelfall unter sehr viel banaleren Umständen.
Unter einem der Tische des Frankfurter Antiquars Beckers & Repp
fand ich vergangenes Jahr mehrere Kartons mit Collage-Büchern:
die ganze Welt aus Zeitungen und Illustrierten, verschnipselt, ver-
zettelt und wieder zusammengeklebt, den unterschiedlichsten inhaltlichen und formalen Gesichtspunkten folgend. Das Ganze kam, wie
zu erfahren war, aus dem Nachlaß einer älteren Dame — und schien
zunächst "zu schad fors Wegwerffe". In diversen Berliner Antiqua-
riaten habe ich immer wieder private Tagebücher und Briefsamm-
lungen gefunden, die mit angekauften Bücherpacken ins Geschäft
gekommen waren, aber meist gleich ins Altpapier wanderten. Wo
solche Literatur aus der Obhut der Verwandten und Freunde gerät,
für die sie als Andenken figuriert, ist sie rasch verdorben und aus-
getilgt. Statt 'Selbstdarstellungen' der Epoche lesen wir dann die
dürren Sätze der Historiker, aus denen jede Anschauung ausgetrie-
ben ist.[18]

Daß er imstande sei, sich das Antlitz der heutigen Welt aus dem
"hinteren Annoncenteil" der Zeitung zusammenzustellen, "Paßt
auf!"[19], steht bekanntlich bei Karl Kraus. Ähnlich formulierte aber
auch schon Georg Weerth in der Mitte des neunzehnten Jahrhunderts, wenn er schrieb: "Ich habe Berlin noch immer nicht gesehn:
Das Bild muß mich daher für die Wirklichkeit entschädigen — um
doch wenigstens zu erfahren, wie es in Berlin hergeht, lese ich die
Vossische Zeitung — d. h. die Annoncen. / Die Annoncen waren
bisher das einzige, was ich von einer Zeitung verdauen konnte. [. . .]
Die Politik ist herzlos; die Annoncen voller Gemüt. Lauter Bekenntnisse schöner Seelen. Hier ein Glückwunsch, dort ein Steck-
brief, dann eine Fallite, ferner ein Stellengesuch usw. Man tut da
tiefe Blicke in das menschliche Leben, und man begreift wie Gott
alles weise geordnet hat und die Welt voll ist von seiner Güte. Annoncen sind poetisch."[20] Nur scheinbar falle ich mir, wenn ich nun
doch wieder die 'Entdeckungen' der Literaten beiziehe, selbst in den
Arm, denn: im Unterschied zu Rühmkorf, Faust und Erika Runge
kann man ja Kraus und Weerth nicht recht als Geburtshelfer der
Nichtliteraten-Literatur ansprechen. Sie treten gar nicht in die Rolle
des Agenten, sondern agieren als Beobachter; sie zitieren allenfalls,
setzen also die Texte — als unabhängig von den Hinweisen auf sie
entstanden — immer schon voraus.

Der mögliche Einwand gegen die Tagebuch-, Brief- und Postkartenliteratur, sie sei allein schon durch ihre historische Ableitung allzu gradaus der bürgerlichen Ich-Geschichte verpflichtet, verfängt gegen die Annoncenliteratur der Zeitungen nur halb. Aber wenn auch; zunächst einmal haben wir es tatsächlich mit Erscheinungsformen der Massenliteratur als einer Literatur von Massen und nicht nur immer für Massen zu tun, mit einer prinzipiell nicht mehr überschaubaren Fülle literarischer Äußerungen breiter Bevölkerungsschichten, natürlich ans Medium der Zeitung gebunden und daher von ihm beeinflußt — hier wurzelt die Satire bei Kraus und Weerth —, aber innerhalb dieser Grenzen relativ offen: ohne die Hebammendienste der Literaten und in der Regel überhaupt abseits des Aufmerksamkeitshorizonts der engeren literarischen Öffentlichkeit ergießen sie sich in bereitstehende Formen und Formeln, binden sich an Stereotypen, realisieren sich in Abbreviaturen und Kürzeln. Das 'ganze Leben', auf 'gesucht' und 'geboten' zusammengestrichen, entfaltet sich zwischen Zwang zum Klischee und — den geringen Spielraum der Modifikation nutzend — Hang zur individuelleren Variation des Musters, dabei eine Art Reibung entwickelnd. Was hindert uns also, Heiratsannoncen und Wohnungsanzeigen mit derselben Hingabe und Aufmerksamkeit zu studieren wie sonst Romane, Gedichte und Dramen, sie nach der spezifischen Widerspiegelung der Wirklichkeit zu befragen, nach den Gesetzen der Ästhetik und Poetik, denen sie folgen, nach dem Verhältnis von kollektivem und persönlichem Schicksal, das sich in ihnen artikuliert, nach der Relation von allgemeiner und individueller Sprache, nach jedwedem Stil. Der Hinweis aufs Klischee und Muster hat dabei in meiner Argumentation denselben Stellenwert wie zuvor der Hinweis auf die mündlichen, gelebten Kunstformen, der sich sogar dahin ausweiten ließe, daß man die Gleichung 'Kunst = Leben' noch radikaler formulieren kann, als es sich der radikale Naturalist träumen läßt: Leben = Kunst! Paradigmatisch macht uns die Annoncenliteratur klar — und nur deshalb ist hier auf sie verwiesen —, daß wir bei der Nichtliteraten-Literatur wirklich nur im Ausnahmefall mit ausführlichen, ausgeführten Texten rechnen dürfen, in der Regel aber auf alle Schattierungen der Reduktion von Sprache — bis hin zu den Verstümmelungen von Worten zu Wortandeutungen, die beinah schon gar keinen Sinn mehr ergeben — gestoßen sind. Hier tut, weil sich die Literaturwissenschaft bislang fast ausschließlich auf 'überstrukturierte' Texte konzentriert hat, analog etwa zur Linguistik, die sich längst den Problemen der Sprachbarrieren u. ä. zugewandt hat, eine Theorie 'unterstrukturierter' Texte, aufbauend auf einer entsprechenden Gesellschaftstheorie, allgemeinere sprach- und kommunikationswissenschaftliche Ansätze aufnehmend, dringend not, wenn denn die Wissenschaft von der Literatur einen wirklich allgemeinen Anspruch behaupten und nicht nur das abgehobene Sonderinteresse traktieren will.

Anmerkungen

[1] Lisa Holldack, "Die Schriftstellerin", in: Diskus, Frankfurter Studentenzeitung, Frankfurt/Main 1965, Nr. 6, 11. Ich gebe den Anfang der Erzählung bis zum Zitat mit Kürzungen: "Sie saß mir in der Straßenbahn auf dem Rücksitz gegenüber — das Gesicht den übrigen Fahrgästen zugekehrt, die nach vorn blickten, und obwohl sie so tat, als wisse sie es nicht und mir ebenso wie den anderen Menschen im Wagen keinen einzigen Blick gönnte, befand sie sich auf ihrem Rücksitz doch im Bühnen-Rampenlicht. (...) Die Schriftstellerin — denn das war sie offensichtlich — trug einen baby-blauen Flauschmantel und dazu einen undefinierbar-erdgrauen Hut mit herabgezogener Krempe, fast wie eine Heilsarmee-Schute. Das entsprach in keiner Weise der herrschenden Mode und erschien mir daher merkwürdig. Trotzdem wirkte mein Gegenüber auf dem Rücksitz damenhaft. Der Eindruck, ihre Existenz sei nicht von finanziellen Sorgen umwölkt, herrschte vor. Eine besondere Art von lässiger Eleganz haftete der Erscheinung dieser Dame an, die mit Mode nichts zu tun hat. Auch in den zwanziger Jahren wäre die Frau, wie sie da saß, elegant gewesen. Ich weiß nicht warum — aber so empfand ich es. / Die Handtasche war genauso erdig grau wie der Hut und das Gesicht. Als Mode-Beraterin hätte ich zu dem graublauen Teint diese Farbe nicht empfohlen, auch nicht das Baby-Blau oder doch nur in Verbindung mit heftig-hellem Rosa, Gift-Grün und Lila. Eine so verrückte Farbkombination hätte diese Person tragen können, obgleich oder gerade weil sie irgendwie mexikanisch aussah mit Augen wie Speckstein, die so seltsam in der flach gespannten Gesichtshaut saßen. / Gleichzeitig entsprachen der Erscheinung auf dem Rücksitz auch Überzüchtung und Bewahrtsein einer Biedermeier-Dame, die Gedichte macht und sich mit Perlenstickerei befaßt — aber nicht weiß, wie ein Huhn geschlachtet wird oder ein Kalb zur Welt kommt ... / In der behandschuhten Rechten hielt die Schriftstellerin einen Kugelschreiber, der so weiß war wie der Schnee am Kilimandscharo, obwohl er gelb oder himmelblau besser mit dem Erdgrau der Handtasche übereingestimmt hätte. / Nachdem die Literatin stirnrunzelnd einen Schreibmaschinen-

text geprüft hatte, begann ihre Hand in großräumigen Zügen zu schreiben. (...)"

[2] Rühmkorf, P.: "Bengta Bischoff oder die befangene Unschuld. Der Konsument als Lügendetektor" in: Schmidt-Henkel, G./Enders, H./Knilli, F./Maier, W. (Hrsg.): Trivialliteratur, Aufsätze, Berlin 1964, 86, 88, 90. — Der mit der Hand in ein Schulheft geschriebene Roman "Sechs Richtige" erschien faksimiliert 1963 im Rowohlt-Verlag, Hamburg.

[3] Rühmkorf, P.: Über das Volksvermögen, Hamburg 1967. — Rühmkorf hat hier volksmäßige Umgangspoesie, also allerlei Kleinformen wie Zweizeiler-Merkvers, Abzählreime, Schlagerparodien u. a. m., gesammelt. Im Kapitel *Anti-Reklame*, wo Sprüche stehen wie "Wenns vorne zuckt und hinten beißt / Nimm Klosterfrau Melissengeist", "Zweimal Pepsodent am Tag / Löst die Zähne samt Belag" oder "Babypillen fauler Zauber / Ajax macht das Becken sauber" heißt es: "hier eröffnet sich uns eine Zone des Guerillakrieges, wo handgemachte Molotowcocktails eine echte Chance gegenüber den aus allen Röhren knallenden Propagandafabriken haben. (...) Ohne schon behaupten zu wollen, daß Werbung und Reklame von ihrem illegitimen Anhang außer Kurs gesetzt würden, können wir dennoch befriedigt konstatieren, daß weder die lieben Kleinen so unbedingt auf die Margarinemusik, die Waschmittelkantate, die Hundefuttermelodie zu dressieren sind, wie dem Kulturpessimismus schwant, noch auch der ausgewachsene Empfänger die Wert-, Heils-, Status-, Sicherheits- und Prestigeversprechungen immer in dem Sinne reflektiert, den die Verbrauchs- und Einkaufsforschung vorgesehen hat."

[4] Kunst ist, 36 anonyme Definitionen, hrsg. von W. M. Faust, Berlin 1974. — Der Werbeprospekt gibt als Anschrift des Privatverlags: 1 Berlin 33, Landauer Straße 2.

[5] Rühmkorf, Bengta Bischoff oder die befangene Unschuld, a. a. O., 86 ff., bes. 90 f.

[6] a. a. O., 85.

[7] Liebe in unserer Zeit, 32 moderne Erzählungen, hrsg. von R. Hochhuth, Hamburg 1961. — Vgl. meine Rezension in: Neue deutsche Hefte, Heft 88, Juli/August (1962) 123 ff. — Die fünfköpfige Jury des Erzählwettbewerbs bestand aus Luise Rinser, Martin Beheim-Schwarzbach, Otto Flake, Hans Egon Holthusen und Karl Ludwig Leonhardt.

[8] Der Erzähler-Preis des *Stern* war 1962 ausgeschrieben; vgl. Glaser, H. A.: "Bankrottes Kulturmanagement, Kritische Annotationen zum Erzählerpreis des *Stern*" in: Diskus 8/9 (1962) 11.

[9] Rühmkorf, Bengta Bischoff oder die befangene Unschuld, a. a. O., 91.

[10] Werbeprospekt zu: Anonyme Selbstdarstellungen 1—6, eine Tonbandedition von W. M. Faust, Berlin 1972. — Ein Teil der Aufnahmen wurde in der Ausstellung *Welt aus Sprache* der Akademie der Künste, Berlin 1972, präsentiert.

[11] Walser, M.: "Berichte aus der Klassengesellschaft". Vorwort zu: Bottroper Protokolle, aufgezeichnet von E. Runge, Frankfurt/Main 1968, 7 ff.

[12] Kunst ist, a. a. O., 5, 10, 11, 12, 16, 17, 24, 25. Ich gebe nicht immer das ganze Zitat.

[13] Im Gegensatz zu herkömmlichen Verfahren käme es hier gerade nicht auf die Kluft zwischen allgemeiner und dichterischer Kommunikation, sondern darauf an, den Zusammenhang zu reflektieren: literarische Formen würden sich dann nicht zuallererst in einer abgehobenen Gattungsgeschichte, sondern parallel zur Vielfalt allgemeiner Kommunikationssituationen und Kommunikationsformen erklären.

[14] Kreuzer, H.: "Trivialliteratur als Forschungsproblem, Zur Kritik des deutschen Trivialromans seit der Aufklärung" in: Kreuzer, H.: Veränderungen des Literaturbegriffs, Göttingen 1975, bes. 22 f. Vgl. in der genannten Publikation auch den Aufsatz "Zum Literaturbegriff der sechziger Jahre in der Bundesrepublik Deutschland", bes. 74 f.: "Wenn im Prinzip aber alle Arten von Kommunikation, die sich auf der Basis von Texten vollziehen, Anspruch auf Beachtung durch die Literaturwissenschaft haben, dann ergibt sich daraus unmittelbar eine Erweiterung und Modifizierung des empirischen Literaturbegriffs, die mir sinnvoll erscheint, wiewohl die Entwicklung, die sich darin niederschlägt, auch fragwürdige Züge hat und mit abzuwehrendem Trend verbunden ist."

[15] In der Terminologie folge ich hier Belke, H.: Literarische Gebrauchsformen, Düsseldorf 1973. Vgl. den von Hickethier, K./Fischer, L. und mir herausgegebenen Aufsatz-Sammelband *Gebrauchsliteratur*, Stuttgart 1976, und hier – für unser Thema relevant – besonders die Beiträge von H. Hartwig (über Briefe) und H. D. Zimmermann (über Lebensläufe).

[16] Ich übernehme hier den von H. C. Artmann in der "acht-punkte-proklamation des poetischen actes" geprägten Terminus und übertrage ihn für meinen Zweck. Die Wiener Gruppe, hrsg. von G. Rühm, Reinbek b. Hamburg 1967, 9 f.: "es gibt einen satz, der unangreifbar ist, nämlich der, daß man dichter sein kann, ohne auch irgendjemals ein Wort geschrieben oder gesprochen zu haben. / vorbedingung ist aber der mehr oder minder gefühlte wunsch, poetisch handeln zu wollen. die alogische geste selbst kann, derart ausgeführt, zu einem act ausgezeichneter schönheit, ja zum gedicht erhoben werden. schönheit allerdings ist ein begriff, der sich hier in einem sehr geweiteten spielraum bewegen darf. (...)"

[17] Der kommt nämlich – dem Begriff wie den Namen nach – dort so gut wie gar nicht vor; in meinem Bücherregal steht allerdings die 7. Auflage von 1955.

[18] Mir ist – lange vor der Lektüre der "Letzten Tage der Menschheit" – viel von der inneren Kontur des Ersten Weltkriegs an einer Samm-

lung von Feldpostkarten und -briefen eines jungen, früh gefallenen Sol-
daten — von der Schwester mit sauberer Schrift in ein Kriegs-Tagebuch
übertragen — bewußt geworden. "Liebe Eltern!", lesen wir da auf einer
der ersten Karten, "bis jetzt famose Fahrt, für Unterhaltung war famos
gesorgt, u. ein guter Hausschnaps (als verbotene Liebesgabe) verbesserte
die Stimmung noch gewaltig. Vorläufig hängen ja ein Russe, Franzose u.
Engländer im Abteil u. die Sinnsprüche mehren sich wie Abrahams
Samen. Bei Döbeln russische Offiziere, die machten große Augen. Wir
essen entweder oder schreien hurrah. Die Gegend u. das Wetter, die
waren niemals besser. Verzeiht, man ist hier so im Dichten drin. Grüßt
alle bestens. Euer stolzer Jägerbub". Dann im Dreck drin ändert sich
der Ton gewaltig — auch ein Stilbruch, wenn man will, aber teuer erkauft.

[19] Kraus, K.: "Ich pfeife auf den Text" aus: Die Fackel, Nr. 354—356,
29. August 1912, 31 ff.

[20] Weerth, G.: "Kriegserklärung der schwarz-weißen gegen die schwarz-
rot-goldenen Annoncen" aus: Neue Rheinische Zeitung, 4. und 5. August 1848; Gesamtausgabe der Werke, hrsg. von B. Kaiser, Berlin 1956/57,
Bd. 4.

NAMENINDEX

UTB

Uni-Taschenbücher GmbH
Stuttgart

Hans-Jörg Neuschäfer: Populärromane im 19. Jahrhundert

Von Dumas bis Zola
UTB 524. 206 S. DM 16,80
ISBN 3-7705-1336-3 (Fink)

Literaturgeschichtsschreibung konzentrierte sich bisher fast ausschließlich auf die ‚Klassiker', die offiziellen Repräsentanten einer
Epoche. Die für ein kulturbewußtes Elite-Publikum geschriebenen
Werke galten als Beurteilungsmaßstab für populäre Massenliteratur.
Neuschäfer zeigt die Unhaltbarkeit dieser Position am Beispiel der
französischen Literatur des 19. Jahrhunderts: Soziale und politische
Umwälzungen erzeugen neue Leserkreise und Bedürfnisse. Die Romane von Dumas, Verne und Zola werden zu Bestsellern, Literatur
wird zur Ware. Er verfolgt die Entwicklung der Massenliteratur bis
zur Wachablösung durch die modernen Massenmedien, liefert wichtiges Datenmaterial für die verschiedensten Literaturtheorien und
einen entscheidenden Beitrag innerhalb der Diskussion um ‚normative Poetik'. Die gewählten Beispiele sind stellvertretend für alle
Literaturen.

Helmut Schanze: Medienkunde für Literaturwissenschaftler

Einführung und Bibliographie. Mitarbeit: Manfred Kammer
UTB 302. 116 S. DM 9,80
ISBN 3-7705-1059-3 (Fink)

„Knapp aber präzise erläutert Schanze die verschiedenen Medienbegriffe der Publizistik, Pädagogik, Werbewissenschaft und Kunstwissenschaft. Eine überzeugende Leistung des Verfassers, ein optimales
Arbeits- und Orientierungsmittel." (Volkshochschule und Fernsehen)

„Das Buch ist wärmstens allen Studenten der verschiedenen literaturwissenschaftlichen und sprachwissenschaftlichen Disziplinen zu empfehlen. Es räumt überzeugend mit gängigen Vorurteilen auf und
öffnet die Augen für Fragen und Belange der Kommunikationswissenschaft." (Massa Communicatje)